C. H. Spurgeon · Tauperlen und Goldstrahlen

Charles Haddon Spurgeon

Tauperlen und Goldstrahlen

Tägliche Andachten

Oncken Verlag Wuppertal und Kassel
Verlag der Evangelischen Gesellschaft Wuppertal

Überarbeitet von Otto Ekelmann

21. Auflage 1996

Umschlaggestaltung: Dietrich Otto, Braunschweig
Gesamtherstellung: Ebner Ulm
ISBN 3-7893-7187-4 (Oncken)
ISBN 3-87857-220-4 (Ev. Gesellschaft)

GELEITWORT

Spurgeons Betrachtungen haben in zahlreichen Übersetzungen und vielen Auflagen ihre lebendige Kraft bewiesen. Sie haben im Lauf von über hundert Jahren an Bedeutung noch nichts eingebüßt. Mit ihrer lebendigen Anrede und ihrer bildkräftigen Sprache sind sie von hohem geistlichen Rang. Das Feuer, das in ihnen brennt, ist aus der Heiligen Schrift genährt. So tragen die Andachten deutlich den Stempel des Evangeliums. Sie sind praktisch, einfach, im guten Sinne alltäglich, ohne Verstiegenheit oder Schwärmerei und geben dem Leser Gedanken und Anregungen, die ihm helfen, „himmlische Früchte einzusammeln auf dem irdischen Acker“.

Für diese Ausgabe ist von den ursprünglich zwei täglichen Andachten je eine für jeden Tag ausgewählt worden. Die Übersetzung wurde dabei leicht überarbeitet.

Einige Ratschläge aus einer früheren Ausgabe sind immer noch beherzigenswert:

> Als guter Hausfreund will das Andachtsbuch einige grundsätzliche Wünsche äußern:
>
> Lies *nicht allein mich*! Soviel Gutes ich dir auch sagen mag, ich bin doch nur ein vergängliches Buch, das dich gern zum aufmerksamen Leser des Buches der Bücher, der Bibel also, machen will. Lies die Bibel täglich! Lies dich in das lebendige Wort hinein, damit du darüber nachsinnst und dir das Bild Jesu klar vor die Seele tritt.
>
> Lies mich, wenn irgend möglich, *in der Familie*. Suche den Zeitpunkt aus, der am günstigsten deine Hausgenossen zur Andacht zusammenführt.
>
> Lies mich *unter Gebet*. Vergiß dabei niemals die Fürbitte für dein Volk, für alle Menschen, für die Gemeinde, der du zugehörst, und für alle, die Leid tragen. Laß dich durch mich ständig anregen, deine Anfechtungen und Sorgen zu Jesus zu bringen. In der Stille der Andacht wirst du am leichtesten die Führung Gottes und seinen guten Willen für dein Leben entdecken und verstehen.

Laß dich ermutigen für die Aufgaben des Arbeitstages.

Wenn das Jahr beginnt, laß die Blätter bis zum 31. Dezember durch deine Finger gleiten und frage dich dabei: Werde ich alle Blätter in ihrer Reihenfolge noch lesen dürfen? Wird es noch einmal eine Jahreswende, einen 31. Dezember, für mich geben? Bete täglich mit dem Mann Gottes: Herr, lehre mich bedenken, daß ich sterben muß, auf daß ich klug werde. So wirst du ausgerichtet für den Tag und für die Ewigkeit.

Möge dieses Andachtsbuch auch im neuen Gewande den alten und neuen Freunden Spurgeons eine Quelle tiefer geistlicher Bereicherung und Freude erschließen!

INHALT

„Wir freuen uns und sind fröhlich über dir.“ Hohe Lied 1, 4

Wir freuen uns und sind fröhlich über dir! Nicht für die Trauerklänge der Posaune, sondern für die lieblichen Harfentöne der Freude wollen wir die Pforten eines neuen Jahres weit auftun. „Kommet herzu, lasset uns dem Herrn frohlocken und jauchzen dem Hort unsres Heils; laßt uns mit Danken vor sein Angesicht kommen und mit Psalmen ihm jauchzen.“ Wir, die Berufenen und Gläubigen und Auserwählten, wir lassen alle unsere Sorgen hinter uns zurück; und „im Namen unsres Gottes werfen wir Panier auf“. Nie wollen wir aufhören, den Namen Jesu zu loben und zu preisen. Wir wollen Jesus mit Freuden dienen und ihn nicht verunehren mit Trauern vor seinem Angesicht. Wir sind berufen zu himmlischen Sängern, so wollen wir denn die himmlischen Dankchöre fleißig einüben, ehe wir sie im himmlischen Jerusalem erschallen lassen. Wir freuen uns und sind fröhlich: zwei Worte von gleichem Inhalt, doppelte Freude! Was hindert's, daß wir nicht jetzt schon uns im Herrn freuen allewege? Welche Himmelsgüter sind in Jesu vereinigt! Welche Ströme unendlichen Segens haben ihre Quelle in ihm und empfangen jeden Tropfen ihrer Fülle aus ihm. Weil du, Herr Jesu, deines Volkes Teil bist, so erquicke uns in diesem Jahr mit einer solchen Gnadenfülle, daß wir vom ersten bis zum letzten Tage uns freuen und fröhlich seien über dir! Der erste Monat eröffne das Jahr mit Freude im Herrn, der letzte schließe mit Wonne in Jesu!

Haltet an am Gebet! Kolosser 4, 2

Es ist bemerkenswert, daß in der Heiligen Schrift so viel vom Gebet die Rede ist. Kaum wenden wir das erste Blatt der Bibel um, so lesen wir schon: Zu derselben Zeit fing man an, zu predigen von des Herrn Namen. Und wenn wir ans Ende der Bibel gelangen, trifft das Amen einer inbrünstigen Bitte unser Ohr. Dazwischen begegnen wir einer Fülle von Beispielen des Betens. Hier ringt Jakob mit Gott bis zum Anbruch der Morgenröte. Dort fällt Daniel dreimal des Tages auf seine Kniee. Ein David schreit aus der Tiefe seines Herzens zu Gott. Auf dem Berge sehen wir Elia, im Kerker Paulus und Silas. Ermahnungen und Aufforderungen zum Beten sind in Menge vorhanden, und der Gebetsverheißungen sind unzählige. Was zeigt uns das anderes als das, wie besonders wichtig und notwendig das Gebet im Leben der Gotteskinder ist. Wir dürfen uns darauf verlassen, daß alles, was Gott in seinem heiligen Wort so besonders betont, nach seiner Gnadenabsicht in unserem Leben eine bevorzugte Stelle einnehmen soll. Hat er viel vom Gebet gesprochen, so ist's deswegen geschehen, weil wir es ganz besonders nötig haben. Fehlt dir gar nichts, dann, so fürchte ich, kennst du deine Armut nicht. Weißt du keine Gnade, die du dir gerne von Gott erbitten möchtest? Dann möge doch des Herrn Gnade dir dein Elend offenbaren!
Eine Seele ohne Gebet ist eine Seele ohne Heiland. Das Gebet ist Odem, Trost, Kraft des Christen. Wenn du ein Kind Gottes bist, so treibt es dich, deines Vaters Antlitz zu suchen. O bitte doch, daß du dieses Jahr möchtest heilig, demütig, geduldig sein. Schließe dich in herzinnigem Umgang noch enger an deinen Herrn und Heiland an und laß die Liebe sein Sonnenschein über dir sein. Bitte, daß du anderen zum Vorbild und zum Segen werden und mehr und mehr nur der Verherrlichung deines Heilandes leben mögest. Die Losung dieses Jahres sei für dich: Haltet an am Gebet!

Ich habe dich zum Bund unter das Volk gestellt.

Jesaja 49, 8

Der Herr Jesus Christus selbst ist Summe und Inhalt des Bundes Gottes mit seinem Volk. Und als Bundesgabe ist er Erbe und Eigentum jedes Gläubigen. Lieber Leser, vermagst du's zu schätzen, was du in Christo alles empfangen hast? In ihm wohnt die ganze Fülle der Gottheit leibhaftig. Alles, was Christus als Gott je hatte oder noch hat und haben kann, ist dein eigen - dein eigen aus reiner, freier Gnade, ist dir zugesprochen zum völligen, ewigen Eigentum. Jesus ist als Gott allwissend, allgegenwärtig, allmächtig. Ist's nicht ein großer Trost für dich, daß du nun weißt, alle diese großen und herrlichen Eigenschaften gehören dir? Besitzt er Macht? Siehe, diese Macht ist dein und trägt und stärkt dich, daß du deine Feinde überwinden und beharren kannst bis ans Ende. Ist er die Liebe? O, dann ist kein einziger Tropfen Liebe in seinem Herzen, der nicht dir gehörte. Ist er gerecht? Dann ist auch seine Gerechtigkeit dein Eigentum, denn nach seiner Gerechtigkeit hält er darauf, daß alle Verheißungen des Gnadenbundes dir unfehlbar in Erfüllung gehen.
Und ebenso ist alles, was er als vollkommener Mensch hat, dein Eigentum. Weil er ein vollkommener Mensch war, ruhte des Vaters Wohlgefallen auf ihm. So hat Gott in Christo dich selbst angenommen. Weißt du nicht, daß die Liebe, mit der der Vater den vollkommenen Menschen Jesus umfaßt, schon jetzt auch dich überströmt? Alles, was der Heiland getan hat, ist dein. Jene vollkommene Gerechtigkeit, die der Herr Jesus gewirkt hat durch seinen reinen, fleckenlosen Wandel und womit er das Gesetz erfüllt und herrlich gemacht hat - sie ist dein eigen und wird dir zugerechnet. Christus ist Inhalt und Summe des Bundes.

Wachset in der Gnade und Erkenntnis unseres Herrn und Heilandes Jesu Christi. 2. Petrus 3, 18

Wachset in der Gnade - nicht nur in einer einzelnen Gnade, sondern in aller Gnade. Wachse in der Grundgnade, dem Glauben. Vertraue fester als bisher auf die Verheißungen. Dein Glaube werde völliger, beständiger, einfältiger, kindlicher. Wachse auch in der Liebe. Bitte, daß sie umfassender, inniger, tätiger werde, daß sie alle deine Werke, Worte und Gedanken durchdringe. Auch in der Demut wachse. Suche recht niedrig zu werden und erkenne mehr und mehr deine Dürftigkeit. Und wie du in die Demut hinabwurzelst, so suche auch nach oben zu wachsen: schwinge dich im Gebet höher zu Gott empor und ringe nach innigerer Gemeinschaft mit Jesus.

Wie in der Gnade, so müssen wir auch wachsen in der Erkenntnis unseres Herrn und Heilandes. Ihn erkennen ist ewiges Leben, und in seiner Erkenntnis zunehmen, ist Wachstum in der Glückseligkeit. Wer kein Verlangen nach größerer Erkenntnis Christi hat, weiß noch nichts von ihm. Wer die Liebe Jesu einmal kennt, den dürstet nach immer volleren Zügen seiner Liebe. Wer sich nicht danach sehnt, ihn inniger zu lieben und zu kennen, der liebt ihn gar nicht. Fern von Christo sein, ist die Hölle, aber die Gnadengegenwart Jesu ist der Himmel. Darum gib dich nicht zufrieden, wenn du nicht zunimmst in der Erkenntnis Jesu. Suche ihn näher kennenzulernen in seiner göttlichen Herrlichkeit, in seiner menschlichen Natur, in dem, was er vollbracht hat, in seinem Tod, in seiner Auferstehung, in seinem stellvertretenden Hohepriesteramt, in seiner herrlichen Zukunft als König seines Reiches.

Wachstum in der Liebe zu Jesu und ein völligeres Verständnis seiner Liebe zu uns sind die sichersten Zeichen vom Wachstum in der Gnade.

Gott sah, daß das Licht gut war. Da schied Gott das Licht von der Finsternis. 1. Mose 1, 4

Licht ist eine herrliche Gottesgabe. Wir, die wir's genießen dürfen, sollten nur dankbarer dafür sein und in seinem Schein Gott mehr erkennen.
Das Licht auf Erden ist lieblich, aber das Licht des Evangeliums ist unendlich wohltuender, denn es offenbart göttliche und ewige Dinge und dient unserer unsterblichen Natur. Wenn der Heilige Geist uns geistliches Licht schenkt und uns die Augen öffnet, dann erkennen wir die Sünde in ihrer Wirklichkeit und erfahren, wie es in Wahrheit mit uns steht. Wir sehen den allerheiligsten Gott so, wie er sich offenbart, aber auch den Heilsplan, den er verkündigen läßt, und die zukünftige Welt, wie die Heilige Schrift sie schildert. Das geistliche Licht hat mancherlei Strahlen; aber sie sind alle gut, sei es nun Erkenntnis, Freude, Heiligung oder Leben. O Herr, da dein Licht so gut ist, so schenke uns noch mehr Licht, schenke uns vor allem dich selbst, das wahre Licht!
Gott schied das Licht von der Finsternis - wir wollen sie nicht vermengen. Die Kinder des Lichtes dürfen keine Gemeinschaft haben mit den Werken, Lehren und Lügen der Finsternis. Die Kinder des Tages sollen nüchtern, ehrbar und wacker sein im Werke ihres Herrn und denen die Werke der Finsternis überlassen, die darin bleiben müssen ewiglich. Die Gemeinde der Gläubigen soll durch Zucht das Licht scheiden von der Finsternis, und ebenso müssen wir uns heilig halten von der Befleckung mit der Welt. Im Urteil, im Wandel, im Hören, im Lehren, im Umgang müssen wir einen Unterschied machen zwischen dem Guten und dem Bösen und die große Scheidung festhalten, die der Herr bei seinem ersten Tagewerk aufgerichtet hat. Herr Jesus, sei du unser Licht den ganzen heutigen Tag, du bist das wahre Licht für uns Menschen.

Alle eure Sorgen werfet auf ihn; denn er sorget für euch.

1. Petrus 5, 7

Wie beneidenswert sind wir, daß wir unsere Sorgen uns entschlagen können in dem Bewußtsein: Er sorgt für mich! Lieber Christ, verunehre deine Jüngerschaft nicht durch Sorgen und Grämen. Wirf dein Anliegen auf den Herrn. Du wankst unter einer schweren Last - dein Vater wird sie nicht einmal spüren. Was dir wie ein zermalmendes Gewicht vorkommt, ist für ihn kaum wie ein Stäublein, das in der Waage bleibt.

Du Kind des Leidens, sei geduldig. Gott hat dich in seiner Weltregierung nicht übersehen. Der die Sperlinge ernährt, gibt auch dir, was du bedarfst. Brüte nicht in zweifelnden und verzweifelnden Gedanken über dein Schicksal. Umgürte dich mit den Waffen des Glaubens. Es ist e i n e r, der für dich sorgt. Sein Auge ruht liebend auf dir, sein Herz schlägt voll Mitleid bei deinem Schmerz, seine Hand bringt dir die ersehnte Hilfe. Die schwärzeste Wolke wird zerrinnen in Regengüssen der Gnade. Die dunkelste Nacht weicht dem klaren Morgen. Wenn du ihm angehörst, so wird er deine Wunden verbinden und dein zerbrochenes Herz heilen. Zweifle in deiner Heimsuchung nicht an seiner Gnade, sondern glaube, daß er dich in Zeiten der Trübsal ebenso lieb hat wie in den Tagen der Wonne.

Was für ein heiteres Leben könntest du führen, wenn du dich dem allwaltenden Gott vertrauensvoll hingäbest. Wenn Gott für dich sorgt, was brauchst du auch noch zu sorgen? Kannst du ihm deine Seele anvertrauen, warum nicht auch deinen Leib? Er hat sich noch nie geweigert, dir deine Last abzunehmen. Noch nie ist er unter ihrem Gewicht wankend geworden. So komm denn, mach ein Ende all deiner zaghaften Sorge, befiehl all dein Anliegen deinem Herrn, und er wird dir geben, was dein Herz wünscht.

Christus ist mein Leben.

Philipper 1, 21

Nicht von Anfang an lebt der Mensch ein Leben aus Christo. Ein solches Leben beginnt erst, wenn der Heilige Geist ihm die Sünde aufdeckt und durch die Wirkung der Gnade zeigt, wie der sterbende Heiland seine Schuld gesühnt hat. Mit dem Augenblick der neuen, himmlischen Geburt fängt der Mensch an, in und mit Christus zu leben.
Jesus ist denen, die da glauben, die eine köstliche Perle, um deretwillen sie alles freudig hingeben. Er hat unsere Liebe so völlig gewonnen, daß unser Herz ganz allein nur für ihn lebt. Zu seiner Ehre wollen wir leben. Um seines Namens willen gehen wir willig in den Tod. Er ist der Maßstab unseres Wandels, das erhabene Vorbild, nach dem wir unseren inwendigen Menschen zu vervollkommnen trachten. Des Apostels Worte sagen weit mehr, als die meisten Menschen ahnen. Sie bezeugen: Zweck und Ziel seines Lebens war Christus. Ja, noch mehr: Jesus war für ihn das Leben selber. Jesus war geradezu sein Odem, die Seele seiner Seele, das Herz seines Herzens, das Leben seines Lebens.
Kannst du das auch sagen? Kannst du aufrichtig sagen, Christus sei dein Leben? Viele streben diesem Ziele nach; wer aber darf behaupten, er habe so ganz für Christus gelebt wie der Apostel? Und dennoch ist das wahre Leben eines Christen, seine Quelle und sein Fortgang, sein Zweck und sein Ziel, in einem Wort zusammengefaßt: Jesus Christus! O Herr, nimm mich an; hier komme ich und flehe vor dir. Laß mich in dir und für dich leben. Brauche mich nach deinem Wohlgefallen dir zum Dienst oder zum Opfer, gleich dem Farren, der zwischen Pflug und Altar steht; und mein Wahlspruch sei: Zu beidem bereit.

Daß also Aaron trage die Missetat des Heiligen.

2. Mose 28, 38

Was enthüllt sich uns in diesem Wort? Was offenbart es unserem Blick? Es ist demütigend und lehrreich zugleich, wenn wir einen Augenblick verweilen und dieses düstere Bild betrachten.
Unsere Gottesdienste mit ihrem heuchlerischen, äußerlichen, lauen, ehrfurchtslosen, zerstreuten, gottvergessenen Wesen - welch ein Übermaß von Sündigkeit stellen sie uns vor Augen! Unsere Arbeit für die Sache des Herrn, in die sich Neid, Selbstsucht, Sorglosigkeit, Trägheit und Unglaube einnisten - wie ist sie doch so voller Befleckung! Unser Gebet im Kämmerlein mit seiner Schläfrigkeit, Kälte, Nachlässigkeit, Gleichgültigkeit und Selbsttäuschung - welch eine weite Wüste dürren Landes! Und wenn wir ganz sorgfältig nachsehen möchten, so könnten wir uns überzeugen, wieviel größer noch diese Gottentfremdung ist, als es uns beim ersten Blick vorkommt. Selbst unsere Sehnsucht nach der Heiligung kann noch mit unreinen Beweggründen befleckt sein: mit geistlichem Hochmut oder frommer Eitelkeit oder dem Mangel an Opferbereitschaft. Unter dem grünsten Rasen bergen sich Würmer. Wir brauchen nicht lange zu suchen, so kommen wir ihnen auf die Spur.
Wie erleichtert uns da der Gedanke, daß derselbe Hohepriester, der die Missetat des Heiligen trug, auf der Stirn die Worte trug: „Die Heiligkeit des Herrn.“ So erscheint auch der Herr Jesus, der unsere Sünde trägt, vor seines Vaters Angesicht nicht mit unserer Unheiligkeit, sondern mit seiner vollkommenen Heiligkeit. O welch eine Gnade, daß wir mit dem Auge des Glaubens unseren großen Priester schauen dürfen. Gelobt sei sein herrlicher Name!

Ich will ihr Gott sein. Jeremia 31, 33

Hier ist alles, was du nur wünschen kannst. Du möchtest gern glücklich sein und suchst etwas, was dir Befriedigung gewährt. Hast du hier nicht die Fülle? Wenn du diese Verheißung in den Becher deiner Wünsche tust, mußt du dann nicht mit David sagen: „Du schenkest mir voll ein"? Wenn das Wort in Erfüllung geht: „Ich bin dein Gott", besitzest du dann nicht alles?

Wer kann den Umfang unserer Wünsche ermessen? Aber der unerschöpfliche Reichtum Gottes überströmt sie weit. Fehlt dir noch etwas, wenn Gott dein eigen ist? Ist nicht der Reichtum seiner Gnade weit genug, um alle deine Bedürfnisse zu stillen? Und begehrst du noch mehr als nur ein Stillen deiner Wünsche, sehnst du dich nach einer unaussprechlichen Wonne - hier findest du es. Kein Lobgetön der lieblichsten Harfen, kein Jubelgesang der Engelchöre klingt so herrlich wie die köstliche Verheißung: „Ich will ihr Gott sein." Hier ist unergründliches Meer der Seligkeit, ein endloser Ozean der Wonne. Komm, bade deinen Geist darin. Schwimme hinein, so weit die Zeitenwogen reichen, du findest kein Ufer. Senke das Bleilot der Ewigkeit hinab, du findest keinen Grund in seinen Tiefen. Ich will ihr Gott sein - wenn bei diesem Laut dein Auge nicht erglänzt, wenn da dein Herz nicht schwillt von Seligkeit, dann steht's mit dir nicht richtig.

Aber du bedarfst noch mehr als nur gegenwärtiger Wonne. Du klimmst hinauf zu einer Höhe, die dir den Blick in ein Reich der Hoffnung öffnet. Was kannst du Größeres hoffen als die Erfüllung dieses Verheißungswortes: „Ich will ihr Gott sein"? Das ist das Kernstück aller Verheißungen; es gibt uns hienieden einen Himmel und schafft uns einen Himmel droben. O bleibe nur im Lichte deines Herrn und laß dein Herz ganz von seiner Liebe hingenommen werden.

Hinfort ist mir beigelegt die Krone der Gerechtigkeit.

2. Timotheus 4, 8

Ich freue mich immer wieder über die Erzählung von jenem Sterbenden, der ausrief: „Ich gehe ohne Zagen heim; ich habe mich von allem losgemacht; der Herr steht auf der Schwelle meiner Tür, und ich bin bereit, ihm zu folgen."
„Aber fürchtest du nicht", fragte einer seiner Freunde, „du möchtest das erhoffte Erbteil doch nicht finden?" „O nein", sprach er, „der Himmel besitzt eine Krone, die selbst der Engel Gabriel nicht tragen könnte; sie paßt nur auf mein Haupt. Und ein Thron ist dort oben bereit, den kein Apostel Paulus einnehmen kann, denn er ist für mich gemacht, und ich werde darauf sitzen."
Lieber Christ, welch ein Freudengedanke: Dein Erbteil ist dir gesichert! Es kann dir nicht verlorengehen. Es ist dein eigen so gewiß, als ob du es schon besäßest.
Komm mit mir, wir wollen auf den Berg Nebo gehen und das gelobte Land schauen. Bemerkst du jenen schmalen Todesstrom, der im Sonnenschein glänzt, und erkennst du jenseits die Zinnen der ewigen Stadt? Siehst du die liebliche Gegend und all ihre glücklichen Bewohner? So wisse denn: wenn du hinüberfliegen könntest, du würdest auf einer ihrer Wohnungen die Inschrift lesen: Bestimmt für den und den; ihm bleibt diese Stätte vorbehalten; hier wird er aufgenommen, um ewig bei Gott zu sein.
Du armer Zweifler, schaue an das herrliche Erbe - es ist dein! Wenn du an den Herrn Jesus glaubst, wenn dein Herz erneuert ist, so bist du ein Kind Gottes, und eine Wohnung ist dir dort bereitet, eine Krone wartet auf dich und eine Harfe wird dir in die Hand gegeben. Kein anderer wird dein Teil bekommen, dir bleibt's im Himmel aufbehalten, und bald wirst du es in Empfang nehmen.

Die aber auf dem Fels, sind die: wenn sie es hören, nehmen sie das Wort mit Freuden an, aber sie haben nicht Wurzel; eine Zeitlang glauben sie, und zu der Zeit der Anfechtung fallen sie ab. Lukas 8, 13

Es ist ein Unterschied, ob wir nur mit den Ohren das Wort aufnehmen oder ob wir den Herrn Jesus selbst ins Herz aufnehmen. Ein starker Eindruck des Wortes ist nicht immer auch ein bleibender. Nach dem Gleichnis, dem unser Schriftwort angehört, fiel etliches, das gesät war, in das Steinige, da es nicht viel Erde hatte. Als nun der Same aufging, konnte er nicht unter sich wurzeln, denn das felsige Erdreich hinderte ihn. So trieb er mächtig in die Höhe; weil ihm aber die Wurzeln keine Nahrung zuzuführen vermochten, verwelkte er und ward dürre.
Steht es etwa auch mit mir so? Habe ich nach außen ein viel verheißendes Wachstum gezeigt, während mir das wahre, innere Leben fehlte? Ein gutes Gedeihen verlangt gleichzeitig ein Wachstum nach unten und nach oben. Wenn mein Herz nicht erweicht und befruchtet ist durch die Gnade, so mag der gute Same eine kurze Zeit grünen; aber zuletzt muß er absterben, denn er kann nicht gedeihen in einem steinigen, d. h. einem ungebrochenen, ungeheiligten Herzen. Ach, ich will fliehen vor einer Frömmigkeit, die so schnell aufblüht, aber auch so schnell hinwelkt. Ich will die Kosten ganz überschlagen, wenn ich ein Jünger Jesu werde. Vor allem aber möchte ich die Kraft des Heiligen Geistes an mir erfahren, dann werde ich eine bleibende und lebensfähige Saat im Herzen besitzen. Wenn mein Gemüt verhärtet bleibt wie zuvor, dann wird die Sonne der Heimsuchung es nur ausbrennen, mein Felsenherz wirft die Hitze nur um so heftiger auf die spärlich bedeckte Saat zurück, meine Gottesfurcht erstirbt schnell und meiner wartet schreckliche Verzweiflung. Du himmlischer Säemann, streue deine Wahrheit in mich und laß mich reichlich Frucht bringen!

Ihr aber seid Christi. 1. Korinther 3, 23

Ihr aber seid Christi. Ihr seid sein eigen als Gabe, denn der Vater hat euch dem Sohn gegeben. Sein eigen durch sein blutiges Lösegeld, denn er hat den hohen Preis für eure Erlösung bezahlt. Sein eigen durch euer Gelübde, denn ihr habt euch ihm übergeben. Sein eigen durch Verwandtschaft, denn ihr seid nach seinem Namen genannt und seine Brüder und Miterben geworden.

So zeige denn, lieber Christ, durch die Tat, daß du der Freund Jesu bist. Versucht dich die Sünde, so antworte: Wie sollte ich ein solch großes Übel tun, ich gehöre ja Christo an! Ein unsterbliches Gesetz verwehrt dem Freunde Christi die Sünde. Drohen dir Verlegenheiten und Gefahren, dann sei standhaft und bedenke, daß du Christus gehörst. Er wird für dich sorgen. Bist du hingestellt, wo andere müßig sitzen und zusehen, so mache dich mit Aufbietung aller Kraft ans Werk. Rinnt dir auch der Schweiß von der Stirn und willst du ermatten, so besinne dich darauf, daß du Christi eigen bist und nicht ruhen darfst. Will der verführerische Gesang der Lust dich vom Pfade der Gerechtigkeit weglocken, so sprich: Dein Reigen verführt mich nicht, denn ich bin Christi! Wenn Gottes Sache dich ruft, so folge, wenn der Dürftige dein begehrt, so gib ihm dein Gut und dein Leben, denn du bist Christi. Verleugne dein Bekenntnis nie. Deine Tat sei allezeit Christi würdig, deine Rede lieblich, dein Wort und Wandel himmlisch, auf daß alle, die dich sehen, wissen, daß du dem Heiland angehörst und in dir seine Liebe und sein heiliges Gemüt wohnen. „Ich bin ein römischer Bürger", das war vorzeiten ein unantastbarer Schutzbrief. Wieviel mehr sollte dir dieses Wort ein Schutzbrief und Vorrecht zu einem Wandel der Heiligung sein: Ich bin Christi!

Ihr Männer, liebet eure Weiber, gleichwie Christus auch geliebt hat seine Gemeinde. Epheser 5, 25

Welches köstliche Vorbild gibt doch Christus seinen Jüngern! Wenige Lehrer dürfen wohl sagen: „Wollt ihr tun nach meiner Lehre, so folgt meinem Wandel nach.“ Weil aber das Leben Jesu eine genaue Ausprägung aller vollkommenen Tugend ist, so darf er auf sein eigenes Leben hinweisen als auf das Urbild der Heiligkeit, während er zugleich als Lehrer ein Muster der Vollkommenheit ist. Der Christ sollte sich kein geringeres Vorbild zur Nachahmung wählen, als Christus selbst. Als Haupt seines Weibes und seiner Familie hat der Christ sein Augenmerk auf das Vorbild Jesu Christi zu richten und dasselbe getreu nachzumalen. Der wahrhafte Christ soll seinem Weibe das sein, was Christus seiner Gemeinde ist. Der Mann sollte sein Weib lieben mit einer beständigen Liebe, denn also liebt auch der Herr Jesus seine Gemeinde. Er ist nicht wandelbar in seiner Zuneigung; er äußert wohl dieses Wohlwollen in verschiedener Weise, aber die Liebe selber bleibt unverwandt dieselbe. Der Mann soll sein Weib lieben mit der dauernden Liebe, denn nichts „mag uns scheiden von der Liebe Gottes, die in Christo Jesu ist, unsrem Herrn.“ Ein treuer Ehemann liebt sein Weib mit einer herzlichen, inbrünstigen Liebe. Die Liebe darf kein bloßer Lippendienst sein. Was hätte Christus wohl mehr tun können, um seine Liebe zu beweisen, als was er getan hat? Gläubige Seelen bewundern die Liebe Jesu. In ihrem Leben und Hause herrscht das Gesetz der Liebe nach dem Wort: „Gleichwie Christus auch geliebt hat die Gemeinde!“

Ich bin's, der ein Meister ist zu helfen. Jesaja 63, 1

Unter den Worten „zu helfen“ haben wir das ganze große Erlösungswerk zu verstehen, von der ersten heiligen Sehnsucht an bis hinaus zur vollkommenen Heiligung. Gott schenkt den Himmel denen, die da glauben. Aber was noch mehr ist: er kann den Menschen ein neues Herz geben und in ihnen den Glauben wirken. Er vermag den, der die Heiligung haßt, so herumzubringen, daß er sie liebt. Er nötigt den, der seinen Namen verhöhnt, daß er die Kniee vor ihm beugt.

Doch damit ist die Bedeutung noch nicht erschöpft. Die göttliche Macht zeigt sich ebenso herrlich in der Nachwirkung. Das Leben eines Gläubigen ist eine Kette von Wundern, die der Allmächtige wirkt. Er vermag die Seinen auch heilig zu bewahren, nachdem er sie geheiligt hat, bis daß er ihr geistliches Leben im Himmel vollendet. Die Macht Christi besteht nicht darin, daß er einen Menschen zum Glauben bringt und ihn sich dann selbst überläßt, sondern der das gute Werk angefangen hat, führt es auch hinaus. Der den ersten Lebenskeim in die Seele pflanzt, erhält und nährt ihn auch, bis er alle Sündenfesseln sprengt und die Seele sich von der Erde erhebt in vollkommener Herrlichkeit.

Betest du für eines deiner Lieben? O gib dein Beten nicht auf; denn Christus ist ein Meister zu helfen. Bist du ob dir selbst beunruhigt? Fürchte dich nicht; denn seine Kraft ist groß genug für dich. Sei es, andere zu retten, sei es, das Werk in dir zu vollenden, so ist Christus ein Meister zu helfen. Hat er nicht dich errettet? O wieviel tausendfache Gnade, daß du ihn nicht gefunden hast als einen Meister zu verderben!

Tue, wie du geredet hast. 2. Samuel 7, 25

Gott hat seine Verheißungen nicht dazu gegeben, daß wir sie wie wertloses Papier wegwerfen. Er will, daß wir sie gebrauchen. Gottes Geld ist nicht Geizgeld, sondern zum Handel gemünzt. Nichts gefällt unserem Herrn besser, als wenn er sieht, daß seine Verheißungen in Umlauf gesetzt werden. Er hat's gern, wenn seine Kinder sie vor ihn bringen und sagen: „Herr, tue, wie du geredet hast."

Wir verherrlichen Gott, wenn wir uns auf seine Verheißungen berufen. Oder meint ihr, Gott werde dadurch ärmer, daß er euch die Schätze schenkt, die er euch zugesagt hat? Er hat gesagt: „Kommt und laßt uns miteinander rechten; wenn eure Sünde gleich blutrot ist, soll sie doch schneeweiß werden; und wenn sie gleich ist wie Scharlach, soll sie doch wie Wolle werden." Der Glaube hält fest an der Verheißung der Vergebung. Fragt er etwa, ob's Gott auch Ernst ist damit? Nein, er geht geradeswegs vor den Gnadenthron und spricht: „Hier, hier ist die Verheißung, so tue denn, wie du geredet hast." Und der Herr antwortet: „Dir geschehe, wie du willst!"

Unser himmlischer Herr löst seine Verheißungen mit größter Freude ein. O, laß doch die Verheißung nicht verrosten! Ziehe das Wort der Verheißung aus der Scheide und gebrauche es mit heiligem Eifer. Meine nicht, Gott werde wegen deines zudringlichen Mahnens ungeduldig. Er hört den lauten Notschrei heilsbedürftiger Seelen so gern! Es ist ihm eine Wonne, Gnade zu erweisen. Er ist bereitwilliger zum Erhören als du zum Flehen. Es liegt in Gottes Natur, daß er seine Verheißungen erfüllt. Darum eile unverweilt zum Gnadenthron und flehe: Tue, wie du geredet hast!

Ich helfe dir, spricht der Herr. Jesaja 41, 14

Es ist mir ein Kleines, dir zu helfen, spricht dein Heiland zu dir, denn ich bin dein Gott. Siehe, was ich schon alles an dich gewendet habe. Ich habe dich mit meinem Blut erkauft. Ich bin für dich in den Tod gegangen. Und wenn ich das größere für dich vollbracht habe, wie sollte ich das geringere nicht auch tun? Dir helfen - das ist ja das wenigste, was ich für dich tun will; ich h a b e mehr für dich getan und w i l l noch mehr tun. Ich habe mich meiner Herrlichkeit entäußert und bin Mensch geworden um deinetwillen. Ich habe mein Leben für dich dahingegeben. Und habe ich das alles für dich getan, so will ich dir wahrlich auch helfen. Und hättest du tausendmal größere Hilfe nötig, ich wollte sie dir gewähren. Du verlangst ein Geringes gegen das, was ich zu geben bereit bin. In deinen Augen verlangst du großes, aber es ist mir ein Kleines, es dir zu schenken. Dir helfen? Fürchte dich nicht! Wenn vor deiner Scheune ein Sperling um Hilfe flehte, so würde dich eine Handvoll Korn nicht arm machen. Und du bist nur eine Ameise auf der Schwelle meines Allvermögens. Ich will dir helfen!
Ist das nicht genug? Brauchst du eine stärkere Hilfe als die Allmacht des dreieinigen Gottes? Bedarfst du mehr Weisheit, als im Vater vorhanden ist, mehr Liebe, als sich im Sohne offenbart, mehr Macht, als sich im Wirken des Heiligen Geistes verkündet? Bringe deinen leeren Wasserkrug hierher. Dieser Brunnen füllt ihn. Eile, raffe deine Bitten zusammen und bringe sie her: deinen Mangel, deine Schmerzen, deine Sehnsucht. Dieser Gottesstrom strömt voll für dich. Was kannst du mehr begehren? Gehe hin, meine Seele, in dieser deiner Kraft. Der ewige Gott ist dein Helfer!

Und ich sah das Lamm stehen auf dem Berge Zion.

Offenbarung 14, 1

Dem heiligen Seher von Patmos war es vergönnt, hineinzuschauen in das Heiligtum des Himmels. Er hat uns beschrieben, was er dort gesehen hat. „Ich sah das Lamm!" Das zeigt uns, daß der Hauptgegenstand der anbetenden Betrachtung im Himmel das Lamm Gottes ist, das der Welt Sünde trägt. Nichts anderes zog des Apostels Aufmerksamkeit so stark auf sich wie die Person jenes göttlichen Wesens, das uns erkauft hat mit seinem Blut. Das Lamm ist der Gegenstand des Lobgesanges aller verklärten Geister und heiligen Engel.

Lieber Leser, sieh hier deine Wonne. Du hast hinaufgeblickt und hast das Lamm gesehen. Durch den Schleier deiner Tränen hindurch haben deine Augen das Lamm Gottes geschaut, das deine Sünden trägt. Darum freue dich und sei fröhlich. Wenn nach einer kurzen Spanne Zeit die Tränen abgewischt sind von deinen Augen, wirst du das Lamm auf dem Thron erhöht erblicken. Es ist deines Herzens Wonne, täglich mit dem Heiland umzugehen. Im Himmel darfst du diese Wonne in vollerem und höherem Maße genießen. Du darfst dich weiden an dem unverhüllten Anblick seiner Gegenwart. Du darfst bei ihm sein ewiglich.

Ich sah das Lamm stehen! O, dieses Lamm *ist* der Himmel. Ein Gottesmann hat gesagt: „Himmel und Christus ist eins und dasselbe." Bei Christo sein heißt im Himmel sein, und im Himmel sein heißt bei Christo sein. Jenes Kind Gottes schreibt in einem seiner herrlichen Briefe: „O mein Herr Jesu Christ, wenn ich ohne dich im Himmel sein müßte, so würde er mir zur Hölle; und wenn ich in der Hölle sein müßte und hätte dich noch, so würde sie mir zum Himmel: denn du allein bist der Himmel, nach dem ich mich sehne." Ist's nicht so, lieber Leser? Alles, was du zu deiner Seligkeit nötig hast, zu deiner unaussprechlichen Seligkeit, ist: bei Christo zu sein.

Es ist noch eine Ruhe vorhanden dem Volke Gottes.

Hebräer 4, 9

Wie ganz anders als hienieden wird der Zustand des Gläubigen im Himmel sein! Im Lande der Ewigkeit kennt man weder Mühe noch Sorge. Will er hienieden dem Meister nachfolgen, so reicht seine Kraft oft nicht so weit wie sein Streben. Er muß beständig seufzen: „Hilf mir, daß ich dir dienen kann, mein Gott!“ Wenn er recht tätig ist, so wartet sehr viel Arbeit auf ihn; nicht zu viel für seinen Willen, aber mehr als genug für seine Kräfte, so daß er ausrufen muß: „Die Lust zur Arbeit fehlt mir nicht, aber ihre Last ist mir zu groß!“ Ach, lieber Leser, der Tag heißer Mühe währt nicht ewig. Die Sonne neigt sich schon, und sie steht wieder auf und bringt einen herrlicheren Tag, als du je erlebt hast, und zwar in einem Lande, wo man Gott Tag und Nacht dient und dennoch ruht von der Arbeit. Hienieden ist die Ruhe Stückwerk, dort ist sie vollkommen. Hier wird der Christ beständig beunruhigt - er fühlt, daß er das Ziel noch nicht erreicht hat; dort genießen alle der Ruhe, die sie gefunden haben an Gottes Herzen.
Und diese Ruhe ist eine ewige, d. h. eine bleibende Ruhe. Hier tragen meine besten Freuden den Stempel der Vergänglichkeit. Meine schönsten Blumen welken dahin. In meinem köstlichsten Becher findet sich trübe Hefe. Meine muntersten und buntesten Vögel trifft des Todes Pfeil. Meine vergnügtesten Tage verfinstern sich zur Nacht. Die Fluten meiner Wonne verlaufen sich in die Ebbe meiner Sorgen. Dort aber ist alles unsterblich. Die Harfen verrosten nicht. Die Krone verwelkt nicht. Das Auge verdunkelt sich nicht. Die Stimme versagt nicht. Das Herz verzagt nicht. Die Seele ist ganz aufgelöst in unaussprechlicher Wonne. O seliger Tag, da die Sterblichkeit verschlungen wird in die Unsterblichkeit und der ewige Sonntag beginnt!

Ich suchte, aber ich fand ihn nicht. Hohelied 3,1

Sage mir, wo du die Gemeinschaft mit Christus verloren hast, so will ich dir sagen, wo du sie am leichtesten wieder findest. Hast du deinen Heiland im Kämmerlein verloren, als du im Gebet lässiger wurdest? Dann mußt du ihn dort auch wieder suchen und finden. Verlorst du ihn durch die Sünde, dann findest du ihn nicht anders wieder als dadurch, daß du die Sünde aufgibst und durch den Heiligen Geist das Glied, in dem die Sündenlust wohnt, zu ertöten suchst. Hast du Christus verloren durch Gleichgültigkeit gegen sein heiliges Wort? Dann suche ihn in der Heiligen Schrift. Es ist ein altes Sprichwort: „Suche deine Sachen, wo du sie verloren hast." So suche deinen Freund, wo du ihn verloren hast, denn er ist nicht weggegangen.

Freilich, es ist ein hartes Stück Arbeit, umkehren, um Christus zu suchen. Bunyan erzählt uns, daß der Pilger keinen Weg so beschwerlich und traurig gefunden habe, wie den zurück zur Laube der Erholung am Hügel Beschwerde, wo er seinen Brief verloren hatte. Fünf Stunden steigen ist leichter, als eine Viertelstunde zurückgehen, um den verlorenen Pfad wieder zu suchen. Darum, wenn du deinen Herrn gefunden hast, so bleibe bei ihm.

Und doch ist's, wenn du ihn verloren hast, eine große Gnade, daß du ihn suchst trotz deines bangen Seufzens: „Ach, daß ich wüßte, wo ich ihn finden soll!" Geh und suche; denn es ist gefährlich, wenn du ohne deinen Herrn bist. Ohne Christus bist du wie ein Schaf ohne Hirten, wie ein Baum ohne tränkendes Wasser, wie ein welkes Blatt im Sturm, abgelöst vom Baum des Lebens. Suche ihn von ganzem Herzen, so läßt er sich von dir finden. Nur biete alles auf, ihn zu suchen, und du wirst ihn wieder finden zu deiner Freude und Wonne.

Abel ward ein Schäfer. 1. Mose 4, 2

In Abel, dem Hirten und Priester, der ein Opfer darbringt zum süßen Geruch dem Herrn, sehen wir unseren Heiland vorgebildet, der seinem Vater ein Opfer bringt, das ihm in alle Ewigkeit wohlgefällig ist. Abel wurde von seinem Bruder gehaßt; gehaßt ohne alle Ursache. Das mußte auch der Heiland erfahren. Der natürliche und fleischliche Mensch haßt den Frommen, in dem der Geist der Gnade erfunden wird. Abel kam um und besprengte Altar und Opfer mit seinem eigenen Blut. Auch hierin bildet er den Herrn Jesum ab, den die Feindschaft der Menschen erwürgte, während er als Priester vor dem Vater stand. Der gute Hirte läßt sein Leben für die Schafe! Laßt uns weinen, wenn wir sehen, wie der Haß der Menschenkinder ihn zum Tode gebracht und die Hörner seines Altars mit seinem Blute befleckt hat. Von Abels Blut heißt es: „Deines Bruders Blut schreiet zu mir von der Erde.“ Auch das Blut Jesu redet eine mächtige Sprache. Aber es schreit nicht um Rache, sondern um Gnade.

Wir dürfen am Altar unseres guten Hirten stehen und sehen, wie er dort blutet als ein geschlachteter Priester. Und dann dürfen wir hören, wie sein Blut der ganzen Herde Frieden verkündigt: Frieden im Gewissen, Frieden zwischen Juden und Heiden, Frieden zwischen dem Menschen und seinem beleidigten Schöpfer, Frieden für Zeit und Ewigkeit allen blutgewaschenen Menschen. Abel ist der erste Schafhirt nach der Zeit, aber unsere Herzen sollen den Herrn Jesus als den vornehmsten obenan setzen. Du großer Hüter deiner Schafe, wir, das Volk deiner Weide, preisen dich von ganzem Herzen; denn du bist für uns geschlachtet.

Meinest du, daß Hiob umsonst Gott fürchtet? Hiob 1, 9

Das war eine heimtückische Frage Satans, als er von dem rechtschaffenen Knecht Gottes, Hiob, redete. Aber heute lieben viele Gott nur dann, wenn er es ihnen wohlergehen läßt; wenn es ihnen aber böse erginge, würden sie gewiß ihren Glauben an Gott aufgeben, mit dem sie sich jetzt brüsten. Wenn sie deutlich erkennen, daß von der Zeit ihrer Bekehrung an all ihr Vornehmen gelingt und gedeiht, dann lieben sie Gott auf ihre armselige, fleischliche Weise; wenn sie aber Widerwärtigkeit erfahren, dann empören sie sich wider den Herrn. Die Verheißung des alten Bundes war leibliches Wohlergehen; aber des neuen Bundes Verheißung ist Leben. Denkt an die Worte Christi: „Einen jeglichen Reben an mir, der nicht Frucht bringt, wird er wegnehmen; und einen jeglichen, der Frucht bringt, den reinigt er, daß er mehr Frucht bringe." Wenn du Frucht bringst, dann wartet Trübsal auf dich. Seid gewiß, daß, wenn ihr wahrhaft Gottes Kinder seid, euch die Rute nicht verschont. Aber fürchte dich nicht; vielmehr, freue dich, daß dir solche fruchtbaren Zeiten bevorstehen, denn alsdann wirst du gereinigt von allen irdischen Schlacken und zubereitet für den Himmel; du wirst frei von der Anhänglichkeit ans Zeitliche und sehnst dich nach jenen ewigen Gütern, die dir bald geoffenbart werden sollen. Wenn du fühlst, daß du deinem Gott für diese Erdenzeit umsonst dienst, dann freust du dich erst recht wahrhaft über den unendlichen, zukünftigen Lohn der Herrlichkeit.

Du Menschenkind, was ist das Holz vom Weinstock vor anderem Holz? Oder eine Rebe vor anderem Holz im Walde? Hesekiel 15, 2

Diese Worte dienen den Kindern Gottes zur Demütigung. Sie werden Gottes Weinstock genannt, aber sind sie von Natur mehr als andere? Durch Gottes Güte sind sie fruchtbar geworden. Er hat sie in einen guten Boden gepflanzt. Sie bringen Frucht zu seiner Ehre. Was wären sie aber ohne ihren Gott? Was wären sie ohne den beständigen Einfluß des Heiligen Geistes, der ihnen Fruchtbarkeit verleiht?
O Mensch, lerne hier allen Stolz ablegen. Du mußt ja erkennen, daß du keinen Grund dazu hast. Wer du auch seiest, du hast nichts, worauf du pochen magst. Je mehr du hast, desto mehr bist du in Gottes Schuld. Und du solltest nicht stolz sein auf das, was dich zu einem Schuldner macht. Schaue zurück auf deine Herkunft. Betrachte, was du gewesen bist. Überlege, was du ohne die göttliche Gnade jetzt wärest. Und bedenke, was du noch jetzt bist. Steht dir dein tausendfältiges Abirren nicht vor der Seele? Hält dir dein Gewissen nicht vor, daß du nicht wert bist, Gottes Kind zu heißen? Und wenn er dich doch zu etwas gemacht hat, zeigt dir das nicht, daß nur die Gnade dich umgewandelt hat? Du Mensch von großem Glauben, du wärest jetzt ein großer Sünder, wenn Gott dich nicht bekehrt hätte. Der du für die Wahrheit eiferst, du hättest ebenso für den Irrtum geeifert, wenn dich die Gnade nicht erfaßt hätte. Darum sei nicht stolz, ob du gleich ein großes Gut, ein weites Reich der Gnade besitzest. Du könntest auch nicht das allergeringste dein eigen nennen außer deiner Sünde und deinem Elend. Welch furchtbare Betörung, wenn du, dem alles geschenkt ist, dich meinst erheben zu dürfen! Ein armer Bettler, der von der Güte seines Heilands lebt, einer, dessen Leben erlischt, wenn er nicht neue Lebensströme aus Jesu empfängt - und dennoch stolz! O du törichtes Herz!

Ich habe erhöht einen Auserwählten aus dem Volk.

Psalm 89, 20

Warum mußte Christus ein Auserwählter aus dem Volke sein? Geschah's nicht darum, damit er unser Bruder sein konnte durch selige Bande des Blutes? O, welch eine Verwandtschaft ist das zwischen Christo und dem Gläubigen! Wer glaubt, kann sagen: Ich habe einen Bruder im Himmel. Ich bin wohl arm, aber mein Bruder ist reich und ist ein Herr aller Herrscher auf Erden. Wird er zugeben, daß ich Mangel leide, während er auf dem Thron sitzt? Nein - er hat mich lieb, er ist mein Bruder!

O lieber Leser, trage diesen köstlichen Gedanken wie einen Halsschmuck um den Nacken deines Gedächtnisses und brauche ihn als das königliche Siegel, mit dem du die Bittschriften zusiegelst, damit die Erhörung sicher sei.

> Wer Jesum bei sich hat, kann sicher stehen
> und wird im Leidensmeer nicht untergehen;
> wen dieser Bruder schützt, den trifft kein Schaden,
> er wandelt überall auf ebnen Pfaden.

Christus mußte auch ein Auserwählter aus dem Volke sein, damit er unsere Schwachheit kennenlerne und Mitleid mit uns haben könne. „Er ist versucht allenthalben gleich wie wir, doch ohne Sünde." All unsere Nöte fühlt er mit uns. Versuchung, Schmerz, Widerwärtigkeit, Schwachheit, Ermattung, Armut, das alles kennt er, denn er hat es alles empfunden. Das bedenke und laß dir zum Troste dienen. Wie rauh und mühsam auch dein Pfad sei, er ist geheiligt durch die Fußtapfen deines Heilandes. Und ob du gleich wandelst im Tal der Todesschatten, du findest auch da die Spur seiner Tritte. Überall, wohin wir gehen, ist er uns vorausgegangen. Jede Last, die wir tragen müssen, ist ihm einst auferlegt gewesen. Fasse Mut, deines Heilands Füße haben deinen Weg mit Blut gezeichnet und geheiligt.

Er errettet dich vom Strick des Jägers. Psalm 91, 3

Gott errettet die Seinen in einem doppelten Sinne vom Strick des Jägers. Vom Strick und aus demselben. Er errettet sie vom Strick, d. h. er läßt sie nicht hineingeraten. Und wiederum: wenn sie doch irgendwie darin gefangen sind, erlöst er sie daraus. Dem einen ist die erste Verheißung lieber, für den anderen ist die zweite von größerem Wert.

Er errettet dich vom Strick des Jägers. Wie geschieht das? Oft ist Trübsal das Mittel, durch das Gott uns errettet. Er weiß, daß unser Abfall uns schnell ins Verderben stürzt. Darum schickt er gnädig seine Zuchtrute. Viele sind vor dem Verderben bewahrt worden durch Kummer und Kreuz. Das verscheuchte die Vögel vom Netz. Ein andermal bewahrt Gott die Seinen vor dem Strick des Jägers, indem er ihnen geistliche Stärkung gewährt, so daß sie, wenn sie zum Bösen versucht werden, sagen können: Wie sollte ich ein solch großes Übel tun und wider Gott sündigen?

Andererseits will Gott den Gläubigen, der in einer bösen Stunde doch ins Netz fällt, dennoch daraus erlösen! O Abtrünniger, erschrick - aber verzage nicht! Bist du irre gegangen, so höre, was dein Erlöser spricht: „Kehret wieder, ihr abtrünnigen Kinder, denn ich bin barmherzig.“ Und wenn du meintest, du könnest nicht umkehren, denn du seiest gefangen im Netz, dann höre diese Verheißung: Er errettet dich aus dem Strick des Jägers. Du wirst dennoch errettet werden aus allem Übel, in das du geraten bist. Der dich geliebt hat, will dich nicht verlassen noch versäumen. Er nimmt dich mit Ehren an und gibt dir Freude und Wonne, daß auch die Gebeine, die er zerbrochen hat, sich freuen müssen. Kein Vogel des Paradieses wird umkommen im Strick des Jägers.

Ich will der Gnade des Herrn gedenken und des Lobes des Herrn in allem, was der Herr getan hat. Jesaja 63, 7

Hast du keine Beweise der Gnade Gottes empfangen? Wie verdunkelt dein Weg in diesem Augenblick auch sei, so kannst du doch gewiß die selige Stunde nie vergessen, da der Herr Jesus dir entgegenkam und sprach: „Komm zu mir!", da er deine Fesseln sprengte und deine Ketten zerriß und dich tröstete: „Ich löse deine Bande und mache dich frei." Oder wenn du die erste bräutliche Liebe vergessen hast, so findet sich doch gewiß längs deiner Lebensstraße noch irgendein Meilenstein, den das Moos noch nicht ganz überwuchert hat, und du kannst darauf eine beglückende Erinnerung an seine Liebestreue und Gnade gegen dich lesen.

Gib acht! Hast du noch nie auf dem Schmerzenslager geweint, und hat er dir nicht wieder aufgeholfen? Hast du noch nie Mangel gelitten, und hat er sich dann nicht all deiner Not angenommen? Bist du noch nie in Widerwärtigkeiten geraten, und hat er dich nicht daraus befreit? Vergiß nicht, was dein Gott für dich getan hat! Wende die Gedenkblätter seiner Wohltaten um und schaue zurück in die vergangenen Tage! Ist dir noch nie Hilfe gekommen zur Zeit der Not? O doch, gewiß. Darum kehre eine kleine Strecke zurück zu den auserwählten Gnaden von gestern. Ist auch jetzt alles dunkel, so zünde doch die Lampen der Vergangenheit an. Die werden die Nacht erleuchten, und du wirst auf den Herrn vertrauen, bis der Tag anbricht und die Schatten fliehen.

O du Zuflucht der Elenden,
wer hat nicht von deinen Händen
Segen, Hilf' und Heil genommen,
der gebeugt zu dir gekommen?

Euer himmlischer Vater! Matthäus 6, 26

Gottes Kinder sind nach zwei Seiten seine Kinder: einmal durch ihre Erschaffung, zum anderen durch ihr Kindesrecht in Christo. Darum haben sie das herrliche Vorrecht, zu ihm beten zu dürfen: Unser Vater, der du bist im Himmel!

Vater! Welch ein lieblicher Laut ist das! Es liegt darin Würde. „Bin ich nun Vater, wo ist meine Ehre?" Es liegt darin Liebe. Der Gehorsam, den Gottes Kinder ihrem himmlischen Vater leisten, muß ein Gehorsam der Liebe sein. Wandelt nicht zum Hause Gottes wie Sklaven, die sich mit Widerstreben ihrer Arbeit unterziehen, sondern geht in den Wegen seiner Gebote, weil es eures Vaters Weg ist. Begebet eure Glieder zum Dienst der Gerechtigkeit, weil Gerechtigkeit eures Vaters Wille ist und sein Wille auch seines Kindes Wille sein soll. Vater - darin liegt das hohe Ansehen unseres Gottes, der Herrscher über alles ist. Aber man vergißt den Herrscherstab beim Anblick der Liebe, die uns aus dem Antlitz dieses Herrschers entgegenstrahlt.

Vater! Wie groß ist doch eines Vaters Liebe gegen seine Kinder! Was keine Freundschaft vermag, was kein Wohlwollen unternimmt, das leistet eines Vaters Herz und Hand für seine Söhne. Sie sind sein Fleisch und Blut - er muß sie segnen. Sie sind seine Kinder - mit starkem Arm nimmt er sich ihrer an. Wenn ein irdischer Vater mit unermüdlicher Liebe und Sorgfalt seine Kinder überwacht, wieviel mehr wird das nicht unser himmlischer Vater tun? Abba, lieber Vater! Wer das sagen kann, hat ein herrlicheres Loblied gesungen als alle Cherubim und Seraphim. Es liegt ein ganzer Himmel auf dem Grunde des Wortes Vater. Es birgt alles, was ich begehren kann. Alle meine Bedürfnisse dürfen nur fordern, alle meine Wünsche dürfen nur verlangen. Ich besitze alles in allem auf ewige Zeiten, wenn ich nur lallen kann: Vater!

Und von seiner Fülle haben wir alle genommen Gnade um Gnade.
Johannes 1, 16

Diese Worte zeigen uns, daß in Christus eine Fülle ist, eine Fülle wesentlicher Göttlichkeit, denn in ihm wohnt die ganze Fülle der Gottheit leibhaftig. Eine Fülle vollkommener Menschlichkeit, denn in ihm hat Gott leibliche Gestalt angenommen und sich geoffenbart. Es ist eine Fülle versöhnender Kraft in seinem Blute, denn das Blut Jesu Christi, seines Sohnes, macht uns rein von aller Sünde. Es ist eine Fülle rechtfertigender Gerechtigkeit in seinem Leben, denn er kann selig machen immerdar, die durch ihn zu Gott kommen, und lebt immerdar und bittet für sie. Es ist eine Fülle des Lebens in seinem Tode, denn durch den Tod nahm er die Macht dem, der des Todes Gewalt hatte, das ist dem Teufel. Es ist eine Fülle der Wirkung in seiner Auferstehung von den Toten, denn durch sie hat er uns wiedergeboren zu einer lebendigen Hoffnung. Es ist eine Fülle von Siegesherrlichkeit in seiner Himmelfahrt, denn er ist aufgefahren in die Höhe und hat das Gefängnis gefangen geführt und hat den Menschen Gaben gegeben.
Ja, hier ist eine Fülle aller Gaben: eine Fülle zu aller und jeder Zeit; eine Fülle des Trostes in Trübsal; eine Fülle der Gnadenführung im Glück; eine Fülle aller göttlichen Kräfte, Weisheit, Macht und Liebe; eine unübersehbare, unerschöpfliche Fülle. So komm denn, und stille hier all dein Verlangen. Erbitte Großes, so wirst du Großes empfangen. Erbitte viel, denn seine Fülle ist unerschöpflich.

Was ich nur will, das bist du mir -
ach, laß mein Herze für und für
von deiner Liebe brennen!

Vollkommen in Christo Jesu.

Kolosser 1, 28

Fühlst du nicht in deinem Innern, daß in dir keine Vollkommenheit ist? Zeigt dies nicht jeder Tag? Jede Träne, die aus deinem Auge rinnt, weint: unvollkommen. Jeder Seufzer, der aus deinem Herzen dringt, schreit: unvollkommen. Jeder Laut der Entmutigung, der deinen Lippen entschlüpft, klagt: unvollkommen. Du hast zu oft in dein Herz geblickt, als daß du auch nur einen Augenblick an irgendwelche Vollkommenheit in dir denken könntest. Aber mitten unter diesem drückenden Gefühl deiner Unvollkommenheit findest du hier einen Trost: du bist vollkommen in Christo Jesu. In Gottes Augen bist du „vollendet in ihm".

Schon jetzt bist du angenehm gemacht in dem Geliebten. Aber es gibt noch eine andere Vollkommenheit, die uns erst noch bevorsteht und allen Gotteskindern zugesagt ist. Wir dürfen hinausschauen auf die Zeit, wo jede Sündenbeflekkung weggenommen sein wird von den Gläubigen und sie dargestellt werden herrlich, ohne Flecken, ohne Runzel. Alsdann wird die Gemeinde Christi so rein sein, daß selbst das Auge des Allwissenden keinen Tadel noch Makel an ihr finden wird. Dann werden wir erkennen und schmecken die Seligkeit dieses Wortes: Vollendet in Christo! Dann werden wir ganz begreifen die Höhen und Tiefen des Heils in Jesu.

Schlägt dir das Herz nicht vor Freude, wenn du daran denkst? Wie schwarz du auch bist - einst wirst du hell strahlen. Wie schmutzig du auch bist - du wirst einst rein dastehen. Welch eine wunderbare Erlösung ist doch das! Christus nimmt einen Sünder und verwandelt ihn in einen Engel. Er nimmt einen schwarzen, unförmigen Erdenkloß und macht ihn zu seinem reinen und unbefleckten Ebenbild, voll unvergleichlicher Schönheit. O stehe hier still und staune ob dieser seligen Wahrheit der Vollkommenheit in Christo Jesu!

Und legte ihnen alle Schriften aus, die von ihm gesagt waren. Lukas 24, 27

Die beiden Jünger auf dem Wege nach Emmaus hatten eine reich gesegnete Reise. Ihr Gefährte und Lehrer war der beste aller Erzieher, der eine aus tausend Auslegern, in welchem alle Schätze der Weisheit und der Erkenntnis verborgen sind. Der Herr Jesus ließ sich herab, ein Prediger des Evangeliums zu werden, und er schämte sich nicht, seinen Beruf vor einer Zuhörerschaft von zwei Personen auszuüben, und so weigert er sich auch nicht, Lehrer eines einzigen zu sein. Suchen wir mit allem Fleiß den Umgang eines so trefflichen Lehrers, denn so er uns nicht gemacht wird zur Weisheit, werden wir nimmermehr weise zur Seligkeit.
Dieser unvergleichliche Lehrer und Erzieher braucht das beste aller Bücher als Lehrbuch. Er wußte in seiner Allwissenheit, welches die lehrreichste und faßlichste Art des Unterrichts sei, und fing an von Mose und den Propheten. Er zeigte uns, daß der gewisseste Weg zur Weisheit nicht das Philosophieren und Spekulieren oder das Lesen menschlicher Bücher sei. Der trefflichste Weg, um geistlich reich zu werden in himmlischer Erkenntnis ist das Forschen im Worte Gottes.
Das beneidenswerte Jüngerpaar wurde angeleitet, den besten aller Stoffe zu betrachten, denn Jesus sprach von Jesu, und legte ihnen aus, was von ihm geschrieben war. Der die Schätze in seinem Acker verborgen hatte, führte die Schatzgräber selbst dazu. O, welch eine Gnade, mit Jesu sein heiliges Wort zu betrachten, so daß er zugleich unser Lehrer und der Gegenstand unserer Betrachtung ist!

Wenn du hören wirst das Rauschen auf den Wipfeln der Maulbeerbäume einhergehen, so säume nicht. 2. Samuel 5, 24

Christi Nachfolger sollen recht gebetsfertig sein und allezeit danach verlangen, daß die Salbung des Heiligen Geistes auf ihren Seelen ruhe, daß das Reich Christi komme, daß sein Wille geschehe auf Erden wie im Himmel. Es gibt aber Zeiten, in denen Gott sein Zion ganz besonders zu segnen scheint. Solche Zeiten sollten ihnen sein wie das Rauschen auf den Wipfeln der Maulbeerbäume. Dann sollten wir noch mal so eifrig sein im Gebet, noch ernstlicher ringen vor dem Gnadenthron als sonst. Dann handelt es sich um rasche und entschlossene Tat. Die Zeit entflieht, wir müssen uns mit Mannesmut durch die Brandung zum Ufer hinüberkämpfen. O, daß doch ein Pfingstreichtum und eine Pfingstarbeit uns zuteil würde!

Lieber Leser, du hast Zeiten, da du hörest das Rauschen auf den Wipfeln der Maulbeerbäume einhergehen. Da ist dir eine ganz besondere Kraft des Gebets geschenkt. Siehe, in solchen Zeiten mußt du dich stärken. Dann ist der rechte Augenblick gekommen, diese und jene böse Gewohnheit abzulegen, weil Gottes Heiliger Geist deiner Schwachheit zu Hilfe kommt. Spanne deine Segel, aber bedenke:

Die Anker kann ich lichten,
die Segel kann ich richten;
doch muß, soll's etwas frommen,
der Wind von oben kommen.

Sorge, daß du deine Segel aufziehst. Laß den günstigen Wind nicht umsonst wehen aus Mangel an Mut und Bereitschaft. Suche Gottes Beistand, daß du deine Pflicht treuer erfüllen mögest, daß du treuer werdest im Gebet, daß du in deinem Wandel dich mehr heiligen lässest und in engerer Gemeinschaft mit Christo lebst. Herr, stärke meinen Glauben!

Dies wird mein Name sein: Der Herr, unsere Gerechtigkeit.

Jeremia 23, 6

Es gewährt dem Christen jederzeit den höchsten Trost und Frieden, die größte Ruhe und Sicherheit, wenn er der vollkommenen Gerechtigkeit Christi eingedenk ist. Wie oft sind die Heiligen des Herrn verzagt! Es wäre nicht so, wenn sie stets ihre vollkommene Gerechtigkeit in Christo vor Augen hätten. Viele reden immer vom Sündenverderben, von der Bosheit des Herzens, von der angeborenen Tücke des fleischlichen Sinnes. Warum gehen sie nicht weiter und erinnern sich dessen, daß wir vollkommen sind in Christo Jesu? Wenn ich daran denke, daß Christus uns zur Gerechtigkeit gemacht ist, darf ich frohen Mutes sein, wie sehr auch die Anfechtung mir zusetzt und Satan mich anläuft und so manche Trübsal mir begegnet, bevor ich zum Himmel eingehe. Mein Herr läßt's an nichts fehlen. Christus hat alles für mich vollbracht. Am Kreuz hat er gesprochen: „Es ist vollbracht!" Und wenn's vollbracht ist, so bin ich vollendet in ihm und darf mich freuen mit unaussprechlicher Freude, daß ich nicht habe meine Gerechtigkeit, die aus dem Gesetz, sondern die, die aus dem Glauben an Christum Jesum kommt, nämlich die Gerechtigkeit, die von Gott dem Glauben zugerechnet wird.
Wenn der Gläubige bekennt: Auf Christum allein baue ich mein Heil; ich glaube, daß ich trotz meiner Unwürdigkeit dennoch selig werde in Christo, dann wird auch das Gefühl der Dankbarkeit lebendig in ihm. Muß ich nicht für Christus leben? Muß ich nicht ihn lieben und ihm dienen, da ich weiß, daß ich durch sein Verdienst allein selig werde? Ja, die Liebe Christi dringet mich, hinfort nicht mir selbst zu leben, sondern dem, der für mich gestorben und auferstanden ist. Gelobt seist du, mein Herr und Heiland, mein Erlöser, daß du unsere Gerechtigkeit bist!

Sie singen auf den Wegen des Herrn. Psalm 138, 5

Die Christen fangen an zu singen auf den Wegen des Herrn, wenn sie die Last ihrer Sünde am Fuße des Kreuzes losgeworden sind. Selbst das Loblied der Engel erschallt nicht so lieblich wie der erste Preisgesang, der aus der innersten Tiefe der Seele eines Kindes Gottes hervorquillt, wenn es Frieden gefunden hat.

Erinnerst du dich der Stunde, da deine Fesseln fielen? Gedenkst du noch der Stätte, da der Herr Jesus dir begegnete und zu dir sprach: „Ich habe dich je und je geliebt; ich vertilge deine Missetat wie eine Wolke und deine Sünde wie den Nebel und soll deiner Sünde nicht mehr gedacht werden ewiglich"? O, was für eine selige Zeit ist das doch, wenn der Herr Jesus die Sündenschuld wegnimmt! Als mir der Herr zuerst die Sünden vergab, war ich so voller Freude, daß ich sprang und tanzte. Als ich aus dem Hause heimkehrte, in dem mir meine Freiheit zur Gewißheit geworden war, meinte ich, ich müßte den Steinen auf der Straße die Geschichte meiner Erlösung erzählen. So voller Freude war meine Seele, daß ich jeder Schneeflocke, die vom Himmel fiel, hätte von der wunderbaren Liebe Jesu sagen mögen, der die Sünden eines seiner ärgsten Widersacher ausgetilgt hatte.

Aber nicht nur am Anfang des christlichen Lebens haben die Gläubigen allen Grund zu Lobgesängen. Solange sie auf Erden pilgern, finden sie Ursache, zu singen auf den Wegen des Herrn. Alles, was sie von seiner beständigen Liebestreue erfahren, nötigt sie zu dem Bekenntnis: „Ich will den Herrn loben allezeit, sein Lob soll immerdar in meinem Munde sein." Siehe zu, lieber Bruder, daß du heute den Herrn erhebest.

Solange wir auf Erden wallen,
soll für und für sein Lob erschallen!

Ohne Blutvergießen geschieht keine Vergebung. Hebräer 9, 22

Das ist die Stimme der unwandelbaren Wahrheit. In der alttestamentlichen Heilsordnung wurden die Sünden niemals gesühnt ohne Blutvergießen. Es gibt keine Sündenvergebung ohne Versöhnung. Darum ist's klar, daß mir außer Christus keine Hoffnung bleibt. Es gibt kein anderes Blutvergießen, das würdig wäre, eine Versöhnung für unsere Sünden zu heißen. Glaube ich an ihn? Ist mein Herz mit dem Blut seines Sühnopfers besprengt? Alle Menschen sind darin einander gleich, daß sie ihn nötig haben. Und seien wir auch noch so großherzig, so sittlich rein, so liebenswürdig oder aufopfernd - die Regel erleidet keine Ausnahme um unseretwillen. Die Sünde weicht keiner anderen Macht als der des Blutes Jesu. Welch eine Gnade, daß dieser eine Weg der Vergebung uns offen steht! Sollen wir einen anderen suchen?
Leute, die sich mit einem äußerlichen Christentum begnügen, begreifen unsere Freude darüber, daß alle unsere Sünden uns um Christi willen vergeben werden, nicht, weil sie das eine große Heil versäumen und eine Vergebung suchen ohne Blut. Aber ohne dieses teure Blut unseres Erlösers geht es nicht. Umsonst sucht der, dessen Gewissen erwacht ist, Zuflucht und Trost in Gefühlen und unvernünftigen Schlußfolgerungen. Die einzige Linderung für ein schuldbeladenes und erschrockenes Gewissen ist der Anblick Jesu, der am Kreuze leidet. „Im Blut ist das Leben", spricht das levitische Gesetz. Halten wir fest an der Gewißheit, daß es das Leben des Glaubens und der Freude und jeder anderen heiligen Gnade ist!

Dies Blut sei all mein Leben lang
die Quelle meiner Lust;
es sei mein ewger Lobgesang
an meines Heilands Brust.

So sind wir nun, liebe Brüder, Schuldner. Römer 8, 12

Von dem Christen kann man sagen, daß er der Gerechtigkeit Gottes nicht das geringste schuldig ist. Christus hat die Schuld für die Seinen bezahlt. Um so mehr aber ist er ein Schuldner der Liebe. Ich bin ein Schuldner der göttlichen Gnade und Vergebung; aber ich bin kein Schuldner mehr seiner Gerechtigkeit, denn er rechnet mir keine Schuld mehr zu, die schon bezahlt ist. Christus hat gesagt: „Es ist vollbracht", und damit hat er bezeugt, daß alles auf immer aus dem Schuldbuch getilgt ist. Christus hat aufs völligste Genüge getan der göttlichen Gerechtigkeit. Die Rechnung ist beglichen, der Schuldschein ist ans Kreuz geheftet, die Quittung ist unterschrieben - wir sind nun keine Schuldner der göttlichen Gerechtigkeit mehr.

Aber gerade darum, weil wir in diesem Sinne nicht mehr Gottes Schuldner sind, werden wir ihm gegenüber zehnfach größere Schuldner. Wieviel hast du der unverdienten Güte Gottes zu verdanken! Wie vieles schuldest du seiner sich selbst entäußernden Liebe! Er hat seinen eigenen Sohn für dich in den Tod dahingegeben. Wieviel bist du seiner vergebenden Gnade verpflichtet! Nachdem du ihn zehntausendfach verschmäht hast, liebt er dich doch immer noch mit so unendlicher Innigkeit wie jemals. Was verdankst du seiner Macht! Er hat dich auferweckt aus deinem Sündentod. Er hat dein geistliches Leben behütet. Er hat dich bewahrt vor dem Verderben. Mitten durch tausend tobende Feinde hat er dich hindurchgeleitet auf sicherem Pfade. Erfasse, was du seiner unwandelbaren Treue verdankst. Tausendmal bist du wankelmütig geworden, er aber ist unverändert derselbe geblieben. So bist du jeder Eigenschaft Gottes gegenüber so tief verschuldet wie nur immer möglich. Deinem Gott verdankst du dich selbst und alles, was du hast. So übergib dich ihm ganz als lebendiges Opfer. Das sei dein vernünftiger Gottesdienst.

Nichts mag uns scheiden von der Liebe Gottes. Römer 8, 39

Liebes Gotteskind, schaue zurück auf deine Erfahrungen und überblicke den Weg, auf dem der Herr dich geleitet hat. Denke daran, wie er dich genährt und gekleidet hat Tag für Tag, wie er alle deine Unarten ertragen, wie er dein Murren und Verlangen übersehen, wie er den Fels geöffnet hat, dich zu tränken, und dich gespeist mit himmlischem Manna. Fasse es, wie seine Gnade in allen deinen Trübsalen sich mächtig erwiesen hat, wie sein Blut dir eine Versöhnung geworden ist in all deiner Sünde, wie sein Stecken und Stab dich getröstet hat im finstern Tal. Und wenn du deinen Blick also zurückgelenkt hast auf solche Liebe des Herrn, dann laß deinen Glauben auch für die Zukunft auf seine Liebe achten. Er, der dich geliebt und versöhnt hat, hört nie auf mit Lieben und Vergeben. Er ist der Anfänger und will auch der Vollender deines Glaubens sein. Darum sei getrost. Wenn du einst wandern sollst im finstern Tal, hast du kein Unglück zu fürchten, denn er ist bei dir. Wenn du in den kalten Fluten des Todesjordans stehen mußt, brauchst du dich nicht zu ängstigen, denn auch der Tod vermag dich nicht zu scheiden von seiner Liebe. Und wenn du eingehst in die unsichtbare Welt der Ewigkeit, sollst du nicht zittern. Ich bin gewiß, daß weder Tod noch Leben, weder Engel noch Fürstentümer noch Gewalten, weder Gegenwärtiges noch Zukünftiges, weder Hohes noch Tiefes noch keine andere Kreatur mag uns scheiden von der Liebe Gottes, die in Christo Jesu ist, unserem Herrn.

Erfrischt das deine Liebe nicht? Macht dir das deinen Jesus nicht teuer? Muß das nicht dein Herz entzünden und dich zwingen, deine Lust zu haben an dem Herrn, deinem Gott? O gewiß, wenn wir an die Liebe Gottes denken und davon reden, dann muß unser Herz in uns brennen und wir möchten ihn noch mehr lieben.

Der Vater hat den Sohn gesandt zum Heiland der Welt.

1. Johannes 4, 14

Es ist ein tiefer Gedanke, daß der Herr Jesus Christus sich nicht eingestellt hat ohne seines Vaters Willen. Er ward vom Vater gesandt, daß er die Menschen erlösen sollte.
Wir vergessen gar zu leicht, daß bei allem Unterschied der Personen des dreieinigen Gottes kein Unterschied der Ehre bei ihnen ist. Gar zu oft schreiben wir den Ruhm unserer Erlösung oder wenigstens den Abgrund der darin geoffenbarten Liebe mehr dem Herrn Jesus als dem Vater zu. Das ist ein großes Mißverständnis. Wie kommt's, daß Jesus in die Welt gekommen ist? Hat ihn nicht der Vater gesandt? Wenn seine Rede gewaltig und lieblich war, war's nicht wieder sein Vater, der seine Lippen holdselig gemacht hat, auf daß er ein beredter Verkündiger des neuen Bundes würde? Wer den Vater, den Sohn und den Heiligen Geist so erkennt, wie er sie erkennen sollte, der weiß von keinem Vorzug in der Liebe etwas. Er sieht sie zu Bethlehem, in Gethsemane, auf Golgatha in gleichem Maße zusammenwirken zum Werk der Erlösung.
O Christenmensch, hast du dein Vertrauen ganz allein auf Jesus Christus gesetzt? Hast du deine ganze Zuversicht einzig auf ihn gerichtet? Bist du mit ihm vereint? Dann glaube auch, daß du vereint bist mit dem Gott des Himmels. Hast du dich je versenkt in den Abgrund der Liebe im Herzen Jehovas, als er seinen Sohn aussandte zum großen Werk der Gnade? Wenn nicht, so tue es heute. Der Vater sandte ihn! Bewege das in deinem Herzen. Denke daran, wie Jesus wirkt, was der Vater will. Schaue in den Wunden des sterbenden Heilandes die Liebe des Vaters. Alle eure Jesusgedanken laßt angeknüpft sein an den ewigen, hochgelobten Gott, denn „Der Herr wollte ihn also zerschlagen mit Krankheit“.

Und betet stets in allem Anliegen mit Bitten und Flehen.

Epheser 6, 18

Wieviel Gebete haben wir hinausgeschickt seit dem Augenblick, da wir überhaupt zu beten anfingen! Unser erstes Gebet war ein Gebet für uns. Wir flehten zu Gott, er wolle uns gnädig sein und unsere Sünde tilgen. Er erhörte uns. Dann kamen wir mit anderen Anliegen zu ihm. Wir baten um die Gnade der Heiligung, der Führung und der Bewahrung, um Erlösung in der Stunde der Anfechtung, um Stärkung in unserem Beruf und Hilfe zur Zeit der Trübsal. Wir fühlen uns genötigt, bei Gott beständig anzuklopfen wie unabweisbare Bettler, deren Bedürfnisse nie ein Ende nehmen. Bezeugt's nur, ihr Kinder Gottes: ihr seid nie imstande gewesen, von andersher etwas für eure Seelen zu erlangen. All das Brot, das eure Seele genossen hat, ist vom Himmel herabgekommen. All das Wasser, das sie getrunken hat, ist dem lebendigen Felsen Jesus Christus entquollen. Eure Seele ist nie durch sich selbst reich geworden. Sie war ein Gast der täglichen Güte Gottes. Eure Bedürfnisse waren endlos, und darum sind auch die Gnadengeschenke unendlich groß geworden.

Hast du also nicht Ursache, zu bekennen: Gelobt sei der Herr, denn er hat erhört die Stimme meines Flehens? So viele deiner Gebete waren, so viel Erhörung ist dir von Gott geworden. Er hat dich erhört zur Zeit der Trübsal. Er hat dich gestärkt und ist dir beigestanden auch da, wo du ihn verunehrt hast durch dein Zagen und Zweifeln vor dem Gnadenthron. Bedenke dies und laß dein Herz erfüllt werden mit Dank gegen Gott, der dein armes, schwaches Flehen so gnädig erhört hat. „Lobe den Herrn, meine Seele, und vergiß nicht, was er dir Gutes getan hat!" Und was uns selige Erfahrung in der Vergangenheit war, das stehe als herrliche Verheißung da für die Zukunft.

Macht euch auf, ihr müßt davon! Micha 2, 10

Die Stunde rückt immer näher, da die Botschaft an uns gelangt: Mache dich auf und gehe aus deinem Hause, in dem du gewohnt hast, aus der Stadt, in der du deinem Geschäft nachgegangen bist, von deiner Familie und von deiner Freundschaft; mache dich auf und tritt deine letzte Reise an! Was wissen wir von dieser Reise? Was von dem Ort, dahin wir ziehen müssen? Ein wenig haben wir davon gelesen. Einiges hat uns der Heilige Geist darüber offenbart. Aber wie wenig wissen wir doch vom zukünftigen Reich!

Wir wissen, daß an der Grenze ein schwarzer, reißender Strom sich dahinwälzt. Der heißt „Tod“. Was aber kommt nach dem Tode? Eine wundervolle Welt eröffnet sich dort unseren staunenden Blicken! Welch Anschauen der Herrlichkeit entfaltet sich vor unseren Augen! Noch nie ist einer von dort zurückgekommen, der uns Kunde davon gegeben hätte. Aber wir wissen genug von dem himmlischen Land, damit wir mit Freude und Wonne dem Ruf zur Heimkehr entgegensehen. Der Weg durchs Tal der Todesschatten ist finster; aber wir dürfen ihn furchtlos betreten, denn wir wissen, daß Gott mit uns ist, wenn wir durchs finstere Tal wandern. Wir müssen Abschied nehmen von allem, was uns hier lieb und teuer gewesen ist; aber wir gehen ins Vaterhaus, in unseres Vaters Heimat, wo Jesus ist, in die königliche Stadt, die einen Grund hat und deren Baumeister und Schöpfer Gott ist. Das ist unser letzter Einzug, um ewiglich zu wohnen bei dem, den wir lieben, mitten unter seinem Volke, vor dem Angesicht des lebendigen Gottes.

Lieber Christ, denke viel über den Himmel nach. Das wird dich hinaufziehen, und du wirst der Mühsale des Weges vergessen. Diese Welt der Schmerzen ist nur die Schwelle zu einer Welt der Wonne.

Des Namen sollst du Jesus heißen. Matthäus 1, 21

Wenn uns jemand lieb und teuer ist, so wird uns alles, was ihn angeht, um seinetwillen wichtig. So ist auch die Person des Herrn Jesu allen wahren Gläubigen so teuer, daß alles, was ihn betrifft, ihnen über alles köstlich erscheint. Es gibt keinen Ort, den sein heiliger Fuß betrat, kein Wort, das seinen holdseligen Lippen entfloh, keinen Gedanken, den sein Wort geoffenbart hat, die nicht alle uns unnennbar teuer wären.

Das gilt auch von den Namen Christi. Sie alle sind wohlklingend im Ohr des Gläubigen. Ob er der Herr der Gemeinde, ihr Bräutigam, ihr Freund genannt wird, ob er dargestellt wird als ein Lamm, das zur Schlachtbank bestimmt ist, ob Herrscher, Prophet oder Priester, Messias, Immanuel, Wunder-Rat, Kraft-Held - jeder dieser Namen ist wie triefender Honigseim, und köstlich sind die Tropfen, die daraus rinnen. Wenn aber ein Name lieblich sein kann über alle anderen Namen, so ist's der: Jesus! Jesus! Das ist der Name, der alle himmlischen Harfen mit wonnigem Wohllaut durchweht. Jesus, das ist das Leben, das all unsere Herzen mit Freude erfüllt. Ist ein Name hoch über alle Namen, so muß es dieser Name sein. Er ist verwoben in die Worte und Weisen unserer Lobgesänge. Viele unserer Lieder fangen damit an, und kaum eines findet man, wenn's des Singens wert ist, das ihn nicht bringt. Er ist die Summe aller Wonne. Er ist der Wohllaut, den die himmlischen Glocken erschallen lassen. Ihn will auch ich anbeten:

Jesu, meine Wonne, Jesu, meine Zier!
Jesu, meine Sonne, mich verlangt nach dir!
Hab ich dich, wie reich bin ich!
Außer dir soll mir auf Erden
nichts sonst lieber werden.

Und David fragte den Herrn. 2. Samuel 5, 23

Als David den Herrn fragte, hatte er gerade einen entscheidenden Sieg über die Philister errungen. Sie waren heraufgekommen mit großen Haufen, aber unter dem Beistand Gottes hatte David sie zerstreut. Als sie nun zum zweitenmal kamen, zog er ihnen nicht in den Kampf entgegen, ohne den Herrn zuerst zu fragen. Hätte er nicht wie in ähnlichen Fällen viele andere sagen können: Es wird mir wieder gelingen; ich kann mich darauf verlassen, daß ich nach dem ersten Sieg noch einmal die Oberhand gewinne; warum sollte ich mich jetzt aufhalten lassen und erst den Herrn fragen? Nein, so nicht. Er hatte die eine Schlacht gewonnen durch des Herrn Macht und wollte keine zweite wagen, ohne sich auf die gleiche Weise zu versichern. Er fragte und hielt zurück, bis ihm Gottes Antwort ward.

Lerne von David, daß du nichts unternimmst ohne Gott. Wenn du den Pfad deiner Pflicht erkennen willst, so nimm Gott zum Führer. Willst du dein Schifflein durch die dunklen Wogen lenken, dann vertraue das Steuer der Hand des Allmächtigen an. Mancher Klippe kannst du entgehen, wenn du diesem Steuermann die Führung übergibst. Manche Sandbank und manche Untiefe wird gefahrlos umgangen, wenn du dich seinem unumschränkten Willen und Wort gehorsam unterwirfst. „Wenn ein Christ sein Glück selbst schmieden will, klopft er sich gewiß auf die Finger", sagten die alten Puritaner. Es liegt eine große Wahrheit darin. Wir müssen auf Gottes Führung mit uns achten. „Ich will dich unterweisen und dir den Weg zeigen, den du wandeln sollst", lautet Gottes Verheißung an sein Volk. Darum wollen wir alle unsere Nöte vor ihn bringen und zu ihm sagen: „Herr, was willst du, daß ich tun soll?" Gehe heute nicht an dein Tagewerk, ohne daß du den Herrn fragst.

Ich kann hoch sein. Philipper 4, 12

Das haben viele noch nicht gelernt. Wenn sie auf die Zinne eines Turmes geführt werden, wird ihnen schwindelig, und sie stehen in Gefahr, hinunterzufallen. Der Christ verunehrt seinen Glauben viel öfter im Glück als im Unglück. Glück bringt Gefahr. Das Kreuz der Not ist für den Christen eine leichtere Heimsuchung als der Läuterungstiegel des Wohlergehens.

Aber das muß nicht so sein. Der Apostel sagt uns, daß er auch hoch sein kann. Ward ihm viel geschenkt, so wußte er's zu gebrauchen. Überschwengliche Gnade hat ihn in den Stand gesetzt, unendliches Glück zu ertragen. Da sich sein Segel schwellte, befrachtete er sein Schiff mit schwerer Last und fuhr wohlbehalten dahin. Es bedarf übermenschlicher Kunst, den vollgefüllten Becher der irdischen Freude ruhig und sicher in der Hand zu tragen. Paulus hat diese Kunst verstanden. Er bezeugt: „Ich bin in allen Dingen und bei allen geschickt, beides, satt sein und hungern."

Volles Brot macht oft volles Blut, und das führt zum geistlichen Übermut. Wenn wir viele Gnadengaben der Vorsehung genießen, geschieht's oft, daß wir um so weniger in der göttlichen Gnade stehen und wenig Dank empfinden für die Wohltaten, die uns zuteil geworden sind. Wir sind satt und vergessen Gottes. Gesättigt vom Irdischen, begnügen wir uns ohne den Himmel. Seid versichert, daß es schwerer ist, satt sein können als hungrig sein können. So verzweifelt böse ist das Dichten und Trachten des menschlichen Herzens und seine Neigung zum Stolz und zur Gottesvergessenheit. Habt acht, daß ihr in eurem Gebet eingedenk seid, Gott wolle euch lehren, daß ihr auch könnet satt sein.

Laß nie die Gaben deiner Gunst
dir unser Herz entwenden.

Und kannten sie auch wohl, daß sie mit Jesu gewesen waren.

Apostelgeschichte 4, 13

Jeder Christ sollte ein Bild Jesu Christi sein. Das beste „Leben Jesu" ist jene lebendige Lebensbeschreibung Christi, die in den Worten und Werken seiner Jünger niedergelegt ist. Wären wir, was wir nach unserem Bekenntnis sein wollen und sein sollten, so wären wir Ebenbilder unseres Meisters. Wir wären ihm so treffend ähnlich, daß die Welt uns nicht erst stundenlang nebeneinander zu halten und zu vergleichen und dann zu sagen brauchte: „Es ist freilich etwas Ähnliches in beiden", sondern sie müßte beim ersten Blick ausrufen: „Er ist mit Jesus gewesen; der hat ihn gelehrt; er ist ihm gleich; er hat das innere Wesen des heiligen Menschen von Nazareth erfaßt und prägt es aus im Lieben und Leben."
Ein Christ sollte Christo gleich sein an Mut. Schämt euch nie eurer Gottesfurcht! Euer Bekenntnis verunehrt euch nicht. Sorgt nur, daß ihr ihm nicht Unehre macht. Streitet wie Jesus tapfer für euren Gott. Werdet ihm auch gleich im Geist der Liebe, damit die Menschen von euch sagen können: „Er ist auch mit Jesus gewesen." Werdet Jesu gleich in der Heiligung. Eiferte er für seinen Herrn? Tut auch ihr also! Vergeudet eure Zeit nicht. Sie ist zu kostbar. War er voller Selbstverleugnung und sah nie auf das Seine? So handelt auch ihr entsprechend! War er inbrünstig im Flehen? O, so betet auch ihr in allen Anliegen! War er voller Ergebung in seines Vaters Willen? So unterwerft euch ihm! War er geduldig? So lernt ertragen! Und was alles andere übertrifft: Vergebt auch ihr euren Feinden, wie er vergeben hat. Vergebt, wie ihr Vergebung erhofft. Sammelt feurige Kohlen auf die Häupter eurer Feinde durch Güte gegen sie. Daß doch jedermann von uns sagen müsse: Er ist auch mit Jesus gewesen!

Denn gleichwie wir des Leidens Christi viel haben, also werden wir auch reichlich getröstet durch Christum. 2. Korinther 1, 5

Der Herr trägt eine Waage. In die eine Schale legt er die Heimsuchungen seiner Kinder, in die andere ihren Gnadenlohn. Wenn die Schale der Heimsuchungen fast leer ist, so ist auch die Schale des Trostes gering beschwert. Wenn die Trübsalsschale voll ist, dann ist auch die Schale des Trostes gehäuft. Wenn sich die schwarzen Wolken am höchsten türmen, scheint uns das Licht der Sonne um so glänzender. Wenn die Nacht einbricht und der Sturm naht, steht der himmlische Steuermann um so unermüdlicher am Ruder. Der Trost des Heiligen Geistes erquickt uns am meisten, wenn wir am schwersten getroffen werden.

Das kommt daher, daß Trübsal dem Trost den Weg bahnt. Große Herzen wachsen nur in großen Heimsuchungen. Der Spaten der Leiden macht Raum der lindernden Tröstung. Findet Gott unser Herz satt, so fängt er an, unser Behagen zu stören. Er macht es leer, damit mehr Raum da ist für die Gnade. Je gedrückter ein Mensch darniederliegt, um so mehr Trost empfängt er, weil er bereitwilliger ist, ihn anzunehmen.

Ein anderer Grund, warum wir in unserer Trübsal oft so fröhlich sind, liegt darin, daß wir dann mit Gott am meisten zu schaffen haben. Wenn die Scheunen voll sind, kann der Mensch ohne Gott leben. Wenn der Beutel von Gold strotzt, meinen wir, es ginge ohne viel Beten auch. Aber laß unser Gut dahinfahren, so fragen wir nach Gott. Kein Rufen ist so kräftig wie das Schreien mitten aus den Bergen, die über unsere Köpfe zu fallen drohen. Kein Gebet ist so innig wie das, das aus der Tiefe des Herzens aufsteigt in tiefer Traurigkeit und Anfechtung. Die bringen uns zu Gott, und dann werden wir seliger; denn Gottesnähe ist Seligkeit. Darum fürchte dich nicht deiner schweren Trübsal, denn sie ist die Verkünderin reicher Gnade.

Sehet, welch eine Liebe hat uns der Vater erzeiget, daß wir Gottes Kinder sollen heißen! Darum kennt euch die Welt nicht, denn sie kennt ihn nicht. Meine Lieben, wir sind nun Gottes Kinder.

1. Johannes 3, 1-2

Sehet, welch eine Liebe hat uns der Vater erzeigt! Schaut zu, was wir gewesen sind und wie wir selbst uns jetzt noch vorkommen, wenn die Sünde sich in uns regt und mächtig werden will. Dennoch heißen wir Gottes Kinder. Was ist doch die Kindschaft für eine innige Verwandschaft! Und welche herrlichen Vorrechte schließt sie in sich! Welche Sorgfalt und Zärtlichkeit hat der Sohn beim Vater zu erwarten, und welch eine Liebe fühlt der Vater zu dem Sohn! Das alles und noch mehr besitzen wir nun durch Jesum Christum. Die zeitliche Erniedrigung und Schmach unseres erstgeborenen Bruders gereicht uns zur Ehre: Darum kennt uns die Welt nicht, denn sie kennt ihn nicht.
Wir sind nun Gottes Kinder. Das ist leicht gelesen, aber nicht so leicht gefühlt. Wie steht's heute mit deinem Herzen? Schwebst du etwa in der tiefsten Nacht des Kummers? Regt sich das Verderben in deinem Herzen? Glimmt die Gnade nur noch wie ein zertretener Funke in deiner Seele? Will dir der Glaube zerrinnen? Fürchte dich nicht: weder deine Gnadenerfahrungen noch deine Empfindungen sind der Quell deines inneren Lebens. Du mußt einfach vom Vertrauen auf Christus dich nähren. Wenn sich auch alles gegen uns erhebt, dennoch sind wir nun Gottes Kinder.
„Ach", erwiderst du, „siehe, wie ich gekleidet bin! Mein Tugendschmuck ist nicht schön; meine Gerechtigkeit strahlt nicht in herrlichem Licht." So lies denn, was der Apostel weiter schreibt: „Und ist noch nicht erschienen, was wir sein werden. Wir wissen aber, wenn es erscheinen wird, daß wir ihm gleich sein werden." Der Heilige Geist wird unseren Sinn läutern und die Kraft Gottes wird unseren Leib verklären; alsdann werden wir ihn sehen, wie er ist.

Und es ward ihm sein Teil bestimmt, das man ihm allewege gab vom Könige, auf einen jeglichen Tag sein ganzes Leben lang. 2. Könige 25, 30

Jojachin ward nicht mit einem Vorrat auf Monate hinaus aus des Königs Palast entlassen, sondern sein Bedarf ward ihm tagtäglich dargereicht. Darin ist er ein treffliches Bild von dem seligen Zustand des Volkes Gottes. Ein täglicher Teil ist alles, was ein Mensch in Wahrheit nötig hat. Wir brauchen um den morgenden Tag nicht zu sorgen. Er hat noch nicht gedämmert, und seine Sorgen sind noch verborgen. Wenn wir jeden Tag genug haben, so leiden wir nie Mangel. Das Zuviel macht uns nur die Mühe des Aufbewahrens und ladet uns die Sorge vor den Dieben auf. Ein Stab ist dem Wanderer eine Stütze, aber ein Bündel Stäbe ist eine hindernde Last. Genug für den Tag - das ist alles, was wir erwarten sollten. Wer mehr begehrt, ist undankbar. Wenn unser Vater uns nicht mehr zukommen läßt, sollen wir uns mit dieser täglichen Handreichung begnügen. Jojachin ging's nicht anders als uns, und wie er haben wir wahrlich Ursache, dankbar zu sein.
Auch im Herzen bedarfst du einer täglichen Nahrung. Du hast keine vorrätige Kraft. Tag für Tag bist du auf die Hilfe von oben angewiesen. Es ist darum eine notwendige Gewißheit, daß tagtäglich dein Teil für dich bereit ist. Im Worte Gottes, in der Predigt, in der stillen Sammlung, im Gebet und im Harren auf Gott empfängst du immer wieder neue Stärkung. In deinem Heiland hast du die Erfüllung all deiner Herzensbedürfnisse. So erquicke dich denn an deinem täglichen Teil. Hungere nicht, solange das tägliche Brot der Güte Gottes auf dem Gnadentische bereit liegt.

O komme doch, wer Mangel hat,
und werd an Christi Fülle satt!

Demselben sei Ehre nun und zu ewigen Zeiten. 2. Petrus 3, 18

Der Himmel ist erfüllt von dem ununterbrochenen Lob und Preis Jesu. Von Ewigkeit zu Ewigkeit tönt es: Ihm sei Preis und Ehre und Dank! Nie wird sein Lob ein Ende nehmen. Was mit Blut erkauft ward, ist wert, zu dauern, solange die Unsterblichkeit währt. Die Ehre des Kreuzes kann sich nie verdunkeln. Der Glanz des Grabes und der Auferstehung Jesu kann nie ermatten. O Jesu, gelobt seist du in Ewigkeit! Solange die unsterblichen Geister leben, solange des Vaters Thron stehen bleibt - ewig, ewig sei dir Ehre! So eilst du, lieber Leser, voraus in die Zeiten, wo du in Gemeinschaft mit den Heiligen dort oben Jesum allein die Ehre geben wirst. Aber verherrlichst du ihn auch schon jetzt? Die Worte des Apostels heißen: Demselben sei Ehre n u n und zu ewigen Zeiten. Willst du nicht heute im Gebet flehen: Herr, hilf, daß ich dich möge verherrlichen! Ich bin arm, hilf, daß ich dich ehre durch Genügsamkeit. Ich bin krank, stehe mir bei, daß ich dich preise durch Geduld. Es sind mir Pfunde anvertraut, gib, daß ich dich damit erhöhe, daß ich sie dir weihe. Ich habe Zeit. Herr, laß sie mich verwenden in deinem Dienst. Ich habe ein fühlendes Herz, Herr, laß es nur in deiner Liebe glühen und nichts anderes empfinden als den Liebesdrang zu dir. Ich habe einen denkenden Verstand, gib, daß ich an dich und für dich denke. Du hast mich nicht umsonst in diese Welt gestellt - Herr, zeige mir, was ich tun soll und stehe mir bei in der Erfüllung meiner Lebensaufgabe. Ich kann nicht vieles wirken, aber wie die Witwe ihre zwei Scherflein, d. h. all ihre Nahrung in den Gotteskasten, so lege ich meine Zeit und meine Ewigkeit in deine Hände. Ich bin ganz dein; nimm mich und schaffe, daß ich dich jetzt verherrlichen möge in allem, was ich rede, durch alles, was ich tue, und mit allem, was ich habe.

Ich habe gelernt, worin ich bin, mir genügen zu lassen.

Philipper 4, 11

Diese Worte zeigen uns, daß Genügsamkeit dem Menschen nicht von Natur eigen ist. Geiz, Mißgunst und Unzufriedenheit schießen im Menschenherzen auf wie Disteln und Dornen im Acker. Wir brauchen keine Nesseln und Nachtschatten zu säen, sie kommen von selbst auf. So brauchen wir die Menschen keine Unzufriedenheit zu lehren, sie beschweren sich schon ohne alle Anleitung genug damit. Was aber die Erde Köstliches hervorbringt, das muß gepflegt werden. Wollen wir Weizen ernten, so müssen wir pflügen und säen. Wollen wir uns an Blumen erquicken, so ist ein Garten und eines Gärtners sorgsame Arbeit nötig.

Ist nicht die Genügsamkeit eine himmlische Blume? Wenn wir sie besitzen wollen, so bedarf sie der Pflege. Sie wächst nicht von Natur in uns. Nur die neue Natur allein kann sie erzeugen. Und auch da noch müssen wir ganz besonders sorgfältig und wachsam sein, wenn wir die Gnade bewahren und pflegen wollen, die Gott in uns niedergelegt hat.

Paulus spricht: „Ich habe gelernt." Es hat also eine Zeit gegeben, wo er's noch nicht gekonnt hat. Es kostete ihn Mühe, in das Geheimnis dieser großen Wahrheit einzudringen. Gewiß hatte er manchmal gemeint, er hätte es gelernt, und es fehlte ihm doch noch manches daran. Und als er endlich so weit gekommen war, da war er ein alter Mann, der am Rande des Grabes stand, ein armer Gefangener in Neros Kerkern. Bilden wir uns nicht ein, es ginge, ohne es zu lernen. Genügsamkeit ist keine Kunst, die sich von selbst versteht. Sie ist Wissenschaft, die nach und nach erworben werden muß. Lieber Bruder, fahre fort, ein fleißiger Schüler in der Hochschule der Genügsamkeit zu sein. Vor allem aber bete stets: Laß mir an deiner Gnade genügen!

Isaak wohnte bei dem Brunnen des Lebendigen und Sehenden. 1. Mose 25, 11

Einst hatte Hagar hier Rettung gefunden, und Ismael hatte von dem Quell getrunken, den Gott, der Lebendige und Sehende, so gnädig gezeigt hatte. Aber das war nur ein gelegentlicher Besuch gewesen, wie die Weltmenschen auch den Herrn suchen in Zeiten der Not, wo sie seiner Hilfe bedürfen. Sie schreien zu ihm in ihren Ängsten; aber sie vergessen ihn, sobald es ihnen wieder gut geht. Isaak wohnte dort und machte den Brunnen des Lebendigen und Sehenden zur bleibenden Quelle seiner Hilfe.
Eine aufschlußreiche Seite im Leben eines Menschen ist seine Wohnung und die damit verbundene Lebensweise. Diese können Zeugnis geben von seinem geistigen Zustand. Vielleicht flößte die Hilfe, die Hagar hier erfahren hatte, Isaak Ehrfurcht ein und machte ihm die Stätte ehrwürdig. Hier war er auch Rebekka zuerst begegnet, und das hatte ihm den Ort teuer gemacht. Aber vor allem hatte er hier die Gemeinschaft des lebendigen Gottes erfahren, und das bestimmte ihn, diesen geheiligten Fleck zu seiner Wohnstätte zu erwählen.
Wir aber wollen lernen, vor dem Angesicht des lebendigen Gottes zu wohnen. Wir wollen den Heiligen Geist bitten, daß wir heute und alle Tage fühlen mögen: Du, Gott, siehest mich. Möge der Herr uns ein Brunnen sein, voller Wonne, voller Trost, voller Gewißheit, ein Brunnen, der in das ewige Leben quillt. Der Eimer des Geschöpfes erschöpft sich und zerbricht, aber der Brunnen des Schöpfers hat keinen Mangel. Selig, wer beim lebendigen Brunnen wohnt und die reiche, unversiegliche Erquickung und Errettung bei sich hat. Der Herr ist ein rechter Helfer. Unsere Herzen haben sich oft in ihm erquickt. In ihm leben und weben und sind wir. So wollen wir bleiben in der innigsten Gemeinschaft mit ihm. Herr, der Herrlichkeit, laß uns nimmer von dir weichen, sondern wohnen bei dem Brunnen des Lebendigen!

Laß mich wissen, warum du mit mir haderst. Hiob 10, 2

So sprach Hiob einst. Fragst auch du so? Dann laß uns versuchen, eine Antwort zu finden.
Vielleicht hadert der Herr mit dir, um deine Gaben desto herrlicher zu entfalten. Manche Tugenden würden nie sichtbar, wenn nicht Heimsuchungen sie zutage förderten. Weißt du nicht, daß dein Glaube unter der Sonne des Sommers nie so großartig erscheint wie im Sturmwind des Winters? Ist es mit dir nicht wie mit einem Leuchtwürmchen, das erst leuchtet inmitten der alles verhüllenden Finsternis? Ist Hoffnung nicht ein Stern, den man nicht sieht im Sonnenschein des Glücks, sondern erst in der Nacht des Mißgeschicks? Anfechtungen sind oft die dunkle Unterlage, auf der Gott die Edelsteine der Gnadengaben seiner Kinder zum Schmuck ausbreitet, damit sie um so glänzender strahlen. Wie kannst du wissen, ob du Glauben hast, ehe dein Glaube versucht wird? O, verlaß dich darauf: Gott sendet uns oft schwere Stunden, damit unsere Gaben zum Vorschein kommen können und wir uns bewußt werden, daß wir sie besitzen.
Aber nicht nur die Offenbarung der Gnadengaben, sondern auch das Wachstum in der Gnade ist die Frucht göttlicher Heimsuchungen. Gott nimmt uns oft unsere Freude und Ruhe, um uns zu besseren Christen zu machen. Er erzieht sich seine Glaubensstreiter nicht in Prachtzelten der Ruhe und des Überflusses, sondern indem er sie ins Feld stellt und sie in Eilmärschen und Lastentragen übt. Sie müssen über Ströme schwimmen und durch Flüsse waten. Sie müssen Berge ersteigen und manche lange Meile wandern, gebeugt unter der Last ihrer Leiden und Sorgen. Siehe, lieber Christ, ist es nicht auch für dich der Mühe wert, daß du durch alle diese Trübsale gehst? Bringt der Herr damit nicht deine Christentugenden zum Vorschein? Und ist das dann nicht ein seliger Grund, warum er mit dir hadert?

So spricht der Herr Herr: Ich will mich wieder finden lassen vom Hause Israel, daß ich mich an ihnen erzeige.

Hesekiel 36, 37

Gebet geht der Gnade voraus. Suche in der heiligen Geschichte, so wirst du finden, daß dieser Welt kaum je eine große Gnade widerfuhr, ohne daß sie sich zuvor ankündigte im Anrufen des Herrn. Auch eure eigene Erfahrung wird euch das bestätigen. Gott hat euch zwar ungebeten manchmal und mancherlei Gnade widerfahren lassen, dennoch war stets anhaltendes und ernstliches Gebet das Vorspiel zu einer großen Gnadenerweisung an euch. Als ihr zuerst im Kreuzesblut Gnade und Vergebung fandet, da hattet ihr viel zu Gott gefleht und ernstlich mit ihm gerungen, daß er euch alle Zweifel wegnehmen und aus euren Gewissensängsten erlösen möge. Wenn euch zu irgendeiner Zeit große und selige Erquickung zuteil ward, so mußtet ihr sie ansehen als die Erhörung eurer Gebete. Wenn ihr aus schweren Trübsalen mit mächtiger Hand erlöst, aus großen Gefahren mit starkem Arm errettet wurdet, dann habt ihr sagen müssen: Da ich den Herrn suchte, antwortete er mir und errettete mich aus aller meiner Furcht. Das Gebet ist immer die Vorrede zu jedem Segenswerk. Es geht jeder Segenstat voraus als der Schatten der Güte Gottes. Wenn der Sonnenschein der göttlichen Gnade aufgeht über unseren Bedürfnissen, dann wirft er den Schatten des Gebets weithin aufs ebene Land.

Gebet und Gnade sind deswegen so innig miteinander verknüpft, damit uns der hohe Wert des Betens recht zu Gemüte geführt werde. Strömte uns der Segen zu, ohne daß wir darum bitten, so könnten wir meinen, es sei nichts Besonderes daran. Aber das Gebet macht die Gnadengeschenke köstlicher als Diamanten. Herrliche Dinge sind's, um die wir bitten; aber wir erkennen ihren Wert nicht, wenn wir nicht ernstlich um dieselben gerungen haben im Gebet.

Aber Gott, der die Geringen tröstet, der tröstet uns.

2. Korinther 7, 6

Wer tröstet wie er? Gehe hin zu einem armen, betrübten, gedrückten Kinde Gottes, rede ihm von köstlichen Verheißungen, flüstere ihm Worte des Trostes ins Ohr - es ist der tauben Otter gleich, daß es nicht hört die Stimme des Zauberers, der wohl beschwören kann. Es ist mit Wermut und Galle getränkt, und tröstest du es aus allen Kräften, so bringst du höchstens ein oder zwei Laute der Ergebung aus ihm heraus. Du entlockst ihm keine Freudenpsalmen, keine Hallelujalieder. Aber laß Gott sein Kind heimsuchen. Laß ihn sein Angesicht über den Trauernden erheben, so leuchten dessen Augen hoffnungsvoll auf. Du hast ihn nicht zu trösten vermocht, aber der Herr hat's getan. Er ist der Gott allen Trostes. Es ist keine Salbe in Gilead, aber der rechte Balsam ist bei Gott.
Es ist so herrlich, wie ein einziges Wort Gottes die Christen mit Lob und Dank erfüllt. Ein Wort des Herrn ist wie eine Goldmünze, und der Christ ist der Goldschläger, der mit dem Hammer der Verheißung es in die Wochen hinausdehnt. Darum brauchst du nicht in Verzweiflung hinzubrüten. Gehe zum Tröster und bitte ihn, daß er dich mit Trost sättige. Du bist ein armer vertrockneter Brunnen. Wenn ein Brunnen nicht mehr schöpft, so mußt du zuerst Wasser hineingießen, dann gibt er wieder all sein Vermögen. So gehe zu Gott, wenn du vertrocknet bist. Bitte ihn, daß er seine Freude in dein Herz gieße, so wird der Born deiner Freude sein Wasser wieder geben. Gehe nicht zu den irdischen Freunden, denn du findest an ihnen leidige Hiobströster. Aber gehe zu deinem Gott, der die Geringen tröstet, so wirst du bald bekennen: Ich hatte viel Bekümmernis in meinem Herzen, aber deine Tröstungen ergötzen meine Seele.

Er hat gesagt.

Hebräer 13, 5

Wenn wir dieses Wort im Glauben fassen können, dann haben wir eine alles überwindende Waffe in der Hand. Welcher Zweifel würde nicht erschlagen von diesem zweischneidigen Schwert? Die Widerwärtigkeiten des Lebens und die Schrecken des Todes, die Heimsuchungen von oben und die Versuchungen von unten - müssen sie nicht alle nur als leichte Prüfungen erscheinen, wenn wir uns hinter dem Bollwerk des Wortes bergen können: Er hat gesagt? Ja, es gelte Wonne und Seligkeit in unserer Ruhe oder Stärkung in unseren Anfechtungen, so muß das „er hat gesagt" unser täglicher Heilsborn sein.

Das kann uns hinweisen auf den außerordentlichen Wert des Suchens in der Schrift. Da ist vielleicht eine Verheißung im Worte Gottes, die gerade wie für dich gemacht ist. Wenn du nichts davon weißt, so geht dir ihr Trost verloren. Du bist wie ein Gefangener im Kerker: vielleicht ist unter deinem Strohlager ein Schlüssel verborgen, mit dem du die Tür öffnen und die Freiheit gewinnen könntest. Wenn du aber nicht suchst, so bleibst du ein Gefangener. Es ist vielleicht ein kräftiges Mittel in der großen Apotheke der Heiligen Schrift, und doch bleibst du fort und fort krank, bis du das Wort der Wahrheit durchforschst und suchst, was er gesagt hat. Willst du nicht bei deinem Bibellesen in deinem Gedächtnis einen reichen Vorrat an Gottesverheißungen sammeln? Du behältst die Worte großer Männer, du prägst dir die Verse berühmter Dichter ein; solltest du nicht vor allem recht tief gegründet sein in der Kenntnis des Wortes Gottes, so daß du imstande bist, es jeden Augenblick gegenwärtig zu haben, wenn sich's darum handelt, eine Schwierigkeit zu lösen, einen Zweifel zu widerlegen? Ja, laß dies Wort reichlich in dir wohnen, dann wirst du gesund, stark und fröhlich wachsen in einem göttlichen Leben.

Es bleibt doch sein Bogen fest und die Arme seiner Hände stark durch die Hände des Mächtigen in Jakob. 1. Mose 49, 24

Die Kraft, die Gott seinen Kindern schenkt, ist wirkliche Kraft. Es ist nicht eine prahlerische Scheinmacht ohne inneren Gehalt. Es ist wahre göttliche Kraft. Warum vermag Joseph der Versuchung zu widerstehen? Weil Gott ihm beisteht. Es gibt nichts, was wir ohne Gottes Macht vollbringen könnten.

Alle wahre Kraft kommt von dem „Mächtigen in Jakob". Gleichwie ein Vater seine Kinder lehrt, so unterweist der Herr die, die ihn fürchten. Er schlingt seine Arme um sie. O Wunder der Herablassung! Gott, der Allmächtige, Ewige, Allvermögende, steigt von seinem Thron hernieder und legt seine Hand auf seines Kindes Hand und ergreift mit seinem Arm Josephs Arm, damit er ihn stärke!

Diese Kraft ist eine Bundesmacht. Sie wird dem Mächtigen in Jakob zugeschrieben. Wo man aber im Worte Gottes von dem Gott Jakobs liest, hat man an den Bund mit Jakob zu denken. Wir Christen sinnen und reden so gern über den Bund Gottes. Alle Kraft, alles Vermögen, alle Gnade, aller Segen, alle Freude, aller Trost, alles, was wir haben, strömt uns aus dem Urquell zu durch den Bund. Wenn es keinen Bund gäbe, wahrlich, dann wäre es um uns geschehen. Alle Gnadengaben gehen von ihm aus, wie Licht und Wärme von der Sonne. Kein Engel steigt anders hinauf und herunter als auf der Leiter, die Jakob sah und auf deren Spitze der Bundesgott stand. Lieber Christ, obwohl vielleicht die Schützen dich erzürnen und wider dich kriegen und dich verfolgen, so bleibt doch dein Bogen fest und die Arme deiner Hände stark durch die Hände des Mächtigen in Israel. Darum sei getrost und gib Gott allein die Ehre.

Ich will dich nicht verlassen noch versäumen. Hebräer 13, 5

Keine einzige aller Verheißungen hat nur für einen einzelnen Gültigkeit. Was Gott je zu irgend einem Heiligen gesagt hat, das geht alle an. Wo er dem einzelnen einen Born erschließt, sollen sich alle daran erquicken. Ob er das Wort der Verheißung Mose oder Abraham gegeben hat, bleibt sich gleich: er hat's auch dir gegeben, denn du gehörst auch zum Samen des Bundes. Kein erhabener Segen ist zu erhaben für dich, keine weite Gnade zu umfassend für dich. Erhebe nur deine Augen gegen Mittag und gegen Mitternacht, gegen Morgen und gegen Abend - es gehört alles dir. Steige auf Pisgas Höhe und schaue hinaus zu den äußersten Grenzen der göttlichen Verheißung, denn das ganze Land ist dein Eigentum. Es ist kein Bächlein lebendigen Wassers dort, von dem du nicht trinken darfst. Wenn das Land trieft von Milch und Honig, so iß den Honig und trinke die Milch, denn sie sind beide dein. Sei kühn im Glauben, denn er hat gesagt: Ich will dich nicht verlassen noch versäumen.
In dieser Verheißung gibt Gott den Seinen alles. Auch hört bei keiner Eigenschaft Gottes dein Anspruch an dieselbe auf. Ist er stark und mächtig? Er will sich mächtig und kräftig erweisen an denen, die auf ihn trauen. Ist er die Liebe? Dann will er mit Freundlichkeit und Leutseligkeit uns Gnade erzeigen. Welche Eigenschaften sich auch in dem Wesen Gottes vereinen, jede wird in ihrem vollsten Umfang zu unserem Heil verwendet. Um alles in eins zusammenzufassen: es ist nichts, was du bedarfst, nichts, was du verlangst, nichts, was du brauchst in dieser Zeit oder in der Ewigkeit, es ist nichts Lebendes und nichts Sterbendes, es ist nichts in dieser und nichts in jener Welt, nichts heute, nichts am Auferstehungsmorgen, nichts auf Erden, nichts im Himmel, was nicht in den Worten enthalten wäre: Ich will dich nicht verlassen noch versäumen.

Ich will auf sie regnen lassen zu rechter Zeit; das sollen gnädige Regen sein. Hesekiel 34, 26

Ist das nicht unumschränkte, göttliche Gnade? Wer darf so sagen? Wer außer Gott allein? Es gibt nur eine einzige Stimme, die mit den Wolken reden und ihnen befehlen kann, den Regen auszugießen. Das ist die Stimme Gottes. So ist die Gnade Gottes Gabe und wird nicht von Menschen geschaffen.

Es ist auch notwendige Gnade. Was sollte der Erdboden schaffen ohne Regen? Ebenso nötig ist der göttliche Segen. Ihr arbeitet umsonst, wenn Gott nicht seinen fruchtbaren Regen gibt und sein Heil herniedersendet.

Weiter ist's reichliche Gnade. Nicht Tropfen, sondern Regen will Gott geben. So verhält sich's auch mit der Gnade. Wo Gott einen Segen verheißt, da schenkt er ihn meist in solchem Maße, daß es an Raum fehlt, ihn zu bergen. Reichliche Gnade! Wir bedürfen ihrer, damit wir demütig bleiben und inbrünstiger werden im Gebet, damit wir uns mehr heiligen lassen, damit wir ernster werden, damit wir bewahrt bleiben durch dieses ganze Leben und endlich hingelangen in die himmlische Heimat. Wir verschmachten ohne die sättigenden Regengüsse der Gnade.

Wiederum ist's rechtzeitige Gnade. Zu rechter Zeit! Ist's heute für dich die rechte Zeit? Ist's die Zeit der Dürre? O, dann ist's die rechte Zeit zum Regnen. Ist's eine Zeit tiefer Schwermut und schwarzer Wolken, dann ist's die rechte Zeit zum Gnadenregen.

Und schließlich ist's eine mannigfaltige Gnade. Das Wort Regen steht hier in der Mehrzahl. Allerlei Segensströme will Gott senden. Alle Segen Gottes gehen ineinander wie die Glieder einer goldenen Kette. Wenn er Bekehrungsgnade schenkt, so gibt er auch Trostgnade dazu. So richte dich auf und schaue empor, du vertrocknete Pflanze, und öffne deine Blätter und Blüten dem himmlischen Begießen.

Wer hat euch denn gewiesen, daß ihr dem zukünftigen Zorn entrinnen werdet? Matthäus 3, 7

Erfrischend ist's eine Gegend zu durchwandern, über die ein Gewitter gezogen ist. Solcher Genuß wird dem Christen zuteil. Er zieht durch ein Land, in dem das Gewitter sich über seines Heilandes Haupt entladen hat. Wenn etwa noch einige Sorgentropfen niederfallen, so entquellen sie den Wolken der Gnade, und der Herr Jesus erquickt seinen Jünger durch die Zusicherung, daß sie ihm nicht zum Verderben gereichen sollen. Aber wie schrecklich ist die Gewißheit von der Annäherung eines Gewittersturmes! Man empfindet die Schwüle der drückenden Luft, das Gemüt ist erfüllt mit Bangen, das Vieh senkt entsetzt die schnaubenden Nüstern, der Himmel verhüllt sein Antlitz, vergeblich späht das Auge nach der Sonne - sie scheint nicht, und die Feste des Himmels ist finster und zornig. Und nun ein banges Harren, bis der Orkan mit zerstörender Wut losbricht. Ein Warten voll marternder Ungewißheit, bis die Windsbraut heult mit unbändigem Toben, Bäume entwurzelt, Felsen stürzt und Wohnstätten der Menschen zerwühlt und verwüstet!

Sünder, das ist deine Lage. Noch ist kein einziger heißer Tropfen gefallen, aber ein Feuerstrom rast daher. Kein wütender Wind umheult dich, aber Gottes Wetter sammeln ihre furchtbaren Feuerschlünde. Noch dämmt die Gnade die Wasserfluten ein, aber bald öffnen sich ihre Schleusen. Noch ruhen des Ewigen Donnerkeile in seinem Zeughause, aber der Sturm braust schon von ferne daher, und welch entsetzlicher Anblick wird es sein, wenn Gott im Zornesgewand erscheint! Wo willst du dein Haupt verbergen? Wohin willst du fliehen vor ihm? O, daß dich doch die Hand der Gnade zu Christo leite! Er ist dir frei angeboten im Evangelium. Du weißt, wie nötig du ihn hast. Glaube an ihn, klammere dich an ihn, so ist der Zorn vorübergegangen für alle Zeiten.

Bei dem Herrn findet man Hilfe. Psalm 3, 9

Hilfe, Heil und Seligkeit ist Gottes Werk. Er allein ist es, der die Seele zu erquicken vermag. Er allein auch erhält die Seele in ihrem geistlichen Leben. Er ist beides: das A und das O, der Anfang und das Ende. Bei dem Herrn findet man Hilfe!

Wenn ich anhalte am Gebet, so hat mir Gott den Geist des Gebets gegeben. Sind mir Gnadengaben geschenkt, so sind's Gottes Gaben. Wenn ich aufrichtig wandle und einhergehe in einem gottgefälligen Leben, so geschieht's darum, daß er mich hält und leitet an seiner Hand. Ich kann auch nicht das Geringste tun, mich zu bewahren, wenn Gott es nicht zuerst in mir wirkt. Alles, was ich habe, all mein Gutes kommt allein von dem Herrn. Worin ich sündige, das ist mein eigen. Worin ich aber recht tue, das ist von Gott, völlig und vollständig.

Lebe ich vor den Menschen ein heiliges Leben? Nicht ich, sondern Christus lebt in mir. Bin ich geheiligt? Nicht ich habe mich rein gemacht, Gottes heiliger Geist heiligt mich. Wachse ich in der Erkenntnis? Der große Lehrer unterweist mich. Alle meine Kleinode sind ein Erzeugnis himmlischer Kunst. In Gott finde ich volle Genüge für alle meine Bedürfnisse, in mir finde ich nichts als Sünde und Elend. Lebe ich vom Wort? Dies Wort wäre keine Erquickung für mich, wenn nicht der Herr es mir zur Speise machte und mich damit nährte. Empfange ich allezeit neue Kraft und Macht? Woher kommt mir diese Stärkung? Meine Hilfe kommt von des Himmels Höhen. Ohne Jesus vermag ich nichts. Gleichwie die Rebe kann keine Frucht bringen von sich selber, sie bleibe denn am Weinstock, also auch ich nicht, ich bleibe denn in ihm. Was Jona in der Tiefe des Meeres erfuhr, was Davids Hoffnung und Stern in der Nacht der Anfechtung war, das will ich heute lernen im Kämmerlein: Bei dem Herrn findet man Hilfe!

Der Herr ist deine Zuversicht, der Höchste ist deine Zuflucht.

Psalm 91, 9

Die Israeliten waren in der Wüste einem beständigen Wechsel ausgesetzt. Wenn die Feuersäule stillstand, wurden die Zelte aufgeschlagen. Aber noch ehe die Sonne aufgegangen war, ertönte die Posaune, die Bundeslade wurde vorangetragen, und die feurige Wolkensäule zeigte den Weg durch die Engpässe des Gebirges oder die dürren Sandflächen der Wüste entlang. Kaum hatten sie Muße, ein wenig zu rasten, so mußten sie schon wieder weiterziehen, hinauf nach Kanaan! Sie blieben nie lange an einem Ort. Weder Brunnen noch Palmenbäume hielten sie zurück. Dennoch hatten sie eine bleibende Heimat in ihrem Gott. Seine Wolkensäule war ihr Obdach und seine nächtliche Flamme das Herdfeuer. Sie mußten weiterziehen von Ort zu Ort, unter beständigem Wechsel, ohne Rast und Ruhe, und hatten nie Zeit, sich gemächlich einzurichten. Aber Gott war ihre Zuflucht für und für.

Der Christ weiß von keinem Wechsel bei Gott. Er selbst kann heute reich und morgen arm sein. Er kann heute krank sein und morgen gesund. Er kann heute voller Freude und Wonne sein und morgen voller Furcht und Trauer. Aber es gibt keinen Wechsel und keine Veränderung in seinem Verhältnis zu Gott. Hat mich der Herr gestern geliebt, so liebt er mich heute wieder. Meine unwandelbare Ruhestätte ist mein hochgelobter Herr. Ob Hoffnungen zerrinnen, ob Erwartungen enttäuscht werden, ob Freuden verwelken und fressender Meltau mir alle Blüten zerstört, so habe ich dennoch nichts verloren von alledem, was ich in Gott besitze. Er ist mir ein starker Hort, dahin ich immer fliehen möge. Ich bin ein Pilger auf dieser Erde, aber in meinem Gott bin ich geborgen und bei ihm wohne ich sicher. In dieser Welt bin ich ein irrender Wanderer, aber in Gott habe ich eine gewisse Zuflucht.

Betet füreinander. Jakobus 5, 16

Es ist eine große Aufmunterung zur gegenseitigen, aus der Liebe fließenden Fürbitte, wenn wir bedenken, daß solches Gebet das lieblichste ist, das Gott je vernimmt, denn die Gebete Christi sind Gebete aus fürbittender Liebe. Darum ist auch unser Gebet ihm um so lieblicher, je mehr es dem Gebet Christi ähnlich ist. Wenn auch unsere Gebete für unsre eignen Anliegen Gott wohlgefällig sind, so ist unser Flehen für andere, dieweil es mehr Früchte des Geistes, mehr Liebe, mehr Glauben, mehr brüderliche Liebe in sich schließt, doch ein besseres Opfer, das wir Gott darbringen können. Beachte zugleich, daß die Fürbitte außerordentlich kräftig ist. Was für Wunderwerke hat sie nicht vollbracht! Liebe gläubige Seele, du hast ein mächtiges Werkzeug in deiner rechten Hand; gebrauche es fleißig, gebrauche es unaufhörlich, gebrauche es gläubig, so wirst du gewiß deinen Brüdern Gutes erweisen. Wenn dir die Gnade zuteil wird, daß du dich seinem Throne ungehindert nahen darfst, und der König zu dir spricht: „Bitte, so will ich dir geben, was du begehrst," so lege ein Wort ein, nicht für dich bloß, sondern für die vielen, die seiner Hilfe bedürftig sind. Wenn du der Fürbitte nicht obliegst, dann magst du zwar wohl begnadigt sein, aber diese Gnade ist klein wie ein Senfkorn. Wenn du aber die Bedürfnisse andrer mit dir führst, wirst du für sie von deinem Herrn eine reiche Segensfülle mit zurückbringen, die sie vielleicht ohne dich nie erlangt hätten.

„Ein Gebet, das Jesus lehrt,
Wird gewiß von ihm erhört."

Ich habe dich zu mir gezogen aus lauter Güte. Jeremia 31, 3

Alle Donnerschläge des Gesetzes und alle Schrecken des Gerichts haben den Zweck, uns zu Christus zu führen. Aber der endliche Sieg ist das Werk der Freundlichkeit und Leutseligkeit unseres Gottes. Der verlorene Sohn kehrte um zu seines Vaters Hause, weil der Mangel ihn drückte. Aber sein Vater sah ihn schon von fern und eilte ihm entgegen. Und als er die letzten Schritte heimwärts lenkte, glühte noch des Vaters Willkommkuß auf seiner Wange.
Der Herr kam eines Nachts vor die Tür und pochte mit der ehernen Faust des Gesetzes an. Die Tür wankte und zitterte in ihren Angeln. Aber der Mensch wollte nicht. Der Meister wandte sich. Aber endlich kam er wieder und klopfte abermals an. Aber er klopfte so sanft und zart! Diesmal zitterte die Tür nicht, sondern sie öffnete sich. Und da lag der einst so widerspenstige Hauswirt auf den Knieen und war voller Freude, seinen Gast empfangen zu dürfen. Komm herein, komm herein! Du hast ja so angeklopft, daß sich mir das Herz im Leibe bewegt - dir entgegen; ich konnte den Gedanken nicht ertragen, daß deine durchgrabene Hand ihre Spur an meiner Tür zurücklassen und du dich obdachlos wieder entfernen solltest; ich bin fortan dein eigen; deine Liebe hat mir das Herz genommen.
Das ist allezeit so. Güte trägt den Sieg davon. Was Mose mit den steinernen Tafeln nie erreichen kann, das erreicht Christus mit seiner durchbohrten Hand. Seht, das ist eure Berufung. O, daß ihr's aus eigener Erfahrung kenntet, wie er euch zu sich ziehen will! Kannst du sagen: Er hat mich gezogen und ich folge ihm und freue mich seiner göttlichen Stimme? Wenn dem so ist, dann wolle er dich ferner nach sich ziehen, bis du dich endlich setzen wirst zum Hochzeitsmahl des Lammes!

Er wird sein Volk selig machen von ihren Sünden.

Matthäus 1, 21

Viele, die man fragt, was sie unter der Erlösung verstehen, antworten: „Daß man errettet werde und in den Himmel komme." Das ist allerdings eine Frucht der Erlösung, aber es begreift nur den geringeren Teil von dem Segen, der in dieser köstlichen Tatsache für uns liegt. Freilich erlöst unser Herr Jesus Christus die Seinen von dem zukünftigen Zorn; aber sein Sieg umfaßt viel mehr als dies. Er macht sein Volk selig „von ihren Sünden". O köstliche Erlösung! Kein Mensch ist ein wahrer Jünger Christi, wenn die Sünde noch in seinem sterblichen Leibe die Oberhand hat. Zwar wird die Sünde in uns haften und nicht gänzlich in uns ausgetilgt werden, bis daß der Geist zur Herrlichkeit eingeht; aber sie wird nicht mehr herrschen in uns. Wohl wird sie um die Herrschaft ringen, sie wird gelüsten wider das neue Gesetz und den neuen Geist, den Gott uns eingepflanzt; aber nie wird die Sünde wieder die Oberhand in uns gewinnen. Christus wird unseres Herzens Herr sein, und die Sünde muß absterben. Jünger Jesu! ist die Sünde in dir gedämpft? Wenn dein Leben unheilig ist, so ist dein Herz unbekehrt; und ist dein Herz unbekehrt, so bist du kein erlöster Mensch. Die Gnade, die einen Menschen nicht bessert, ist eine wertlose Täuschung. Christus erlöst sein Volk nicht in ihren Sünden, sondern von denselben. „Es trete ab von der Ungerechtigkeit, wer den Namen Christi nennet." Wenn wir nicht erlöst sind von der Sünde, wie dürfen wir hoffen, zu seinem Volke gezählt zu werden? Herr, ja, erlöse mich zu dieser Stunde von allem Bösen und mache mich tüchtig zu allem Guten, zur Ehre meines Heilandes.

Derselbe findet am ersten seinen Bruder Simon.

Johannes 1, 41

Die vorliegende Erzählung liefert uns ein vorzügliches Beispiel davon, wie sich je und je das geistliche Leben äußert, wenn es gesund und kräftig ist. Sobald ein Mensch Christum gefunden hat, fängt er auch an, andere für Jesus zu werben. Ich will nie glauben, daß du von dem Evangelium gekostet hast, wenn du es für dich allein behalten kannst. Wahre Gnade macht aller geistlichen Selbstsucht ein Ende. Andreas fand am ersten seinen Bruder Simon, danach andere. Verwandte haben vor anderen einen gerechten Anspruch darauf, daß wir ihnen unser Zeugnis widmen. Andreas, du hast wohlgetan, daß du mit Simon angefangen hast! Ich weiß nicht, ob es nicht manche Christen gibt, die in anderer Leute Häuser Zeugnis ablegen, während es besser wäre, wenn sie dem eigenen Hause ihre Aufmerksamkeit zuwendeten; oder andere sind bei Werken der äußeren Mission tätig und vernachlässigen darob das Zeugnis im Kreise der Ihrigen. All dein Wirken und Reden sei jederzeit gewürzt; aber sorge, daß die ersten Früchte des geistlichen Lebens deiner Familie zugute kommen. Als Andreas seinen Bruder fand, wußte er nicht, welch ein Werkzeug sein Bruder einst werden sollte. Simon Petrus übertraf den Andreas an Tüchtigkeit; und dennoch wurde Andreas das Mittel, daß er zu Jesu kam. Es mag dir wohl an Gaben mangeln, und dennoch kann auch durch dich ein anderer zu Christus kommen. Dem Andreas waren nur „zwei Zentner" verliehen, aber er fand Petrus. Gehe hin und tue desgleichen.

Siehe, ich will dich auserwählt machen im Ofen des Elends.

Jesaja 48,10

Tröste dich, du schwergeprüfte Seele, mit diesem Wort. Träufelt es nicht hernieder wie ein sanfter Regen, der die Wut der Flammen dämpft? Ist es nicht ein Schutzkleid, gegen das des Feuers Wut keine Macht hat? Mag Trübsal kommen, dennoch hat Gott mich auserwählt. Armut, magst du mit schwerem Schritt meine Schwelle betreten, so ist Gott schon vorher in meinem Hause. Er hat mich auserwählt! Krankheit, magst du hereinschleichen, siehe, so ist schon mein Balsam bereit: Gott hat mich auserwählt. Was immer auch über mich kommen mag in diesem Tränental, ich weiß, daß er mich auserwählt macht.

Und wenn du noch besseren und größeren Trostes bedarfst, so bedenke, daß des Menschen Sohn mit dir im Feuerofen ist. In deiner stillen Kammer sitzt einer bei dir, den du nicht gesehen hast, den du aber liebst. Und gar oft, wenn du nichts davon ahnst, bettet er dich weich in deiner Trübsal und legt dir dein Kissen zurecht zum erquickenden Ruhelager. Du bist in großer Armut, aber in deiner einsamen Hütte geht der Fürst des Lebens und der Herrlichkeit aus und ein. Dein Freund ist dir ganz nahe. Du kannst ihn nicht sehen, aber du fühlst seinen warmen Händedruck. Hörst du seine Stimme nicht? Siehe, gerade im finstern Tal der Todesschatten spricht er zu dir: Fürchte dich nicht, ich bin mit dir; weiche nicht, denn ich bin dein Gott. Ja, fürchte dich nicht, dein Jesus ist bei dir. In all deinen schweren Prüfungen ist seine Gegenwart beides: dein Trost und dein Schutz. Nie verläßt er den, den er zu seinem Eigentum auserwählt hat. Fürchte dich nicht, ich bin da - das ist sein festes Verheißungswort für seine Auserwählten, die im Ofen des Elends schmachten. Willst du dich also nicht recht fest an Christus anklammern?

Laß dir an meiner Gnade genügen. 2. Korinther 12, 9

Wäre nie ein Heiliger Gottes arm und elend, so könnten wir die trostreichen Verheißungen der göttlichen Gnade nicht halb so gut verstehen. Gottes Gnade verklärt und verherrlicht sich in der Armut und in den Leiden der Gläubigen. Die Heiligen richten sich auf unter jeglichem Druck schwieriger Lagen. Sie leben der Überzeugung, daß ihnen jegliche Dinge zum Besten dienen müssen. Sie wissen, daß zuletzt aus anscheinend großem Übel ein wahrhaftiger Segen für sie entspringt. Sie zweifeln nicht daran, daß ihr Gott ihnen entweder in Kürze eine Erlösung sendet oder sie unfehlbar in ihrer Trübsal stärkt, solange es ihm gefällt, sie darin zu lassen.
Diese Geduld der Heiligen beweist die Macht der göttlichen Gnade. Da steht ein Leuchtturm im Meer. Ist die Nacht ruhig, so kann ich nicht sagen, ob der Bau stark und fest ist. Erst wenn der Sturm tobt und die Brandung wütet, erfahre ich, ob er standhält. So verhält sich's mit dem Geisteswerk. Wenn es nicht oft und viel von stürmischen Fluten umbrandet wäre, so könnten wir nie erfahren, ob es auch wahr und echt ist. Wenn die Winde nicht darüber herfielen, so könnten wir nicht wissen, wie stark und standhaft es ist. Die Meisterwerke Gottes sind jene Menschen, die inmitten aller Schwierigkeiten fest und unbeweglich dastehen.
Wer seinen Gott verherrlichen will, muß darauf rechnen, daß ihm manche Trübsal begegnen wird. Niemand kann vor dem Herrn bestehen, er sei denn durch viele Prüfungen hindurchgegangen. So freut euch denn, wenn euer Lebenspfad voller Dornen ist. Der Gott, der euch bis hierher eine Genüge war, ist eures Vertrauens wert bis ans Ende. Hat er bis hierher geholfen, so weiß er es auch herrlich hinauszuführen!

So lasset uns nun nicht schlafen wie die anderen.

1. Thessalonicher 5, 6

Mancherlei Mittel können dazu dienen, die Christen in ihrer Wachsamkeit zu fördern. Vor allem aber möchte ich sie ernstlich ermahnen, untereinander zu reden und zu rühmen von den Wegen des Herrn. Als Christ und Hoffnungsvoll miteinander nach der himmlischen Stadt wanderten, sprachen sie zueinander: „Damit wir hier nicht schläfrig werden, wollen wir uns mit gewürzten Reden unterhalten." Christ fragte: „Lieber Bruder, wo wollen wir denn anfangen?" Und Hoffnungsvoll antwortete: „Da, wo Gott mit uns angefangen hat."

Christen, die sich absondern und einsam dahinwandern, sind sehr empfänglich für Müdigkeit und Schläfrigkeit. Haltet euch zu christlicher Gesellschaft, so werdet ihr dadurch wach erhalten und ermuntert, schneller vorwärts zu eilen auf dem Wege zum Himmel. Wenn ihr aber mit anderen solcher lieben Rede pflegt über die Wege Gottes, so achtet darauf, daß der Inhalt eurer Gespräche euer Herr Jesus ist. Richtet das Auge des Glaubens beständig auf ihn. Euer Herz sei von ihm erfüllt. Euer Mund rede nur, was seiner wert ist. Freund, bleibe dem Kreuze nahe, so wirst du nicht schläfrig. Tue Fleiß, daß du einen tiefen und bleibenden Eindruck erlangst von der hohen Herrlichkeit des Ortes, nach dem du pilgerst. Wenn du stets bedenkst, daß du dem Himmel zueilst, so wirst du nicht einschlafen auf dem Wege. Wenn du dich daran erinnerst, daß die Hölle hinter dir gähnt und der Teufel dich verfolgt, so wirst du nicht verziehen. Mag der Totschläger schlafen, wenn der Bluträcher ihm auf den Fersen folgt und die Freistadt vor ihm liegt? Willst du schlafen, wenn die Perlentore dir offen stehen, wenn das Lied der Engel dich empfängt, wenn eine goldene Krone bereit ist, deine Stirn zu schmücken? O nein, in heiliger Gemeinschaft wachet und betet allezeit und ermuntert euch untereinander, auf daß ihr nicht in Versuchung fallet.

Ihr müßt von neuem geboren werden. Johannes 3, 7

Wiedergeburt ist eine Sache, die zu den Grundlagen des Heils gehört. Wir sollten eifrig sorgen, daß wir wirklich von neuem geboren werden. Es gibt viele, die sich einbilden, sie seien wiedergeboren, und in Wirklichkeit sind sie's doch nicht. Laßt's euch nur gesagt sein, daß der Name eines Christen noch lange nicht das Wesen eines wahren Christen ausmacht und daß es nicht den geringsten Wert hat, in einem christlichen Lande von christlichen Eltern geboren zu sein und für einen Bekenner des christlichen Glaubens angesehen zu werden, wenn nicht noch etwas hinzukommt, nämlich die neue Geburt durch die Kraft des Heiligen Geistes.

Von neuem geboren werden ist etwas so Geheimnisvolles, daß menschliche Worte es nicht zu beschreiben vermögen. Nichtsdestoweniger ist's eine Veränderung, die erkannt und gefühlt wird. Dies große Werk ist von übernatürlicher Art. Eine Macht von oben macht sich im Menschen geltend und arbeitet an seiner Seele. Sie erneuert das Herz und bewegt den ganzen Menschen. Es ist nicht eine Veränderung seines Namens, sondern eine Erneuerung seines Wesens, so daß er nicht mehr derselbe Mensch ist, der er sonst war, sondern ein neuer Mensch in Christo Jesu. Einen Leichnam waschen und einkleiden ist etwas ganz anderes, als ihn lebendig machen. Jenes kann der Mensch tun, dieses allein Gott. Bist du also von neuem geboren, so lautet dein Bekenntnis: O Herr Jesus, du hast mich neu geboren. Wenn nicht dein Geist mir den Odem eines neuen, heiligen und geistlichen Lebens eingehaucht hätte, so wäre ich bis zu dieser Stunde tot geblieben in Sünden und Übertretungen. Mein himmlisches Leben stammt allein von dir. So lebe nun nicht mehr ich, sondern Christus lebt in mir!

Möge uns Gott zur festen Gewißheit in diesem Stücke verhelfen; denn unwiedergeboren heißt unerlöst sein - ohne Gott und ohne Hoffnung.

Habt Glauben an Gott. Markus 11, 22

Glaube ist der Fuß, mit dem die Seele auf der Straße der Gebote einherschreitet. Die Liebe kann die Füße zum rascheren Gang antreiben; der Glaube aber ist der Fuß, der die Seele trägt. Der Glaube ist das Öl, das die Räder heiliger Andacht und ernster Frömmigkeit leichter in Gang hält. Ohne Glauben stürzen die Räder vom Wagen, und wir schleppen schwer am Geschirr. Durch den Glauben vermag ich alles; aber ohne den Glauben habe ich weder Lust noch Kraft, irgend etwas im Dienste des Herrn auszurichten. Willst du den Menschen finden, der Gott am besten dient, so mußt du nach dem Menschen schauen, der den größten Glauben hat. Ein kleiner Glaube macht den Menschen auch selig, aber er kann für Gott nichts Großes ausrichten. Ein kleiner Glaube kommt ohne allen Zweifel auch in den Himmel, aber er muß sich oft in eine Nußschale flüchten und verliert fast allen seinen Schmuck. Der Kleinglaube steht verzweifelnd da und vermengt seine Tränen mit der Flut; aber der starke Glaube singt: So du durchs Wasser gehst, will ich bei dir sein, daß dich die Ströme nicht sollen ersäufen!, und er schreitet sogleich durch die Wogen. Willst du fröhlich und selig sein? Willst du dich freuen über deine Frömmigkeit? Willst du eine Gottesfurcht voller Liebe und Wonne und nicht eine solche, die im düsteren Grau des Grams einhergeht? Dann habe Glauben an Gott! Liebst du das Dunkel und gefällst du dir im Jammer und Elend, dann begnüge dich mit einem kleinen Glauben. Liebst du aber den Sonnenschein und möchtest du gern Lieder der Freude anstimmen, dann pflege eifrig die beste aller Gaben: starken Glauben.

Wenn einer nichts als glauben kann,
so kann er alles machen;
der Erde Kräfte sieht er an
als ganz geringe Sachen.

Sie ermahnten sie, daß sie im Glauben blieben und daß wir durch viel Trübsale müssen in das Reich Gottes gehen.

Apostelgeschichte 14, 22

Als Gott die Seinen auserwählte, war seine Absicht nicht, daß sie nie heimgesucht werden sollen mit allerlei Trübsal. Sie wurden nicht erwählt zu irdischer Freude und zu dem Frieden, den die Welt gibt. Als der Herr den Gnadenbrief ihrer Vorrechte niederschrieb, verordnete er, daß unter den Gütern, die sie unfehlbar ererben sollten, auch die Züchtigungen nicht fehlen dürfen. Prüfungen sind ein Teil unseres Erbes. Sie sind in Gottes heiligem Ratschluß uns zugedacht. So gewiß wie die Sterne von seiner Hand gebildet und ihre Bahnen von ihm vorgezeichnet sind, so gewiß sind unsere Prüfungen uns zugeteilt. Er hat ihre Zeit und ihren Ort bestimmt, die Größe und Wirkung, die sie auf uns ausüben sollen. Gläubige Menschen sollen nie erwarten, daß sie der Trübsal überhoben sein werden. Täten sie es, so würden sie sich getäuscht finden, denn keiner ihrer Vorläufer ist hierin verschont geblieben. Denkt an Hiob, an die Erzväter, die Propheten, die Apostel und Blutzeugen: keiner von allen, die Gott zu Gefäßen seiner Gnade erwählt hat, blieb verschont von der Läuterung im Ofen des Elends. Es ist von alters her so verordnet, daß das Kreuz der Trübsal eingegraben werden muß auf jedes Gefäß der Gnade als das königliche Wappen, mit dem des Königs Geräte geschmückt werden.

Aber wenngleich Trübsal der Pfad der Kinder Gottes ist, so bleibt ihnen dennoch der Trost der Erkenntnis, daß ihr Meister ihnen vorangegangen ist auf diesem Pfade. Seine Gegenwart und seine Barmherzigkeit erquickt sie. Seine Gnade trägt sie. Sein Beispiel lehrt sie dulden und tragen. Und wenn sie das Reich ererben, so werden sie mehr als bloß entschädigt werden für so viele Trübsal, durch die sie hindurchgehen mußten, um einzukommen zur Herrlichkeit.

Wenn einer zu Grunde gehen soll, wird sein Herz zuvor stolz.

Sprüche 18, 12

Es ist ein altes Sprichwort, daß künftige Ereignisse ihren Schatten vor sich herwerfen. Der Weise des alten Bundes lehrt uns, daß ein stolzes Herz das Vorspiel des hereinbrechenden Unfalls ist. Davids tief bekümmertes Herz mag uns zeigen, daß eines Menschen Herrlichkeit sich verdunkelt, sobald er anfängt, sich seiner Größe zu überheben. (2. Sam. 24, 10.) Gott demütigt die stolzen Herzen. O Christ, ist heute dein Herz von Stolz aufgebläht? Denn Stolz kann sich in ein Christenherz einschleichen. Er kann ihn zum Wahn verleiten, er sei „reich und habe gar satt und bedürfe nichts". Erhebst du dich ob deiner Gnadengaben oder deiner Erkenntnis? Bist du stolz auf dich selbst darum, daß du heilige Gefühle und liebliche Erfahrungen in dir gewahr geworden bist? Habe acht, liebe Seele, es droht dir ein Unglück, wenn es so ist. Wenn Menschen auf hohem Roß einherreiten, so hat sie das Unglück stets überfallen. Dein eitler Selbstbetrug wird mit der Wurzel ausgerottet, deine eingebildeten Vorzüge verwelken in der brennenden Sonnenhitze, und deine Selbstgenugsamkeit ist Stroh, das auf den Mist geworfen wird. Wenn wir vergessen, in tiefster Demut der Seele unter dem Kreuz zu bleiben, so vergißt Gott nicht, uns unter die Zucht seiner Rute zu nehmen. Es kommt dir eine Heimsuchung, du ungebührlich hochmütiges Kind des Glaubens, die all deine Freuden und all deinen Trost verzehrt, obgleich sie nimmermehr deine Seele verzehren darf. Darum, „wer sich rühme, der rühme sich des Herrn".

Ich sprach, da mir's wohlging: ich werde nimmermehr danieder liegen. Psalm 30, 7

Gib einem Menschen Reichtum; laß seine Fahrzeuge stets reichbefrachtet zurückkehren; laß Wind und Wellen also walten, daß sie wie seine Diener sind, die seine Schiffe durch des großen Weltmeers Tiefen tragen; laß seine Felder reichlich Frucht bringen; laß das Wetter seinen Saaten günstig sein, daß sie wohl gedeihen; laß ihm ohne Unterbrechung alles nach Wunsch gelingen; laß ihn unter dem Volke angesehen sein als einen mächtigen Kaufherrn; laß ihn sich einer blühenden Gesundheit erfreuen; laß ihn mit gestählten Nerven und strahlenden Auges durch die Welt ziehen und glücklich leben; gib ihm sprudelnden Witz; laß seine Lippen den nie verstummenden Gesang seiner Freunde hören; laß seine Augen von stets neuer Wonne strahlen - und die natürliche Folge eines solchen Wohllebens ist bei jedem Menschen, und wäre er der beste Christ, Übermut. Aber Übermut ist gefährlich. Darum hüte dich vor den ebenen Stellen auf deiner Straße. Du magst Gott wohl dafür danken, wenn du darauf einhergehst. Aber wenn dein Pfad rauh wird, so danke nicht weniger. Wenn wir immer dem Glück im Schoße säßen, wenn nie ein Wölklein unseren Himmel trübte, wenn nie ein Tröpflein Wermut den Wein unseres Lebens verbitterte, dann würden wir berauscht von der Fülle des Wohlbehagens. Wir stünden auf einer schwindelerregenden Höhe und schwebten jeden Augenblick in der Gefahr des Absturzes. Darum wollen wir Gott auch für unsere Prüfungen danken. Wir wollen ihm danken für unseren Glückswechsel. Wir wollen seinen Namen erheben für die Verluste an Gut und Vermögen; denn wir spüren wohl, daß wir leicht allzu sicher geworden wären, wenn er uns nicht also gezüchtigt hätte. Ununterbrochenes Erdenglück ist eine harte Feuerprobe.

Auf daß die Sünde würde überaus sündig durchs Gebot.

Römer 7, 13

Hüte dich vor dem geringsten sündlichen Gedanken. Zur Zeit unserer Bekehrung ist das Gewissen so zart, daß wir vor der kleinsten Sünde mit Entsetzen zurückschaudern. Aber gar bald entschwindet der zarte Duft von diesen Erstlingsfrüchten des neuerwachten Lebens unter der rauhen Hand der stürmischen Welt. Die empfindliche Pflanze der jungen Gottesfurcht verwandelt sich in eine wuchernde Weide, die überall nachgibt, sich überall biegt und beugt und sich allerlei Verletzung gefallen läßt. Es ist leider nur zu wahr, daß auch ein Christ nach und nach so abgestumpft werden kann, daß die Sünde, die ihm einst Angst und Entsetzen einjagte, ihn nicht mehr im mindesten beunruhigt. Mit der Zeit werden die Menschen mit der Sünde vertraut. Erst versetzt uns eine kleine Sünde in bitterste Not, aber bald kommt eine andere und größere und dann wieder eine, bis es endlich so weit mit uns kommt, daß wir die Sünde überhaupt nur als ein kleines Unrecht ansehen. So schwächen wir den Blick für die Sünde ab. Wir werfen einen Schleier darüber. Wir geben ihr gelindere Namen und verharmlosen sie auf diese Weise.

O hüte dich, daß du es mit der Sünde nicht leicht nimmst! Ja, hüte dich, sonst bringt sie dich schnell zu Falle. Die Sünde etwas Geringes? Sie ist ein tödliches Gift! Sind's nicht die kleinen Füchse, die die Weinberge verderben? Baut nicht das unscheinbare Korallentierchen einen Fels auf aus der Meerestiefe, daran die Schiffe zerschellen? Fällen nicht kleine Streiche auch die größte Eiche? Wäscht nicht der beständig fallende Tropfen das härteste Gestein aus? Die Sünde etwas Geringes? Sie krönte des Heilands Haupt mit Dornen und durchbohrte sein Herz! Sie bereitete ihm Leiden und Todesangst, Bitterkeit und Schmerzen. Betrachtet jede Sünde als solche, die den Heiland ans Kreuz genagelt hat, so werdet ihr erkennen, daß die Sünde überaus sündig ist.

Verstehest du auch, was du liesest? Apostelgeschichte 8, 30

Wir würden besser imstande sein, andere zu unterweisen, und würden weniger von jedem Wind der Lehre hin und her getrieben werden, wenn wir trachteten, ein sicheres Verständnis des Wortes Gottes zu erlangen. Da der Heilige Geist, der die Heilige Schrift eingegeben hat, uns auch allein erleuchten kann, daß wir dieselbe richtig verstehen lernen, so sollten wir jederzeit begierig sein nach seinem Unterricht und nach seiner Einleitung in alle Wahrheit. Was tat der Prophet Daniel, als er den Traum Nebukadnezars auslegen sollte? Er betete ernstlich, daß Gott ihm das Gesicht zeigen und sein Verständnis öffnen wolle. Als der Apostel Johannes auf der Insel Patmos im Geist war, da sah er im Gesicht ein Buch, versiegelt mit sieben Siegeln, welches niemand würdig erfunden ward aufzutun und zu lesen, noch darein zu sehen. Danach wurde das Buch aufgetan. Aber zuvor heißt es: „Ich weinte sehr." Die Tränen des Johannes, das sind seine flüssigen Gebete, waren in Beziehung auf ihn selbst die heiligen Schlüssel, durch welche das zusammengerollte Buch aufgeschlossen ward. Wenn ihr darum wünscht, daß ihr, euch und anderen zum Nutzen, „erfüllet werdet mit Erkenntnis des Willens Gottes, in allerlei geistlicher Weisheit und Verstand", so erinnert euch, daß das Gebet das beste Mittel eurer Belehrung ist. Wie Daniel werdet ihr den Traum und seine Bedeutung verstehen lernen, wenn ihr Gott darum angefleht habt; und wie Johannes seht ihr auch, wie die sieben Siegel der unschätzbaren Wahrheit aufgetan werden, nachdem ihr sehr darum geweint habt. O Herr, erhöre unser Bitten und öffne uns das Verständnis!

Was wollen wir hier bleiben, bis wir sterben? 2. Könige 7, 3

Lieber Leser, dieses Buch soll hauptsächlich zur Erbauung der Gläubigen dienen. Wenn du aber noch nicht bekehrt und errettet bist, so ist meine Seele betrübt über dich und ich möchte dir gern ein Wort sagen, das dir zum Segen gereichen könnte.

Lies einmal die Geschichte von den Aussätzigen, von denen in unserem Schriftwort die Rede ist (2. Könige 7,3-11). Ihre Lage gleicht der deinigen aufs Haar. Wenn du bleibst, wo du bist, mußt du umkommen. Wenn du in dumpfer Verzweiflung dasitzest, so kann dich niemand bedauern, wenn dein Verderben hereinbricht. Wenn du aber unerlöst sterben müßtest, nachdem du Gnade gesucht hast, so wärest du ein Gegenstand des gerechtesten Mitleids. Alle, die an ihn glauben, sind, wie du weißt, errettet worden; warum sollte das nicht auch bei dir möglich sein? Stelle nur des Herrn Barmherzigkeit auf die Probe. Ach, es ist so schrecklich, ins Verderben zu stürzen. Und wenn auch nur ein Strohhalm da wäre, an dem du dich halten könntest, so müßte der Trieb der Selbsterhaltung dich nötigen, die Hand danach auszustrecken.

Was ich dir bis jetzt gesagt habe, stützt sich ganz nur auf deinen Zweifel und Unglauben. Aber nun bezeuge ich dir als vom Herrn: wenn du ihn suchst, so läßt er sich von dir finden. Jesus stößt keinen hinaus, der zu ihm kommt. Du wirst nicht umkommen, wenn du auf ihn vertraust. Im Gegenteil, du wirst weit größere Schätze finden, als die armen Aussätzigen sie im verlassenen Lager der Syrer sammelten. Möge der Heilige Geist dich ermutigen, alsobald hinzugehen, so wirst du nicht umsonst glauben. Und wenn du selig geworden bist, so gehe hin und verkündige anderen die gute Botschaft. Verschweige deinen Frieden nicht. Verkündige dein Heil dem Hause des himmlischen Königs und schließe Freundschaft mit den Seinen. Der Herr mache dich noch heute selig, bevor der Tag zur Neige geht.

Wer sich läßt dünken, er stehe, der mag wohl zusehen, daß er nicht falle. 1. Korinther 10, 12

Es ist merkwürdig, daß es Leute gibt, die auf die Gnade stolz sein können. Wer mit der Gnade prahlt, hat sich geringer Gnade zu rühmen. Er bedenke, daß der Strom ununterbrochen Zufluß aus der Quelle haben muß, wenn er nicht bald vertrocknen will. Wenn der Lampe nicht beständig neues Öl zufließt, so wird sie statt ihres strahlenden Lichtglanzes bald nur noch rauchen und schädlichen Dampf verbreiten. Hüte dich, daß du dich nicht in deinen Tugenden selbstgefällig erhebst. Laß all dein Rühmen und Vertrauen auf Christus und seine Kraft gerichtet sein. So allein bleibst du vor dem Fall bewahrt. Lege dich mehr aufs Beten. Verwende mehr Zeit auf heilige Sammlung und Andacht. Lies Gottes Wort eifriger und anhaltender. Wache sorgfältiger über dich im Handel und Wandel. Lebe in inniger Gemeinschaft mit deinem Gott: Strebe den besten Vorbildern nach. Deine Rede sei lieblich und mit himmlischem Duft gewürzt. Dein Herz sei entzündet von Liebe zu den Menschenseelen. Lebe so, daß die Leute erkennen müssen, du seiest auch mit Jesus gewesen und habest von ihm gelernt. Und wenn einst der selige Tag kommt, wo der, den deine Seele liebt, zu dir spricht: „Steige herauf", so möge es dich mit seligem Entzücken erfüllen, wenn du ihn sagen hörst: „Du hast einen guten Kampf gekämpft, du hast den Lauf vollendet, hinfort ist dir beigelegt die Krone der Gerechtigkeit."

Vorwärts, lieber Christ, mit Vorsicht und Sorgfalt! Vorwärts mit heiliger Furcht und mit Zittern! Vorwärts mit Glauben und Vertrauen auf Jesus allein! Laß dein beständiges Flehen sein: Erhalte mich durch dein Wort. Nur er kann dich behüten ohne Fehl und dich stellen vor das Angesicht seiner Herrlichkeit unsträflich mit Freuden.

Laßt uns beten, laßt uns wachen:
Herr, sei mächtig in uns Schwachen!

Der Mensch lebt kurze Zeit und ist voll Unruhe. Hiob 14, 1

Es ist uns vielleicht sehr gut, wenn wir dieser ernsten Tatsache ein wenig nachdenken; denn sie kann uns veranlassen, uns vom Irdischen je mehr und mehr loszumachen. Es liegt nicht sehr viel Erfreuliches in der Erinnerung, daß wir nicht über die Wechselfälle des Lebens erhaben sind; aber sie mag uns demütigen und uns bewahren vor einem Rühmen, wie es uns in den Worten Davids entgegentritt: „Ich sprach, da mir es wohlging: Ich werde nimmermehr daniederliegen." Sie kann uns abhalten, daß wir uns nicht zu tief in diesen Boden einwurzeln, aus welchem wir nach kurzer Zeit sollen in den himmlischen Garten verpflanzt werden. Unsere lieben Angehörigen sind nur geliehene Güter, und die Stunde, wo wir sie in des Herrn Hand zurückgeben müssen, ist vielleicht vor der Tür. Das gleiche gilt noch mehr von unseren irdischen Gütern. Haben nicht die Reichtümer dieser Welt Flügel und enteilen unversehens? Auch unsere Gesundheit ist gebrechlich. Es ist uns eine Zeit gesetzt zur Krankheit und Schwachheit, wo wir durch Geduld im Leiden unseren Gott verherrlichen dürfen, und nicht durch fruchtbare Tätigkeit. Unserer Tage ist keiner vor Kummer geschützt. Liebe Seele, richte dein Herz nicht auf das Irdische, sondern suche, was droben ist; denn das hienieden ist, fressen die Motten, und die Diebe graben danach und stehlen; dort aber sind alle Freuden ewig und unverwelklich. Der Pfad der Trübsal ist der Weg zur Heimat.

Und Johannes sah den Geist Gottes gleich einer Taube herabfahren. Matthäus 3, 16

Gleichwie der Geist Gottes herabfuhr auf den Herrn Jesus, das Gemeindehaupt, so fährt er herab auf die Glieder der Gemeinde, nach dem Werk eines jeglichen Gliedes in seinem Maße. Die Taube ist ein liebliches Bild. Hier ist nichts von betäubender Unruhe und menschlicher Eile. Ruhe scheint bei den Wirkungen des Geistes eine wesentliche Eigenschaft zu sein. Der Herr spricht noch heute sanft und freundlich, und wie der Tau fällt seine Gnadenstimme hernieder. Die Taube ist in der Schrift stets das auserwählte Bild der Reinheit. Wo der Heilige Geist hinkommt, müssen Sünde und Unreinheit weichen. Friede herrscht gleicherweise, wo die heilige Taube einkehrt; sie trägt den Ölzweig zum Zeichen, daß die Fluten des göttlichen Zornes sich verlaufen haben. Sanftmut ist stets eine gewisse Wirkung der umwandelnden Macht des Heiligen Geistes. Herzen, die von seiner Macht berührt werden, sind hinfort und allezeit sanft und demütig. Adler und Geier verfolgen ihre Beute, die Taube dagegen kann wohl Unrecht ertragen, aber sie fügt kein Unrecht zu. Wir müssen lauter sein wie die Tauben. Die Taube ist ein treffliches Bild der Liebe. Die Stimme der Taube ist voller Zärtlichkeit. Ein Mensch, der vom göttlichen Geist heimgesucht wird, wird immer erfüllt sein von der Liebe zu Gott, zu den Brüdern, zu allen Menschen und vor allem aber von Liebe zu Jesu. Das Schweben und Weben des Geistes Gottes über den Wassern der Tiefe rief zuerst nach dem Schöpfungsbericht Ordnung und Leben hervor, und in unseren Herzen erweckt und pflegt er neue Erkenntnis und Leben. — O Herr Jesus, stärke in uns durch deinen Geist Licht und Leben von nun an bis in Ewigkeit!

Das tat er von ganzem Herzen; darum hatte er auch Glück.

2. Chronik 31, 21

Das ist nichts Außergewöhnliches, daß es denen wohlgelingt, die ihre Arbeit von ganzem Herzen tun, während kein Gedeihen ist bei denen, die ihrem Beruf nur mit einem geteilten Herzen obliegen. Willst du in deiner Arbeit für den Herrn Jesus Segen erfahren, so muß es ernste Herzensarbeit sein. Der Heilige Geist steht dir in deiner Armut und Schwachheit bei, aber er bestärkt dich nicht in deiner Trägheit; er liebt tatkräftige Gläubige. Wer sind die nützlichsten Menschen in der Christenheit? Das sind die Menschen, die das, was sie für Gott tun, von ganzem Herzen tun. Wer sind die gesegnetsten Lehrer an Sonntagsschulen? Es sind die Menschen, deren Herzen Feuer und Flamme sind. Ein ganzes Herz offenbart sich in der Ausdauer; es kann wohl zuerst Mißgriffe geben, aber der treue Arbeiter spricht: „Es ist das Werk des Herrn, es muß getan sein; mein Herr hat mich es geheißen, und in seiner Kraft will ich es vollbringen." Lieber Christ, dienst du in dieser Weise „von ganzem Herzen" deinem Meister? Erinnere dich an den Feuereifer des Herrn Jesu! Denke daran, wie seine Arbeit eine Herzensarbeit war! Er durfte sagen: „Der Eifer um dein Haus hat mich gefressen." Dort, wo er große Tropfen blutigen Schweißes vergoß, war die Last, die er auf seinen verwundeten Schultern schleppen mußte, keine leichte Arbeit; und als er sein Herzblut vergoß, da war es wiederum keine geringe Mühe, die er zur Errettung seines Volkes auf sich nahm. Wenn der Herr Jesus eiferte, wie dürfen wir lau bleiben?

Ihr seid alle Gottes Kinder durch den Glauben an Christum Jesum.
Galater 3, 26

Die Gotteskindschaft ist das gemeinschaftliche Vorrecht aller Erlösten. Wie oft hast du geklagt: Wenn ich doch nicht immer wieder Niederlagen hätte, wenn ich „auffahren könnte mit Flügeln wie Adler!“ Aber ach, ich strauchle über jeden Strohhalm und jeder Schatten schreckt mich! Sei ruhig, ein Gotteskind bist du dennoch. Petrus und Paulus, die hochbevorzugten Apostel, gehörten zur Familie des Höchsten und du nicht minder. Der Schwachgläubige ist so gut ein Kind Gottes wie der Glaubensheld. Einer kann größere Gnade empfangen haben als ein anderer, aber unser himmlischer Vater hat das gleiche liebevolle Herz für alle. Der eine mag größere Taten verrichten und seinem Vater mehr Ehre einbringen, aber der Geringste im Himmelreich ist so gut Gottes Kind wie er. Das tröste uns und erquicke uns, wenn wir zu Gott nahen und sagen: Unser Vater.
Aber obgleich wir das zu unserem Trost erkannt und erfaßt haben, wollen wir uns dennoch nicht begnügen mit einem schwachen Glauben, sondern wie der Apostel bitten um Mehrung und Stärkung des Glaubens. Es kann und darf ja nicht nur darum gehen, daß wir zuletzt doch in den Himmel kommen. Das höchste Ziel unserer Gotteskindschaft muß vielmehr sein, daß wir unseren Herrn und Meister verherrlichen. Wenn du aber zur Ehre Christi leben willst, wenn du dich glücklich und selig fühlen willst in seinem Dienst, so trachte danach, daß du je mehr und mehr erfüllt werdest mit dem Geist der Kindschaft, bis daß die völlige Liebe die Furcht austreibt.

Er ward stark im Glauben.

Römer 4, 20

Der Glaube ist der einzige Weg, auf dem du Gnade und Segen empfangen kannst. Der Glaube ist der himmlische Botschafter zwischen der Seele und dem verklärten und verherrlichten Herrn Jesus. Fehlt uns dieser Bote, so können wir weder unsere Gebete emporsenden noch von oben Erhörung empfangen. Der Glaube ist der Fernsprechdraht, der zwischen Himmel und Erde ausgespannt ist und den Gottes Liebesverheißungen so schnell durchlaufen, daß er schon antwortet, wenn wir noch reden. Wenn aber diese Verbindung zerrissen ist, wie können wir dann noch die Verheißung empfangen? Bin ich etwa in großer Trübsal? Ich kann Hilfe empfangen in meiner Not durch den Glauben. Werde ich vom Feinde bedrängt? Meine Seele findet eine sichere Zuflucht und Schutzwehr bei ihm durch den Glauben. Nimm aber den Glauben weg, so schreie ich umsonst zu Gott. Im tiefsten Winterfrost ist der Glaube eine Straße, auf der die Beter schreiten und die Gebete laufen können, und zwar um so besser, je ärger die Kälte schneidet. Laßt euch aber einmal die Straße versperren - wie wollt ihr dann noch mit dem großen König verkehren können? Der Glaube verknüpft mich mit Gott. Der Glaube kleidet mich mit der Kraft des Herrn. Der Glaube stellt die Allmacht Gottes in meinen Dienst. Der Glaube nimmt jede göttliche Eigenschaft zu meinem Schutz und Schirm in Anspruch. Er steht mir bei im Kampf gegen die höllischen Mächte. Wie aber kann ich ohne Glauben irgend etwas vom Herrn empfangen? Wer da zweifelt, der ist gleich wie die Meereswoge, die vom Winde getrieben und gewebt wird; solcher Mensch denke nicht, daß er etwas von dem Herrn empfangen werde! Darum wache sorgsam über deinen Glauben. Durch ihn kannst du alles erlangen, aber ohne ihn bekommst du nichts. Alle Dinge sind möglich dem, der da glaubt.

Mein Freund ist mein und ich bin sein. Hoheslied 2, 16

Ein herrlicher Name tönt uns hier entgegen, mit dem die Gemeinde Gottes vor alters in den Augenblicken ihres höchsten Entzückens den Herrn zu nennen pflegte: Mein Freund! Sogar in dem langen geistlichen Winter, als Abgötterei den Garten des Herrn zur Öde und Wüste gemacht hatte, fanden die Propheten Muße, die Last des Herrn für gewisse Zeit beiseitezulegen und zu sagen: „Wohlan, ich will meinem Lieben ein Lied seines Freundes singen von seinem Weinberge." Obgleich die Heiligen sein Antlitz noch nicht gesehen hatten und er noch nicht ins Fleisch gekommen war und unter uns gewohnt hatte und der Mensch seine Herrlichkeit nicht gesehen hatte, war er dennoch Israels Trost, die Hoffnung und Freude aller Auserwählten, der Freund aller derer, die aufrichtig wandelten vor dem Höchsten.

Auch wir reden gern von Christus, dem Freund unserer Seele, und fühlen, daß er uns teuer und köstlich ist, auserkoren unter vielen Tausenden und ganz lieblich. So wahrhaftig steht's fest, daß die Brautgemeinde ihren Herrn liebt und ihn als ihren Freund betrachtet, daß der Apostel die ganze Welt herausfordern darf, sie zu scheiden von der Liebe Christi. Er weiß und bezeugt es, daß weder Trübsal noch Angst noch Verfolgung noch Hunger noch Blöße noch Fährlichkeit noch Schwert solches zu tun vermögen. Ja, freudig rühmt er: „In dem allen überwinden wir weit um deswillen, der uns geliebt hat." Ach, daß wir dich doch noch besser erkennten, du einziger, ewig geliebter Freund!

Mein Freund ist mein und ich bin sein!
Er sitzt am Weltenruder,
ich bin ein Erdenstäubelein,
und doch ist er mein Bruder!

Gleichwie mich mein Vater liebt, also liebe ich euch auch.

Johannes 15, 9

Gleichwie der Vater den Sohn liebt, so liebt Jesus auch die Seinen. Gott liebt ihn ohne Anfang, und so liebt der Herr Jesus, das Haupt, seine Glieder. „Ich habe dich je und je geliebt." Du kannst die Spuren jeder menschlichen Liebe bis zu ihrem Anfang zurück verfolgen; du kannst leicht finden, wann deine Liebe zu Christo ihren Ursprung genommen hat; aber seine Liebe zu uns ist ein Strom, dessen Quelle in der Ewigkeit verborgen liegt. Gott der Vater liebt den Herrn Jesum unwandelbar. Lieber Christ, nimm dir das zum Trost, daß keine Veränderung und kein Wechsel der Liebe ist in Christo Jesu gegen die, die in ihm bleiben. Gestern warst du auf Tabors Höhe, und du sprachst: „Er liebt mich"; heute bist du im Tal der Niedergeschlagenheit, aber dennoch liebt er dich noch als der Gleiche. Der Vater liebt den Sohn ohne Ende, und so liebt der Sohn auch die Seinen. Seine Liebe zu dir hört nimmer auf. Lebe der getrosten Zuversicht, daß Christus auch bis zum Grabe hinaus mit dir geht, und daß er aus des Grabes Tiefe dich wieder hinaufgeleitet zu den himmlischen Höhen. Das ganze Herz Christi ist seinem Volke geweiht. Er hat uns geliebt und sich selbst dargegeben für uns. Er ist die Liebe, die alle Erkenntnis übertrifft. O, wir haben wahrlich einen unwandelbaren Heiland, der über alle Maßen liebt, ohne Wandel, ohne Anfang und ohne Ende, gleichwie der Vater ihn liebt! Welch eine Erquickung liegt darin für die, welche es erfassen können!

Und er ging hin ein wenig, fiel nieder auf sein Angesicht und betete: Mein Vater, ist's möglich, so gehe dieser Kelch von mir, doch nicht wie ich will, sondern wie du willst.

Matthäus 26, 39

Das Gebet unseres Heilandes in seiner Trübsalsstunde war ein einsames Gebet. Er ließ sogar seine drei Lieblingsjünger zurück. Lieber Leser, laß dir das Gebet in der Einsamkeit angelegen sein, besonders in Zeiten der Trübsal. Das Gebet in der Familie oder in der Gemeinde tut's noch nicht. Der kostbarste Weihrauch steigt dann aus deinem Rauchfaß auf, wenn du in einsamer Stille zum Herrn rufst, wo nur Gottes Ohr dich hört.
Es war ein demütiges Gebet. Er fiel nieder auf sein Angesicht! Welche Stellung gebührt denn dir, du geringer Knecht deines großen Meisters? Demut ist ein guter Fußschemel beim Gebet. Wir dürfen nicht hoffen, bei Gott etwas zu erreichen, wenn wir uns nicht selbst erniedrigen, damit er uns erhöhe zu seiner Zeit.
Es war ein kindliches Gebet. „Mein Vater!" Ihr werdet es erfahren, daß die Berufung auf eure Gotteskindschaft euch eine feste Burg ist zur Zeit der Trübsal. Nichts kann eines Kindes Recht an des Vaters Herz austilgen. Fürchtet euch nicht, zu sagen: Mein Vater, höre mein Geschrei!
Es war ein anhaltendes Gebet. Er betete dreimal. Laßt nicht nach, bis ihr Erhörung findet. Macht's wie die unverschämte Witwe, die durch ihr wiederholtes Anhalten erreichte, was ihr erstes Flehen nicht zustande brachte.
Endlich war es ein Gebet voller Ergebung. „Doch nicht wie ich will, sondern wie du willst." Gib nach, so gibt Gott nach. Laß alles geschehen wie Gott will, und Gott wird's zum Besten wenden. Wenn du so betest, ernstlich, eindringlich, anhaltend, aber demütig und ergeben, so wirst du überwinden.

Vater, ich will, daß, wo ich bin, auch die bei mir seien, die du mir gegeben hast. Johannes 17, 24

Der Tod verschont auch die Gerechten nicht. Selbst die Gottesfürchtigsten, die Geheiligtesten, die Gesalbtesten müssen sterben. Und warum? Weil der Herr Jesus in seinem hohepriesterlichen Gebet gefleht hat: „Vater, ich will, daß, wo ich bin, auch die bei mir seien, die du mir gegeben hast." Das ist es, was sie auf Adlers Flügeln gen Himmel trägt. Immer und immer steigt ein Kind des Glaubens von dieser Erde zum Paradies empor; es ist eine Erhörung des Gebets unseres Heilands. Ein trefflicher alter Gottesmann sagt: „Manchmal arbeiten Jesus und die Seinen einander im Gebet entgegen. Ihr beugt eure Knie im Gebet und sprecht: Vater, ich will, daß, wo ich bin, deine Heiligen bei mir seien; Christus spricht: Vater, ich will, daß, wo ich bin, auch die bei mir seien, die du mir gegeben hast." So streitet die Absicht des Jüngers mit derjenigen seines Herrn. Die Seele kann nicht an beiden Orten zugleich sein; der Geliebte kann nicht zugleich bei Christo und auch bei euch sein. Wenn du wählen dürftest; wenn der König sagte: „Hier sind zwei Bittsteller, deren Anliegen einander zuwiderlaufen, welchem soll ich seine Bitte gewähren?" O, ich bin gewiß, wenn es dich auch einen schweren Kampf kostete, so würdest du doch von deinen Knien aufstehen und sagen: „Herr Jesu, nicht mein Wille, sondern der deine geschehe! Du würdest deine Bitte um das Leben deines Geliebten dahingeben, wenn du die Gewißheit hättest, daß Christi Gebet es anders will: Vater, ich will, daß, wo ich bin, auch die bei mir seien, die du mir gegeben hast." Herr, so nimm sie hin zu dir!

Des Menschen Sohn.

Johannes 3, 13

Wie bediente sich unser Herr und Meister doch so beharrlich des Namens: „Des Menschen Sohn!" Wenn es ihm gefallen hätte, er hätte sich stets nennen können als Sohn Gottes, Ewig-Vater, Wunderbar, Rat, Friede-Fürst: aber siehe, wie demütig ist doch der Herr Jesus! Er zieht es vor, sich des Menschen Sohn zu nennen. Wir wollen hieraus von unserem Heiland Demut lernen; streben wir nicht nach hohen Titeln und rühmlichen Auszeichnungen. Aber es knüpft sich hieran noch ein anderer Gedanke. Jesus Christus nannte sich des Menschen Sohn, um seine Zusammengehörigkeit mit seinem Volke und seine Teilnahme an demselben zu bezeugen. Und dadurch erinnert er uns daran, daß wir uns ihm ohne Furcht nahen dürfen. Weil er Mensch ist, dürfen wir mit all unseren Sorgen und Kümmernissen zu ihm kommen, denn er kennt sie aus eigener Erfahrung; darum, daß er selbst gelitten hat als „des Menschen Sohn", kann er uns auch helfen und trösten. Heil dir, hochgelobter Herr Jesu! Weil du allezeit den Namen gebrauchst, der bezeugt, daß du unser Bruder und Verwandter bist, so ist es für uns ein teures Zeichen deiner Gnade, deiner Freundlichkeit und Leutseligkeit, deiner Liebe.

„Du kamst zu uns, ein Mensch wie wir,
Und gabest durch den Engel dir,
Bevor du warst geboren schon
Den Namen: Jesus, Menschensohn!

Dein Name, Herr, erfreut mein Herz,
Zieht mich beständig himmelwärts.
Dein lieber Name muß allein
Beständig meine Freude sein."

Verrätst du des Menschen Sohn mit einem Kuß?

Lukas 22, 48

Nimm dich in acht, wenn dir die Welt ein freundliches Gesicht macht. Womöglich betrügt und verrät sie dich ebenso mit einem Kuß wie deinen Meister. Wenn ein Mensch dem Christentum unversehens einen Hieb versetzen will, heuchelt er gewöhnlich große Achtung davor. O, ich will auf der Hut sein vor der Heuchelei, dieser Waffenträgerin der Feindschaft und Gottlosigkeit. Weil ich das falsche Wesen der Ungerechtigkeit erkenne, will ich klug sein, um die Absichten des Feindes zu erraten und zu vereiteln. Möchte meine Seele durch Gottes Gnade doch so viel Weisheit lernen, daß die vielen Worte und der glatte Mund der Welt keinen Einfluß über mich gewinnen! Heiliger Geist, gib nicht zu, daß ich armer, gebrechlicher Menschensohn mit einem Kuß verraten werde.

Aber wie, wenn ich mich selbst dieser fluchwürdigen Sünde des Judas schuldig gemacht hätte? Ich bin getauft worden im Namen des Herrn Jesu; ich bin ein Glied seiner Gemeinde; ich komme zum Tisch des Herrn - alles das sind ebenso viele Küsse meines Mundes. Bin ich aufrichtig in dem allen? Wenn nicht, so bin ich ein niederträchtiger Verräter. Dann mache ich ja die Gottesfurcht zum Spott und reize die Menschen zur Lästerung des heiligen Namens, den ich trage. Ganz gewiß: wenn ich so handle, so bin ich ein Judas, und es wäre mir besser, daß ich nie geboren wäre.

Darf ich hoffen, daß ich hierin unschuldig bin? Dann, o Herr, bewahre mich! Mache du mich aufrichtig und treu. Behüte mich vor allen Wegen der Falschheit. Laß nie zu, daß ich dich, meinen Heiland, verrate. Ich habe dich lieb, o Herr Jesu. Und wenn ich dich gleich oft betrübe, so möchte ich dir doch von Herzen gern treu bleiben bis in den Tod. O Gott, bewahre mich, daß ich nicht zuletzt doch in die Gottesferne hinabstürze, weil ich meinen Herrn und Meister sollte verraten haben mit einem Kuß.

Jesus antwortete: Suchet ihr denn mich, so lasset diese gehen. Johannes 18, 8

Welche Fürsorge erwies der Herr Jesus sogar in dieser Stunde der Versuchung seinen Jüngern! Seine Liebe ist stark bis in den Tod. Er ergibt sich dem Feinde, aber er legt sein Allmachtswort ein, damit seine Jünger freigelassen werden. Für sich selbst tat er seinen Mund nicht auf, wie ein Lamm, das zur Schlachtbank geführt wird, aber für seine Jünger redet er mit mächtiger Kraft. Das ist Liebe, standhafte, treue, selbstverleugnende Liebe!

Aber liegt darin nicht noch viel mehr, als nur ein Blick auf die Oberfläche offenbart? Liegt nicht das innerste Wesen und die Seele des Erlösungswerkes in diesen Worten? Der gute Hirte läßt sein Leben für die Schafe und fordert, daß sie deshalb frei ausgehen. Die Bürgschaft ist anerkannt und angenommen. Darum verlangt die Gerechtigkeit, daß die, für die er einsteht, ihrer Wege gehen dürfen. Mitten aus der ägyptischen Knechtschaft ertönt dieses mächtige Wort: Lasset diese gehen! Die Erlösten sollen aus der Sklaverei des Satans und der Sünde entrinnen. In jeder Kerkerzelle des Abgrunds der Verzweiflung widerhallt das Wort: Lasset diese gehen! Satan vernimmt die wohlbekannte Stimme und hebt den Fuß vom Nacken der Gefallenen. Der Tod hört sie, und das Grab öffnet seine ehernen Pforten und läßt die Toten auferstehen. Ihr Weg ist ein Weg des Sieges und der Herrlichkeit, und niemand darf sie aufhalten. Kein Löwe wird sich auf ihrem Wege lagern. Kein wildes Tier wird ihn betreten. Die Gewitterwolke ist losgebrochen über dem Kreuz auf Golgatha, und die Zionspilger werden nimmermehr getroffen von den Blitzen des göttlichen Zornes. Komm, mein Herz, freue dich der Freiheit, die dein Erlöser dir erworben hat, und lobpreise seinen Namen Tag für Tag.

Da verließen ihn alle Jünger und flohen. Matthäus 26, 56

Jesus verließ seine Jünger nie. Sie aber verließen ihn in feiger Furcht um ihr Leben und flohen schon beim Beginn seiner Leiden. Dies ist nur ein einzelnes lehrreiches Beispiel von der Unzuverlässigkeit der Gläubigen, wenn sie sich selbst überlassen sind. Sie sind im besten Falle wie Schafe und fliehen, wenn der Wolf kommt. Sie hatten zwar beteuert, lieber sterben zu wollen, als ihren Meister zu verlassen. Und doch ergriff sie die Angst, und sie liefen davon. Vielleicht traue auch ich mir fest zu, standhafte Treue zu üben; aber ich muß mich sehr vor mir selbst in acht nehmen, damit ich nicht mit dem gleichen bösen Herzen des Unglaubens von meinem Herrn hinwegeile wie die Apostel. Es ist etwas anderes, etwas zu versprechen, und etwas anderes, das Versprochene zu halten. Es hätte den Jüngern zur ewigen Ehre gereicht, wenn sie ihrem Herrn recht mannhaft zur Seite gestanden hätten. Aber sie flohen vor ihrer eigenen Ehre, zu ihrer Schande. Ach, daß ich doch bewahrt würde vor ähnlicher Schmach! Wo hätten sie irgend besser aufgehoben sein können als bei ihrem Herrn und Heiland, der den Vater hätte bitten können, daß er ihm zuschickte mehr als zwölf Legionen Engel? Aber sie flohen hinweg von ihrem sicheren Hort. O Gott, laß mich doch nicht in solche Torheit fallen!

Welche Not muß es dem Herrn bereitet haben, als er seine Freunde so treulos sah! Es war ein besonders bitterer Tropfen in seinem Leidenskelch. Aber der Kelch ist geleert. So will ich nun nicht abermals Wermut und Galle hineingießen. Darum bewahre mich, o Geist der Erbarmung, vor einem so schmachvollen Ende und erhalte mich in der furchtlosen Liebe zu meinem teuren Freund und Heiland.

Daß ihr erkennen möget die Liebe Christi, die alle Erkenntnis übertrifft.
Epheser 3, 19

Die Liebe Christi übertrifft alle menschliche Fassungskraft. Wo fände man Worte, die seine unvergleichliche, unerreichbare Liebe gegen die Menschenkinder beschreiben könnten? Sie ist so weit und unabsehbar groß! Wie die Schwalbe das Wasser nur mit den Spitzen ihrer Flügel berührt und nicht in seine Tiefen taucht, so berührt jedes Wort der Schilderung der Liebe Christi nur die Oberfläche. Die unermeßlichen Tiefen aber liegen darunter. Die Liebe Christi ist in Wahrheit unermeßlich und unergründlich. Wer kann sie fassen?
Ehe wir uns von der Liebe Jesu einen rechten Begriff machen könnten, müßten wir seine frühere Stellung in seiner erhabenen Herrlichkeit und zugleich die ganze Tiefe der Erniedrigung in seiner Menschwerdung auf Erden kennen und verstehen lernen. Aber wer kann uns unterweisen in der Hoheit Christi? Als er auf dem Thron saß im höchsten Himmel, da war er wahrer Gott aus wahrem Gott. Durch ihn sind alle Himmel gemacht mit allen ihren Heerscharen. Sein allmächtiger Arm erhielt den Weltkreis. Das Lob der Cherubim und Seraphim umwogte ihn ohne Aufhören. Das volle Jubelgetöne des Hallelujagesanges aller Himmelsräume ergoß sich ununterbrochen vor seinem Thron. Er herrschte hoch erhaben über allen seinen Geschöpfen, Gott über alles, hochgelobt in Ewigkeit! Aber wer vermag auch die Tiefe zu beschreiben, in die er niederstieg? Ein Mensch zu werden, das war schon viel. Ein Mann der Schmerzen zu werden, das war weit mehr. Zu bluten, zu leiden und zu sterben, das war viel für den, der Gottes Sohn genannt war. Aber so unaussprechliche Qual ertragen, solch einen Tod der Schmach und der Verrats erleiden zu müssen, das ist wahrlich eine Liebe, die alle Erkenntnis übertrifft. O, daß doch diese Liebe unsere Herzen erfüllte mit anbetendem Dank!

Wiewohl er Gottes Sohn war, hat er doch an dem, das er litt, Gehorsam gelernt. Hebräer 5, 8

Der Herzog unserer Seligkeit ist durch Leiden vollkommen gemacht worden. Darum dürfen wir uns nicht wundern, wenn wir gleichfalls durch Leiden hindurchzugehen haben. Sollte das Haupt mit Dornen gekrönt werden, und die anderen Glieder des Leibes dürften sich gemächlich wiegen auf dem sanften Schoße der Behaglichkeit? Mußte Christus durch Meere seines teuren Blutes hindurchwaten, um die Krone zu erringen, wie dürften wir in silbernen Schuhen trockenen Fußes zum Himmel eingehen? Nein, unseres Herrn und Meisters Lebenslauf lehrt uns, daß das Leiden notwendig ist. Das wahrhafte, echte Gotteskind darf und mag ihm nicht ausweichen, auch wenn es könnte. Es liegt aber ein sehr tröstlicher Gedanke darin, daß der, der vollkommen gemacht ist durch Leiden, auch ein vollkommenes Mitleiden mit uns haben kann. Wir haben nicht einen Hohenpriester, der nicht könnte Mitleid haben mit unseren Schwachheiten! In diesem Mitleid Christi finden wir einen kräftigen Trost. Einer der ersten Blutzeugen sagte: „Ich ertrage es alles gern, denn Jesus hat vordem gelitten und leidet nun gegenwärtig in mir; er hat Mitleid mit mir, und das stärkt mich."

Halte nur fest an diesem Gedanken in allen Ängsten und Trübsalen. Die Apostel freuten sich, daß sie würdig geachtet wurden, die Schmach Christi zu tragen. Gerade soviel der Herr uns Gnade gibt, für Christum und mit Christum zu leiden, gerade soviel erzeigt er uns Ehre. Der Schmuck eines Christen sind seine Trübsale. Die Hoheitsrechte der Christen, die Gott gesalbt hat, sind ihre Leiden, ihre Ängste, ihre Schmerzen. Darum wollen wir nicht fliehen vor der Ehre. Wir wollen uns nicht abwenden, wenn wir erhöht werden sollen. Die Schmach ehrt uns, und der Schmerz verklärt uns. Dulden wir, so werden wir mit herrschen. So wir mit leiden, so werden wir auch mit zur Herrlichkeit erhoben werden.

Er ist den Übeltätern gleich gerechnet. Jesaja 53, 12

Diese wunderbare Herablassung war durch viele Gründe veranlaßt. In dieser Gestalt konnte er um so eher Fürsprecher seiner Brüder werden. Wenn der Sünder vor dem himmlischen Richterstuhl erscheint, so stellt sich der Herr Jesus selber für ihn ein. Er steht da, um auf die Anklage zu antworten. Er weist hin auf seine Seite, auf seine Hände, auf seine Füße und fordert die Gerechtigkeit auf, gegen die Sünder, die er vertritt, vorzubringen, was es nur immer sein möge. Er beruft sich auf sein Blut. Und indem er sich unter die Sünder rechnen läßt, führt er ihre Verteidigung so siegreich, daß der Richter das Urteil fällt: Laßt diese gehen! Sie sind losgesprochen von der Verdammnis des ewigen Feuers, denn er hat eine Erlösung erfunden.
Unser Herr Jesus war den Übeltätern gleich gerechnet, damit sie sich von ganzem Herzen zu ihm hingezogen fühlen mögen. Wie sollten wir uns vor ihm fürchten? Wir dürfen ungescheut zu ihm kommen und unsere Schuld bekennen. Dieweil er uns gleich gerechnet ist, kann und will er uns nicht abweisen.
Wurde er nicht auch darum unter die Übeltäter gerechnet, damit wir in das Buch seiner Heiligen eingetragen werden können? Er war heilig und unter die Heiligen gerechnet. Wir waren schuldig und zu den Schuldbeladenen gezählt. Nun überträgt er seinen Namen von jenem Verzeichnis in das Schuldbuch, und unsere Namen werden aus dem Schuldbuch gestrichen und in das Buch des Lebens eingetragen. Es findet ein völliger Umtausch statt zwischen Jesus und den Seinen. Unseren elenden, sündhaften Zustand hat Jesus ganz auf sich genommen, und alles, was er hat, kommt uns zugute. Seine Gerechtigkeit, sein Blut, alles, was sein ist, gibt er uns zu eigen. So freue dich denn deiner Vereinigung mit ihm, der den Übeltätern gleich gerechnet ist, und zeige, daß du wahrhaft erlöst bist.

Durch seine Wunden sind wir geheilt. Jesaja 53, 5

Pilatus überantwortete unseren Herrn den Kriegsknechten, daß sie ihn kreuzigten. Der Kreuzigung ging die Geißelung vorauf. Die römische Geißel war ein furchtbares Marterwerkzeug. Sie war aus Ochsensehnen verfertigt, und hier und da waren scharfe Knochensplitter in den Sehnen befestigt, so daß diese Knochenstücke jedesmal, wenn der Geißelhieb herniederfuhr, schreckliche Wunden verursachten und das Fleisch von den Knochen rissen. Ohne Zweifel wurde unser Heiland an eine Säule gebunden und so gegeißelt. Schon vorher war er geschlagen und mißhandelt worden. Aber diese Geißelung durch die römischen Kriegsknechte verursachte ihm weit entsetzlichere Qual. O, stehe hier stille und trauere über seinen armen, zerschlagenen Leib!

Kannst du ihn anschauen, ohne Tränen zu vergießen, wenn er so vor dir steht als ein Bild der leidenden, in Todesnot getauchten Liebe? In seiner blutenden Unschuld ist er schön wie die Rose. Wenn wir die unfehlbare Heilkraft verspüren, die seine Wunden an uns beweisen, muß da nicht sogleich unser Herz zerschmelzen vor Liebe und Wehmut?

O große Lieb', o Lieb' ohn alle Maße,
die dich gebracht auf diese Marterstraße!
Ich lebte mit der Welt in Lust und Freuden -
und du mußt leiden!

Wir möchten gern in unser Kämmerlein gehen und in der Stille weinen. Aber unsere Berufsarbeit erwartet uns. Darum wollen wir nun unseren geliebten Freund bitten, er möge das Bild seiner blutigen Wunden den ganzen Tag über eingegraben sein lassen auf den Tafeln unserer Herzen.

Es ist Zeit, den Herrn zu suchen. Hosea 10, 12

Dieser Monat April soll seinen Namen von dem lateinischen Wort aperio haben, welches „öffnen“ bedeutet, weil alle Knospen und Blüten nun aufgehen, und wir nun anlangen an den Pforten der Blumenzeit. Liebe Seele, wenn du noch nicht errettet bist, so möge sich doch heute dein Inneres dem Herrn erschließen, gleichwie sich in diesen Tagen die ganze erwachende Natur erschließt. Jede sich entfaltende Blume mahnt dich, daß es Zeit sei, den Herrn zu suchen. Bleibe nicht im Mißklang mit dem Jubelgesang der Schöpfung, sondern laß dein Herz aufblühen und Knospen treiben in heiligem Verlangen. Es war eine unaussprechliche Seligkeit für mich, als ich in früher Jugend zur lebendigen Hoffnung berufen ward, und ich konnte den Herrn Tag für Tag nicht genug dafür preisen. Die Erlösung ist unschätzbar, sie mag kommen, wann sie will; aber, wahrlich, eine frühe Erlösung ist doppelt köstlich! Ihr Söhne und Töchter, ich rufe euch zu: „Es ist Zeit, den Herrn zu suchen!“ Ihr, die ihr die ersten Anzeichen der schwindenden Kräfte fühlt, verziehet nicht; für euch ist es hohe Zeit, den Herrn zu suchen. Die Jahre fliehen schnell davon, und der Tod eilt mit hastigen Schritten vorbei; so möge denn jeder wiederkehrende Frühling aufs neue anspornen, euer Haus zu bestellen. Liebe Seele, wenn du in den Jahren vorgerückt bist, so will ich dich ermahnen und flehen: Warte nicht länger. Heut’ ist noch ein Tag der Gnade. Hier im stillen Kämmerlein halte ich dir diese Mahnung vor: „Es ist Zeit, den Herrn zu suchen.“

Und er antwortete ihm nicht auf ein Wort. Matthäus 27, 14

Nie war Jesus sparsam gewesen mit Worten, wenn es galt, die Menschenkinder zu segnen. Für sich selbst aber hat er kein einziges Wort geredet. War dieses merkwürdige Schweigen ein Zeichen seiner vollkommenen Selbstaufopferung? Bewies es etwa, daß er auch nicht ein einziges Wort aufwenden wollte, um den Mordplan zu durchkreuzen, durch den er dahingegeben werden sollte zum Opfer für unsere Sünden? Oder war dieses Schweigen ein Zeichen der Unentschuldbarkeit der Sünde? Nichts kann zur Beschönigung oder Entschuldigung der Sünde der Menschen gesagt werden. Darum stand er, der ihre ganze Last zu tragen hatte, sprachlos vor seinem Richter. Ist geduldiges Schweigen nicht auch die beste Antwort auf die Anklagen der Welt? Ruhiges Dulden widerlegt manche Beschuldigungen beredter als die erhabenste Rede. Die besten Verteidiger des Christentums waren in seinen ersten Tagen seine Blutzeugen. Der Amboß zerbricht viele Hämmer nur dadurch, daß er geduldig ihre Schläge erträgt.
Hat uns nicht das schweigsame Lamm Gottes ein erhabenes Beispiel der Weisheit gegeben? Wo jedes Wort neue Gotteslästerungen hervorrief, gebot die Pflicht, der sündlichen Flamme keinen neuen Nahrungsstoff zu bieten. Die Doppelzüngigen und die Falschen, die Unwürdigen und Niederträchtigen widersprechen und beschämen sich bald. Der Wahrhaftige darf ruhig bleiben, und er erfährt, daß Schweigen Weisheit ist.
Augenscheinlich hat unser Herr durch sein Schweigen auch zur merkwürdigen Erfüllung der Weissagungen beigetragen. Eine lange Verteidigung seiner selbst hätte im Widerspruch gestanden zu der Verkündigung: „Er ist wie ein Lamm, das zur Schlachtbank geführt wird und seinen Mund nicht auftut.“ So bewies er sich als das wahrhafte Lamm Gottes. O Jesu, laß uns in der Stille des Herzens die Stimme deiner Liebe vernehmen.

Sie nahmen aber Jesum und führten ihn hin.

Johannes 19, 16

Die ganze Nacht hatte er Ängste und Schmerzen ausgestanden. Nun waren seine wenigen Kräfte fast erschöpft. Und doch ward ihm weder Ruhe noch Erholung gegönnt. Sie lechzten nach seinem Blut. Darum führten sie ihn hinaus zum Tode und luden ihm das Kreuz noch auf. O Schmerzensweg!

Was lernen wir, wenn wir sie unseren teuren Heiland so hinwegführen sehen? Erkennen wir darin nicht jene Wahrheit, die uns im Bilde des ledigen Bockes abgeschattet wird? Dem legte der Hohepriester die Hände aufs Haupt. Dabei bekannte er die Sünden des Volkes, damit diese auf den Bock gelegt und so vom Volke hinweggenommen werden möchten. Dann wurde der Bock in die Wüste geführt, und nun trug er die Sünden des Volkes hinweg, so daß diese nicht mehr gefunden werden konnten, wenn man sie suchte. So sehen wir den Herrn Jesum vor die Priester und Ältesten geführt werden. Sie sprechen das „schuldig“ über ihn aus. Gott aber rechnet ihm u n s e r e Sünden zu. „Der Herr warf unser aller Sünde auf ihn.“ „Er ist für uns zur Sünde gemacht.“ Er vertritt uns in unserer Schuld. Er trägt unsere Sünden auf seinen Schultern, indem das Kreuz auf ihn gelegt wird.

Habt ihr die gewisse Zuversicht, daß er eure Sünde getragen hat? Wenn ihr das Kreuz auf seinen Schultern erblickt, erkennt ihr darin eure Sünde? Es gibt einen Weg, wie ihr gewiß werden könnt, ob er eure Sünde getragen hat oder nicht. Habt ihr ihm die Hand aufs Haupt gelegt und ihm eure Sünde bekannt und auf ihn vertraut? Wenn ja, dann lastet eure Sünde nicht mehr auf euch. Sie ist ganz und gar durch die köstliche Zurechnung auf Christus übertragen. Er trägt sie auf seinen Schultern. So laßt dieses Bild nicht in eurer Seele erblassen, bis ihr euch eurer Erlösung freut und den anbetet, der eure Missetat getragen hat.

Denn er hat den, der von keiner Sünde wußte, für uns zur Sünde gemacht, auf daß wir würden in ihm die Gerechtigkeit, die vor Gott gilt. 2. Korinther 5, 21

Warum trauerst du? Bist du betrübt über dein Sündenelend? Dann schaue empor zu deinem vollkommenen Herrn und Heiland und bedenke, daß auch du in ihm vollkommen geworden bist. So vollkommen, wie wenn du nie gesündigt hättest! Ja noch viel mehr: der Herr der Gerechtigkeit hat ein göttliches Gewand über dich geworfen, so daß du mehr hast als die Gerechtigkeit eines Menschen, du hast die Gerechtigkeit Gottes. Nun kann dich keine deiner Sünden mehr verdammen. Du hast die Sünde hassen gelernt. Du hast aber auch die Erkenntnis empfangen, daß die Sünde nicht mehr dein ist: sie ward Christo aufs Haupt gelegt. Du stehst nicht mehr für dich selbst da. Du bist in Christo geborgen. Du bist nicht angenehm um deinetwillen, sondern in deinem Herrn und Heiland. Du wirst von Gott in dieser Stunde ebenso angenommen mit all deiner Sündhaftigkeit wie in jener seligen Zukunft, da du, von allem Verderben und Elend erlöst, verklärt vor seinem Throne stehst.
O, ich beschwöre dich, fasse diesen köstlichen Gedanken recht zu Herzen: vollkommen gemacht in Christo! „Wer will verdammen? Christus ist hier, der gestorben ist, ja vielmehr, der auch auferwecket ist, welcher ist zur Rechten Gottes und vertritt uns.“ Laß dein Herz guter Dinge sein, du bist angenehm gemacht in dem Geliebten! Was hast du noch zu fürchten? Dein Antlitz strahle von Glück. Lebe bei deinem Meister. Wandle in den Vorstädten des himmlischen Jerusalems. Bald kommt die Zeit, dann wirst du dich dahin erheben, wo dein Jesus thront, und wirst herrschen zu seiner Rechten, gleichwie er empfangen hat und gesessen ist zur Rechten des Vaters. Und das alles darum, weil er, der von keiner Sünde wußte, für uns zur Sünde gemacht worden ist, auf daß wir würden in ihm die Gerechtigkeit, die vor Gott gilt.

Und als sie ihn hinführten, ergriffen sie einen, Simon von Kyrene, der kam vom Felde, und legten das Kreuz auf ihn, daß er's Jesu nachtrüge. Lukas 23, 26

Simons Kreuztragen ist ein Bild der Arbeit, die der Gemeinde Jesu auferlegt wird. Sie ist Kreuzträgerin. Jesus leidet nicht, um dich alles Leidens zu entheben. Er trägt sein Kreuz nicht, damit du dem Kreuz entschlüpfest, sondern damit du es um so leichter tragen kannst. Also: mache dich aufs Dulden gefaßt!

Aber es ist nicht unser eigenes Kreuz, sondern das Kreuz Christi, das wir zu tragen haben. Wenn du um deiner Frömmigkeit willen geschmäht und verlästert wirst, wenn deine Gottesfurcht dich unter das Gericht grausamen Spottes stellt, dann erinnere dich, daß es nicht dein Kreuz, sondern Christi Kreuz ist. Und welch Vorrecht ist es, unserem Herrn Jesu das Kreuz zu tragen!

Du trägst das Kreuz ihm nach. Da hast du eine selige Begleitung. Dein Pfad ist gezeichnet mit den Fußtapfen deines Herrn. Er geht vor dir her wie ein Hirte vor seinen Schafen. Nimm dein Kreuz auf dich und folge ihm nach.

Vergiß auch nicht, daß du dieses Kreuz in Gemeinschaft mit ihm trägst. Einige nehmen an, Simon habe nur das eine Ende des Kreuzes getragen und nicht das ganze Kreuz. Vielleicht hat Christus den schweren Teil auf sich genommen, und Simon mag das leichtere Ende getragen haben. Jedenfalls ist's bei dir so der Fall. Du trägst nur das leichte Ende des Kreuzes, den schwersten Teil hat Christus getragen.

Obgleich Simon das Kreuz nur eine kurze Strecke tragen mußte, hat es ihm doch ewige Ehre eingebracht. So lastet auch das Kreuz, das wir zu tragen haben, nur kurze Zeit auf uns. Danach empfangen wir die Krone und die Herrlichkeit. Wahrlich, das Kreuz muß uns lieb werden. Statt davor zurückzuschrecken, wollen wir es hoch und wert achten, denn es schaffet uns eine ewige und über alle Maßen wichtige Herrlichkeit.

Kein Unglück fürchte ich; denn du bist bei mir. Psalm 23, 4

Siehe, wie unabhängig von allen äußeren Umständen und Verhältnissen der Heilige Geist einen Jünger Christi machen kann! Welch ein herrliches Licht kann in uns scheinen, wenn um uns her alles dunkel ist! Wie sicher, wie selig, wie ruhig, wie reich an Frieden können wir sein, wenn die Welt erzittert und die Grundfesten der Erde sich bewegen! Ja, der Tod selbst mit all seinen furchtbaren Schrecken ist ohnmächtig, die freudige Stimmung eines Christenherzens zu zerstören. Laßt uns zuversichtlich hoffen auf die Macht des Heiligen Geistes, der uns tröstet. Liebe Seele, siehst du etwa Mangel und Armut voraus? Fürchte dich nicht, der göttliche Geist kann dir in all deinem Mangel eine größere Fülle wahrer Güter schenken, als die Reichen in ihrem Überfluß besitzen. Fühlst du, daß deine Körperkräfte mehr und mehr abnehmen? Blickst du langen, leidensvollen Nächten und schweren Schmerzenstagen entgegen? Ach, werde nicht traurig! Der Herr Jesus will dein Licht sein. Verläßt dich dein Gehör? Der Name deines Jesu wird deiner Seele schönster Gesang sein und seine Person deine teuerste Wonne. Sokrates pflegte zu sagen: „Weise können auch ohne Gesang glücklich sein"; aber Christen können noch glücklicher sein als alle Weisen, wenn schon alle äußeren Freudenquellen versiegt sind. In dir, mein Gott, soll mein Herz frohlocken, mag auch von außen Übels kommen, was da will! Durch deine Güte, o Heiliger Geist, wird mein Herz unnennbar fröhlich sein, ob mir hienieden auch alles mangle.

Liebe Herren, wie lange soll meine Ehre geschändet werden?

Psalm 4, 3

Es hat einmal jemand zusammengestellt, was für Ehrenbezeugungen das verblendete Volk Israel seinem langersehnten Messias erwiesen hat. Es ist ein trauriges Verzeichnis!

Sie gaben ihm ein Ehrengefolge, an dem römische Kriegsknechte, jüdische Priester, Männer und Frauen teilnahmen. Das ist der Ehreneinzug, den die Welt dem bereitet, der da kommt, des Menschen furchtbarste Feinde zu überwinden.

Sie reichten ihm einen Ehrentrunk. Statt des goldenen Bechers voll edlen Weins boten sie ihm den betäubenden Todeskelch niedriger Verbrecher dar. Er verweigerte ihn, denn er wollte die unverhüllte Bitterkeit des Todes in seiner ganzen Schärfe kosten. Da gaben sie ihm Essig mit Galle vermischt und boten es ihm zum Munde dar mit einem Schwamm auf einem Rohr. Welch eine entsetzliche, abscheuliche Ehrenlabung ward hier dem Königssohn zuteil!

Sie stellten ihm eine Ehrenwache, die ihm ihre Ehrfurcht damit bezeugte, daß sie um sein Gewand das Los warf und seine Kleider als Beute wegnahm. Das war die Leibwache dessen, den alle Himmel anbeten: eine Rotte frecher Spieler.

Sie errichteten ihm einen Ehrenthron: das Kreuz. Das war der volle Ausdruck dessen, was die Welt gegen ihn fühlte. „Hier“, schienen sie zu sagen, „hier, du Sohn des Allerhöchsten, siehst du, was Gott selber von uns zu erwarten hätte, wenn wir ihn erreichen könnten!“

Sie gaben ihm einen Ehrennamen: der Schächerkönig. Sie baten Barrabas los und gaben Jesus den schimpflichen Platz zwischen den beiden Schächern. So ward seine Ehre von den Menschenkindern in allen Dingen in Schande verkehrt. Dennoch entzückt seine Herrlichkeit die Augen aller Heiligen von Ewigkeit zu Ewigkeit. Auch ich will ihn anbeten.

So man das tut am grünen Holz, was will am dürren werden?
Lukas 23, 31

So viele Anwendungen auch diese Frage umfaßt, so drängt sich uns bei ihr zunächst doch der Gedanke auf, daß unser Heiland damit sagen wollte: Wenn ich, der unschuldige Bürge für die Sünder, schon so viel leiden muß, wie wird's erst sein, wenn der Sünder selbst - das dürre Holz - in die Hände des lebendigen Gottes fällt? Als Gott seinen Sohn zur Versöhnung hingab für die Sünder, hat er seiner nicht geschont. Wenn er die Unbußfertigen und Unwiedergeborenen ohne Christus findet, so wird er ihrer auch nicht schonen. Den Herrn Jesus führten seine Feinde weg. So wirst du von bösen Feinden hinweggerissen werden an einen Ort, der für dich bereitet ist. Jesus war von Gott verlassen. „Eli, Eli, lama asabthani!", welch ein entsetzlicher Ruf! Wie herzerschütternd aber wird es erst sein, wenn du ausrufen mußt: Mein Gott, mein Gott, warum hast du mich verlassen?
Wenn Gott seines eigenen Sohnes nicht verschont hat, wieviel weniger wird er euer schonen! Wie warten euer so glühende Geißelhiebe, wenn euch einmal das Gewissen mit all seinen Schrecken schlägt. Ihr reichsten, ihr lustigsten, ihr selbstgerechtesten Sünder, wer möchte an eurer Stelle sein, wenn Gott einmal spricht: Schwert, mache dich auf über den Mann, der mich verworfen hat, schlage ihn, daß er die Qual spüre ewiglich! Jesus ward verspieen. Welche Schmach wird deiner harren! Wir vermögen all die Schmerzen, die über das Haupt des für uns geopferten Jesus hereinbrachen, nicht in ein Wort zusammenzufassen. So ist's unsagbar, was für Ströme und Meere des Elends über deine Seele hereinstürmen werden, wenn du in deinem gegenwärtigen Zustand stirbst. Bei der Seelenangst, bei den Wunden und dem Blut Jesu Christi beschwöre ich dich: rufe nicht den zukünftigen Zorn über dein Haupt herbei! Setze dein Vertrauen auf den Sohn Gottes, so wirst du nicht umkommen.

Es folgte ihm aber nach ein großer Haufe Volks und Weiber, die beklagten und beweinten ihn. Lukas 23, 27

Mitten unter dem Volkshaufen, der unseren Herrn und Heiland lärmend zur Richtstätte verfolgte, waren einige begnadigte Seelen, deren bittere Schwermut sich in Klagen und Tränen Luft machte. Habe ich nicht Ursache, mich ihnen anzuschließen und mit ihnen zu weinen? Sie trauerten über die mißhandelte Unschuld, über die verfolgte Seelengüte, über die blutende Liebe, über die in den Tod dahingegebene Sanftmut. Aber mein Herz hat noch tiefere und schmerzlichere Ursache zur Trauer. Meine Sünden waren die Henkersknechte, die diesen heiligen Rücken zerrissen, die diese bluttriefende Stirn mit Dornen krönten. Meine Sünden schrieen: Kreuzige, kreuzige ihn! Sie luden seinen treuen Schultern das Kreuz auf. Daß er zum Tode geführt wurde, ist schon mehr als genug für eine Ewigkeit der Trauer und des Schmerzes. Aber daß ich es war, der ihn mordete, ist mehr, unendlich mehr, als je ein armer Tränenquell erzählte.
Warum jene Frauen den Herrn Jesum liebten und beweinten, ist so sehr begreiflich. Aber sie konnten nicht größere Ursache zur Liebe und zum Schmerz haben als meine eigene Seele. Der Witwe zu Nain war ihr Sohn aus dem Grabe wiedergeschenkt worden - ich bin auferweckt worden zu einem neuen Leben. Petri Schwiegermutter war vom Fieber geheilt worden - ich von der schweren Sündenseuche. Aus Maria Magdalena waren sieben Teufel ausgefahren - mich hat er erlöst von der Obrigkeit der Finsternis. Maria und Martha hatten ihn oft beherbergt - aber in mir wohnt er. Seine Mutter hatte ihn getragen, aber in mir hat er eine Gestalt gewonnen zur Hoffnung der Herrlichkeit. Ich stehe in der Schuld nicht hinter jenen heiligen Frauen zurück, so will ich denn auch in dankbarer Trauer ihnen nicht nachstehen. Ja, mein Jesu, laß mich nie vergessen meine Schuld und deine Huld!

Als sie kamen an die Stätte, die da heißt Schädelstätte, kreuzigten sie ihn daselbst. Lukas 23, 33

Golgatha ist der Hügel des Trostes. Das Haus der Erquikkung ist errichtet aus dem Holz des Kreuzes. Der Tempel des himmlischen Segens ist auf den zerrissenen Fels gegründet, den Fels des Heils, den der Speer durchstochen und zerrissen hat.

O Welt, sieh hier dein Leben
am Stamm des Kreuzes schweben,
dein Heil sinkt in den Tod;
der große Fürst der Ehren
läßt willig sich beschweren
mit Schlägen, Hohn und großem Spott.

Licht strömt aus der Mittagsfinsternis auf Golgatha, und jedes Plätzchen des Gefildes blüht herrlich auf unter dem Schatten des einst verfluchten Kreuzholzes. An diesem Ort des Schmachtens hat die Gnade einen Brunnen gegraben, dessen kristallhelles Wasser ununterbrochen strömt. Und jeder Tropfen dieses Heilsquells stillt der Menschheit Schmerzen.

So gewährt uns die Leidensstätte seltenen und reichen Trost. Wir hätten Christi Liebe in ihren Höhen und in ihren Tiefen nie so deutlich erkannt, wenn er nicht gestorben wäre. Wir hätten nie des Vaters innige Liebe erfahren, wenn er nicht seinen Sohn in den Tod gegeben hätte. Die gemeinsamen Gnadengaben, deren wir uns freuen, singen von der Liebe, gleichwie die Seemuschel, die wir ans Ohr halten, uns von der Tiefe des Meeres singt, aus der sie kommt. Wenn wir aber den Ozean selbst hören wollen, dürfen wir nicht nur nach den täglichen Gnadenerweisungen sehen, sondern dann müssen wir hinschauen auf das, was auf Golgatha sich für uns erfüllt hat. Wer lernen will, was Liebe ist, der gehe hin zur Stätte der Kreuzigung und schaue, wie der Mann der Schmerzen stirbt.

Ich bin ausgeschüttet wie Wasser, alle meine Gebeine haben sich zertrennt. Psalm 22, 15

Haben je Himmel und Erde einen schmerzlicheren Anblick entdeckt? An Seele und Leib fühlte unser Herr sich matt wie Wasser, das auf den Boden geschüttet wird. Das Aufrichten des Kreuzes und seine Befestigung in der Erde hatte seinen armen Körper aufs heftigste erschüttert, hatte jeden seiner Muskeln auseinandergerissen und alle seine Gebeine mehr oder weniger verrenkt. Von der Last seines eigenen Leibes gemartert, fühlte er, wie während sechs langer, banger Stunden jeder Augenblick die Qual steigerte. Das Gefühl der Ermattung und der körperlichen Schwäche war übergroß. Er war in seinen Augen nichts mehr als lauter Elend und ohnmächtiges Siechtum. Für uns wären solche Qualen unerträglich gewesen, und eine barmherzige Ohnmacht hätte sich unser erbarmt. Er aber fühlte bei vollem Bewußtsein das bohrende Schwert. Er trank den Kelch und kostete jeden Tropfen seiner Hefe.

Ach, das hat unsre Sünd
und Missetat verschuldet,
was du an unsrer Statt
aus freier Lieb erduldet!

Wenn wir jetzt vor dem Thron unseres erhöhten Heilandes liegen, so wollen wir bedenken, womit er diesen Thron zu einem Thron der Gnade für uns bereitet hat. Wir wollen im Geiste seinen Kelch trinken, damit wir Stärkung empfangen mögen für die Trübsalsstunden, die unser warten. An seinem natürlichen Leibe litt jedes Glied; so muß auch seine Gemeinde, die sein geistlicher Leib ist, in jedem ihrer Glieder teilhaben an seinem Leiden. Aber wie sein natürlicher Leib aus allen Schmerzen und Leiden unversehrt hervorging zur Herrlichkeit und Kraft, so wird auch sein geistlicher Leib unversehrt durch den Feuerofen gehen und wird an seinen Gliedern kein Brand zu riechen sein.

Dich wird man heißen die Aufgesuchte. Jesaja 62, 12

Die reiche Gnade Gottes zeigt sich recht deutlich darin, daß wir nicht nur gesucht, sondern aufgesucht werden. Die Menschen suchen, was auf dem Fußboden des Hauses verlorenging; aber dann findet nur ein Suchen, aber nicht ein Aufsuchen statt. Der Verlust ist viel schmerzlicher und das Suchen viel eifriger, wenn das Verlorene aufgesucht wird. Geht ein wertvoller Stein verloren, so wird gespäht und getastet, bis er gefunden wird. Oder, um ein anderes Bild zu gebrauchen: Wir waren in einem Irrgarten, wir wandten uns da- und dorthin. Als die Gnade uns mit der frohen Botschaft nachging, fand sie uns nicht auf dem ersten Gange. Sie mußte nach uns forschen und uns aufsuchen. Preis sei der unüberwindlichen Gnade! Sie hat uns aufgesucht! Preis sei der unendlichen Liebe Gottes! Sie hat uns aufgefunden und in die Gemeinde gebracht.

Seltsam und wunderbar sind die Wege, die Gott an die Seinen gewandt hat, um sie zu finden. Gelobt sei sein Name! Er läßt nicht nach mit Suchen, bis er die Menschen seiner Gnade wirklich gefunden hat. Sie sind keine Menschen, die heute gesucht und morgen wieder verworfen werden. Allmacht und Weisheit Gottes vereint irren sich niemals. Daß einer aufgesucht wird, ist unvergleichliche Gnade, aber daß wir aufgesucht wurden, ist Gnade über alles Verstehen. Es gibt keinen anderen Grund dafür, als Gottes unumschränkte Liebe. Wir können nur in Bewunderung den Herrn dafür preisen, daß wir den Namen tragen: die Aufgesuchten.

Und er lege seine Hand auf des Brandopfers Haupt, so wird es angenehm sein und ihn versöhnen. 3. Mose 1, 4

Daß unser Herr „für uns zur Sünde gemacht“ ist, wird in unsrer Schriftstelle sehr bezeichnend dargestellt durch die Übertragung der Sünde auf den Farren des Sündopfers, welche von den Ältesten des Volkes vollzogen wurde. Das Auflegen der Hand bezeichnete ein schwerlastendes Auflehnen. Dies ist gewiß auch das eigentliche Wesen und die wahre Natur des Glaubens, welcher uns mit dem großen Stellvertreter nicht bloß in Berührung bringt, sondern uns lehrt, uns mit der ganzen Last unsrer Schuld auf ihn zu lehnen. Gott ließ auf das Haupt des Stellvertreters alle Sünden seines Bundesvolkes übertragen. Aber jeder einzelne Auserwählte darf durch den Glauben seine Hand legen auf das Haupt „des Lammes, das erwürget ist, von Anfang der Welt“. Gläubige Seele, gedenkst du des Tages, da du zuerst Vergebung empfangen hast durch Jesum, den Sündenträger? Mit schwerer Schuld beladen und von Furcht gequält erblickte ich meinen Heiland als meinen Bürgen und Stellvertreter, und ich legte meine Hand auf ihn; ach, wie furchtsam im Anfang! Aber der Mut wuchs und mein Vertrauen befestigte sich, so daß ich endlich meine Seele ganz auf ihn lehnen konnte, und nun ist es meine unaufhörliche Freude, daß ich weiß, meine Sünden werden mir nicht länger zugerechnet, sondern sind auf ihn gelegt. O, welche Entdeckung eines dankerfüllten Herzens!

„Du hast mein Elend überdacht
Und dich für mich zur Sünde
Aus Liebesglut gemacht!“

Alle, die mich sehen, spotten mein, sperren das Maul auf und schütteln den Kopf. Psalm 22, 8

Spott und Hohn hatten großen Anteil an den Leiden unseres Herrn. Judas verhöhnte ihn im Garten. Die Hohenpriester und Schriftgelehrten verlachten und verspotteten ihn. Herodes verachtete ihn. Die Kriegsknechte und Diener schmähten ihn und mißhandelten ihn aufs empörendste. Pilatus und seine Söldlinge machten sich lustig über sein Königtum. Und am Kreuz umschwirrten ihn von allen Seiten wie vergiftete Pfeile die entsetzlichsten Scherze und die scheußlichsten Schmähreden. Spott ist immer schwer zu ertragen. Aber wenn wir in großen Nöten sind, wird er so unbarmherzig, so grausam, daß er bis ins tiefste Fleisch einschneidet. Denkt euch den gekreuzigten Heiland, von übermenschlichen, leiblichen Qualen gemartert, und dann denkt euch diese mitleidslose Menge: sie schütteln alle die Köpfe und zischen und martern mit herzloser Härte des heillosesten Spottes ein armes, leidendes Opfer!

O Jesu, du Allerverachtetster und Unwertester, wie konntest du für Menschen sterben, die dich so arg mißhandelten? Das ist überschwengliche, göttliche Liebe, eine Liebe über alle Maßen! Auch wir haben dich verachtet in den Tagen unerer Unwissenheit. Und auch seitdem wir wiedergeboren sind, haben wir die Welt, deine Feindin, in unserem Herzen wieder überhandnehmen lassen. Und doch blutetest du, um unsere Wunden zu heilen! Du starbst, um uns das Leben zu geben! Ach, daß wir dich doch in aller Menschen Herzen erhöhen könnten auf einem herrlichen, erhabenen Throne! Wir möchten gern dein Lob verkündigen über Länder und Meere hinaus, bis dich endlich die Menschen so einmütig anbeten, wie sie dich einst einmütig verachteten!

O Haupt, sonst schön gekrönet mit höchster Ehr und Zier,
jetzt aber höchst verhöhnet - gegrüßet seist du mir!

Mein Gott, mein Gott, warum hast du mich verlassen?

Matthäus 27, 46

Hier erblicken wir den Heiland in der tiefsten Tiefe seiner Leiden. Kein anderer Ort bezeugt die Bangigkeit und Schmerzen Jesu so laut wie Golgatha. Und kein anderer Augenblick seiner großen Trübsal ist so voller Todesschrekken, wie der, in dem sein Schrei die Luft durchschneidet: Mein Gott, mein Gott, warum hast du mich verlassen! In diesem Augenblick vereinigte sich große leibliche Erschöpfung mit der furchtbarsten geistigen Qual ob der Schmach und des Fluches, durch die er hindurchgehen mußte. Dies war die schwarze Mitternacht seiner furchtbaren Schrecknisse. Jetzt stieg er hinab in den tiefsten Abgrund seines Leidens.

Manche von uns meinen zuweilen, sie müßten ausrufen: Mein Gott, mein Gott, warum hast du mich verlassen? Es gibt Zeiten, in denen das strahlende Lächeln unseres himmlischen Vaters von Wolken und düsteren Schatten verhüllt ist. Aber wir müssen bedenken, daß Gott uns in Wahrheit nie verläßt. Es ist uns nur ein scheinbares Von-Gott-verlassen-sein. Wir betrüben uns über eine kleine Entziehung der Liebe des Vaters, aber das Abwenden seines Antlitzes von seinem Sohn - wer vermag auch nur zu schätzen, welch eine Seelenpein ihm das verursachte? Uns gibt gar oft der Unglaube diesen Angstruf ein; bei ihm war's der Ausdruck der furchtbarsten Wahrheit, denn Gott hatte sich ihm wirklich eine Zeitlang entzogen. O du arme, betrübte Seele, die sonst im Sonnenschein des göttlichen Angesichts wohnte, jetzt aber im Dunkel der Bangigkeit schmachtet, halte daran fest, daß er dich nicht wirklich verlassen hat. Gott ist auch in den düsteren Wolken so gut unser Gott, wie wenn er im vollen Glanz seiner Gnade leuchtet. Wenn aber schon der Gedanke, daß er uns verlassen habe, uns in schwere Kämpfe führt, wie groß muß erst das wirkliche Leiden unseres Heilandes gewesen sein, als er ausrief: Mein Gott, mein Gott, warum hast du mich verlassen!

Wisset, daß ihr nicht mit vergänglichem Silber oder Gold erlöst seid von eurem eitlen Wandel nach väterlicher Weise, sondern mit dem teuren Blut Christi als eines unschuldigen und unbefleckten Lammes. 1. Petrus 1, 18-19

Christi Blut ist teuer, denn es hat versöhnende und erlösende Kraft. Durch dies Blut werden die Sünden der Auserwählten getilgt. Die Kinder der Gnade werden dadurch erlöst von der Herrschaft des Gesetzes. Sie werden mit Gott versöhnt und mit ihm vereinigt.

Das Blut Christi ist auch teuer durch seine reinigende Kraft. Es macht uns rein von aller Sünde. „Wenn eure Sünde gleich blutrot ist, soll sie doch schneeweiß werden." Das Blut Jesu macht jeden Gläubigen so herrlich, daß auch nicht ein Flecken oder Runzel an ihm haften bleibt.

Das Blut Christi ist uns nicht minder teuer durch seine bewahrende Kraft. Wir sind geborgen vor dem Engel des Verderbens unter der Besprengung mit dem Blut. Erinnere dich, daß der wahre Grund unserer Verschonung darin besteht, daß Gott das Blut sieht. Hierin finden wir Trost, wenn der Blick des Glaubens sich uns umflort. Gottes Auge bleibt allezeit klar und durchdringend.

Das Blut Christi ist uns auch teuer durch seinen heiligenden Einfluß. Dasselbe Blut, das unsere Sünde tilgt und uns dadurch gerecht macht, belebt und kräftigt nachher den neuen Menschen und stärkt inn so mächtig, daß er die Sünde zu überwinden und die Gebote des Herrn zu erfüllen imstande ist.

Und schließlich ist das Blut Christi uns teuer, weil es eine überwindende Macht ausübt. Sie haben überwunden durch des Lammes Blut! Wer das Blut Jesu zu seiner Schutzwehr macht und damit in den Kampf zieht, kämpft mit unüberwindlicher Waffe. Die Sünde stirbt in seiner Gegenwart, der Tod hört auf, ein Tod zu sein, denn des Himmels Pforten öffnen sich. Mit ihm dringen wir vorwärts von Sieg zu Sieg, solange wir auf seine Kraft vertrauen.

Ihr seid gekommen zu dem Blut der Besprengung, das da besser redet als Abels. Hebräer 12, 24

Bist du zu dem Blut der Besprengung gekommen? Es handelt sich nicht darum, ob du zu der Erkenntnis der christlichen Lehre oder zum Gebrauch der Heilsmittel oder zu einer gewissen inneren Erfahrung gekommen bist. Wenn du wahrhaft zu Jesus gekommen bist, so wissen wir, wie das zuging. Der Heilige Geist hat dich liebevoll hingeführt. Du kamst ohne jegliches Verdienst. Schuldbeladen, verloren, hilflos bist du herzugekommen zu diesem Blut, um es dir schenken zu lassen, und einzig allein dieses Blut ist deine unsterbliche Hoffnung. Du bist zum Kreuz Christi gekommen mit einem zitternden und zagenden Herzen, und welch ein süßer Ton war's, als du die Stimme des Blutes Jesu vernehmen durftest! Wir sind voller Sünde, aber der Heiland heißt uns, unsere Augen zu ihm zu erheben. Und wenn wir auf seine blutenden Wunden blicken, so sehen wir einen Tropfen nach dem anderen fallen, und jeder Tropfen redet und ruft: Es ist vollbracht; ich habe der Sünde ein Ende gemacht; ich habe eine ewige Erlösung zustande gebracht!

Wenn du nur erst einmal zu diesem Blut gekommen bist, so kommst du immer wieder. Dein Leben wird ein Aufblick zu Jesu. Nicht das ist die Frage, zu wem ich gekommen bin, sondern das, zu wem ich immer wieder komme. Wenn du je einmal zum Blut der Besprengung gekommen bist, so wirst du das Bedürfnis in dir verspüren, jeden Tag aufs neue zu kommen. Wen nicht danach verlangt, täglich abgewaschen zu werden, der ist noch gar nicht abgewaschen. Der Glaube fühlt, daß dieser geöffnete Born seine Freude und sein seliges Vorrecht ist. Frühere Erfahrungen sind eine unzuverlässige Nahrung für Christenseelen. Nur wenn wir jetzt zu Christus kommen, empfangen wir völligen Frieden und völlige Freude.

Amen. Offenbarung 3, 14

Das Wort Amen bestätigt feierlich, was vorausgeht; und Jesus ist der große Bestätiger, unwandelbar, denn alle Verheißungen sind „Ja und Amen“ in ihm. Sündenbeschwerte Seele, ich möchte dir aus diesem Gedanken Trost bringen. Der Herr Jesus hat gesagt: „Kommet her zu mir alle, die ihr mühselig und beladen seid, ich will euch erquicken.“ Wenn ihr zu ihm kommt, so spricht er sein „Amen“ in eure Seele; seine Verheißung soll an euch wahr werden. Er sprach in den Tagen seines Fleisches: „Das zerstoßene Rohr will ich nicht zerbrechen.“ O du armes, zerschlagenes, zerstoßenes Rohr, wenn du zu ihm kommst, so spricht er sein „Amen“ zu dir, und das wird in deiner Seele wahrhaftig sein. Lieber Christ, ist das nicht auch für dich sehr tröstlich, daß der Heiland kein einziges Wort, das je aus seinem Munde gekommen ist, wieder zurückgenommen hat? Die Worte Jesu werden bestehen, wenn Himmel und Erde vergehen. Wenn du dir eine Verheißung auch nur halb aneignen kannst, so wirst du sie wahrhaftig erfinden.

Der Herr Jesus ist Ja und Amen in allem seinem Amt. Er war ein Priester zur Reinigung und Vergebung; auch als Priester ist er Amen. Er war ein König, zu leiten und zu regieren sein Volk, und es zu verteidigen mit seinem mächtigen Arm; er ist ein Amen-König, immer derselbe. Er ist ein Amen-Prophet. Er ist Amen im Verdienst seines Blutes; er ist Amen in seiner Gerechtigkeit. Dies heilige Kleid wird noch immer hell und glänzend strahlen, wenn die Welt zerfällt.

Siehe da, der Vorhang im Tempel zerriß in zwei Stücke von obenan bis untenaus. Matthäus 27,51

Was wird uns mit diesem Wort gesagt?
Erstens: Das alte Gesetz der Opfergottesdienste ist abgetan und wie ein abgetragenes Kleid zerrissen und beiseitegelegt. Alle Opfer sind vollendet, weil in Jesus alles seine Erfüllung fand. Deshalb wird die Stätte ihrer Darbringung mit einem sichtbaren Zeugnis des Verfalls bezeichnet.
Zweitens: Der Riß bedeutet auch die Offenbarwerdung aller heiligen Geheimnisse des alten Bundes. Der Gnadenstuhl kann nun gesehen werden und mit ihm die Herrlichkeit des Herrn, die strahlend darüber schwebt. Durch den Tod unseres Herrn Jesu wird uns eine deutliche Offenbarung Gottes zuteil. Er war nicht wie Mose, der die Decke vor sein Angesicht hing. Leben und unvergängliches Wesen sind nun ans Licht gebracht. Was verborgen war von Grundlegung der Welt her, ist nun geoffenbart in ihm.
Drittens: Das große jährliche Versöhnungsopfer ist aufgehoben und abgelöst. Das Versöhnungsblut, das sonst jährlich einmal im Allerheiligsten dargebracht wurde, ist nun einmal für immer geopfert durch den großen Hohenpriester. Darum ist die Stätte des vorbildlichen Gottesdienstes der Verwüstung preisgegeben. Kein Blut der Lämmer und Farren ist mehr nötig, denn Jesus ist mit seinem eigenen Blut durch den Vorhang eingegangen und hat ein vollkommenes Opfer dargebracht.
Viertens: Von nun an ist ein freier Zugang geöffnet zu Gott, und dieser Zugang ist das Vorrecht aller Gläubigen. Es ist uns nicht nur eine kleine Lücke geöffnet, durch die wir uns zum Gnadenthron hindurchwinden müßten, sondern der Riß reicht von oben bis unten. Schließlich aber dürfen wir sagen, daß dieser so wunderbar geöffnete Zugang zum Allerheiligsten auch ein Vorbild auf die Pforten des Paradieses ist, die uns nun geöffnet sind. Unser Heiland hat die Schlüssel des Himmels. Er tut auf und niemand schließt zu. So gehen wir mit ihm ein zu den himmlischen Wohnungen.

Daß er durch den Tod die Macht nähme dem, der des Todes Gewalt hat, das ist dem Teufel. Hebräer 2, 14

Der Tod hat seinen Stachel verloren, weil des Teufels Gewalt über den Tod zerstört ist. So fürchte dich denn nun nicht mehr vor dem Sterben. Bitte Gott um die Gnade, daß er durch eine lebendige Erkenntnis und einen starken Glauben an den Tod deines Erlösers dich stärken möge auf diese Stunde. Wenn du stets unter dem Kreuz von Golgatha lebst, dann darfst du mit Freuden auf dein Sterbestündlein blicken. Es ist süß, in Jesu entschlafen zu dürfen. Der Tod ist kein Bann mehr; er ist eine Rückkehr aus der Verbannung, eine Heimfahrt zu den vielen Wohnungen, wo unsere vorausgegangenen Lieben schon weilen und auf uns warten.

Wir sind nicht fern von der Heimat. Ein einziger Augenblick bringt uns dahin. Das Segel ist gespannt. Wie lange dauert die Reise? Wie viele schauerliche Windstöße müssen das Segel emporschnellen, ehe es im Hafen des Friedens eingerefft werden darf? Wie lange muß die Seele von den Wogen auf und nieder geschleudert werden, ehe sie die Landungsstätte erreicht, wo man keinen Sturm mehr kennt? Hört die Antwort: Außer dem Leibe, bei dem Herrn! Kaum hat das Schifflein das Ufer verlassen, so ist's schon im Himmel angelangt. Es breitet nur sein Segel aus und es ist drüben. Denke nicht, es sei eine lange Frist zwischen dem Augenblick des Todes und der ewigen Herrlichkeit. Sobald sich die Augen auf Erden schließen, öffnen sie sich im Himmel. Die feurigen Rosse und der feurige Wagen bleiben nicht einen Augenblick unterwegs. Was also brauchst du dich noch vor dem Tod zu fürchten, wenn du siehst, daß durch den Tod deines Herrn und Heilandes des Todes Fluch und Stachel zerstört ist? Der Tod ist nur noch die Jakobsleiter, deren Fuß zwar auf dem dunklen Grunde des Grabes steht, deren Spitze aber reicht bis in die Herrlichkeit aller Ewigkeiten.

Ich weiß, daß mein Erlöser lebt. Hiob 19, 25

Der Kern dieser Tröstung Hiobs liegt in dem kleinen Wörtchen „mein“ und in der Gewißheit, daß der Erlöser lebt. Wie selig ist doch das! Wir müssen ein Eigentumsrecht an ihm erlangt haben, ehe wir uns seiner freuen können. Was nützt mir das Gold in den Goldlagern? Das Gold in meinem Besitz allein ist’s, das meinen Bedürfnissen abhilft und meinen Hunger stillt, wenn ich Brot damit kaufe. Was könnte mir ein Erlöser helfen, der nicht mein Erlöser ist? Darum gib dich nicht zufrieden, ehe du durch den Glauben sagen kannst: Ja, ich verlasse mich auf meinen lebendigen Heiland; ich klammere mich an ihn; er ist mein. Vielleicht fühlst du deine Hand, mit der du ihn hältst, noch schwach. So bedenke doch: wenn dein Glaube nur wie ein Senfkorn ist, so hast du durch dieses Senfkorn ein Recht an ihn.
Es ist aber noch ein anderes Wörtlein vorhanden, das für Hiobs festen Glauben bezeichnend ist: Ich weiß. Wenn man sagen kann: ich hoffe, ich glaube, so ist das schon ein Trost. Wenn du aber den vollen Inhalt des Trostes erfassen willst, so mußt du sagen: ich weiß! Die Wenn und Aber und Vielleicht sind die Mörder alles Trostes und Friedens. Zweifel sind in Zeiten der Anfechtungen etwas Furchtbares. Wenn ich irgend fürchte, Christus sei nicht mein eigen, dann ist Essig mit der Galle des Todes vermischt. Aber ich weiß, daß Jesus für mich lebt. Darum ist die Finsternis nicht finster. Auch die Nacht muß Licht um mich sein. Wahrlich, wenn Hiob in jenen Zeiten, also lange vor der Erscheinung Christi, sagen konnte: Ich weiß, so sollten wir nicht mit geringerer Zuversicht reden. Laßt uns wohl zusehen, daß unser Glaube einen unerschütterlichen Grund hat, auf daß wir nicht auf eine eitle Hoffnung bauen. Ein lebendiger Heiland mein Erlöser: das ist eine unaussprechliche Freude!

Welchen ihr erwürgt und an das Holz gehängt habt, den hat Gott durch seine rechte Hand erhöht.

Apostelgeschichte 5, 30.31

Unser Herr Jesus, gekreuzigt, gestorben und begraben, sitzt erhöht auf dem Thron der Herrlichkeit. Der erhabenste Ort im himmlischen Heiligtum ist sein eigen. Er ist erhöht zur Rechten des Vaters. Unaussprechlich teuer wird der Gedanke der innigen Gemeinschaft Christi mit seinem Volk nun dadurch, daß die Ehrenkronen, die der Herr Jesus im Himmel trägt, ein Erbteil aller seiner Heiligen sind. Wir sind in Wahrheit eins mit ihm. Wir sind Glieder seines Leibes. Seine Erhöhung ist unsere Erhöhung. Er will uns geben, mit ihm zu sitzen auf seinem Thron, gleichwie er überwunden hat und gesessen ist mit seinem Vater auf seinem Thron. Er trägt eine Krone und teilt auch uns Kronen aus. Er hat einen Thron; aber er begnügt sich nicht, ihn für sich zu haben; er will, daß zu seiner Rechten seine Braut als Königin sitze. Er kann nicht verherrlicht werden ohne seine Brautgemeinde.

Laß dein Glaubensauge ihn betrachten und bedenke, daß du ihm einst gleich sein wirst. Du wirst nicht so groß sein wie er, du wirst nicht so göttlich sein, und dennoch wirst du in vollem Maße der gleichen Ehre teilhaftig sein und die gleiche Glückseligkeit genießen und der gleichen Würde dich erfreuen, die er besitzt. Er hat uns unserem Gott zu Königen und Priestern gemacht, und wir werden herrschen von Ewigkeit zu Ewigkeit. O wunderherrlicher Gedanke für die Kinder Gottes! Wir haben jetzt schon Christus zu unserem großen Stellvertreter in den himmlischen Vorhöfen. Bald wird er kommen und uns zu sich nehmen, damit wir bei ihm in der Herrlichkeit seien und teilhaben an seiner Freude. Und wir werden sein Volk sein, und er selbst, Gott mit uns, wird unser Gott sein. Halleluja!

Aber in dem allen überwinden wir weit um deswillen, der uns geliebt hat. Römer 8, 37

Wir suchen bei Christo Vergebung, und doch sehen unsere Augen noch manchmal nach dem Gesetz und erwarten darin Hilfe und Kraft für den Kampf wider unsere Sünden. Der Apostel Paulus straft uns dafür mit den Worten: „Wer hat euch bezaubert, daß ihr der Wahrheit nicht gehorcht?" Die einzige Macht, mit der die Sünde überwunden werden kann, ist das Blut Jesu.
Um ein Beispiel zu gebrauchen: Du möchtest gern dein zorniges Gemüt überwinden. Wie fängst du das an? Es ist wohl möglich, daß du noch nie den rechten Weg versucht und dich damit geradeswegs an deinen Heiland gewandt hast. Wie habe ich Heil und Erlösung erlangt? Damit, daß ich gerade so zum Herrn kam, wie ich war, und auf ihn all mein Vertrauen setzte und glaubte, daß er imstande sei, mich zu erretten. Muß ich mein zorniges Gemüt nicht auch so abtöten? Ja, denn es ist der einzige Weg, auf dem ich es erreiche. Ich muß damit zum Kreuze gehen und zu Jesu sagen: Herr, ich vertraue auf dich, daß du mich freimachen kannst! Bist du geizig? Fühlst du, daß die Welt dich gefangen nimmt? Du magst gegen dieses Übel ankämpfen, wie und solange du willst; wenn es aber deine Lieblingssünde ist, so wirst du sie nie anders los als durch das Blut Jesu. Bringe deine Lieblingssünde zu Christo! Sage ihm: Herr, ich habe auf dich vertraut, und dein Name ist Jesus, denn du machst dein Volk selig von seinen Sünden; Herr, hier ist eine dieser Sünden, o errette mich davon! Dein Gebet, deine Reue, deine Tränen - das alles zusammen ist ohne Christus nichts wert. Nur Jesus allein kann hilflosen Sündern ein Retter sei - dein Retter. Wenn ihr überwinden wollt, so müßt ihr überwinden durch den, der euch geliebt hat. Unsere Lorbeeren müssen unter den Ölbäumen des Gartens Gethsemane wachsen.

Welcher ist zur Rechten Gottes. Römer 8, 34

Er, der einst von den Menschen verachtet und verschmähet ward, ist nun im Himmel, umgeben von aller Herrlichkeit, als der geliebte Sohn, an welchem der Vater Wohlgefallen hat. Die Rechte Gottes ist der Thron der Majestät und Liebe. Unser Herr Jesus Christus ist zugleich der Stellvertreter der Seinen. Als er für sie in den Tod ging, war es um ihrer Ruhe willen; als er für sie auferstand, erwarb er ihnen die Freiheit; als er sich zur Rechten seines Vaters setzte, empfingen sie Gnade, Ehre, Würde. Die Auferstehung und Himmelfahrt Christi ist die Rechtfertigung, Erhöhung, Einsetzung, Verherrlichung all der Seinen, denn er ist ihr Haupt und Vertreter. Dies Sitzen zur Rechten Gottes ist also die Rechtfertigung unserer Seelen. „Wer will verdammen?“ Wer darf die Auserwählten Gottes beschuldigen, die in Jesu zur Rechten Gottes sitzen?
Die Rechte Gottes ist der Thron der Macht. Christus besitzt zur Rechten Gottes alle Gewalt im Himmel und auf Erden. O meine Seele, was kann dir noch schaden, wenn die Allmacht dein Helfer ist? Bleibe getrost. Wenn der Herr Jesus dein allvermögender König ist und seine Feinde zum Schemel seiner Füße gelegt hat; wenn Sünde, Tod und Hölle überwunden sind durch ihn, und du in ihm dargestellt wirst, so kannst du unmöglich verlorengehen.

„Auf dem Lamm ruht meine Seele,
Betet voll Bewundrung an;
Alle, alle meine Sünden
Hat sein Blut hinweggetan.“

So jemand meine Stimme hören wird und die Tür auftun, zu dem werde ich eingehen. Offenbarung 3, 20

Was ist heute dein Verlangen? Ist's auf das Himmlische gerichtet? Wünschst du einen freien und innigen Umgang mit deinem Gott? Dann mußt du zu deinem Jesus kommen; du mußt eine klare Anschauung von ihm zu erlangen suchen; du mußt ihn betrachten in seinem Werk, in seinem Amt, in seiner Person. Es gibt keine Schatzkammer Gottes, die sich nicht öffne und alle ihre Reichtümer darbiete, wenn eine Seele bei Jesu weilt. Wenn du seufzest: „Ach, daß es ihm doch gefiele, in meinem Herzen Wohnung zu machen! Daß er doch in meiner Brust wohnen möchte ewiglich!", dann öffne die Tür, mein Lieber, so wird er bei dir seinen Einzug halten. Er hat lange bei dir angeklopft und gewünscht, Abendmahl mit dir zu halten, und du mit ihm. Er könnte das Abendmahl nicht mit dir halten, wenn er nicht in deinem Herzen Raum fände; noch du mit ihm, wenn nicht er für Speise und Trank sorgte, denn deine Vorratskammer ist leer. Darum mache die Türen deiner Seele weit auf. Er kommt mit der Liebe, die du zu empfinden dich sehnst; er kommt mit der Freude, zu der sich dein armer, geängstigter Geist nicht empor zu schwingen vermag; er bringt dir den Frieden, der dir fehlt. Nur tue ihm die Tür auf, übergib ihm dein Herz, so will er bei dir wohnen ewiglich.

„O, flöße deine Liebe
Tief in mein Herz hinein!
Laß alle meine Triebe
Dir, Herr, zum Opfer sein."

Solches tut zu meinem Gedächtnis. 1. Korinther 11, 24

Diese liebevolle Ermahnung wäre nicht nötig, wenn nicht die schreckliche Voraussetzung vorhanden wäre, daß unser Gedächtnis uns untreu werden könnte. Und diese Voraussetzung ist leider in unserer Erfahrung tief begründet, nicht als eine Möglichkeit, sondern als eine beklagenswerte Wirklichkeit. Es erscheint zwar beinahe unmöglich, daß diejenigen, die versöhnt worden sind durch das Blut des geschlachteten Lammes, ihren gnädigen Heiland vergessen können sollten. Aber wie befremdend das dem Ohr auch klingt, so fällt es doch zu deutlich in die Augen, als daß wir uns erlauben könnten, es abzuleugnen.

Ihn vergessen, der sein teures Blut für unsere Sünden vergoß, der uns liebte bis in den Tod! Ist's möglich? Ja, es ist nicht nur möglich, sondern unser Gewissen bekennt, wie es bei uns allen ein allzu trauriger Fehler ist, daß wir ihn wie einen fremden Wanderer nur gelegentlich einmal bei uns übernachten lassen. Er, den wir zum bleibenden Einwohner unseres Gedächtnisses machen sollten, ist nur ein flüchtiger Besucher darin. Das Kreuz, bei dem die Gleichgültigkeit ein unbekannter Fremdling bleiben sollte, wird entweiht von den Fußtritten undankbarer Vergeßlichkeit. Bezeugt nicht auch euer Gewissen, daß es so ist? Manches Geschöpf stiehlt euch das Herz, und ihr seid dessen uneingedenk, auf den all eure Zärtlichkeit gerichtet sein sollte. Diese oder jene irdische Beschäftigung nimmt eure Gedanken in Anspruch, wo ihr eure Augen unverwandt aufs Kreuz gerichtet sein lassen solltet. Es ist das unablässige Weltgetümmel, die beständige Aufmerksamkeit aufs Vergängliche, was die Seele von Christo abzieht. Da wollen wir es uns zur Pflicht machen, ein himmlisches Vergißmeinnicht für Jesus, unseren Freund, auf unsere Herzen zu heften.

Es segne uns Gott, unser Gott. Psalm 67, 7

Es ist auffällig, wie wenig Gebrauch wir von den geistlichen Segnungen machen, die Gott uns verleiht. Aber es ist noch auffallender, wie wenig wir Gott selbst uns zunutze machen. Ob er gleich unser Gott ist, wenden wir uns doch wenig an ihn und erbitten wenig von ihm. Wie selten begehren wir Rat aus dem Munde des Herrn! Wie oft gehen wir an unsere Berufsarbeit, ohne seinen Beistand zu suchen! Wie hartnäckig suchen wir in unseren Trübsalen unsere Last selbst zu tragen, statt daß wir all unser Anliegen auf den Herrn werfen, damit er uns versorge! Das geschieht nicht, weil wir nicht dürften. Nein, je öfter wir zu ihm kommen, desto willkommener sind wir ihm. Es ist unser eigener Fehler, wenn wir mit den Schätzen Gottes nicht frei schalten und walten.

Weil du denn einen solchen Freund hast, so brauche ihn täglich. Du darfst nicht Mangel leiden, weil du einen Gott hast, zu dem du kommen darfst. Du darfst dich weder scheuen noch fürchten, solange du einen Gott hast, der dir hilft. Gehe zu deinem Schatz und hole, soviel du bedarfst. Lerne die göttliche Kunst, aus deinem Gott alles zu machen. Er kann dich mit allem versorgen. So laß dich denn nötigen, deinen Gott zu brauchen.

Brauche ihn im Gebet. Er ist dein Gott. Willst du ein so großes Vorrecht ungenützt lassen? Fliehe zu ihm, bringe ihm all dein Anliegen. Brauche ihn fort und fort durch den Glauben. Wenn eine dunkle Schickung dich umdüstert, dann brauche Gott als deine Sonne. Wenn ein mächtiger Feind dich anfällt, dann suche in Jehova einen Schild. Denn er ist Sonne und Schild seines Volkes. Wenn du in den Irrgängen deines Lebens deinen Pfad verloren hast, dann brauche ihn als deinen Führer, denn er will dich leiten. Was du auch bist und wo du auch bist, bedenke, daß Gott gerade das ist, dessen du bedarfst, und daß er dort ist, wo du ihn brauchst, und daß er alles vollbringen wird, was du nötig hast.

Gedenke deinem Knechte an dein Wort, auf welches du mich läßsest hoffen. Psalm 119, 49

Was für ein besonderes Anliegen du auch haben magst, du findest stets leicht irgendeine darauf bezügliche Verheißung im Worte Gottes. Bist du matt und schwach, weil dein Pfad rauh und ermüdend ist? Höre es: „Er gibt dem Müden Kraft und Stärke genug dem Unvermögenden." Suchst du Christus und schmachtest du nach innigerem Umgang mit ihm? Vernimm's: „Selig sind, die da hungert und dürstet nach der Gerechtigkeit, denn sie sollen satt werden." Bist du traurig und niedergeschlagen über deine Sünden und gehst du mühselig einher unter der Last deiner Missetaten? Dann höre die Worte: „Ich, ich tilge deine Übertretung um meinetwillen und gedenke deiner Sünden nicht." Befürchtest du, du möchtest nicht bis ans Ende beharren und schließlich verworfen werden, obgleich du geglaubt hast, ein Kind Gottes zu sein? Dann sagt der Herr dir: „Es sollen wohl Berge weichen und Hügel hinfallen; aber meine Gnade soll nicht von dir weichen und der Bund meines Friedens soll nicht hinfallen, spricht der Herr, dein Erbarmer." Hast du das Gefühl der Gegenwart deines Heilandes verloren und suchst du ihn mit bekümmertem Herzen, so denke an die Verheißung: „Bekehret euch nun zu mir, so will ich mich zu euch bekehren. Ich habe dich einen kleinen Augenblick verlassen, aber mit großer Barmherzigkeit will ich dich sammeln."

Laß deinen Glauben am Tisch des Wortes Gottes Festmahlzeit halten. Bringe all die Verheißungen des Wortes Gottes vor den Thron der Gnade. Wende dich nirgend anders hin, bringe auch nichts anderes vor, sondern tritt fort und fort zu Gott und berufe dich darauf: Herr, du hast's versprochen, nun tue, wie du gesagt hast. Was du auch immer fürchten oder begehren magst, wende dich mit deines Vaters Handschrift an die Bank des Glaubens und sprich: „Gedenke deinem Knecht an dein Wort, auf welches du mich lässest hoffen."

Sei du meine Zuversicht in der Not. Jeremia 17, 17

Des Christen Pfad glänzt nicht immer im Sonnenschein. Es gibt Zeiten der Dunkelheit und des Sturmes. Zwar steht in Gottes Wort geschrieben: „Ihre Wege sind liebliche Wege und alle ihre Steige sind Friede“, und es ist eine große Wahrheit, daß Gottesfurcht einem Menschen hienieden Frieden und Freude und droben die Seligkeit verheißt. Aber die Erfahrung lehrt uns, daß, wenn des Gerechten Pfad gleich glänzet wie ein Licht, das da fortgeht und leuchtet bis auf den vollen Tag, dieses Licht sich doch manchmal verdunkelt. Bisweilen verdunkeln Wolken die Glaubenssonne und die Seele wandelt in Finsternis und sieht kein Licht. Es gibt viele, die eine Zeitlang sich der Gegenwart Gottes erfreuen durften. Sie haben sich im Sonnenschein gesonnt am Anfang ihrer Christenwallfahrt. Sie sind dahingegangen auf grünen Auen und haben sich erquickt am frischen Wasser. Aber plötzlich finden sie das herrliche Himmelsgewölbe über sich verdunkelt. Statt frischen Wassers finden sie trübe Ströme, die ihnen bitter schmecken. Dann sprechen sie: Wenn ich Gottes Kind wäre, dürfte es mir so nicht gehen.

Ach, sage doch das nicht, der du jetzt im Dunkeln wandelst. Die Besten unter den Heiligen Gottes müssen Wermut trinken. Seine teuersten Kinder müssen das Kreuz tragen. Es gibt keinen Gläubigen, der ununterbrochenes Glück genossen hätte. Vielleicht schenkte der Herr dir zuerst einen leichten und unumwölkten Lebenspfad, weil du noch schwach und furchtsam warst. Aber jetzt, wo du im geistlichen Leben erstarkt bist, mußt du in die reifere und rauhere Erfahrung der erwachsenen Kinder Gottes eintreten. Wir haben Wind und Wetter nötig, um uns im Glauben zu üben, um den vermoderten Ast des Selbstvertrauens abzuschneiden und uns fester in Christus einzuwurzeln. Der Tag der Heimsuchung offenbart uns den Wert unserer herrlichen Hoffnung.

Wie köstlich sind vor mir, Gott, deine Gedanken. Psalm 139, 17

Gottes Allwissenheit gewährt dem Gemüte des Gottlosen keinen Trost, aber dem Kinde Gottes spendet sie Ströme voller Zuversicht. Gott denkt allezeit an uns, er wendet sich nie von uns ab, er hat uns beständig unter seinen Augen; und das ist es gerade, was wir brauchen. Es wäre schrecklich, wenn wir auch nur einen Augenblick von der Obhut unsres himmlischen Vaters ausgeschlossen wären. Der Herr hat stets seine Gedanken auf sein Volk gerichtet gehabt: daher ihre Erwählung und der Gnadenbund, durch welchen ihre Erlösung besiegelt wird; er wird ihrer auch stets eingedenk bleiben: daher ihr Beharren bis ans Ende, dadurch sie wohlbewahrt zu ihrer letzten Ruhe eingehen dürfen. In all unsren Verirrungen ist der wachsame Blick des ewigen Hüters unabwendbar auf uns gerichtet, wir können uns nie aus des guten Hirten Aufsicht verlieren. In unsren Ängsten beobachtet er uns unausgesetzt, ihm entgeht auch kein einziger Seufzer; in all unsrem Streit achtet er auf unser Ermatten. Die Gedanken des Herrn begleiten uns auf allen unseren Wegen und durchdringen unser innerstes Wesen. Über alle kleinsten Teile unsrer kleinen Welt wacht der Gedanke unsres großen Gottes.
Liebe Seele, ist dieser Gedanke dir teuer? Dann halte ihn fest. Laß dich nimmer verführen von den weltklugen Toren, die einen unpersönlichen Gott verkündigen und von einer ewigen, sich selbst bestimmenden toten Materie reden. Der Herr lebt und denkt an uns. Darüber freuen wir uns ohne Ende.

Seine Wangen sind wie Würzgärtlein, da Balsamkräuter wachsen. Hohelied 5, 13

Der Wonnemonat ist gekommen! Märzwinde und Aprilregen haben ihre Arbeit verrichtet. Die ganze Erde ist bedeckt mit Farben- und Blütenpracht. Komm, meine Seele, ziehe dein Feierkleid an, wandre ins Freie, pflücke Sträuße und winde Kränze himmlischer Gedanken. Du weißt wohl, wohin du dich wenden mußt. Die Würzgärtlein, da Balsamkräuter wachsen, sind dir wohlbekannt: seine Wangen!
Diese Wange, die einst so erbarmungslos mit der Geißel zerfleischt wurde, die so oft betaut war von Tränen des Mitleids, dann aber grausam mit Speichel besudelt wurde, diese Wange ist meinem Herzen wie ein belebender Wohlgeruch. Du hast dein Angesicht nicht verborgen vor Speichel und Spott, o Herr Jesu, und darum soll es meine Wonne sein, wenn ich dich preisen darf. Diese deine Wangen wurden durchfurcht von der Pflugschar des Leidens und gerötet mit dem Blut von deinem dornengekrönten Haupt. Wie müssen solche Zeichen unbegrenzter Liebe meine Seele entzücken! Kann ich nicht sein ganzes Angesicht schauen, so möchte ich doch seine Wangen sehen. Der flüchtigste Blick auf ihn ist überschwenglich erquickend für meinen Geist und gewährt meinem Gemüt Wonne die Fülle.
In Jesu finde ich nicht nur Wohlgerüche, sondern ein ganzes Gewürzgärtlein, nicht nur eine einzelne Blume, sondern mannigfaltige Blüten die Menge. Wenn er bei mir ist, so ist's das ganze Jahr hindurch Maimond. Meine Seele geht hin und wäscht ihr Angesicht in dem Morgentau seiner Gnade. Sie tröstet sich an dem Gesang der Himmelsboten seiner Verheißungen. Teurer Herr Jesu, laß mich in Wahrheit die Seligkeit erkennen, die aus einer bleibenden, ununterbrochenen Gemeinschaft mit dir blüht. Ich bin ein armer Unwürdiger, dessen Wange du mit Güte und Gnade geküßt hast. Ach, laß mich dich lieben von ganzem Herzen, von ganzer Seele und von ganzem Gemüte!

Ich bitte nicht, daß du sie von der Welt nehmest.

Johannes 17, 15

Obgleich Christus will, daß die Seinen einst bei ihm sind, bittet er doch nicht, daß sie plötzlich von der Erde in den Himmel genommen werden möchten. Er wünscht, daß sie hienieden bleiben. Wie oft sendet dennoch der müde Erdenpilger seine Bitte hinauf zum Gnadenthron: O hätte ich Flügel wie Tauben, daß ich flöge und irgendwo bliebe! Christus, unser Herr, bittet nicht so. Er überläßt uns und befiehlt uns in seines Vaters Hände, bis wir gleich Garben reifen Korns eingesammelt werden in die Scheunen unseres Meisters. Er bittet nicht für uns um Erlösung durch einen baldigen Tod, denn es ist nötig, um anderer willen im Fleisch zu bleiben, ob es uns auch nicht zum größeren Segen dient. Er bittet, daß der Vater uns bewahre vor dem Übel; aber nimmermehr bittet er für uns, daß wir eingehen dürfen zum Erbteil der ewigen Herrlichkeit, ehe wir zum vollen Alter herangewachsen sind.
Christen wünschen oft zu sterben, wenn sie von irgendeiner Trübsal heimgesucht sind. Fragt ihr sie nach dem Grund ihrer Sehnsucht, so antworten sie: Wir möchten bei dem Herrn sein. Ist es ihnen in Wirklichkeit nicht darum zu tun, daß sie ihrer Trübsale loswerden? Sonst würden sie das gleiche Verlangen nach dem Tode ja auch zu anderen Zeiten hegen, wenn sie nicht unter dem Druck der Trübsale seufzen. Sie möchten gern heimgehen, um der Ruhe genießen zu können. Nun ist's gewiß gut und recht, wenn wir Lust haben, abzuscheiden, um bei Christo zu sein. Aber das Verlangen, der Trübsal zu entfliehen, ist ein selbstsüchtiger Wunsch. Vielmehr sei unser Sehnen und Sorgen, daß wir Gott verherrlichen mögen durch unser Leben, solange es ihm gefällt, und wäre es auch mitten unter Kampf und Mühe und Leiden. Überlassen wir es ihm, zu sagen: Es ist genug. Wenn die rechte Stunde kommt, wird er uns schon heimholen.

Diese alle sind gestorben im Glauben. Hebräer 11, 13

Betrachte dir die Grabschrift aller jener seligen Gläubigen, die vor der Erscheinung unsres Herrn heimgingen Es ist dabei ganz übergangen, auf welche Art sie starben. Aber das Eine, worin sie alle übereinstimmen, ist vor allem beachtenswert: „Sie alle sind gestorben im Glauben." Im Glauben lebten sie: Er war ihr Trost, ihr Führer, ihre Triebfeder und ihre Stütze; und in derselben geistlichen Gnade starben sie und vollendeten ihren Lebensgesang mit dem herrlichen Liede, in welchem sie allezeit ihren Trost gesucht hatten. Sie verließen sich nicht auf das Vergängliche oder auf ihre eignen Verdienste; sie wichen keinen Schritt ab von ihrem ersten Pfad in der Kindschaft Gottes, sondern beharrten auf dem Wege des Glaubens bis ans Ende. Es ist ebenso köstlich, im Glauben zu sterben, als in demselben zu leben.

Das Sterben im Glauben hat eine wichtige Beziehung auf die Vergangenheit. Sie glaubten den Verheißungen, die vorausgegangen waren, und waren gewiß, daß ihre Sünden ausgetilgt seien durch die Gnade Gottes. Das Sterben im Glauben richtet aber seinen Blick auch in die Zukunft. Sie entschliefen und bezeugten sterbend, daß der Messias gewiß erscheinen werde. Für sie waren die Todesschrecken nur die Geburtsschmerzen eines besseren Lebens. Darum Mut! meine Seele, wenn du diese Grabschrift liest. Dein Lauf ist durch die Gnade Gottes ein Glaubenslauf! Blicke heute aufs neue zu Jesu empor, dem Anfänger und Vollender deines Glaubens. Danke ihm, daß er dir einen gleich herrlichen Glauben geschenkt hat, wie den in die Herrlichkeit Vorangegangenen.

Wie kann ein Mensch Götter machen, die doch nicht Götter sind? — Jeremia 16, 20

Eine schwere Sünde des alten Volkes Israel war die Abgötterei. Das geistliche Israel wird von einer Neigung zur gleichen Torheit geplagt. Die Selbstsucht müht sich unter den mannigfachsten Gestalten ab, die Auserwählten unter ihre Herrschaft zu bringen. Das Fleisch errichtet seine Altäre überall, wo es Raum für sie finden kann. Oft sind Lieblingskinder bei Gläubigen der Anlaß zu mancher Versündigung. Es betrübt den Herrn, wenn er sieht, wie wir sie über alles Maß verhätscheln und zu unserem Abgott machen. Sie leben uns dann ebenso zum Unheil und Fluch wie einst Absalom für David. Wenn Christen gern ihre Schlafkissen mit Stecknadeln spicken wollen, so sollen sie nur mit närrischer Liebe an ihren eigenen Kindern hängen.
Es heißt sehr richtig: „Die doch nicht Götter sind." Die Gegenstände unserer törichten Zuneigung sind von zweifelhaftem Wert für uns. Der Trost und die Freude, die sie uns jetzt gewähren, ist sehr gefährlich. Die Hilfe, die sie uns in der Stunde der Anfechtung leisten können, ist wahrlich gering. Warum lassen wir uns denn so betören von dem, was eitel ist? Wir bemitleiden die armen Heiden, die einen steinernen Gott verehren. Und doch beten wir einen anderen Götzen an. Worin besteht die Überlegenheit eines fleischernen Abgottes über einen hölzernen oder steinernen? Das innere Wesen, die Sünde, die Torheit ist bei allem Götzendienst ganz gleich, nur daß wir um so größere Verantwortung tragen, weil wir mehr Licht empfangen haben und dennoch sündigen. Darum ist auch unser Unrecht weit schwerer. Die Heiden haben den wahren Gott nie gekannt. Wir aber machen uns einer doppelten Sünde schuldig, wenn wir den lebendigen Gott verlassen und irgendwelchen Götzen anhangen.

Ich will ihr Gott sein und sie sollen mein Volk sein.

2. Korinther 6, 16

Was für ein Name: Mein Volk! Was für eine Offenbarung: Mein Gott! Welch eine Fülle ist in diesen beiden Worten eingeschlossen!
Es liegt darin zunächst eine Auszeichnung. Die ganze Welt ist Gottes. Der Himmel und aller Himmel Himmel ist des Herrn. Er herrscht unter den Menschenkindern. Aber von denen, die er auserwählt hat, die er sich erkauft hat mit seinem Blut, sagt er etwas, was er von keinem anderen sagt: er nennt sie „mein Volk". In diesem Wort liegt auch der Begriff des Eigentumsrechts. Alle Völker auf Erden sind sein. Die ganze Welt steht unter seiner Gewalt. Dennoch ist sein Volk in ganz besonderer Weise sein Eigentum. Er hat mehr für sie getan als für die anderen. Er hat sie mit seinem Blut erkauft. Er hat sie zu sich gezogen aus lauter Güte. Er hat sie geliebt mit einer ewigen, unaufhörlichen Liebe, die die Flut der Zeiten auch nicht im mindesten abschwächen können wird.
Liebe Freunde, könnt ihr euren Blick hinaufrichten gen Himmel und sprechen: Mein Herr und mein Gott!? Mein durch jene Verwandtschaft, die mir das Recht gibt, dich Vater zu nennen? Mein durch jene geheiligte Freundschaft und Gemeinschaft, die meine höchste Wonne ist? Kannst du das Buch der von Gott eingegebenen Schrift aufschlagen und darin das Vermächtnis deiner Erlösung lesen? Kannst du deinen Namen finden, der mit teurem Blute geschrieben steht? Kannst du in demütigem Glauben den Saum des Kleides Jesu berühren und sprechen: Mein Herr und mein Gott!? Wenn du das kannst, dann spricht Gott von dir und von den anderen, die dir gleich sind: Mein Volk! Und dein Herz jubelt: „Er hat uns gemacht - und nicht wir selbst - zu seinem Volk und zu Schafen seiner Weide."

Daran erkennen wir, daß wir in ihm bleiben und er in uns, daß er uns von seinem Geist gegeben hat. 1. Johannes 4, 13

Hättest du gern ein Haus, eine Heimat für deine Seele? Ach, du möchtest gern eine erkleckliche Summe dafür darlegen! Dann aber kannst du diese Heimat nicht erwerben, denn sie hat keinen Preis. Willst du meines Herrn Haus und Heimat zur Miete nehmen für alle Ewigkeit, ohne etwas anderes dafür zu bezahlen als den Bodenzins deiner Liebe, die du ihm ewig gelobst und bewahrst? Willst du Jesus empfangen und in ihm wohnen? So siehe denn, dieses Haus ist ausgestattet mit allem, was du brauchst. Es ist angefüllt mit Schätzen, die du dein Leben lang nicht erschöpfen kannst. Hier kannst du täglich Umgang haben mit Christus und am Gastmahl seiner Liebe sitzen. Hier sind reich gedeckte Tafeln, mit köstlichen Speisen beladen, die dich ewiglich nähren. Hier findest du sanfte Ruhe in Jesu, wenn du matt und müde bist, und ringsum hast du herrliche Aussicht und siehst den Himmel offen.
Willst du dies Haus? Siehe, hier ist der Schlüssel: Komm zu Jesu! Aber du meinst, du seiest zu schlecht gekleidet für ein solches Haus. Glaube das nicht! Es sind Kleider genug für dich darin. Wenn du dich schuldbeladen und verdammungswürdig fühlst, so komm. Wenngleich das Haus zu gut für dich ist, so wird dafür der Herr Jesus dich gut machen für dieses Haus. Er wird dich waschen und reinigen. Dreimal selig und glücklich bist du, wenn du eine solche Wohnstätte gefunden hast. Du hast eine feste Burg, in der du sicher wohnst. Und wenn du in ihm bleibst, so hast du nicht nur eine vollkommene und sichere Wohnung, sondern auch eine ewige Heimat. Wenn diese Welt wie ein Traum vergeht, so wird dieses unser Haus bleiben. Es wird unvergänglicher und unerschütterlicher als Marmor, unzerstörbarer als Granit dastehen, ewig wie Gott, denn es ist Gott selbst. Wir bleiben in ihm!

Jesus spricht zu ihm: Stehe auf, nimm dein Bett und gehe hin.
Johannes 5, 8

Gleich vielen anderen hatte der achtunddreißigjährige Kranke auf ein Wunder gewartet, das geschehen sollte, auf ein Zeichen, das sich ereignen würde. Umsonst harrte er am Teich; kein Engel kam, und wenn er kam, so war es nicht für ihn. Dennoch wartete er geduldig, denn er meinte, er hätte keine andere Hoffnung mehr, und wußte nicht, daß ihm einer nahe war, dessen Wort ihn in einem einzigen Augenblick heilen konnte. Es ist eine traurige Tatsache, daß viele Tausende auf den Gebrauch von Heilsmitteln, religiösen Gelübden und Vorsätzen vertrauen, und so undenkliche Zeiten gewartet haben - umsonst, ganz umsonst. Unterdessen vergessen die armen Seelen den Heiland an ihrer Seite, der sie heißt zu ihm aufblicken und die Errettung empfangen. Er hätte ihren inneren Schaden auf einmal heilen können, aber sie wollen lieber auf ein Wunderzeichen warten. Ihm vertrauen, das ist der sichere Weg zu jedem Segen, und er ist des allergrößten Vertrauens wert. Ach, daß doch der Herr sein Auge den großen Scharen zuwendete, die auch jetzt im gleichen Falle sind. Er wolle ihnen mit seiner liebevoll dringenden Stimme zurufen, daß sie sich erheben von ihrer Verzweiflung, und in der Kraft des Glaubens ihren Weg gehen. O Herr, erhöre unser Gebet für alle, und gib, daß sie der für sie vollbrachten Erlösung vertrauen.

„Es ist ein Born, draus heilges Blut
Für arme Sünder quillt,
Ein Born, der lauter Wunder tut
Und jeden Kummer stillt.“

Der aber geheilt worden war, wußte nicht, wer es war.

Johannes 5, 13

Ein achtunddreißig Jahre langes Leiden muß in dem Leben des armen gichtbrüchigen Menschen einen langen, schweren Abschnitt gebildet haben. Als ihn der Herr Jesus mit einem einzigen Wort heilte, war er daher fast außer sich vor Freude und Dankbarkeit über eine solche Veränderung. So ergeht's auch dem Sünder, der wochen- und monatelang von Verzweiflung niedergebeugt war und sich müde geseufzt und gesehnt hatte nach Erlösung. Er wird der Veränderung gar wohl inne, wenn der Herr Jesus das Allmachtswort spricht und ihm Frieden und Freude schenkt. Das neuempfangene Leben ist zu wichtig, als daß es spurlos und wirkungslos in einem Menschen wohnen könnte. Die bewirkte Umwandlung ist zu merkwürdig, als daß sie nicht in die Augen fallen müßte. Und dennoch wußte der arme Mensch nicht, wer der Urheber seiner Heilung war. Er wußte nichts von der Heiligkeit seiner Person, nichts von den Werken seiner Liebe und des erlösenden Erbarmens, von seiner göttlichen Sendung unter die Menschenkinder.

Es kann in den Herzen solcher, die die Macht des Blutes Jesu an sich erfahren haben, noch gar viel Unwissenheit über die Person des Heilandes vorhanden sein. Wir dürfen sie ob solcher Unkenntnis nicht rasch verurteilen. Der Heilige Geist wirkt in dem Menschen Reue schon lange, bevor er sie in einen göttlichen Wandel führt. Wer da glaubt, was er erkennt, wird auch bald klarer erkennen, was er glaubt. Dennoch ist Unwissenheit vom Übel. Der Geheilte wurde nämlich von den Pharisäern sehr bald in die Enge getrieben. Auf die Heilung der Krankheit folgte freilich auch bald die Befreiung von der Unwissenheit, und man hörte ihn offen bezeugen, es sei Jesus, der ihn gesund gemacht habe. Herr, so mache dich auch mir offenbar, auf daß ich dich verkündige unter den Menschenkindern!

Gelobt sei Gott und der Vater unseres Herrn Jesu Christi, der uns gesegnet hat mit allerlei geistlichem Segen.

Epheser 1, 3

Christus verleiht den Seinen alle Heilsgaben der Vergangenheit, der Gegenwart und der Zukunft. In den geheimnisvollen Zeiten vergangener Ewigkeiten war der Herr Jesus der Ersterkorene seines Vaters, und in seiner Erwählung hat er uns ein Erbteil geschenkt, denn wir sind durch ihn und in ihm erwählt vor Grundlegung der Welt. Er hatte von aller Ewigkeit her das Vorrecht der Gotteskindschaft als seines Vaters eingeborener Sohn, an dem er Wohlgefallen hat; und er hat auch uns in den Reichtum seiner Gnade durch Erwählung und Wiedergeburt zur Gotteskindschaft erhoben. Das ewige Testament, gegründet auf seine Bürgschaft und durch einen Eid bekräftigt, ist unser eigen, auf daß wir einen festen Trost und eine Zuflucht haben. Die wunderbare Menschwerdung Gottes samt all der erstaunlichen Herablassung und Erniedrigung, die damit verbunden war, geschah um unseretwillen. Der blutige Schweiß, das verwundete Haupt, die Nägelmale: sie sind unser auf ewig. Alle Schätze, die aus seinem vollkommenen Gehorsam, aus seiner vollbrachten Versöhnung, aus seiner Auferstehung, Himmelfahrt und Fürbitte vor dem Gnadenthrone entspringen, sind völlig unser eigen als seine freie Gnadengabe. Auf seinem Brustschildlein trägt er unsere Namen. In seiner alles vermögenden Fürsprache gedenkt er unser und unserer Anliegen. Seine Herrschaft über die Fürstentümer und Gewalten und seine unumschränkte Macht im Himmel handhabt er zum Frommen derer, die auf ihn vertrauen. Er, der sich für uns selbst dahingegeben hat in den Abgrund der Schmerzen und des Todes, entzieht uns seine Liebe auch jetzt nicht, wo er erhöht ist auf den höchsten Himmelsthron.

Nun aber ist Christus auferstanden von den Toten.

1. Korinther 15, 20

Das ganze Wesen des Christentums beruht auf der Tatsache der Auferstehung Jesu. „Ist Christus nicht auferstanden, so ist unsere Predigt vergeblich; so ist auch euer Glaube eitel; so seid ihr noch in euren Sünden." Die Gottheit Christi findet ihre festeste Bestätigung in seiner Auferstehung. Es wäre nicht unvernünftig, an seiner Gottheit zu zweifeln, wenn er nicht auferstanden wäre. Auch Christi Herrschaft hängt von seiner Auferstehung ab. „Dazu ist Christus gestorben und auferstanden und wieder lebendig geworden, daß er über Tote und Lebendige Herr sei." Auch unsere Rechtfertigung ist aufs engste mit Jesu herrlichem Sieg über Tod und Grab verknüpft. „Er ist um unserer Sünde willen dahingegeben und um unserer Gerechtigkeit willen auferweckt." Auch unsere Wiedergeburt steht im Zusammenhang mit seiner Auferstehung, denn „Gott hat uns nach seiner großen Barmherzigkeit wiedergeboren zu einer lebendigen Hoffnung durch die Auferstehung Jesu Christi von den Toten". Vor allem aber ist gewiß, daß auch unsere Auferstehung bei der Zukunft Christi auf diesem Grunde ruht, denn „so nun der Geist des, der Jesum von den Toten auferweckt hat, in euch wohnt, so wird auch derselbe, der Christum auferweckt hat von den Toten, eure sterblichen Leiber lebendig machen um deswillen, daß sein Geist in euch wohnt".

So läuft die silberne Schnur der Auferstehung durch alle Gotteserfahrungen des Gläubigen, von seiner Wiedergeburt an bis zu seiner Vollendung. Darum muß diese große Heilstatsache seinem Gemüte täglich wichtig werden. Er muß sich darüber freuen, daß es über alle Zweifel feststeht: Nun aber ist Christus auferstanden von den Toten und der Erstling geworden unter denen, die da schlafen.

Ich bin bei euch alle Tage. Matthäus 28, 20

Es ist doch recht gut, daß einer da ist, der immer derselbe bleibt und allezeit bei uns ist. O mein Freund, hänge dein Herz nicht an vergängliche Schätze, die der Rost und die Motten fressen, sondern hänge mit ganzer Seele an dem, der dir ewiglich treu bleibt. Baue dein Haus nicht auf den Flugsand einer Welt voller Täuschungen, sondern gründe deine Hoffnung auf diesen Fels, der inmitten rauschender Regengüsse und gewaltig wogender Fluten ruhig und unerschütterlich dasteht. Vertraue all dein Vermögen Christo an. Schenke deine ganze Liebe ungeschmälert seiner Person. Gründe all deine Hoffnung auf sein Verdienst. Setze deine ganze Zuversicht auf sein allmächtiges Blut. Suche alle deine Wonne und Freude im Umgang mit ihm. So kannst du jede Gefahr verlachen und jeden Unfalls spotten, und kein Verderben wird dich anrühren. Bedenke, daß nach und nach alle Blumen aus dem Lustgarten dieser Welt verwelken und daß der Tag kommt, an dem davon nichts übrig bleibt als die dunkle, kalte Erde. Glaube fest, daß dann, wenn dein Lichtlein ausgegangen ist, dir die Sonne scheint! Vermähle dein Herz dem, der dich nie verläßt. Vertraue dich ihm, der mit dir geht durch den schwarzen, schwellenden Strom der Todeswellen und dich sicher ans himmlische Ufer geleitet. Du darfst bei ihm wohnen in den himmlischen Wohnungen ewiglich. Gehe hin, du betrübtes Kind der Leiden, erzähle all dein Anliegen deinem Freund, der mehr liebt und fester beisteht denn ein Bruder. Vertraue alle deine Sorgen dem an, der dir nimmer geraubt werden kann, der dich nie verläßt, der auch nie zugibt, daß du ihn verlässest, der gestern und heute und in Ewigkeit derselbe ist. „Ich bin bei euch alle Tage bis an der Welt Ende" - das ist genug für meine Seele, mag sonst auch alles mich verlassen.

Wer mich liebt, der wird von meinem Vater geliebet werden, und ich werde ihn lieben und mich ihm offenbaren.

Johannes 14, 21

Der Herr Jesus schenkt den Seinen zuweilen besondere Offenbarungen über seine Person. Auch wenn die Heilige Schrift dies nicht ausdrücklich feststellte, müßten es viele Heilige bezeugen aus eigener Erfahrung. In den Lebensbeschreibungen mancher Kinder Gottes findet man viele Beispiele dafür angeführt, wie es dem Herrn Jesus gefallen hat, in ganz besonders vertraulicher Weise mit ihren Herzen zu reden und ihnen die Wunder seines Wesens zu offenbaren. Ihre Seelen sind in eine so überschwengliche Glückseligkeit eingetaucht worden, daß sie meinten, sie seien im Himmel, obwohl sie nicht darin waren, sondern nur seiner Schwelle ganz nahe kamen. Ja, wenn der Herr Jesus sich seinem Volke offenbart, so ist's ein Himmel auf Erden, ein Anfang der ewigen Seligkeit.

Besondere Offenbarungen Christi üben einen heilsamen Einfluß auf die Herzen der Gläubigen aus. Sie wirken zunächst Demut. Wenn jemand sagt, er habe die und die himmlische Erscheinung gesehen und es sei etwas Besonderes an ihm, so hat er noch nie irgendeine Gemeinschaft mit seinem Herrn und Heiland gehabt. Gott sieht auf das Niedrige und kennt den Stolzen von fern. Er braucht nicht in ihre Nähe zu kommen, um sie zu durchschauen, und gibt ihnen seine Liebe nimmer zu schmecken. Eine andere Wirkung ist die Glückseligkeit. Die Gegenwart Gottes gibt ewige Freude die Fülle. Eine andere Folge solcher Offenbarung ist die Heiligung des Lebens. Ein Mensch, der nichts von Heiligung weiß, hat nie etwas von einer Offenbarung Gottes an sich erfahren. Manche Menschen reden viel von ihrem Glauben und von ihrer Seligkeit. Aber all ihr Gerede verdient nicht den geringsten Glauben, wenn ihren Worten nicht auch ihre Werke entsprechen. So übt die Nähe Jesu eine dreifache Wirkung aus: Demut, Glückseligkeit, Heiligung. Gott schenke sie dir, lieber Christ!

Den Abend lang währt das Weinen, aber des Morgens ist Freude. Psalm 30, 6

Wenn du in der Nacht der Trübsal trauerst, so hoffe auf den Morgen. Tröste deine Seele mit der Aussicht auf die Zukunft des Herrn. Sei geduldig! Der Landmann harrt, bis er die Ernte einbringen kann. Du weißt ja, wer der ist, der gesagt hat: „Siehe, ich komme bald, und mein Lohn mit mir, zu geben einem jeglichen, wie seine Werke sein werden." Und wenn du jetzt noch so elend wärest, fasse Mut! Vielleicht ist jetzt dein Haupt mit Dornen der Trübsal gekrönt. Einst wird es eine Sternenkrone tragen, und es dauert bis dahin nicht mehr so lange. Oder ist deine Hand von vielen Sorgen beschwert? Bald wird sie die Saiten der himmlischen Harfe rühren. Sind deine Kleider vom Staub und Schmutz dieser Erde befleckt? Sei getrost, einmal werden sie schneeweiß werden. Warte nur noch ein wenig. Wie unbedeutend werden unsere Prüfungen und Leiden uns einst erscheinen, wenn wir darauf zurückblicken! Wenn wir sie jetzt in der Nähe betrachten, wie unermeßlich kommen sie uns noch vor! Wenn wir aber zum Himmel eingehen, dann werden wir rühmen:

Nun sind die Tränen ausgeweint,
dem treusten Freund bin ich vereint!

Darum mutig vorwärts! Und wäre die Nacht auch noch so finster, es kommt der Morgen. Weißt du, was es heißt, von der Zukunft zu leben, von der Hoffnung sich zu nähren, den Himmel im voraus zu genießen?

Seliges Glaubenskind, wenn du eine solche gewisse, eine solch tröstliche Hoffnung hast! Jetzt mag dir alles düster erscheinen, aber bald wird's helle werden. Jetzt ist vielleicht überall um dich her Trübsal, aber bald schwebst du in einem Meer der Wonne. Was tut's, ob den Abend lang währt das Weinen? Es kommt ja der Morgen der Freude.

Sind wir denn Kinder, so sind wir auch Erben, nämlich Gottes Erben und Miterben Christi. Römer 8, 17

Christus gehört das Weltall als Eigentum. Als Erbe über alles ist er der einzige Eigentümer der weiten Weltschöpfung Gottes. Aber er hat uns gestattet, das alles auch als unser Eigentum anzusehen. Er hat uns dazu ermächtigt durch unsere Einsetzung als Miterben. Die goldenen Gassen des Paradieses, die Perlentore, der Strom des Lebens, die überschwengliche Seligkeit und die unaussprechliche Herrlichkeit - alles ist uns durch unseren hochgelobten Herrn übergeben zum ewigen Eigentum. Alles, was er hat, teilt er mit seinem Volke. Er hat seine Krone seiner auserwählten Gemeinde aufs Haupt gesetzt und ihr ein Reich gestiftet und ihre Söhne ein königliches Priestertum genannt, ein auserwähltes Geschlecht, ein Volk von Priestern und Königen. Er hat sich selbst seiner Krone entäußert, damit wir mit Herrlichkeit gekrönt werden können. Er wollte nicht sitzen auf seinem Thron, bis daß er selbst Raum gemacht hätte für alle die, die da überwinden durch sein Blut. Weit erhaben über alle Eifersucht, Selbstsucht und Habsucht, die nicht leiden wollen, daß irgendein anderer ihres Besitzes teilhaftig werde, schätzt sich Christus nur um so glücklicher und herrlicher, wenn sein Volk an seiner Herrlichkeit teilhat. Das Wohlgefallen seines Vaters ist ihm um so lieblicher, weil auch die Seinen daran teilhaben. Die Würde seiner Herrschaft ist ihm um so wertvoller, weil auch sein Volk mit ihm im Glanz der Herrlichkeit strahlt. Seine Siege sind ihm um so willkommener, weil auch seine Auserwählten dadurch überwinden lernen. Er schaut mit Wonnen auf seinen Thron, weil er auch Raum bietet für sie. Er hat Wohlgefallen an seinem Herrlichkeitskleid, weil seines Gewandes Saum auch über sie gebreitet ist. Er ist um so seliger in seiner Freude, weil er sie kann eingehen heißen zu seiner ewigen Freude und Wonne.

Wer aber an diesen glaubt, der ist gerecht.

Apostelgeschichte 13, 39

Wer an Christus glaubt, empfängt eine sofortige Rechtfertigung. Der Glaube wirkt diese Frucht nicht erst nach und nach, sondern jetzt. Sie wird der Seele in eben demselben Augenblick zuteil, in dem sie sich mit Christo vereinigt und ihn aufnimmt als ihr Höchstes und Größtes. Der Schächer am Kreuz ward im gleichen Augenblick gerechtfertigt, in dem er seinen Glaubensblick auf den Herrn Jesum richtete, und Paulus war nach jahrelanger Arbeit für den Herrn nicht gerechter als der Schächer, der gar nichts getan hatte für das Reich Gottes. Heute sind wir angenehm gemacht in dem Geliebten, heute sind wir losgesprochen von aller Sünde, heute sind wir vor dem Richterstuhl Gottes unschuldig dargestellt.
O hochentzückender Gedanke! Wer Jesum am Kreuze im Glauben erblickt, wird heil zu derselben Stund; drum blick nur auf ihn, den der Vater geschickt, der einst auch für dich ward verwundt. Jetzt, ja jetzt haben wir die Vergebung. Jetzt sind unsere Sünden hinweggetan. Jetzt stehen wir in Ehren vor Gottes Angesicht, als ob wir nie mit Sünde und Schuld beladen gewesen wären. So ist nun nichts Verdammliches an denen, die in Christo Jesu sind! Es steht im Buche Gottes keine einzige Sünde verzeichnet gegen den Geringsten in seinem Volk. Wer darf hier beschuldigen? Es ist weder Flecken noch Runzel noch des etwas an irgendeinem Gläubigen. Sie sind allesamt vollkommen gerecht vor dem Angesicht des Richters aller Welt. O, daß doch dieses gegenwärtige hohe Vorrecht uns auch erweckte zur Erfüllung unserer gegenwärtigen Pflicht gegenüber unserem teuren Herrn Jesus!

Gott aber kann machen, daß allerlei Gnade unter euch reichlich sei. 2. Korinther 9, 8

Unser Herr Jesus ist allezeit freigebig. Er entzieht uns seine Hand auch nicht einen einzigen Augenblick. Solange noch ein Gefäß der Gnade vorhanden ist, das noch nicht bis zum Rande gefüllt ist, steht auch das Öl nicht. Er ist eine Sonne, die nie untergeht. Er ist ein Manna, das unaufhörlich rings ums Lager her vom Himmel fällt. Er ist der Fels in der Wüste, der ununterbrochene Lebensströme spendet. Der Regen seiner Gnade trieft immer. Der Segen seiner Güte fließt immer. Der Born seiner Liebe strömt allezeit über. Seine Barmherzigkeit hört nimmer auf. Tag für Tag pflücken und genießen wir seine Frucht, und täglich beugen sich seine Zweige mit einem neuen Vorrat seiner Güte zu unseren Händen hernieder. Seine Wochen haben sieben Festtage und seine Jahre so viele Gastmähler, als sie Tage zählen. Wer wäre je ungesättigt von seiner Freudentafel aufgestanden? Seine Gnade und Barmherzigkeit ist alle Morgen neu und erquickt uns jeden Abend. Wer kann die Menge seiner Wohltaten zählen oder die Zahl seiner Gnadengaben ermessen? Jedes Sandkorn, das durch das Stundenglas der Zeiten rinnt, ist nur der träge Nachläufer von unzähligen seiner Liebeserweisungen. Der Strom der Zeit trägt von den Gebirgen der Ewigkeit die goldenen Sandkörner seiner Gunst zu uns herüber. Die zahllosen Sterne sind nur die Bannerträger einer noch unendlicheren Schar von Segensspenden.

Womit kann ihn meine Seele erheben, der uns so täglich mit seiner Güte füllt und uns krönt mit Gnade und Barmherzigkeit? O, daß doch mein Lobpsalm endlos wäre wie seine Güte! O arme Zunge, wie bist du so ohnmächtig! Warum schweigst du so stille? Wache auf, denn sonst bist du nicht mehr meine Ehre, sondern meine Schande. Wohlauf, Psalter und Harfen! Ich will früh auf sein!

17. MAI

Wer da sagt, daß er in ihm bleibt, der soll auch wandeln, gleichwie er gewandelt hat. 1. Johannes 2, 6

Warum sollen Christen in ihrem Wandel Christus nachfolgen?

Sie sollen es tun um ihrer selbst willen. Wenn sie sich gern der belebenden Empfindung des Wachstums in der Gnade erfreuen, so laßt sie Jesus zum Vorbild nehmen.

Sie sollen es auch tun um ihrer eigenen Glückseligkeit willen. Wenn sie gern trinken möchten vom reinen Wein, darin keine Hefen sind, wenn sie sich gern einer heiligen und seligen Gemeinschaft mit Jesu erfreuen möchten, wenn sie über die Leiden und Sorgen dieser Welt gern hinweggehoben wären, so laßt sie wandeln, gleichwie er gewandelt hat. Es gibt nichts, was euch so mächtig fördert in eurem Pilgerlauf zum Himmel, als wenn ihr das Bildnis Jesu im Herzen tragt und alle eure Gedanken und Empfindungen dadurch bestimmen laßt. Dann seid ihr am glücklichsten und werdet am ersten erkannt als Söhne Gottes, wenn ihr durch die Kraft des Heiligen Geistes imstande seid, Jesu nachzufolgen in seinen Fußtapfen.

Dann sucht aber auch um eures Bekenntnisses willen Jesu ähnlich zu werden. Ach, du armer Christenglaube, wie bist du von deinen Feinden grausam verfolgt und verwundet worden! Aber diese Wunden waren nicht halb so gefährlich wie der Schaden, den dir deine Freunde zufügten! Keine Feindeswaffe ist so furchtbar wie ein Judaskuß. Wankelmütige Jünger verunehren das Evangelium mehr als der schnöde Spott der Gottlosen.

Vor allem aber folgt Jesu nach um seinetwillen. Liebst du deinen Heiland? Ist dir sein Name teuer? Liegt dir seine Sache am Herzen? Wünschst du, daß die Reiche der Welt sein eigen werden? Ist es dein Verlangen, daß er verherrlicht werden möge? Sehnst du dich danach, daß Seelen für ihn gewonnen werden? Wenn es so ist, so folge Jesu nach. Sei ein Brief Christi, der erkannt und gelesen wird von allen Menschen.

In ihm wohnt die ganze Fülle der Gottheit leibhaftig, und ihr seid vollkommen in ihm. Kolosser 2, 9. 10

Alle Eigenschaften Christi sind uns zum Dienst geschenkt. Die ganze Fülle der Gottheit gehört uns zu, um uns vollkommen zu machen. Er kann uns nicht ausstatten mit dem Wesen der Gottheit; was er aber tun kann, das hat er alles getan, denn er hat seine göttliche Macht und Würde um unserer Erlösung willen für uns zum Dienste dargeboten. Alles an ihm und in ihm muß zu unserem Heil zusammenwirken.

Auf, und betrachte, wie der Herr Jesu seine ganze erhabene Gottesnatur vor den Siegeswagen der Erlösung spannt. Unbegrenzt ist seine Gnade, fest seine Treue, unerschütterlich seine Unwandelbarkeit, unermeßlich seine Macht, endlos seine Weisheit! Sie alle hat der Herr Jesus zu Pfeilern im Tempel der Erlösung gemacht. Sie alle sind uns ohne Beeinträchtigung ihrer Unendlichkeit zum ewigen Erbteil zugesichert. Die unergründliche Liebe des Heilandsherzens ist unser eigen. Alles gehört uns und wird zu unserem Besten verwendet. Alles, was an und in Christus ist, hat er uns übermacht, um uns aufs reichste zu erfreuen. Seine Weisheit ist unsere Leitung, seine Erkenntnis unsere Lehre, seine Macht unser Schutz, seine Gerechtigkeit unsere Bürgschaft, seine Liebe unser Trost, seine Gnade unsere Erquickung, seine Unwandelbarkeit unsere feste Burg. Bei ihm ist kein Vorbehalt. Er öffnet uns die Verheißungen des Wortes Gottes und heißt uns in ihren Tiefen nach den darin verborgenen Schätzen zu suchen. „Alles ist euer“, spricht er „ihr sollt Gutes die Fülle haben und voll werden der Gnade des Herrn.“ O, wie lieblich ist es doch, Jesum anzuschauen und sich auf ihn zu verlassen!

Und er bat, daß seine Seele stürbe. 1. Könige 19, 4

Es ist merkwürdig, daß der Mann, der nie sterben sollte, welchem Gott ein unendlich besseres Los verordnet hatte, der Mann, der gen Himmel fahren sollte, so daß er den Tod nicht sah, - daß dieser Knecht Gottes beten mußte: „Nimm o Herr, meine Seele; ich bin nicht besser, denn meine Väter." Wir haben hier einen auffallenden Beweis, daß Gott die Gebete nicht immer in der gewünschten Weise, aber immer nach der heilsamen Wirkung erfüllt. Er gab dem Elias etwas Besseres, als was er erflehte, und erhörte ihn also wirklich. Es ist sonderbar, daß Elias von der Drohung der Königin Isebel so niedergeschlagen war, daß er zu sterben wünschte; und köstlich war die Güte unseres himmlischen Vaters, daß er seinen verzweifelnden Knecht nicht beim Wort nahm. Die Lehre vom Gebet des Glaubens hat ihre Grenzen. Wir dürfen nicht erwarten, daß Gott uns alles gibt, um was wir bitten; wir wissen, daß wir manchmal bitten und nicht empfangen, weil wir übel bitten. Wenn wir um etwas bitten, was keine Verheißung hat, wenn wir etwas gegen seinen Willen oder gegen den Rat seiner Vorsehung suchen; wenn wir nur um unseretwillen bitten und nicht im Hinblick auf seine Verherrlichung, so dürfen wir auf keine Erhörung zählen. Wenn wir aber im Glauben bitten und nicht zweifeln, und wir nicht gerade das empfangen, was wir meinten, so empfangen wir etwas anderes und Besseres dafür. Darum, liebe gläubige Seele, pflege das Gebet, aber habe acht, was du bittest.

Ich ließ sie ein menschliches Joch ziehen und in Seilen der Liebe gehen. Hosea 11, 4

Unser himmlischer Vater läßt uns oft in Seilen der Liebe gehen. Aber wie zögernd gehorchen wir seinen liebevollen Aufmunterungen! Er zieht uns ihm nach, um in uns einen einfältigeren Glauben an ihn zu wecken; aber wir sind noch weit entfernt von Abrahams Vertrauen. Wir werfen unsere irdischen Sorgen noch immer nicht auf Gott, sondern machen uns wie Martha viele Sorge und Mühe. Unser magerer Glaube macht auch unsere Seelen elend. Wir machen unseren Mund nicht weit auf, trotz seiner Verheißungen, daß er ihn füllen wolle. Können wir seine Stimme nicht vernehmen, die zu uns spricht: „Komm, liebes Kind, vertraue mir. Der Vorhang ist zerrissen; komm herein zu mir, und nahe dich kühn dem Thron meiner Gnade. Ich bin deines vollsten Vertrauens wert, wirf alle deine Sorgen auf mich. Schüttle deinen Kummer von dir ab, und freue dich an mir!" Ein andermal sucht er uns in eine innigere Gemeinschaft mit ihm zu ziehen. Unser Gott heißt uns hineingehen in seinen Saal und das Abendmahl mit ihm zu halten, aber wir lehnen die Ehre ab. O, unsere kalten Herzen! Wir sind nicht wert, Knechte unseres Herrn Jesu zu sein, noch weniger, ihn zum Freunde zu haben; und doch liebt er uns! Aber es ist eine Liebe, die keine Weigerung annimmt. Sind wir nicht seinen sanften Gnadenzügen gehorsam, so sendet er uns Trübsal, damit wir zu innigerer Anhänglichkeit an ihn getrieben werden. Näher will er uns haben. Was sind wir doch für törichte Kinder, daß wir diese Liebesseile zurückweisen.

So ihr anders geschmeckt habt, daß der Herr freundlich ist.

1. Petrus 2, 3

So anders: das ist also keine ausgemachte Sache bei einem jeglichen, der zum Menschengeschlecht gehört. Darum ist es notwendig, daß wir danach forschen, ob wir die Gnade Gottes aus innerer Erfahrung kennen. Es gibt keine geistliche Gnadenerweisung, bei der wir nicht Veranlassung haben, unser Herz darauf zu prüfen.
Aber wenn dies uns ein ernstliches und inniges Gebetsanliegen sein soll, so sollten wir uns nicht zufrieden geben, solange noch irgendein „so anders" uns darüber beunruhigt. Ein aufrichtiges und heiliges Mißtrauen gegen sich selbst kann im Herzen des Gläubigen eine solche Frage veranlassen. Aber die Fortdauer solchen Zweifels wäre etwas Schlimmes. Ruhe nicht, liebe Seele, bis du eine völlige Gewißheit in deinem Herzen hast, daß du Jesu angehörst und ihn liebst. Nichts gewähre dir Befriedigung, bis du durch das unfehlbare Zeugnis des Heiligen Geistes die Versicherung der Gotteskindschaft empfangen hast. O, hier handelt sich's nicht um Kleinigkeiten. Begnüge dich darum nicht mit einem „vielleicht" und „möglich" und „wenn" und „so anders". Baue auf den Grund ewiger Wahrheiten und baue fest darauf. Trachte nach den gewissen Gnaden Davids und erlange sie gewiß und wahrhaftig. Wirf den Anker deiner Hoffnung ins Allerheiligste und habe acht, daß deine Seele mit einem unzerreißbaren Tau an dem Anker befestigt sei. Halte dich nicht bei dem verhängnisvollen „so anders" auf: vorwärts! Bleibe nicht dahinten in der Wüste der Zweifel und Befürchtungen. Schreite kühn durch den Jordan des Zagens und ziehe ein ins gelobte Land des Friedens. So nimm denn mit Freuden, was Jesus dir beut, er gibt dir das ewige Heil; o glaub es gewiß; o ergreif es noch heut, so bleibt es dein ewiges Teil.

Er errettete sie aus ihren Ängsten und führte sie einen richtigen Weg. Psalm 107, 7

Wechselvolle innere Erlebnisse bringen den ernsten Christen oft auf die Frage: Warum geht's mir so? Ich suchte Licht, aber Finsternis kam über mich. Ich suchte Frieden und fand Trübsal. Ich sprach in meinem Herzen: Mein Berg steht fest, ich werde nimmermehr darniederliegen; aber da du, Herr, dein Antlitz verbargst, erschrak ich. Erst gestern noch habe ich meine Erwählung klar erkennen können, heute ist mir alle Gewißheit genommen, und alle meine Hoffnungen sind umwölkt. Gestern konnte ich Pisgas Höhen ersteigen und hinausblicken auf das herrliche Land der Verheißung, heute ist mein Geist aller frohen Zuversicht beraubt, und zaghafte Furcht hat sich meiner bemächtigt. Freuden habe ich keine, wohl aber viel Traurigkeit. Gehört das denn auch zu Gottes Absichten mit mir? Kann dies der Weg sein, auf dem Gott mich zum Himmel führen will?
Ja, so ist's. Die Verdunkelung deines Glaubens, die Verdüsterung deines Gemüts, das Schwinden deiner Hoffnung - das alles sind nur Mittel und Wege, durch die Gott dich der Reife für das große Erbteil entgegenführt, das du nun bald empfangen wirst. Die Prüfungen bezwecken die Bekräftigung und Bestätigung deines Glaubens. Sie sind die Fluten, deren Wellenschlag dich höher auf den Felsen hinaufträgt. Sie sind die Winde, die dein Schiff nur um so rascher dem himmlischen Hafen zutreiben. Durch Ehre und Schande, durch gute Gerüchte und böse Gerüchte, durch Reichtum und Armut, durch Freude und Traurigkeit, durch Verfolgung und Ehre, durch alles wird das Leben deiner Seele erhalten und gefördert. Alles muß dir zum Segen dienen auf deinem Pfade. O denke nicht, daß deine Bekümmernisse den göttlichen Absichten mit dir fremd seien. Sie gehören notwendig dazu. Wir müssen durch viel Trübsal in das Reich Gottes gehen. Darum lerne es, es für eitel Freude zu achten, wenn du in mancherlei Anfechtungen kommst.

Der Herr wird's für mich vollführen. Psalm 138, 8

Wenn wir auf irgend etwas, was nicht auf dem Fels der Ewigkeiten gegründet ist, unser Vertrauen setzen, so ist unsere Zuflucht und Zuversicht haltloser als ein Traum. Sie stürzt über uns zusammen und begräbt uns unter ihren Trümmern - zu unserem tiefsten Schmerz, zu unserer größten Bestürzung. Der Psalmist war weise. Er baute seine Zuversicht auf nichts Geringeres als das Werk des Herrn. Der Herr allein ist's, der das gute Werk in uns angefangen hat; er ist's, der es auch hinausführt. Wenn er es nicht vollendet, so wird es stets unvollendet bleiben. Wenn an dem himmlischen Kleid unserer Gerechtigkeit auch nur ein einziger Stich ist, den wir selbst genäht haben, dann sind wir verloren. Unsere Zuversicht aber steht darauf, daß der Herr das, was er angefangen hat, auch vollendet.

Er hat alles getan, er muß alles tun, er wird alles tun. Unsere Zuversicht darf nicht auf das gehen, was wir getan haben, noch auf das, wozu wir fest entschlossen sind, sondern ganz und gar nur auf das, was der Herr tun will. Der Unglaube flüstert uns zu: Du wirst es nimmermehr hinausführen, du bist nicht standhaft genug; siehe deines Herzens Tücke an, du kannst die Sünde nicht überwinden; denke an die Vergnügungen und Versuchungen der Welt, die dich locken, sie werden dich gewiß betören und irreleiten! Ach ja, wir müßten wahrlich ins Verderben stürzen und umkommen, wenn wir auf unsere eigene Kraft angewiesen wären. Wenn wir ohne himmlischen Beistand unser gebrechliches Fahrzeug über ein solch wildes Meer steuern müßten, so müßten wir die Fahrt verzweifelnd aufgeben. Aber Gott sei Dank: er wird uns landen lassen am ersehnten Ziel. Wir vertrauen nie zuviel, wenn wir auf ihn allein unser Vertrauen setzen. Wir sind nimmermehr betrogen, wenn wir eine solche Zuversicht haben.

Gelobt sei Gott, der mein Gebet nicht verwirft. Psalm 66, 20

Wenn wir aufrichtig auf die Beschaffenheit unserer Gebete blicken, so müssen wir ergriffen werden vor Staunen darüber, daß Gott sie überhaupt je erhört hat. Vielleicht gibt's manche unter uns, die meinen, ihre Gebete seien wohl der Erhörung wert. Das hat auch der Pharisäer gemeint. Aber der wahre Christ, dessen Blick heller erleuchtet ist, weint und trauert über seine Gebete. Und wenn er das Vergangene nachholen könnte, so wollte er gern seine Gebete mit mehr Ernst und Eifer würzen.

Wie kalt sind deine Gebete gewesen! Du hättest mit Gott in deinem Kämmerlein ringen sollen wie einst Jakob auf dem Felde. Statt dessen war dein Flehen kraftlos und saftlos, ferne von jenem demütigen, vertrauensvollen, inbrünstigen Glauben, der ausruft: „Ich lasse dich nicht, du segnest mich denn." Ja, es ist wunderlich und merkwürdig: Gott hat diese deine kalten Gebete gehört und nicht nur gehört, sondern auch erhört. Oder wie selten sind deine Gebete gewesen. Wie nachlässig warst du in diesem Stücke. Wenn du in Trübsal und Traurigkeit warst, dann kamst du oft vor den Gnadenthron. Wenn dir aber die Erlösung aus deinen Nöten zuteil geworden war, wo kam dann dein anhaltendes Flehen hin? Und obwohl du aufgehört hast, so eifrig zu beten wie sonst, hat Gott dennoch nicht aufgehört, dich mit Erhörung zu erfreuen. Wenn du weggeblieben bist vom Gnadenstuhl, so hat Gott ihn nicht verlassen, sondern der helle Glanz seiner Gnadengegenwart ist allezeit sichtbar geblieben in deinem Lebenslauf.

O wie wunderbar! Was ist doch das für ein Gott, daß er die Gebete auch derer erhört, die so zu ihm kommen! O, daß doch seine Gnade und Güte, mit der er so armselige Gebete erhört, unsere Herzen rühren möchte und wir hinfort erfunden würden als solche, die da beten ohne Unterlaß!

Verlaß mich nicht, Herr! Mein Gott, sei nicht ferne von mir.

Psalm 38, 22

Häufig beten wir, Gott möge uns nicht verlassen in der Stunde der Trübsal und Versuchung. Aber wir vergessen dabei nur zu leicht, daß wir zu allen Zeiten nötig haben, darum zu beten. Es gibt in unserem Leben keinen einzigen Augenblick, in dem wir seines Beistandes und seiner stärkenden Kraft entraten könnten. Im Licht wie in der Finsternis, in seiner Nähe wie in der Stunde der Versuchung ist uns die Bitte vonnöten: Verlaß mich nicht, Herr, mein Gott!

Wenn ein kleines Kind gehen lernt, so bedarf es ununterbrochen der Aufsicht und des Beistandes. Wenn das Schiff vom Steuermann verlassen wird, kommt's vom Kurs ab und treibt als ein Spielball der Wellen umher. Wir können die beständige Hilfe von oben nicht entbehren. So wollen wir denn täglich darum bitten: Verlaß mich nicht, Vater, verlaß dein Kind nicht, sonst fällt es von Feindeshand. Hirte, verlaß dein Lamm nicht, sonst verirrt es sich von der Herde und ihrer sicheren Hut. Großer Gärtner, verlaß deinen Pflänzling nicht, sonst welkt er ab und stirbt. Verlaß mich nicht, o Herr, in diesem Augenblick und verlaß mich nie zu irgendeiner Zeit meines Lebens. Verlaß mich nicht in meinen Freuden, sonst nehmen sie mein Herz gefangen. Verlaß mich nicht in meinen Leiden, sonst murre ich wider dich. Verlaß mich nicht, wenn du mir Buße schenkst, ich möchte sonst die Hoffnung der Vergebung verlieren und in Verzweiflung stürzen. Verlaß mich auch nicht zur Zeit meines freudigsten und stärksten Glaubens, sonst artet der Glaube in Vermessenheit aus. Verlaß mich nicht, denn ohne dich bin ich schwach. Verlaß mich nicht, denn mein Pfad ist gefährlich und voller Fallstricke, und ohne deine Führung bin ich verloren. Bedecke du mich mit deinen Fittichen und laß mich unter deinen Flügeln eine Zuflucht finden.

Wirf dein Anliegen auf den Herrn, der wird dich versorgen.
Psalm 55, 23

Wenn Sorgen, auch wo sie sich auf wertvolle Gegenstände beziehen, uns über Gebühr gefangennehmen, sind sie vom Übel und eine Sünde. Die Mahnung, ängstliche Sorgen zu vermeiden, wird uns von unserem Herrn und Heiland immer wieder eingeschärft. Sie wird von den Aposteln wiederholt. Sie kann also nicht unbeachtet gelassen werden, ohne daß solche Nichtbeachtung eine Übertretung mit sich bringt.
Der tiefinnerste Grund ängstlichen Sorgens liegt darin, daß wir meinen, wir seien weiser als Gott. Wir maßen uns an, an das zu denken, was er nach unserer törichten Einbildung vergessen könnte. Wir mühen uns ab, unsere drückende Last auf den eigenen Rücken zu nehmen, als ob er nicht imstande wäre oder nicht den Willen hätte, es für uns zu tun. Diese Anmaßung, uns in seine Angelegenheiten drängen zu wollen, ist ganz und gar sündlich. Ja, noch mehr als das: ängstliches Sorgen verführt oft zu sündhaften Handlungen. Wer sein Anliegen nicht ruhig in Gottes Hände übergeben kann, sondern seine Last selbst schleppen will, wird gar leicht versucht, sich zur Erreichung seines Zweckes ungerechter Mittel zu bedienen. Diese Sünde verführt dazu, daß wir Gottes Rat und Weisheit verlassen und bei menschlicher Weisheit Hilfe suchen. Das heißt zu „löcherichten Brunnen" zu gehen, statt zum lebendigen Wasser - eine Sünde, die schon vor alters dem Volke Israel zur Last fiel. Sorgen erwecken in uns Zweifel an Gottes Güte und Freundlichkeit, und dadurch erkaltet unsere Liebe zu ihm. So führt uns Mangel an Vertrauen weit von Gott ab. Aber durch den einfältigen Glauben werfen wir jede Last, die uns zufällt, auf ihn und sorgen nichts, weil er es sich angelegen sein läßt, für uns zu sorgen. Das hält uns in seiner Nähe und stärkt uns gegen manche Versuchung.

Mephi-Boseth aber wohnte zu Jerusalem, denn er aß täglich von des Königs Tisch und hinkte mit seinen beiden Füßen.

2. Samuel 9, 13

Mephi-Boseth war kein Schmuck für eine königliche Tafel. Dennoch hatte er seinen beständigen Platz an Davids Tisch, weil der König in seinem Angesicht die Züge des geliebten Jonathan wiedererkannte. Ja, die Kinder des Herrn sind ihm teuer um eines anderen willen. So groß ist die Liebe des Vaters, die er zu seinem eingeborenen Sohn hat, daß er um seinetwillen seine niedrigen Brüder aus der Armut und Verbannung erhebt zu königlichem Umgang und fürstlicher Tafel. Ihre Häßlichkeit kann ihnen diese Vorrechte nicht wieder rauben. Die Lähmung ist kein Hindernis der Gotteskindschaft. Der Krüppel ist ebensogut Erbe wie der, der laufen kann wie Asahel. Unser Recht schwächt sich nicht ab, wenn auch die Kraft abnimmt. Eine königliche Tafel ist eine gar vornehme Decke für lahme Füße. Beim Hochzeitsmahl des Evangeliums lernen wir herrlich sein in unserer Schwachheit, weil die Kraft Christi auf uns ruht.
Und doch können arge Mängel die geliebtesten Heiligen in Schaden und Schande bringen. Hier wurde einer von David gespeist und geehrt. Aber weil er an beiden Füßen gelähmt war, konnte er den König nicht begleiten, als der aus der Stadt floh. Darum wurde er verleumdet und verlästert von seinem Knechte Ziba. Heilige, die schwach sind im Glauben und nicht gefördert in der Erkenntnis, verlieren viel. Sie sind vielen Feinden bloßgestellt und können dem Könige nicht auf allen seinen Wegen folgen. Diese Schwachheit rührt oft von einer Vernachlässigung her. Manchmal bewirkt ungeeignete Nahrung, daß Bekehrte in ihrer geistlichen Kindheitszeit in Zaghaftigkeit und Verzweiflung geraten, aus denen sie sich nie wieder ganz erholen. In anderen Fällen ist die Sünde schuld an gebrochenen Gliedern. Herr, sättige die Deinen mit dem Brot deines Gnadentisches.

Welche er gerecht gemacht hat, die hat er auch herrlich gemacht.

Römer 8, 30

Hier ist eine köstliche Wahrheit für dich. Du bist vielleicht arm oder elend oder unbekannt, aber zu deiner Erquickung schaue hin auf deine Berufung und ihre seligen Folgen, besonders auf die Wirkung, von der hier die Rede ist. So gewiß du heute Gottes Kind bist, so gewiß werden die dir zur Bewährung zugedachten Proben ein Ende nehmen, und du wirst reich sein an allem, was dir zum Heil und zur Herrlichkeit dient. Warte noch ein wenig, und dies dein müdes Haupt wird eine Krone der Herrlichkeit tragen, und diese deine arbeitsschwere Hand wird Siegespalmen schwingen. Klage nicht über deine Leiden, sondern freue dich vielmehr darüber, daß du einst dort sein wirst, wo weder Leid noch Schmerzen noch Geschrei sein werden. Die feurigen Rosse und Wagen warten vor deiner Tür, und ein Augenblick ist genug, dich hinüberzutragen zu den Verklärten. Die Pforten des Himmels stehen dir offen. Der Eingang zu deiner ewigen Ruhe ist dir unfehlbar gesichert. Wenn er dich berufen hat, so kann dich nichts von seiner Liebe scheiden. Trübsal und Traurigkeit können das Band nicht lösen. Das Feuer der Verfolgung kann die Fessel nicht versengen. Der Hammer der Hölle kann die Kette nicht zerbrechen. Du bist geborgen. Jene Stimme, die dich zuerst gerufen hat, wird dich wieder rufen, und zwar diesmal von der Erde zum Himmel, aus des Todes düsterem Dunkel zum unaussprechlichen Glanz der Herrlichkeit. Halte nur daran fest, daß das Herz dessen, der dich gerecht gemacht hat, in unendlicher Liebe dir entgegenschlägt. Hienieden wartest du eine kurze Weile, um zubereitet zu werden zum Erbteil der Heiligen im Licht. Dann aber tragen dich die Flügel der himmlischen Boten hinauf zum Berg des Friedens, der Freude und der Seligkeit, wo du ruhen wirst von Ewigkeit zu Ewigkeit.

Du liebest Gerechtigkeit und hassest gottloses Wesen.

Psalm 45, 8

Wer die Wahrheit lieb hat und aus der Wahrheit lebt, haßt alle falschen Wege. Wie haßte doch unser Herr Jesus die Versuchung so tief, wenn sie sich ihm nahte! Dreimal stürmte sie auf ihn ein, und jedesmal trat er ihr unnachgiebig entgegen. Er haßte das gottlose Wesen in anderen, wenn er auch diesen Haß öfter in Tränen des Mitleids als in Worten des Vorwurfs ausdrückte. Er haßte die Sünde so sehr, daß er sein Herzblut vergoß, um sie auf den Tod zu verwunden. Er litt den Tod, um sie zum Tode zu bringen. Er wurde begraben, damit sie mit ihm begraben werden möchte in seiner Gruft; und er erstand wieder vom Tode, damit er sie möchte auf ewig unter seine Füße treten. Christus ist uns im Evangelium geschenkt. Dieses Evangelium ist dem gottlosen Wesen in jeder Gestalt abhold und widersteht ihm. Die Gottlosigkeit schmückt sich mit schönen Gewändern und redet mit heuchlerischer Zunge die Sprache der Heiligkeit. Aber Jesu gewaltige Lehre treibt sie zum Tempel hinaus und mag sie in seiner Gemeinde nicht dulden. So ist auch in einem Herzen, in dem Christus wohnt, ein erbitterter Krieg zwischen Christus und Belial. Und wenn unser Heiland uns einst als Richter erscheint, dann werden die donnernden Worte: „Gehet hin von mir, ihr Verfluchten, in das ewige Feuer“ seinen Abscheu vor aller Gottlosigkeit bezeugen. So warm und innig seine Liebe zu den Sündern ist, so heiß ist sein Haß gegen die Sünde. So vollkommen seine Gerechtigkeit ist, so vollständig wird die Vernichtung jeder Art von Bosheit sein. O du siegreicher Held im Schmuck der Heiligkeit, du herrlicher Überwinder des Bösen, du liebst Gerechtigkeit und hassest gottloses Wesen, darum hat dich Gott, dein Gott gesalbt mit Freudenöl, mehr denn deine Gesellen. Dein Thron bleibt immer und ewig.

Fanget uns die Füchse, die kleinen Füchse, die die Weinberge verderben.
Hoheslied 2, 15

Ein kleiner Dorn kann viel Schmerzen verursachen. Eine kleine Wolke kann die Sonne verhüllen. Kleine Füchse verderben die Weinberge. Kleine Sünden bringen der zartfühlenden Seele Herzeleid. Diese kleinen Sünden wühlen in der Seele und verunreinigen sie ganz und gar mit allem, was Christo verhaßt ist, so daß er keinen erquickenden Umgang und keine frohe Gemeinschaft mehr mit uns haben kann. Jesus mag nicht mit seinem Volke wandeln, es sei denn, daß jede erkannte Sünde ausgetrieben wird. Manche Christen erfreuen sich gar selten der Nähe ihres Heilandes. Geht es dir so und kann dich das gleichgültig lassen? Bist du ein Kind Gottes und kannst du dennoch ruhig wandeln, ohne deines Vaters Angesicht je zu sehen? Dann lege dir die Frage vor: Was hat Christum von mir vertrieben? Vielleicht verbirgt er sein Angesicht hinter der Mauer deiner Sünden. Diese Mauer mag aus kleinen Kieseln zusammengefügt sein. Aber das macht keinen Unterschied. Das Meer besteht auch aus Tropfen, und die Felsen sind aus Körnern zusammengesetzt. Das Meer, das dich von Christus scheidet, ist vielleicht mit den Tröpflein deiner kleinen Sünden angefüllt. Der Fels, an dem deine Barke beinahe strandete, ist vielleicht aus der tagtäglichen Arbeit der winzigen Korallentierchen deiner kleinen Sünden entstanden. Willst du mit Christus leben, mit Christus wandeln, ihn schauen, Umgang mit ihm haben, so hüte dich vor den kleinen Füchsen, die die Weinberge verderben. Jesus lädt dich ein, mit ihm zu gehen und sie zu fangen. Gehe mit ihm auf die Jagd!

Mein Herz, sei auf der Wacht!
Zehntausend Feinde drohn;
es drängt dich hart der Sünde Macht
und spricht dem Glauben Hohn.

Und der König ging über den Bach Kidron. 2. Samuel 15, 23

David überschritt diesen schauerlichen Bach, als er mit seinen Gefährten vor seinem treulosen Sohn floh. Der Mann nach dem Herzen Gottes blieb nicht von Trübsal verschont. Er war beides: der Gesalbte des Herrn und der Geprüfte des Herrn. Wie sollten w i r denn erwarten, ungeängstigt davonzukommen?
Der König aller Könige selbst durfte auf keiner lieblicheren Straße wandeln. Er ging über den schmutzigen Graben des Baches Kidron (Kidron heißt: „Schwarzwasser"), der den Unrat der Stadt Jerusalem hinwegführte. Gott hatte wohl einen Sohn ohne Sünde, aber kein einziges Kind ohne die Rute seiner Heimsuchung. Es ist uns eine große Erquickung, daß wir wissen, Jesus ist versucht allenthalben gleichwie wir. Was ist nun heute unser Kidron? Ist's ein treuloser Freund, ein schmerzlicher Verlust, eine verleumderische Anklage, ein beängstigendes Gefühl? Der König ist durch alles hindurchgegangen! Oder ist's ein körperliches Leiden, Armut, Verfolgung, Schmach? Über jeden dieser Kidronbäche ist der König uns vorangeschritten. Der Gedanke, daß unsere Trübsale etwas Außerordentliches seien, muß ganz und für immer verbannt bleiben, denn er, der das Haupt aller Heiligen ist, kennt den Schmerz, den wir für etwas so Ungewöhnliches halten, aus eigener Erfahrung. Unter den Zionsbürgern darf sich kein Mitglied aus der Zunft der Kopfhänger finden, denn der Fürst Immanuel ist ihr Haupt und Herzog.
Ungeachtet der Schmach, die David ertragen mußte, kehrte er im Siegeszug in seine Stadt zurück. Darum laßt uns guten Mutes sein, auch wir werden den Sieg davontragen. Mut, ihr Kreuzesstreiter! Der König siegte, nachdem er über den Kidron gegangen war; so siegt auch ihr.

Da ward aus Abend und Morgen der erste Tag. 1. Mose 1, 5

War's schon im Anfang so? Teilten sich Licht und Finsternis in das Reich der Zeit schon am ersten Tage? So herrscht auch in meinen inneren Erfahrungen nicht immer des Mittags blendender Glanz, sondern ich muß mich gefaßt machen auf solche Zeiten, in denen ich trauern muß über den Verlust meiner früheren Freuden, in denen ich meinen Freund aufsuchen muß mitten in der Nacht. Hierin stehe ich nicht allein. Alle, die der Herr lieb hat, haben von jeher singen müssen den zwiefachen Gesang der Gnade und des Gerichts, der Trübsal und der Erlösung, der Traurigkeit und der Wonne. Es gehört mit zu den Führungen der göttlichen Vorsehung, daß nicht aufhören soll Tag und Nacht wie in der natürlichen, so auch in der geistlichen Schöpfung, bis wir einkommen zum Land der Verheißung, von welchem geschrieben steht: Und wird keine Nacht daselbst sein. Was ist demnach für dich das Beste? Vor allem lerne, dich zufrieden zu geben mit dieser göttlichen Anordnung. Laß dich mit Hiob willig finden, der du das Gute empfangen hast von der Hand des Herrn, auch das Schwere hinzunehmen. Danach siehe zu, wie du Anfang und Schluß des Tages, den Morgen und den Abend dir zur Freude heiligst. Preise den Herrn dafür, wenn dir seine Freudensonne aufgeht; preise ihn auch, wenn das abendliche Dunkel anbricht. Es ist eine erhabene Schönheit im Sonnenaufgang wie im Sonnenuntergang. Singe davon und verherrliche den Herrn. Glaube, daß die Nacht nicht weniger als der Tag zum Segen ist. Der Gnadentau fällt reichlich während der Nacht des Leidens. Die Sterne der Verheißung strahlen herrlich inmitten der dunklen Stunden herben Schmerzes. Laß nicht von deinem Gottvertrauen unter dem Wechsel der Schikkungen. Jede Stunde hat ihre Pflicht. Fahre du in deinem Beruf fort als des Herrn Knecht, bis er erscheint in seiner Herrlichkeit.

Denn das Fleisch gelüstet wider den Geist und den Geist wider das Fleisch.

Galater 5, 17

In jeder gläubigen Seele ist ein beständiger Kampf zwischen dem alten und dem neuen Menschen. Der alte Mensch ist gar rührig und nimmt jede Gelegenheit wahr, wo er mit den tödlichen Waffen seiner furchtbaren Rüstung gegen das neue Leben zu Felde ziehen kann, während auf der anderen Seite der neue Mensch stets auf der Hut ist, wie er seinem Feinde kräftigen Widerstand zu leisten und ihn zu vernichten vermöchte. Die Gnade in uns ficht mit den Waffen des Gebets, des Gaubens, der Hoffnung, der Liebe, um das Böse niederzuwerfen. Sie ergreift den Harnisch Gottes und ringt aus aller Kraft. Diese beiden feindseligen Naturen hören nicht auf, miteinander zu kriegen, solange wir im Fleisch leben. Der Feind hat sich in uns fest verschanzt, daß er nicht vertrieben werden kann, solange wir im Leibe sind. Aber obgleich wir eng eingeschlossen sind und häufig in schwere Kämpfe verwickelt werden, so haben wir doch einen allmächtigen Heiland und Helfer: Jesus, den Herzog unserer Seligkeit. Er ist allezeit bei uns und gibt uns die Versicherung, daß wir in dem allen weit überwinden um seinetwillen.

Mit einem solchen Verbündeten ist die neugeborene Natur dem Feind weit überlegen. Kämpfst du heute mit deinem Widersacher? Stehen Satan und Fleisch gegen dich? Werde weder matt noch mutlos! Kämpfe fort, denn Gott selbst steht dir bei. Jesus ist dein Helfer und dein Arzt, der Heiler deiner Wunden. Fürchte dich nicht, du mußt überwinden. Denn wer kann wider den Allmächtigen bestehen? Kämpfe fort im Aufsehen auf Jesu. Sei der Streit auch lang und hart, so wird doch dein Sieg herrlich und dein Verheißungslohn groß sein.

Sie waren Töpfer und wohnten unter Pflanzungen und Zäunen bei dem König zu seinem Geschäft. 1. Chronik 4, 23

Töpfer treiben doch gewiß nicht das erhabenste Geschäft. Aber der König brauchte eben Töpfer, und darum waren sie im Dienst des Königs, wenngleich der Stoff, den sie bearbeiteten, nur grober Ton war. Auch wir mögen etwa in der untergeordnetsten Weise teilhaben am Werk des Herrn, dennoch ist's eine große Gunst, daß wir etwas für den König tun dürfen.

Unsere Schriftstelle redet von solchen, die unter Pflanzen und Zäunen wohnten, die also schwere ländliche Arbeit unter Dickicht und Dornen zu verrichten hatten. Vielleicht hätten sie lieber in der Stadt gelebt, in feiner Gesellschaft, unter edleren Genüssen. Aber sie hielten an dem ihnen zugewiesenen Ort aus, denn sie verrichteten des Königs Geschäft. Berufskreis und Wohnort sind auch uns angewiesen, und wir dürfen uns nicht nach Belieben davon entfernen, sondern müssen suchen, dem Herrn an diesem unserem Ort zu dienen und denen zum Segen zu werden, unter denen wir wohnen.

Diese Töpfer und Gärtner hatten eine königliche Hausgenossenschaft. Ob auch unter Pflanzen und Zäunen, wohnten sie dennoch bei dem Könige. Keine rechtmäßige Beschäftigung, wie gering und unangesehen sie auch sein mag, kann uns vom Umgang mit unserem göttlichen Herrn abhalten. In allen Werken der Liebe können wir auf die Freundschaft und Gemeinschaft Jesu zählen. Gerade wenn wir in seinem Geschäfte sind, lächelt er uns liebreich zu. Ihr unbekannten Gottesknechte, die ihr mitten unter dem Schmutz und der Verworfenheit der Elendesten unter den Elenden für den Herrn wirkt, seid getrost. Schon oft sind Edelsteine auf dem Aschenhaufen gefunden, irdene Töpfe mit himmlischen Schätzen gefüllt und schädliche Pflanzen in edle Blumen verwandelt worden. Wohnt bei dem Könige zu seinem Geschäfte, so wird auch euer Name in seinen Denkwürdigkeiten glänzen.

Da aber erschien die Freundlichkeit und Leutseligkeit Gottes, unseres Heilandes. Titus 3, 4

Wenn unser Geist einen Augenblick die Geschichte der erlösenden Liebe überblickt, so bieten sich dem Gemüt tausend Taten dar, deren jede darauf abzielt, alle Gedanken und Regungen der erneuerten Seele mit dem Wesen Jesu zu verflechten. Wenn wir über diese erstaunliche Liebe nachsinnen und bedenken, wie der Herr die Gemeinde mit der Fülle seines Erbschatzes überschüttet, dann mag unsere Seele wohl außer sich kommen vor Freude. Wer vermag ein solches Maß der Liebe zu ertragen? Wenn es dem Heiligen Geist gefällt, uns zuweilen einen Vorschmack davon zu geben, so ist's mehr, als die Seele fassen kann. Wie überschwenglich muß erst das volle, unverhüllte Anschauen sein! Wenn einst dem Geiste das völlige Verständnis aufgeht, alle Gnadengeschenke des Herrn zu würdigen nach ihrem ganzen Wert, wenn ihm Zeit genug gewährt wird, sie zu überdenken in ihrer ganzen Größe und Vollkommenheit und Erhabenheit, dann werden wir eine innigere Gemeinschaft mit Jesus haben als jetzt. Aber wer ist imstande, sich von der Wohltat eines solchen Umganges eine Vorstellung zu machen? Es ist etwas von dem, das in keines Menschen Herz gekommen ist, das Gott aber denen bereitet hat, die ihn lieben. Ach, daß wir doch die Fülle sehen könnten, die er für uns bereitet hat! Im Glauben sehen wir wie durch ein Fernglas ein schwaches Bild von dem Strahlenmeer seiner unzählbaren Schätze. Wenn wir aber einst das Himmlische selbst von Angesicht schauen werden, wie tief muß da erst der Strom der Gemeinschaft fließen, in dem sich unsere Seelen baden werden! Bis dahin sollen unsere Loblieder unserem Herrn Jesu Christus geweiht sein, dessen Liebe uns wundersam und wonnevoll ist über alle Liebe.

Wandelt nur würdiglich dem Evangelium Christi.

Philipper 1, 27

Durch dieses Wort werden wir ermahnt, daß wir als Bürger des Reiches Gottes in unsrem Tun uns so verhalten, wie es des Evangeliums Christi würdig sei. Worin besteht nun dies Bürgerrecht? Erstlich: das Evangelium ist einfältig; und darum sollen die Christen in ihrem Tun und Lassen einfältig und aufrichtig sein. In unsrem Benehmen, in unsrer Sprache, in unsrer Kleidung, in unsrem ganzen Wandel sollten wir uns der Einfalt und Wahrhaftigkeit befleißigen. Das Evangelium ist rein und wahr, ohne alle Furcht, aber auch sehr liebevoll. Denke an den Ausspruch Jesu: „Das zerstoßene Rohr wird er nicht zerbrechen.“ Wir wollen suchen, andre durch Sanftmut zu gewinnen. Das Evangelium ist die Botschaft des Gottes der Liebe an ein verlornes und gefallnes Geschlecht. Christi letzter Befehl an seine Jünger lautet: „Liebet euch untereinander.“ Ach, daß doch alle Heiligen untereinander durch innigere, herzlichere Liebe und aufrichtigere Gemeinschaft verbunden wären! Daß doch ein tieferes Mitleid gegen die Elendesten und Verworfensten unsres Geschlechtes sich in uns regte! Wir dürfen nicht vergessen, daß das Evangelium Christi heilig ist. Es nimmt die Sünde nie in Schutz; es vergibt sie, aber nur durch ein Sühnopfer. Soll unser Leben dem Evangelium gleichen, so müssen wir uns vor allem scheuen, was unsere vollkommene Verklärung in das Bild Jesu hindert. Wir müssen danach ringen, daß unser Wandel würdig sei des Evangeliums Christi.

Siehe, ich bin zu leichtfertig gewesen. Hiob 39, 34

Ein rechtes Wort der Aufmunterung für dich, armer verlorener Sünder! Denkst du, du könntest nicht zu Gott kommen, weil du zu leichtfertig bist? Nun denn, so siehe: es hat nie je ein Heiliger auf Erden gelebt, der nicht den Eindruck empfangen hätte, er sei leichtfertig gewesen. Wenn Hiob und Jesaja und Paulus von sich haben bekennen müssen, sie seien leichtfertig, unrein, sündig gewesen, willst du dich dann noch schämen, in das gleiche Bekenntnis einzustimmen? Wenn die göttliche Gnade nicht alle Sünde ausrottet aus dem Herzen des Gläubigen, wie hoffst du denn, es selbst zu tun? Und wenn Gott seine anderen Kinder liebt, wenn sie noch leichtfertig sind, meinst du denn, deine Leichtfertigkeit hindere ihn, d i c h zu lieben? Glaube an den Herrn Jesus! Jesus sucht dich. Er spricht: „Ich bin gekommen, die Sünder zur Buße zu rufen, und nicht die Gerechten.“

Wenn du deine Sünden bekennst, so wirst du Vergebung empfangen. Wenn du mit aufrichtigem Herzen sagen kannst: „Ich bin unwürdig und verderbt, wasche mich in deinem Blute“, so wirst du in diesem Augenblick gewaschen. Wenn dich der Heilige Geist dahin bringt, daß du von ganzem Herzen ausrufen kannst: „Gelobet seist du, Jesus Christ, daß du der Sünder Heiland bist“, so wirst du, noch ehe du vom Lesen dieser Zeilen aufstehst, die Vergebung aller deiner Sünden empfangen haben. Und wärest du an diesem Morgen auch mit allen Sünden, die je ein Mensch getan hat, aufgestanden, so kannst du dich dennoch heute abend zur Ruhe legen als einer, der angenehm gemacht ist in dem Geliebten. Und wärest du auch arg heruntergekommen und gingest du in den ärgsten Sündenfetzen einher, so wirst du dennoch gekleidet sein mit dem herrlichen Kleid der Gerechtigkeit. Möchte doch der Heilige Geist in dir den Glauben an den wirken, der auch den Verworfensten annimmt!

Die ihr den Herrn liebet, hasset das Arge. Psalm 97, 10

Du hast allen Grund, das Arge zu hassen, wenn du nur daran denkst, wieviel Schmerz es dir schon verursacht hat. Was für eine Welt voll Unheil hat doch die Sünde über dich gebracht! Sie hat dich so sehr verblendet, daß du kein Auge hattest für die Schönheit und Liebenswürdigkeit deines Heilandes. Sie hat dich so taub gemacht, daß du kein Ohr hattest für die liebevollen Einladungen des Erlösers. Sie hat deinen Fuß auf den Weg des Todes gekehrt und in den Becher deines Lebens tödliches Gift geschüttet. Sie hat dein Herz befleckt und es zu einem trotzigen und verzagten Ding gemacht. O, was für ein elendes Geschöpf warst du, bevor die göttliche Gnade sich dreinlegte! Du warst ein Kind des Zorns, und deine Füße liefen mit dem großen Haufen zum Bösen. So stand es mit uns allen. Wahrlich, wir haben Ursache, das Arge zu hassen, wenn wir zurückblicken und sein verderbliches Wesen betrachten. Solch Unheil hat das Arge in uns angerichtet, daß es um unsere Seelen geschehen wäre, wenn nicht die allmächtige Liebe ins Mittel getreten wäre, um uns zu versöhnen.

Und auch jetzt noch ist das Arge ein rüstiger Feind, der nimmer ruht und allezeit bemüht ist, uns zu schädigen und ins Verderben zu stürzen. Darum hasset das Arge, sonst trachtet ihr nach Trübsal. Wollt ihr euren Pfad mit Dornen bestreuen und euer Sterbekissen mit Disteln füllen, dann laßt nach, das Arge zu hassen. Wollt ihr aber ein glückliches Leben führen und eines ruhigen, seligen Todes sterben, dann wandelt in den Wegen der Heiligkeit und hasset das Arge bis ans Ende. Wenn ihr euren Heiland wahrhaft lieb habt und ihn ehren wollt, dann hasset das Arge. Wir kennen gegen die Liebe zum Bösen in einem Christenherzen kein kräftigeres Mittel als den häufigen Umgang mit dem Herrn Jesus. Haltet euch recht viel in seiner Nähe auf, so wird's euch unmöglich sein, mit der Sünde auf gutem Fuß zu stehen.

Suchet in der Schrift. Johannes 5, 39

Das griechische Wort, das hier durch „suchen" wiedergegeben ist, bezeichnet ein aufmerksames, eifriges, begieriges, angestrengtes Suchen, wie wenn Menschen Gold suchen, oder Jäger dem Wild nachspüren. Wir dürfen uns nicht damit begnügen, daß wir ein oder mehrere Kapitel mit flüchtiger Aufmerksamkeit durchlesen, sondern wir müssen mit Hilfe des Heiligen Geistes den verborgenen Sinn des Wortes mit allem Fleiß erforschen. Vieles in derselben lernt man nur durch sorgfältige Betrachtung verstehen. Der Kirchenvater Tertullian ruft aus: „Ich erstaune über die Fülle des Inhaltes der Schrift!" Niemand, der im Buch der Bücher bloß blättert, kann daraus Belehrung empfangen. Die Heiligen Schriften verlangen ernstes Forschen. Sie sind die Schriften Gottes und tragen das göttlich Siegel der Echtheit, wer darf sie mit Geringschätzung behandeln? Wer sie verachtet, verachtet Gott, der sie geschrieben hat. Gott verhüte, daß einer von uns sich von dem teuren göttlichen Wort abwende und es gegen sich Zeugnis ablegen lasse. Aber das Wort Gottes belohnt ein fleißiges Suchen. Gott heißt uns nicht einen Berg von Spreu sichten, um hier und da ein Körnchen Weizen darin zu finden, sondern die Schrift ist geworfeltes Korn. Sie wächst unter der Betrachtung und ist voll Überraschungen. Keine Güter dieser Welt gleichen an Wert der Schriftwahrheit. Endlich offenbart uns die Schrift den Heiland. „Sie ist's, die von mir zeuget." Wer Jesum findet, findet das Leben, den Himmel, alles. Selig, wer in der Schrift den Heiland findet!

Der Herr hat Großes an uns getan, des sind wir fröhlich.

Psalm 126, 3

Manche Christen geben sich der krankhaften Neigung hin, alles nur von der Schattenseite anzusehen und mehr auf das Gewicht zu legen, was ihnen an Traurigem und Widerwärtigem widerfahren ist, statt auf das, was Gott an ihnen getan, wie er sie gesegnet und fröhlich gemacht hat. Fragt ihr sie nach dem Eindruck, den sie vom Christenleben haben, so schildern sie euch ihre beständigen Kämpfe, ihre schweren Heimsuchungen, ihre traurigen Schicksale, die Sündhaftigkeit ihres Herzens. Aber sie berühren kaum in leisen Andeutungen die Gnade und Hilfe, die Gott ihnen gewährt hat. Ein Christ jedoch, dessen Seele sich in einem gesunden Zustand befindet, geht fröhlich einher und spricht: Der Herr hat Großes an mir getan, des bin ich fröhlich.

Es ist wahr, daß wir durch Trübsal hindurchgehen müssen. Aber es ist ebenso wahr, daß wir daraus erlöst werden. Es ist wahr, daß wir unsere Fehler und Gebrechen haben. Aber es ist ebenso wahr, daß wir einen allvermögenden Heiland haben, der dieses innere Verderben überwindet und uns von seiner Herrschaft befreit. Wenn wir zurückschauen, so wäre es unrecht, zu leugnen, daß wir im Sumpf der Verzweiflung lagen und durch das Tal der Demütigung krochen. Aber es wäre ebenso erbärmlich, zu vergessen, daß wir wohlbehalten und unverletzt hindurchkamen. Wir sind nicht darin zurückgeblieben dank unseres allmächtigen Herrn und Helfers, der uns ausgeführt hat. Je tiefer unsere Trübsal, um so lauter unser Dank gegen Gott, der uns hindurchgebracht und bis heute bewahrt hat. Unsere Leiden können den Wohllaut unseres Lobliedes nicht trüben. Sie sind nur die tiefere Begleitung unseres Dankpsalms: Der Herr hat Großes an uns getan, des sind wir fröhlich.

Sie ist es, die von mir zeuget. Johannes 5, 39

Jesus Christus ist das A und das O, der Anfang und das Ende der Heiligen Schrift. Er ist der immer wiederkehrende Gegenstand ihrer heiligen Blätter; von der ersten bis zur letzten Seite zeugt sie von ihm. Bei der Schöpfungsgeschichte begegnen wir ihm sogleich als einer der heiligen Personen der Dreieinigkeit; wir wandeln mit Abraham, wenn er den Tag des Messias erblickt; wir sehen bei Isaak und Jakob die gnädigen Verheißungen; wir hören Israel von ihm reden; und in den vielen Vorbildern des Gesetzes finden wir den Erlöser mannigfaltig abgeschattet. Propheten und Könige, Priester und Prediger, alle sehen nach einem Punkt, sie alle wenden wie die Cherubim ihren Blick dem Gnadenstuhl zu und wünschen, hineinzuschauen und das Geheimnis von der großen Versöhnung Gottes zu lesen. Aber noch weit mehr tritt uns im Neuen Testament unser Herr als der Hauptgegenstand vor die Augen. Der ganze Inhalt des Neuen Testaments ist der gekreuzigte Jesus. Wir sollten die Heilige Schrift immer in diesem Sinne lesen. Wir sollten das Wort betrachten als einen Spiegel, in welchen Christus vom Himmel herabblickt; und dann sehen wir sein Antlitz aus diesem Spiegel zurückgestrahlt in unser betrachtendes Auge; dunkel zwar, aber doch noch deutlich genug, um uns damit vorzubereiten auf das selige Schauen von Angesicht zu Angesicht. Dieser zweite Teil der Heiligen Schrift enthält die Worte Jesu Christi an uns, die von seiner Liebe Zeugnis geben. Lies sie und du findest deinen Heiland.

Lasset uns ihn lieben, denn er hat uns zuerst geliebt.

1. Johannes 4, 19

Planeten strahlen nur das Licht zurück, das ihnen von der Sonne zuströmt. So geht aus dem Herzen keine wahre Liebe zu Jesus hervor, die ihm nicht von dem Herrn Jesus selber zufließt. Aus diesem überströmenden Quell der Liebe Gottes muß all unsere Gottesliebe entspringen. Es wird in alle Ewigkeit eine große und gewisse Wahrheit bleiben, daß wir ihn aus keinem anderen Grunde als dem lieben, daß er uns zuerst geliebt hat. Unsere Liebe zu ihm ist der zarte Sprößling seiner Liebe zu uns. Kühle, Mark und Bein durchschauernde Bewunderung kann jeder, der die Werke Gottes anschaut und sich darin vertieft, empfinden; aber die Flamme der Liebe im Herzen kann nur durch den Geist Gottes entzündet werden.
Welch ein Wunder, daß wir überhaupt je dazu gebracht werden konnten, den Liebenswürdigsten zu lieben! Wie wunderbar, daß er, gegen den wir uns aufgelehnt und empört haben, durch Offenbarung einer solch erstaunlichen Liebe uns wieder zu sich zu ziehen sucht! Nein, nie hätten wir je ein Körnlein Liebe gegen Gott in uns gefunden, wenn es nicht durch die Saat seiner Liebe in uns gepflanzt worden wäre. Aber nachdem sie in uns göttlich geboren ist, muß sie auch göttlich ernährt werden. Die Liebe ist nicht ein Gewächs, das von sich selbst im menschlichen Boden Blüten treibt. Sie muß mit dem Tau von oben befeuchtet werden. Die Liebe zu Jesus ist eine Blume von gar zartem Bau, und wenn sie keine andere Nahrung empfinge als die, die wir uns selbst geben, so müßte sie bald verwelken. Wie die Liebe vom Himmel stammt, so muß sie auch mit himmlischer Speise ernährt werden. Die Seele und das Mark unserer Liebe zu Gott ist seine Liebe zu uns.

Man hat dich in einer Waage gewogen und zu leicht gefunden.
Daniel 5, 27

Es ist gut, wenn wir uns recht oft in der Waage des Wortes Gottes wiegen. Du wirst finden, daß es eine heilsame Übung ist, irgend einen Psalm Davids zu lesen und beim Nachdenken über jeden einzelnen Vers sich zu fragen: Kann ich das auch von mir aussagen? War mein Herz je über die Sünde so gedemütigt und zerschlagen wie sein Herz, als er seine Bußpsalmen schrieb? War meine Seele in der Anfechtung so von Gottvertrauen erfüllt wie die seine? Habe ich je den heilsamen Kelch genommen und angerufen den Namen des Herrn? Oder halte dir das Leben Christi vor Augen und frage dich, wie weit du gleich geworden bist seinem Ebenbilde. Forsche danach, ob du den Geist der Demut und der Liebe hast, den er beständig übte und offenbarte. Oder nimm die Briefe des Apostels Paulus und siehe, ob du in allem, was er von seinen inneren Erfahrungen spricht, mit ihm gehen kannst. Hast du wie er ausrufen müssen: „Ich elender Mensch, wer wird mich erlösen von dem Leibe dieses Todes?“ Hast du je diese Zerknirschung empfunden? Bist du dir als der vornehmste unter den Sündern vorgekommen und als der allergeringste unter seinen Heiligen? Kannst du mit einstimmen in sein Bekenntnis: „Christus ist mein Leben, und Sterben ist mein Gewinn?“
Wenn wir in dieser Weise Gottes Wort lesen, dann haben wir allen Grund, oft stille zu halten und zu sprechen: Herr, ich fühle, daß ich noch nicht so weit gekommen bin. Bringe mich doch auch dahin! Schenke mir wahrhafte Reue wie die, von der ich lese. Du bist ja nicht in die Welt gekommen zu richten, sondern selig zu machen. Gib mir lebendigen Glauben. Entzünde mich in inbrünstiger Liebe. Gewähre mir die Gnade der Sanftmut. Mache mich dir, o Jesu, ähnlicher. Laß mich nicht ferner zu leicht gefunden werden.

Ich habe ihnen gegeben die Herrlichkeit, die du mir gegeben hast. Johannes 17, 22

Wie außerordentlich freigebig ist doch der Herr. Er hat uns sein Alles geschenkt. Wenn schon der bloße Zins alles dessen, was er besitzt, eine ganze Welt von Engeln über alle Vorstellung reich gemacht hätte, so gab er sich doch nicht zufrieden, bis er all sein Eigentum uns zu eigen gegeben hatte. Es wäre schon eine überaus wundervolle Freundlichkeit gewesen, wenn er uns gestattet hätte, die Brosamen seiner Güte unter dem Tisch seiner Gnade aufzulesen und zu essen. Aber was er tut, will er nicht nur halb tun. Er setzt uns zu sich an seine Freudentafel und teilt sein Mahl mit uns. Hätte er uns eine kleine Zehrung von seinem königlichen Einkommen gewährt, so hätten wir Ursache genug gehabt, ihm unsere Liebe auf ewig zu schenken. Aber nein, er will haben, daß seine Braut so reich sei wie er. Er begehrt keine Hoheit und Herrlichkeit zu besitzen, die sie nicht mit ihm teilt. Er hat alle seine Schätze ausgeschüttet in die Schatzkammer der Brautgemeinde und hält alle Dinge gemein mit seinen Erlösten. Es ist kein Gemach in seinem Haus, dessen Schlüssel er den Seinen vorenthielte. Er gewährt in voller Freiheit, alles, was er hat, sich zum Eigentum zu nehmen. Er hat es gern, wenn sie mit seinen Schätzen frei schalten und walten und für sich behalten, soviel sie nur zu tragen vermögen. Die unendliche Fülle seiner Allgenugsamkeit steht dem Gläubigen so frei zur Verfügung wie die Luft, die er atmet. Christus hält den Becher seiner Liebe und Gnade dem Frommen an die Lippen und heißt ihn trinken ohne Aufhören. Was können Himmel und Erde einen stärkeren und schöneren Beweis der Gemeinschaft mit ihm geben?

Habe deine Lust an dem Herrn. Psalm 37, 4

Das Leben des Gläubigen wird hier beschrieben als Freude und Wonne in Gott. Gottferne Menschen und bloße Namenchristen sehen in der Frömmigkeit nie etwas Erfreuliches. Für sie ist sie ein Sklavendienst, eine lästige Pflicht, eine Nötigung, aber nie und nimmer eine Freude und Erquikkung. Wenn sie sich überhaupt zum Christentum bekennen, so geschieht's entweder aus Eigennutz, weil sie hoffen, dadurch etwas zu gewinnen, oder aus Furcht, weil sie sich nicht unterstehen, anders zu handeln. Der Gedanke an Freude und Wonne in einem gottesfürchtigen Wandel ist den meisten Menschen etwas so Befremdendes, daß in ihren Redensarten keine zwei Begriffe so weit auseinandergehen wie die Worte „heiliges Leben" und „Wonne".
Aber die, die Jesus Christus kennen, wissen aus Erfahrung, daß Glückseligkeit und Glaube so innig miteinander verknüpft sind, daß auch die Hölle sie nicht auseinanderzureißen vermag. Wer Gott von ganzem Herzen lieb hat, findet jederzeit, daß seine Wege fröhliche Wege und alle seine Steige Friede sind. Solche Freude, solche Fülle der Wonne entdecken die Gläubigen in ihrem Herrn, daß sie ihm freudig nachfolgen, ob auch alle Welt seinen Namen ärger verabscheut als das Böse. Wir fürchten Gott nicht aus irgendwelchem Zwang. Unser Glaube ist kein Gefängnis, unser Bekenntnis keine Kette. Zum heiligen Leben werden wir nicht mit Gewalt geschleppt. Wir werden nicht wie Sklaven zu unserer Pflicht gekettet. Nein, unsere Frömmigkeit ist unsere Freude; unsere Hoffnung ist unser Himmel, unser Wandel ist unsere Wonne, unsere Liebe ist unsere Lust. Freude und Gottesfurcht sind miteinander verwachsen wie Wurzel und Blüte. Sie sind zwei herrliche Kleinode, die nebeneinander schimmern in goldener Fassung.

Der Herr ist mein Licht und mein Heil, vor wem sollte ich mich fürchten? Der Herr ist meines Lebens Kraft, vor wem sollte mir grauen?

Psalm 27, 1

„Der Herr ist mein Licht und mein Heil." Hier ist ein persönlicher Anteil vorhanden: „mein Licht", „mein Heil". Die Seele ist dessen ganz gewiß, und darum bezeugt sie es bestimmt. Wo nicht genug Licht ist, um uns unsere Dunkelheit zu zeigen und uns ein Verlangen nach dem Herrn Jesu einzuflößen, da ist keine Gewißheit der Seligkeit. Nach der Bekehrung ist Gott unsere Freude, unser Trost, unser Führer, unser Lehrer und in jeder Hinsicht unser Licht. Beachte wohl, es heißt nicht bloß, daß der Herr Licht gibt, sondern: Er ist das Licht; auch nicht, daß er das Heil gibt, sondern: Er ist das Heil. Wer sich also durch den Glauben Gott zugeeignet hat, hat alle Bundesgnaden in seinem Besitz. Nachdem diese Wahrheit uns zur Gewißheit geworden ist, legt uns unser Schriftwort die Frage vor: „Vor wem sollte ich mich fürchten?" Die Mächte der Finsternis brauchen wir nicht zu fürchten, denn der Herr, unser Licht, zerstört sie; und vor der höllischen Macht darf uns nicht grauen, denn der Herr ist unser Heil. „Der Herr ist meines Lebens Kraft." Hier ist eine dritte leuchtende Wahrheit. Unser Leben empfängt alle seine Kraft von Gott, und wenn er uns stark macht, so vermag der Widersacher uns nicht zu schwächen. „Vor wem sollte mir grauen?" Diese kühne Frage schaut in die Zukunft, wie in die Gegenwart. „Wenn Gott für uns ist, wer mag wider uns sein?"

Und ich gebe ihnen das ewige Leben, und sie werden nimmermehr umkommen. Johannes 10, 28

Christen sollten es nie leicht nehmen mit dem Unglauben. Wenn ein Kind Gottes kein Vertrauen hat zu Gottes Liebe, zu seiner Wahrheit, seiner Treue, so muß ihm das sehr mißfallen. Wie sollen wir ihn denn nun betrüben mit unseren Zweifeln an seiner bewahrenden Gnade? Es läuft gegen alle Verheißung des teuren Gotteswortes, daß du je vergessen oder dem Verderben überlassen werden könntest. Wenn das möglich wäre, wie könnte der noch treu sein, der doch gesagt hat: „Kann auch ein Weib ihres Kindleins vergessen, daß sie sich nicht erbarme über den Sohn ihres Leibes? Und ob sie desselben vergäße, so will ich doch deiner nicht vergessen"? Oder was hätte dann die Verheißung noch für einen Wert: „Es sollen wohl Berge weichen und Hügel hinfallen, aber meine Gnade soll nicht von dir weichen, und der Bund meines Friedens soll nicht hinfallen, spricht der Herr, dein Erbarmer"? Oder wie stände es mit der Wahrhaftigkeit der Worte Christi: „Meine Schafe hören meine Stimme, und ich gebe ihnen das ewige Leben; und sie werden nimmermehr umkommen, und niemand wird sie mir aus meiner Hand reißen"? Wie stünde es mit der Wahrheit von der rechtfertigenden Gnade? Wo bliebe die Wahrhaftigkeit Gottes, seine Ehre, seine Macht, sein Bund, wenn irgendeiner von denen, die ihre Hoffnung und ihr ganzes Vertrauen auf Christi Blut setzen, verworfen werden könnte? O, verbannt diese ungläubige Furcht, die Gott so sehr verunehrt! Stehe auf, erhebe dich aus dem Staube, und kleide dich in das herrliche Gewand seiner Gerechtigkeit! Bedenke, wie sündhaft es ist, an seinem Wort zu zweifeln, in dem er dir verheißen hat, daß du nimmermehr umkommen wirst. Daß doch das ewige Leben, das in dir wohnt, sich offenbarte in glaubensvoller Freudigkeit!

Hilf Herr. Psalm 12, 2

Dieses Gebet ist gewiß bemerkenswert. Es ist kurz, aber kernhaft und kindlich. David war darüber bekümmert, daß die Heiligen abgenommen hatten und der Gläubigen wenige waren unter den Menschenkindern. Darum richtete er sein Herz empor im Gebet. Weil die Geschöpfe ihn verließen, floh er zum Schöpfer. Offenbar fühlte er seine eigene Schwachheit, sonst hätte er nicht um Hilfe geschrieen. Zugleich aber hatte er die aufrichtige Absicht, sich freizumachen für die Sache der Wahrheit und für sie zu kämpfen; denn das Wort „hilf" hat keinen Sinn, wenn wir nicht auch selbst tätig eingreifen. Es ist in diesem Gebet eine große Offenheit, Deutlichkeit des Verlangens und Bestimmtheit des Ausdrucks, viel mehr, als in den weitschweifigen Herzensergießungen mancher Christenleute. Der Psalmist geht geradeswegs zu seinem Gott mit einer wohlerwogenen Bitte. Er weiß, was er sucht, und wo er es sucht. Herr, lehre uns beten, wie David betete!
Hilf, Herr! - die Veranlassungen zu diesem Gebet finden sich oft. Wie geeignet ist es bei Heimsuchungen der göttlichen Vorsehung, wenn schwergeprüfte Gläubige erfahren müssen, daß sie sonst keinen Helfer finden. Ebenso finden oft ernstgesinnte Christen, die im Worte Gottes forschen, bei Zweifeln über diesen oder jenen Gegenstand des Glaubens eine kräftige Hilfe, wenn sie den Heiligen Geist, den großen Lehrer, anrufen: Hilf, Herr! Christliche Streiter dürfen im inneren Kampf bei dem Gnadenthron um Zuzug und Verstärkung bitten, und das Gebet Davids dient ihnen dabei zum Vorbild für ihre Bitte. Arbeiter im himmlischen Acker können gleichfalls auf diesem Wege in Zeiten der Not Gnade und Erquickung empfangen. Heilsbegierige Sünder können in Zweifeln und Ängsten die gleiche kräftige Bitte ergehen lassen. Hilf, Herr! - das gilt für Leben und Sterben, für Dulden und Kämpfen, für Freude und Leid. Unsere Hilfe steht allein bei Gott, so laßt uns nicht träge sein, ihn anzurufen.

Dein Erlöser ist der Heilige in Israel, der aller Welt Gott genannt wird. Jesaja 54, 5

Jesus, der Erlöser, ist ganz und gar unser. Alle Ämter und Eigenschaften Christi müssen uns zu Dienst sein. Er ist Priester um unsertwillen, Herrscher um unsertwillen und Prophet um unsertwillen. Wo wir nur immer einem neuen Namen unseres Erlösers begegnen, wollen wir ihn uns zueignen als uns zugehörig. Des Hirten Stecken und Stab, des Vaters Zuchtrute, des Hohenpriesters Brustschildlein, des Herrschers Stab, des Propheten Mantel - alles ist unser. Jesus besitzt keine Würde, die er nicht zu unserer Verherrlichung gebrauchen will. Die Fülle seiner Gottheit ist unsere unerschöpfliche Schatzkammer.
Aber auch seine Menschheit, die er um unsertwillen auf sich nahm, ist unser in all ihrer Vollkommenheit. Unser Herr überträgt den reinen Glanz eines unbefleckten Wesens auf uns. Er schenkt uns das kräftige Verdienst eines gottgeweihten Lebens. Er gewährt uns den Lohn seines kindlichen Gehorsams und seiner treuen Arbeit. Er macht das makellose Kleid seines Lebens uns zu einer Decke der Herrlichkeit. Er schmückt uns mit den strahlenden Tugenden seines Wesens. Er vermacht uns seine Krippe, damit wir daraus lernen, wie Gott sich zum Menschen herabließ, und sein Kreuz, um uns darauf hinzuweisen, auf welchem Weg der Mensch zu Gott kommt. Alle seine Gedanken, Gefühle, Taten, Worte, Wunder und Fürbitten zielten auf uns ab. Er ging den Weg des Leidens um unsertwillen und hat uns als himmlisches Vermächtnis die ganze Frucht aller Mühe seines Lebens verschrieben. Er gehört uns in diesem Augenblick ebenso zu eigen wie zuvor. Er schämt sich nicht, sich selbst als unseren Herrn Jesus Christus zu bekennen, obwohl er der einzige und herrliche Machthaber, der König aller Könige ist. O meine Seele, nenne ihn mit Freuden deinen Erlöser.

Und wurden alle voll des Heiligen Geistes. Apostelgeschichte 2, 4

Wie reich wären doch die Gnadenerfahrungen des heutigen Tages, wenn wir alle erfüllt würden mit dem Heiligen Geist! Leben, Trost, Licht, Reinheit, Kraft, Friede und viele andere Schätze sind nicht zu trennen von der Gegenwart des Heiligen Geistes. Gleich dem heiligen Öl salbt er das Haupt des Gläubigen, sondert ihn aus zum Priestertum der Heiligen und schenkt ihm Gnade, sein Amt recht zu verwalten. Als das einzige wahrhaft reinigende Wasser macht er uns frei von der Gewalt der Sünde und heiligt uns zu einem göttlichen Leben. Als das Licht offenbarte er uns zuerst unser Verderben, und jetzt offenbart er an uns und in uns den Herrn Jesus und leitet uns auf den Weg der Gerechtigkeit. Als ein Feuer reinigt er uns von allen Schlacken und läßt zugleich unser geläutertes Wesen in hellem Glanze erstrahlen. Er ist die Opferflamme, durch die wir imstande sind, unsere Seelen Gott völlig darzubringen zum lebendigen, wohlgefälligen Opfer. Als Tau vom Himmel steuert er unserer Dürre und befruchtet unser Leben. O, daß er doch in dieser Morgenstunde recht reichlich auf uns herabkäme! Solcher Morgentau wäre ein rechter Anfang des Tages. Als Tröster zerstreut er die Sorgen und Zweifel, die den Frieden seiner geliebten Kinder stören. Er steigt auf die Auserwählten herab und gibt Zeugnis für ihre Kindschaft, so daß sie rufen: Abba, lieber Vater! Er bringt den Lebensodem in die Menschen. Er weht, wohin er will, und äußert die lebendigen Wirkungen, durch die er die geistliche Schöpfung bewegt und erhält.

Geist der Allmacht, herrsche in uns, richte
dir den Tempel ein in unserer Brust!
Wohne in uns, Herr, mit deinem Lichte!
Dir gehorchen sei uns Wonn und Lust!

Siehe, ich will befehlen und das Haus Israel unter allen Heiden sichten lassen, gleichwie man mit einem Siebe sichtet, und kein Körnlein soll auf die Erde fallen. Amos 9, 9

Alle Sichtung geschieht nur unter Gottes Anordnung. Der Satan muß erst um Erlaubnis fragen, bevor er seine Hand an Hiob legen darf. Ja, in gewissem Sinne sind unsere Sichtungen unmittelbar das Werk des Himmels. Unsere Schriftstelle sagt: „Ich will das Haus Israel sichten lassen." Satan mag wie ein Sklave das Sieb dabei halten in der Hoffnung, das Korn verderben zu können; aber die alles beherrschende Hand des Meisters vollbringt die Reinigung des Getreides durch eben dieselbe Behandlung, die nach dem Verlangen des Feindes verderblich werden sollte. Laß dir also einen kräftigen Trost zufließen aus der frohen Überzeugung, daß der Herr beides, Dreschflegel und Sieb, lenkt zu seiner ewigen Ehre und zu deinem unsterblichen Heil.
Der Herr wird die Worfschaufel in seiner Hand gebrauchen und das Gute von dem Bösen scheiden. Der Haufen auf dem Boden der Tenne ist noch kein gereinigter Same. Darum muß alles mit der Worfschaufel geworfelt werden. Im Sieb tut das wirkliche Gewicht seine Wirkung. Hülsen und Spreu müssen vor dem Winde zerstieben. Nur das echte, reine Korn bleibt zurück. Auch das letzte Körnlein hat die Verheißung der Bewahrung. Jeder einzelne Gläubige ist in den Augen des Herrn wert geachtet. Ein Hirte verliert nicht gern ein einziges Schäflein, ein Goldschmied nicht einen einzigen Diamant, eine Mutter nicht ein einziges Kind, ein Mensch nicht ein einziges Glied seines Leibes. Wieviel weniger noch will der Herr den Geringsten aus seinem erwählten und erlösten Volk verlieren! O wundersame Gnade, die uns zu Gottes Eigentum macht und uns als sein Eigentum bewahrt!

Du bist der schönste unter den Menschenkindern. Psalm 45, 3

Das ganze Wesen und Leben des Herrn Jesu ist wie ein einziges köstliches Kleinod. Er ist ganz und gar vollkommen, nicht nur in seinen verschiedenen Teilen, sondern als herrliches, alles überstrahlendes Ganzes. Sein heiliges Gemüt ist nicht eine wirre Masse von schönen Farben, nicht ein Haufen edler Steine, die ohne alle Sorgfalt aufeinandergelegt sind. Es ist ein Bild voller Schönheit und ein Brustschildlein voller Herrlichkeit. In ihm ist alles am rechten Ort und dient sich gegenseitig zum Schmuck. Nicht ein einziger Zug in seinem herrlichen Wesen tritt auf Kosten der anderen hervor.
O Jesu, deine Macht, deine Gnade, deine Gerechtigkeit, deine Sanftmut, deine Wahrheit, deine Hoheit und deine Unwandelbarkeit machen einen solchen Menschen oder vielmehr einen solchen Gottmenschen aus, daß weder Himmel noch Erde je etwas Ähnliches gesehen haben. Deine Kindheit, deine Ewigkeit, deine Liebe, dein Tod - alles ist in einen großen Prachtteppich verwoben, der weder Naht noch Risse hat. Du bist Wohllaut ohne Mißton. Du bist mannigfaltig und doch nicht zerteilt. Du bist alles und doch nicht uneins. Gleichwie sich die Gesamtheit aller Farben zu einem herrlichen Regenbogen vereint, so begegnen sich alle Schönheiten Himmels und der Erde in dir und verschmelzen sich so wunderbar, daß nichts dir gleich ist. Dein Duft ist wie der heilige Weihrauch, seinesgleichen kann niemand wieder mengen mit aller Apothekerkunst.

Schönster Herr Jesu, Herrscher aller Enden,
Gottes und Marien Sohn,
dich will ich lieben, dich will ich ehren,
du meiner Seele Freud und Kron!

Ja, den Tempel des Herrn wird er bauen und wird den Schmuck tragen. Sacharja 6, 13

Christus ist der Baumeister seines geistlichen Tempels. Er hat ihn erbaut auf den Bergen seiner unwandelbaren Liebe, seiner allmächtigen Gnade und seiner untrüglichen Wahrhaftigkeit. Aber wie es beim Bau des salomonischen Tempels war, so ist es auch hier: die Bausteine und Baustoffe müssen zubereitet werden. Da stehen wohl die Zedern vom Libanon, aber sie sind noch nicht zugerichtet zum Bau, sie sind nicht gefällt, nicht behauen, nicht ausgearbeitet zu Balken und Säulen. Da liegen noch die rohen Felsblöcke im Steinbruch. Sie müssen erst behauen und geglättet werden. Das alles ist Christi Werk. Die Gläubigen werden zugerichtet und zubereitet, ein jeglicher für seinen Platz im Tempel. Christus beginnt und vollendet mit eigener Hand dieses Werk der Zubereitung. Prüfungen und Trübsale wirken keine Heiligung, wenn er sie nicht hierzu sendet. Unser Beten und Mühen kann uns nicht tüchtig machen für den Himmel ohne die Hand Jesu, der unsere Herzen umwandelt nach seinem Wohlgefallen.

Wie man beim Bau des Tempels nicht Hammer noch Beil noch irgendein Eisenzeug hörte, weil alles völlig bereit lag für den Ort, für den es bestimmt war, so verhält sich's auch mit dem Tempel, den der Herr Jesus erbaut. Die Zubereitung geschieht ganz hienieden auf Erden. Wenn wir in den Himmel gekommen sind, werden wir nicht mehr zubereitet durch Trübsal, nicht mehr geglättet durch Leiden. Nein, *hier* müssen wir zugerichtet werden. Alles das vollendet Christus vorher. Und wenn er das getan hat, werden wir von einer liebevollen Hand über den Todesstrom geschafft und eingebracht zum himmlischen Jerusalem, um ewig als Pfeiler im Tempel unseres Gottes zu stehen.

Ephraim ist wie ein Kuchen, den niemand umwendet.

Hosea 7, 8

Ein Kuchen, den niemand umwendet, bleibt auf einer Seite ungebacken. So blieb Ephraim in mancher Beziehung unberührt von der göttlichen Gnade. Obgleich nach einer Seite hin ein gewisser Gehorsam vorhanden war, zeigte sich doch nach der anderen Seite viel Widerspenstigkeit. Lieber Leser, ich beschwöre dich, siehe zu, ob es auch bei dir so steht! Stehst du ganz zu dem, was Gottes ist? Hat dich die Gnade so ganz und gar durchdrungen, daß ihre Wirkung sich in allen deinen Kräften, in deinen Werken, deinen Worten und Gedanken offenbart? Es darf nicht hier ein Schein heiligen Wesens und dort eine Herrschaft der Sünde an dir zum Vorschein kommen, sonst bist auch du wie ein Kuchen, den niemand umwendet.

Ein Kuchen, den niemand umwendet, verbrennt bald auf der anderen Seite. Obgleich ein Mensch nie zuviel Gottesfurcht haben kann, gibt's doch manche, die schwarz gebrannt sind von einem einseitigen Feuereifer. Dabei ist der anmaßende Schein vorzüglicher Heiligkeit gar häufig mit dem gänzlichen Mangel an lebendiger Gottesfurcht gepaart. Wer öffentlich als Heiliger auftritt, ist im hintersten Gemach seines Hauses ein Teufel. Am Tage arbeitet er im Mehl und nachts im Ruß. Der Kuchen, der auf einer Seite verbrannt ist, ist auf der anderen noch Teig.

Wenn es mit mir so steht, dann, o Herr, wende mich um. Wende meine ungeheiligte Natur gegen das Feuer deiner Liebe und laß sie die himmlische Glut empfinden. Laß mich nicht als einen geistlichen Doppelgänger erfunden werden, sondern als einen, der völlig unter dem mächtigen Einfluß der allwaltenden Gnade steht. Denn das weiß ich: wenn ich ein Kuchen bleibe, den niemand umwendet, wenn ich nicht auf beiden Seiten die Wirkung deiner Gnade erfahre, so werde ich ein ewiger Brand in jenem Feuer sein, daß nicht verlischt.

Und es begab sich, als er solches redete, erhob ein Weib die Stimme und sprach zu ihm: Selig ist der Leib, der dich getragen hat, und die Brüste, die du gesogen hast. Er aber sprach: Ja, selig sind, die Gottes Wort hören und bewahren.

Lukas 11, 27. 28

Manche meinen, es müsse für Maria etwas ganz besonders Erhebendes und Seliges gewesen sein, zu wissen, sie ist die Mutter des Herrn. Sie setzen dabei voraus, die Mutter Jesu habe das herrliche Vorrecht genossen, in das Innerste seines Herzens hineinzublicken in einer Weise, wie wir's nie hoffen und erwarten können. Diese Voraussetzung ist aber ohne triftigen Grund. Es ist uns nicht bekannt, daß Maria mehr gewußt hätte als andere. Was sie wußte, das bewegte sie in ihrem Herzen. Aber aus allem, was wir im Neuen Testament lesen, scheint nicht im geringsten hervorzugehen, daß sie eine tiefere Glaubenserkenntnis als die anderen Jünger Christi besessen hätte. Alles, was sie wußte, können wir ebensogut erfahren. Denkt an des Meisters Worte: „Ich sage hinfort nicht, daß ihr Knechte seid; denn ein Knecht weiß nicht, was sein Herr tut. Euch aber habe ich gesagt, daß ihr Freunde seid; denn alles, was ich von meinem Vater gehört habe, habe ich euch kundgetan."
So sehr enthüllt uns dieser göttliche Offenbarer aller Geheimnisse sein Herz, daß er mit nichts zurückhält, was uns zum Segen dienen kann. Offenbart er sich uns heute nicht auf eine Weise, wie er sich der Welt nie offenbart? Darum wollen wir mit klarem Bewußtsein Gott dafür danken, daß wir, die wir das Wort gehört haben und es bewahren in einem verständigen Herzen, eine ebenso innige Gemeinschaft mit dem Heiland haben wie seine Mutter Maria und daß wir so genau vertraut sind mit den Geheimnissen seines Herzens wie es nur je möglich ist. Glückliche Seelen, die so bevorzugt sind!

Steige auf einen hohen Berg. Jesaja 40, 9

Wenn ihr euch am Fuße eines Berges befindet, so seht ihr wenig. Umschlossen von einem engen Tal, erblickt ihr kaum etwas anderes als die rauschenden Bäche, die hinabstürzen, um sich in den Strom zu ergießen, der sich in der Ebene hinwälzt. Erklettert ihr den ersten aufragenden Hügel, so dehnt sich das Tal unter euren Füßen. Geht weiter hinauf, und ihr werdet mit Entzücken über die erweiterte Aussicht erfüllt. Steigt immer höher, und die Aussicht wird noch großartiger, bis ihr endlich, wenn ihr auf dem Gipfel angelangt seid, ein weites Gebiet unter euch ausgebreitet seht. Dort ein Wald auf blassen Bergesrücken, hier unten ein See, wie ein Spiegel hingegossen, dort der silberne Faden eines Flusses zwischen lachenden Gefilden, dort die rauchenden Schlote einer betriebsamen Fabrikstadt, hier die Masten der Schiffe im Hafen. Wer hätte geglaubt, daß sich auf dieser Höhe eine so herrliche Aussicht bietet!

Des Christen Leben entfaltet sich in der gleichen Ordnung. Wenn wir anfangen, an Christus zu glauben, so sehen wir nur wenig von ihm. Je höher hinan wir steigen, desto mehr Schönheiten entdecken wir an ihm. Aber wer hat je den Gipfel erreicht? Wer hat alle Höhen und Tiefen der Liebe Christi erkannt? Als Paulus alt geworden war und in einem kalten, feuchten Kerker zu Rom saß, konnte er ausrufen: Ich weiß, an welchen ich glaube! Jede Erfahrung war für ihn das Ersteigen eines Hügels, jede Prüfung das Erklimmen eines neuen Gipfels, und die Todesnähe erschien ihm nur wie das Erreichen der höchsten Spitze des Gebirges, von dem aus er die ganze Liebe und Treue dessen überblicken konnte, dem er seine Seele übergeben hatte. Steige, o lieber Freund, auf einen hohen Berg!

So ihr flieht die vergängliche Lust der Welt. 2. Petrus 1, 4

Verbanne auf immer den Gedanken, dem Fleisch zu Gefallen zu leben, wenn du in der Kraft deines auferstandenen Heilandes einherwandeln willst. Es wäre übel, wenn ein Mensch, der in Christum eingepflanzt ist, noch im Sündenverderben verharren müßte. Kann das Leben aus Gott im Bann der fleischlichen Lüste stehen? Wie können wir am Kelch des Herrn teilhaben und doch den Kelch der Sünde trinken? Gewiß, liebe gläubige Seele, von den offenbaren Lastern und Sünden bist du frei geworden; aber auch von den geheimeren? Wenn du wirklich ein Kind Gottes bist, so jage der Heiligung nach! Sie ist des Christen Krone und Herrlichkeit. Eine unheilige Gemeinde, das würde der Welt nichts nützen und hätte für den Menschen keinen Wert. Die furchtbarsten Gerichte, die über die Welt hereingebrochen sind, sind über sie gebracht worden durch eine unheilige Kirche. O, lieber Christ, du hast dich Gott gelobt; du bist ein Kind Gottes; herrsche über deine Lüste. Du bist Gottes Auserwählter; mache nicht gemeinschaftliche Sache mit dem Feind deiner Seele. Der Himmel ist dein Erbe; so lebe als ein himmlischer Geist, und zeige, daß du wahrhaft an Jesum gläubig bist; denn es kann kein Glaube in einem Herzen wohnen, wenn er sich nicht in einem Leben der Heiligung ausprägt.

„Laß täglich deine Huld und Macht
Um meine Schwachheit schweben!
Dein Licht verschlinge meine Nacht
Und meinen Tod dein Leben!“

Aber der feste Grund Gottes bestehet. 2. Timotheus 2, 19

Der Grund, darauf unser Glaube ruht, ist der: „Gott war in Christo und versöhnte die Welt mit ihm selber und rechnete ihnen ihre Sünden nicht zu." Der große Grundpfeiler der Hoffnung des Christen ist das stellvertretende Leben und Leiden Christi. Das Opfer Christi für die schuldbeladenen Sünder, in welchem er für uns zur Sünde gemacht ist, auf daß wir würden die Gerechtigkeit Gottes in ihm; daß Christus ein wahres und reines, versöhnendes und stellvertretendes Opfer dargebracht hat, daß die Seinen das Siegel empfangen durch ihr Vertrauen auf Jesus: das ist die Grund- und Haupttatsache des Evangeliums. Wir kennen diesen Grund; wir bauen auf ihn; wir freuen uns über ihn; und es ist unsere Freude, daran festzuhalten, darüber nachzudenken, ihn zu verkündigen; während wir wünschen, aus Dankbarkeit für ihn in Tätigkeit und Bewegung zu bleiben in allen unseren Lebensverhältnissen und unter allen Umständen. Die Menschen wollen sich keine Stellvertretung gefallen lassen. Wir aber, die wir aus seliger Erfahrung den Wert dieser Wahrheit erkennen, wollen dieselbe unaufhörlich und mutig verkündigen. Wir wollen sie weder abschwächen, noch verändern, noch ihr in irgend einer Art und Weise Gewalt antun. Nur Christus allein, ein vollkommener Vertreter, der die Schuld der Menschen trägt und anstatt der Menschen leidet, ist unsere Losung.
Das können und dürfen und wollen wir nicht fahren lassen, denn trotz allen Widerspruchs fühlen wir, daß dennoch „der feste Grund bestehet".

Lasset uns aufsehen auf Jesum, den Anfänger und Vollender des Glaubens. Hebräer 12, 2

Fort und fort ist es das Werk des Heiligen Geistes, unsere Augen von uns ab- und auf den Herrn Jesus hinzulenken. Aber Satans Werk läuft dem geradezu entgegen. Er versucht beständig, uns dahin zu bringen, daß wir auf uns statt auf Christus sehen. Er flüstert uns zu: Deine Sünde ist größer, denn daß sie dir vergeben werden möge; du hast keinen Glauben; du empfindest nicht genug Reue; du wirst nie und nimmer bis ans Ende beharren; du weißt nichts von der Freude seiner Kinder; ach, du hast einen so zweifelhaften Anspruch an deinen Herrn! Das alles sind Gedanken, die dein eigenes Ich voranstellen. Aber der Heilige Geist lenkt unsere Blicke ganz von unserer eigenen Person ab. Er sagt uns, daß wir nichts sind, daß vielmehr alles und in allem Christus ist.

Es ist also nicht *dein* Ergreifen und Festhalten des Herrn Jesu, was dich errettet - der Herr Jesus ist's. Es ist nicht *deine* Freude an Christo, was dich selig macht - Christus ist's. Es ist nicht einmal dein Glaube an den Sohn Gottes, obgleich der Glaube das Mittel ist - es ist Christi Blut und Verdienst. Darum siehe nicht so sehr auf deine Hand, die du nach Christus ausstreckst, als auf Christus selber. Siehe nicht auf deine Hoffnung, sondern auf Jesus, die Quelle und das Ziel deiner Hoffnung. Siehe nicht auf deinen Glauben, sondern auf Jesus, den Anfänger und Vollender deines Glaubens. Wir finden nie Glück und Seligkeit darin, daß wir auf unsere Gebete und Gefühle, auf unsere Werke sehen. Was Jesus ist, nicht was wir sind, gibt unserer Seele Ruhe. Wenn wir überwinden und Frieden mit Gott haben wollen, so muß es dadurch geschehen, daß wir aufsehen auf Jesus. Sieh auf ihn, bleibe in seiner Nähe, so wird's dir nimmermehr mangeln.

Auf daß da bleibe das Unbewegliche. Hebräer 12, 27

Wir haben im irdischen Leben mancherlei Dinge im Besitz, welche erschüttert werden können. Es steht einem Christusmenschen übel an, viele Besitztümer aufzuhäufen. Die Veränderlichkeit ist allen Dingen unauslöschlich aufgeprägt. Dennoch haben wir etwas, das „unbeweglich" ist. Wenn alles Bewegliche uns genommen würde, müssen wir einen unverwelklichen Trost empfangen über dem Unbeweglichen, das da bleibt. Welche Verluste ihr auch je erfahren habt oder noch erleiden müßt, so freut ihr euch doch über eure gegenwärtige Erlösung. Ihr steht unter seinem Kreuze und vertraut ganz allein auf das teure Verdienst des Blutes Jesu, und auf diesen Schatz der Erlösung in ihm hat kein Steigen und Fallen der Werte irgend den geringsten Einfluß. Dann bist du heute ein Kind Gottes. Gott ist dein Vater. Kein Wechsel der Umstände kann dir dies rauben. Und wenn du auch durch äußere Verluste zum Bettler geworden bist und nichts mehr besitzest, so kannst du doch sagen: „Dennoch ist er mein Vater. In meines Vaters Hause sind viele Wohnungen, darum will ich mich nicht kränken." Du besitzest einen anderen bleibenden Segen, nämlich die Liebe Jesu Christi. Er, der Gott und Mensch zugleich ist, liebt dich mit aller Macht seines liebenden Wesens, und das leidet keinerlei Veränderung. Unser bestes Teil und reichstes Erbe können wir nicht verlieren. Unsere Hoffnung ist über den Wolken, und darum schauen wir ruhig auf die Trümmer alles Irdischen. Wir freuen uns allezeit in dem Gott unseres Heils. Die Gnade des Herrn währet von Ewigkeit zu Ewigkeit über die, so ihn fürchten.

Dulden wir, so werden wir mitherrschen. 2. Timotheus 2, 12

Lieber Freund, vertrauest du ganz allein auf Jesus? Wenn nicht, so leidest du nicht „mit Christo“, worüber du auf dieser Erde auch magst zu trauern haben; und darum hast du auch keine Hoffnung, im Himmel mit Christo zu herrschen. Auch dürfen wir nicht den Schluß ziehen, daß alle Leiden eines Christen Leiden seien um Christi willen, denn es gehört wesentlich dazu, daß wir von Gott zu solchen Leiden berufen sind. Wenn wir unklug und unvorsichtig sind und in Verlegenheiten kommen, zu welchen uns die Gnade nicht berufen hat, so tun wir eher Sünde, als daß wir mit Christo Gemeinschaft der Leiden haben. Auch in Trübsalen, die um unserer Sünden willen über uns kommen, dürfen wir uns nicht einbilden, daß wir um Christi willen leiden. Als Mirjam über Mose murrte, und sie aussätzig wurde, da litt sie nicht um Gottes willen. Noch mehr, ein Leiden, das Gott wohlgefällig ist, muß zur Ehre Gottes dienen. Es ist auch erforderlich, daß die Liebe zu Jesu und die Liebe zu seinen Auserwählten stets die Hauptquelle aller unserer Geduld sind. Wir müssen den Geist Gottes offenbaren durch Sanftmut, Freundlichkeit und Vergebung. Wir wollen ernstlich fragen, ob wir wahrhaft mit Christo leiden. Und wenn wir also leiden, was ist dann unsere „Trübsal, die zeitlich und leicht ist“, im Vergleich damit, daß wir mit ihm herrschen sollen? O, es ist so selig, mit Christo zu dulden, daß auch ohne allen künftigen Lohn wir uns in solcher Ehre glücklich schätzen müßten; wollten wir da nicht unser Kreuz auf uns nehmen und unseren Weg gehen mit Freuden?

Zu derselben Zeit werden lebendige Wasser aus Jerusalem fließen, die Hälfte zum Meer gegen Morgen und die andere Hälfte zum Meer gegen Abend; und es wird währen des Sommers und des Winters. Sacharja 14, 8

Die Ströme lebendigen Wassers, die aus Jerusalem fließen, werden weder von der sengenden Hitze des Hochsommers ausgetrocknet noch durch den eisigen Frost der Winterstürme zum Erstarren gebracht. Freue dich, o meine Seele, daß du zeugen darfst von der Treue des Herrn. Dein Herr bleibt allezeit derselbe. Die Ströme seiner Liebe gehen so tief, so breit und voll als je. Die sengende Glut der täglichen Sorgen und die brennende Hitze schwerer Heimsuchungen treiben mich in die kühlenden Fluten des Stromes seiner Gnade, um Erquickung zu finden. Ich eile hin, unaufgehalten vom Weltgetümmel und vom Schlamm der Trübsal, und trinke mich satt an dem unerschöpflichen Born. Er spendet seine kristallenen Wellen beides, des Sommers und des Winters. Die oberen Quellen versiegen nie, und dem unteren Brunnen kann's darum auch nie am Wasser fehlen. Elia erfuhr, daß der Bach Krith vertrocknete, aber Jehova blieb derselbe Gott der Vorsehung. Hiob klagte, daß seine Brüder verächtlich an ihm vorübergingen, wie die Wasserströme vorüberfließen, aber in seinem Gott fand er einen überfließenden Strom der Erquickung. Der Nil ist die Hoffnung und Zuversicht Ägyptens, aber seine Gewässer sind wandelbar; doch unser Herr bleibt in alle Ewigkeit. Das Bett der Ströme uralter menschlicher Weisheit und Macht ist längst vertrocknet und verödet, aber die ewigen Ströme, die an den Bergen der göttlichen Unumschränktheit und der unendlichen Liebe entspringen, werden allezeit voll bleiben bis zum Rand. Geschlechter welken dahin, aber die Wogen der Gnade drängen sich ununterbrochen durch die weite Ebene der Zeiten dahin.

Wie selig bist du, meine Seele, daß du an solchen frischen Wassern entlang geleitet wirst!

Unser Herz freuet sich sein. Psalm 33, 21

Es ist etwas so Seliges darum, daß sich die Christen auch im tiefsten Elend und im größten Unglück freuen können. Obgleich Trübsal sie umgibt, singen sie dennoch. Ob die Wellen immer höher und höher schwellen und hoch über ihr Haupt hinbrausen, steigt ihre Seele dennoch empor zur Oberfläche und schaut das Sonnenlicht vom Angesichte Gottes. Sie haben einen Rettungsgurt bei sich, der ihr Haupt allezeit über Wasser hält und sie trägt, so daß sie mitten im Schrecken des Sturmes singen können: Du, o Gott, bist noch bei mir.
Wem gebührt nun die Ehre? Wem anders als Jesus! Alles kommt von ihm. Trübsal an sich bringt nicht notwendig zugleich auch den Trost mit für den Gläubigen; aber die Gegenwart des Sohnes Gottes, der bei ihm ist, erfüllt sein Herz mit Freude. Er ist krank und elend, aber Jesus besucht ihn und erquickt ihn auf seinem Siechbett. Er liegt im Sterben, aber Jesus erfaßt seine Arme und ruft ihm zu: Fürchte dich nicht; Sterben ist Erben; die Fluten des Todes haben ihren Quell im Himmel; sie sind nicht bitter, sondern süß wie Nektar, denn sie entströmen dem Throne Gottes! Und wenn der scheidende Heilige die Strömung durchschreitet und die Wellen sich um ihn her auftürmen und der Herzschlag stockt und der Blick erstarrt, dann flüstert ihm dieselbe Stimme ins Ohr: Fürchte dich nicht, denn es ist deines Vaters Wohlgefallen, dir das Reich zu geben! So gestärkt und getröstet fürchtet der Gläubige sich vor dem Sterben nicht. Ja, er freut sich, abzuscheiden. Weil er Jesus erblickt hat als den Morgenstern, darum sehnt er sich, ihn anzuschauen und an seinem Anblick sich zu weiden wie an einer hellstrahlenden Sonne. Wahrlich, die Gegenwart Jesu ist der ganze Himmel, nach dem uns verlangt.

Die häßlichen und mageren Kühe fraßen die sieben schönen, fetten Kühe. 1. Mose 41, 4

Pharaos Traum hat sich schon oft in den Erfahrungen meines inneren Lebens erfüllt. Die Tage träger Ruhe haben alles, was ich in den Wochen emsigen Fleißes zustande gebracht hatte, schrecklich verwüstet. Die Zeiten frostiger Kühle haben die belebende Glut meiner Begeisterung und meines Feuereifers zum Erstarren gebracht. Die Anwandlungen weltlichen Sinnes haben mich aus den errungenen Fortschritten in meinem göttlichen Leben wieder weit zurückgeschleudert. Ich erfuhr, wie nötig es ist, mich zu bewahren vor mageren Gebeten, mageren Lobliedern, magerem Gehorsam und mageren Herzenserfahrungen, denn sie fressen das Fett meines Trostes und meines Friedens. Wenn ich das Gebet auch nur vorübergehend vernachlässige, so verliere ich alle geistige Frische. Wenn ich nicht neue Vorräte vom Himmel beziehe, so verzehrt sich das alte Korn in meiner Scheune bald. Wenn die Raupen der Gleichgültigkeit, die Heuschrecken der Weltlust und die Blattläuse der Selbstgefälligkeit mein Herz ganz kahl und öde gemacht haben und meine Seele darüber anfängt zu welken, dann ist all mein früheres Gedeihen und Wachstum in der Gnade und all meine vorige Fruchtbarkeit in einem gottseligen Wesen umsonst.
Wie sollte ich mich doch ängstlich hüten vor den häßlichen, mageren Tagen, vor den freßgierigen Stunden! Wenn ich Tag für Tag dem Ziel meiner Sehnsucht zueile, so werde ich es bald, bald erreichen. Aber häufige Verirrungen halten mich noch in weiter Ferne zurück von dem Preis meines erhabenen Berufes und berauben mich der Siegesfrüchte, die ich schon erkämpft habe. Der einzige Weg, auf dem alle meine Tage zu fetten Kühen werden können, ist der, daß ich sie auf die rechte Weide führe, das heißt, daß ich sie zubringe in der Gemeinschaft mit dem Herrn, in seinem Dienst, unter seinen Augen, in seiner Furcht und auf seinen Wegen.

Heilige sie in deiner Wahrheit.

Johannes 17, 17

In dem Augenblick der Wiedergeburt beginnt auch die Heiligung. Der Geist Gottes haucht dem Menschen jenes neue Leben ein, durch das er eine neue Schöpfung wird. Dies Werk, das mit der Neugeburt anfängt, wird in zweifacher Weise fortgeführt: durch die Selbstverleugnung, in der die Lüste des Fleisches gedämpft und unterdrückt werden, und durch die Lebendigmachung, durch die das Leben, das Gott in uns gepflanzt hat, zu einem Brunnen lebendigen Wassers wird, der in das ewige Leben quillt. Beides vollzieht sich täglich in dem, was man Standhaftigkeit nennt. Durch sie wird der Christ bewahrt und gefördert in einem Stande der Gnade und erfüllt mit Früchten der Gerechtigkeit. Es gipfelt sich und kommt zur Vollkommenheit in Herrlichkeit, wenn die Seele, nachdem sie völlig durchläutert ist, aufgenommen wird in den Himmel, um zu wohnen mit allen heiligen Wesen zur Rechten des ewigen Gottes im Thronsaal des Himmels.

Aber während der Geist Gottes auf solche Art der Urheber der Heiligung ist, tritt noch eine andere wirksame Macht hinzu, die nicht außer acht gelassen werden darf. „Heilige sie", spricht der Herr Jesus, „in deiner Wahrheit. Dein Wort ist die Wahrheit." Die Bibelstellen, die zeigen, daß das Werkzeug zu unserer Heiligung das Wort Gottes ist, sind sehr zahlreich. Wir können nur dann in einem gesunden Leben wandeln und wachsen, wenn wir zunehmen in der gesunden Erkenntnis der Wahrheit. Sage nicht von irgendeinem Irrtum, es habe nichts auf sich, es handle sich nur um Ansichten und Meinungen. Niemand duldet einen Irrtum im Urteil, ohne früher oder später auch einen Irrtum in der Tat zu gestatten. Bleibe streng bei der Wahrheit. Wenn du das tust, wird dich der Geist Gottes heiligen.

Den berufenen Heiligen. Römer 1, 7

Wir sind leicht geneigt, in den Menschen der Apostelzeit solche zu sehen, auf die die Bezeichnung „Heilige" in besonderer Weise zutrifft. Viele meinen beispielsweise, die Apostel müßten Leute gewesen sein, die solchen Versuchungen, wie wir sie durchzumachen haben, überhaupt nicht ausgesetzt gewesen sein können. Bei uns die Schwachheit, bei ihnen die Kraft. Die Wirklichkeit ist ganz anders. Wenn wir etwa den Apostel Paulus persönlich gekannt hätten, wir hätten feststellen müssen, wie ähnlich er den anderen Gliedern der auserwählten Familie Gottes war. Er mag ernster, treuer, tiefer gegründet gewesen sein als wir, aber er hat mit denselben Versuchungen und Trübsalen zu kämpfen gehabt wie wir. Ja, er wird sogar in mancher Beziehung schwerer versucht worden sein als wir. Seht also die Heiligen der Urchristenheit nicht als solche an, die der Schwachheiten und Sünden überhoben gewesen wären. Betrachtet sie nicht mit jener heiligen Scheu, die fast zur Anbetung wird. Ihre Heiligkeit ist auch für uns erreichbar. Auch wir sind „berufene Heilige", berufen von derselben Stimme, die sie zu ihrer hohen Berufung zog. Es ist jedes Christen Pflicht, hindurchzudringen in den engeren Kreis der Gemeinschaft der Heiligen. Darum wollen wir ihnen nachfolgen. Wir wollen nachjagen ihrer Heiligung und ihrem Eifer. Wir haben dasselbe Licht, das ihnen leuchtete. Die gleiche Gnade ist uns zugänglich. Warum sollten wir uns zufrieden geben, ehe wir sie im himmlischen Wesen des Gemüts erreicht haben? Sie lebten mit Jesus, sie lebten für Jesus, darum wuchsen sie wie Jesus. So wollen wir denn leben nach demselben Geist, nach dem sie lebten, und aufsehen auf Jesum, den Anfänger und Vollender unseres Glaubens.

Wer aber mir gehorcht, wird sicher bleiben und genug haben und kein Unglück fürchten. Sprüche 1, 33

Schön ist der einsame Stern, der in erhabener Ruhe durch die zerrissenen Gewitterwolken strahlt. Lieblich ist die grüne Oase, die in der unermeßlichen Sandwüste blüht. So schön und herrlich ist auch die Liebe Gottes mitten in der Zornesflut. Wenn die Israeliten den Höchsten erzürnten, dann suchte er sie heim mit schwerer Hungersnot. Aber während er solches tat, sorgte er dafür, daß seine Auserwählten sicher blieben und genug hatten. Wenn alle anderen Bäche vertrocknen, muß noch *einer* fließen für Elia. Und wenn's auch diesem an Wasser mangelt, so weiß ihm Gott dennoch eine Stätte der Erhaltung zu bereiten. Ja, nicht allein das: der Herr hatte nicht nur *einen* Elia, sondern es waren noch übergeblieben hier fünfzig und da fünfzig. Sie alle wurden versorgt mit Brot und Wasser, versorgt mit Speise von Ahabs Tisch durch seinen treuen, gottesfürchtigen Hofmeister Obadja. Daraus können wir sehen, daß Gottes Kinder sicher bleiben, es mag kommen, was da wolle. Ob die Erde von mächtigen Erschütterungen erbebte, ob der Himmel selbst zerrisse, dennoch wird der Gläubige inmitten zertrümmerter Welten sicher bleiben wie in der stillsten Ruhestunde. Wenn Gott seine Kinder nicht erretten will unter dem Himmel, so wird er sie erretten in den Himmel. Wenn die Welt zu heiß wird, so daß sie nicht mehr bleiben können, dann wird der Himmel die Stätte ihrer Wohnung und ihrer Sicherheit sein.

Darum seid unverzagt, wenn ihr hört von Kriegen und Kriegsgeschrei. Was auch über die Erde kommen mag, ihr werdet unter den schirmenden Flügeln des himmlischen Vaters sicher wohnen. Baut fest auf seine Verheißung. Vertrauet auf seine Treue. Jagt alle Furcht und alle Zweifel zum Teufel, von dem sie herkommen. Es ist nichts hier, was euch erschrecken oder schaden kann.

Liebe Brüder, betet für uns. 1. Thessalonicher 5, 25

Die Arbeit des Lehrers der Wahrheit ist unschätzbar wichtig. Wohl und Wehe von Tausenden hängt davon ab. Er hat mit den Seelen im Namen Gottes über die höchsten und heiligsten Dinge zu verhandeln. Das Wort, das er zu reden hat, wird entweder ein Geruch des Lebens zum Leben oder ein Geruch des Todes zum Tode. Es ruht auf den Zeugen des Evangeliums eine große Verantwortung, und es ist keine geringe Gnade, wenn sie zuletzt unschuldig erfunden werden am Blut aller Menschen. Als Anführer im Heere Christi sind sie das besondere Angriffsziel der Menschen und der höllischen Mächte. Alle ihre Schritte und Tritte werden von ihren Widersachern mit gierigen Blicken bewacht, und ihre Füße entfliehen kaum den Schlingen der sie verfolgenden Feinde. Ihr heiliger Beruf setzt sie Versuchungen aus, denen andere nicht unterworfen sind. Sie werden in manche Verwicklung von Umständen mit hineingezogen, wo ihr Verstand keinen Rat mehr weiß. Sie müssen zu ihrem größten Herzeleid sehen, wie vielversprechende Seelen abfallen. Sie müssen mit Schmerz sehen, wie Tausende ins Verderben rennen, und ihre Seele verliert allen Mut. Sie wünschen sehnlich, daß das Wort ihrer Verkündigung euch zum Segen gereiche. Sie hoffen, euren Kindern zum Segen zu werden. Sie möchten den Heiligen und den Sündern inneren Beistand gewähren können. Darum, teure Brüder, bittet für sie zu Gott. O seht, wir sind elende Menschen, wenn uns die Hilfe eures Gebetes fehlt. Aber selig sind wir, wenn wir uns von eurer Fürbitte getragen wissen. Ihr sucht nicht bei uns, sondern bei unserem erhabenen Meister allen himmlischen Reichtum, doch hat er diesen so oft durch seine Knechte vermittelt. Darum bitten wir, die wir im Dienste des Herrn stehen als Verkündiger seiner Wahrheit und Gnade, um Jesu willen mit dem Apostel: Liebe Brüder, betet für uns!

Daß wir hinfort der Sünde nicht dienen. Römer 6, 6

Christ, was hast du mit der Sünde zu schaffen? Hat sie dich nicht schon genug gekostet? Hat dir je die Sünde wahres Vergnügen gewährt? Hast du eine ganze Befriedigung in ihr gefunden? Die Sünde hat dir das nie gegeben, was sie dir versprach, sondern hat dich mit Vorspiegelungen betrogen. Darum laß dich nicht ein zweites Mal von dem Lügner hintergehen. Es ist den Absichten der ewigen Liebe zuwider, die deine Reinigung und Heiligung im Auge hat. Darum arbeite nicht dem Willen deines Herrn entgegen. Ein anderer Gedanke sollte dich gleichfalls von der Sünde abhalten. Christen kommt die Sünde immer teuer zu stehen. Sie zahlen einen schweren Preis für ihre Übertretung. Die Missetat zerstört den Frieden ihres Gemüts, verdunkelt die Gemeinschaft mit Jesu, verhindert das Gebet und umnachtet die Seele. Darum sei nicht der Knecht der Sünde. Es gibt auch noch einen gewichtigeren Grund: so oft du „der Sünde dienst", hast du dir selbst „wiederum den Sohn Gottes gekreuzigt und hältst ihn für Spott". Kannst du diesen Gedanken ertragen? O, wenn du jetzt in irgend eine besondere Sünde gefallen bist, so hat dir vielleicht eben deshalb mein Meister heute diese Ermahnung zukommen lassen, um dich von weiterem Abirren zurückzuhalten. Wende dich von neuem zu Jesu: Er hat seine Liebe zu dir nicht vergessen; seine Gnade ist noch die gleiche wie sonst. Komm mit Tränen der Reue zu ihm, so wirst du abermals in sein Herz aufgenommen, und er macht deinen Gang gewiß.

Vergiß nicht, was er dir Gutes getan hat. Psalm 103, 2

Es ist eine löbliche Beschäftigung, auf die Hand des Herrn zu achten, wie sie sich in der Lebensführung der Heiligen vergangener Zeiten offenbart. Aber ist es nicht noch seliger und wertvoller für uns, wenn wir auf die Hand Gottes in unserem eigenen Leben achtgeben? Sollten wir nicht in unserer Lebensführung wenigstens ebenso deutlich das göttliche Walten erkennen, ebenso klar und strahlend seine Barmherzigkeit und Gnade, ebenso überzeugend seine Wahrhaftigkeit und Treue wie im Leben irgendeines Heiligen der Vergangenheit? Wir tun ein Unrecht an unserem Herrn, wenn wir meinen, er habe zwar mächtige Taten vollbracht und sich als der starke Gott erzeigt für die Menschen früherer Zeiten, aber er wirke keine Wunder mehr und rege seinen starken Arm nicht mehr für die Heiligen, die jetzt auf Erden leben. Werfen wir einen Blick auf unsere Vergangenheit. Seid ihr noch nie aus Nöten erlöst worden? Seid ihr noch nie durch Trübsalsströme geschritten und dabei getragen worden von der Gnadengegenwart Gottes? Seid ihr noch nie unversehrt durchs Feuer der Verfolgung gegangen? Habt ihr nie Offenbarungen empfangen? Sind euch keine besonderen Gnadenerweisungen zuteil geworden? Hat Gott nie auf euer Seufzen geachtet und euer Verlangen erhört? Hat der Gott der überschwenglichen Güte dich nie mit dem Mark und Fett seiner Güte gesättigt? Hat er dich noch nie geweidet auf grüner Aue? Hat er dich noch nie geführt zum frischen Wasser? Gewißlich ist der Herr uns so gütig und gnädig gewesen wie den Heiligen früherer Zeiten. Darum laßt uns das lautere Gold der Dankbarkeit und die Edelsteine der Loblieder nehmen und sie zu einer neuen Krone zusammenflechten für unseres Jesu Haupt. Unsere Lieder sollen so hell erschallen wie Davids Harfen, wenn wir des Herrn Lob verkündigen, des Gnade ewig währt.

So seid ihr nun nicht mehr Gäste und Fremdlinge, sondern Bürger mit den Heiligen und Gottes Hausgenossen.

Epheser 2, 19

Was ist damit gemeint, daß wir Bürger im Himmel sind? Es bedeutet, daß wir unter der himmlischen Obrigkeit stehen. Christus, der König des Himmels, herrscht in unseren Herzen. Wir beten täglich: Dein Wille geschehe auf Erden wie im Himmel. Die Verheißungen und Verordnungen, die vom Thron der Herrlichkeit ausgehen, werden von uns willig und freudig angenommen.

Dann aber haben wir als Bürger des Himmels auch teil an den Ehren und Würden des Himmels. Die Herrlichkeit, die den verklärten Heiligen zuteil wird, gehört auch uns zu. Wir sind schon jetzt Kinder Gottes. Schon jetzt tragen wir das unbefleckte Kleid der Gerechtigkeit Christi. Jetzt schon stehen Engel zu unserem Dienst bereit. Heilige sind unsere Gefährten, Christus ist unser Bruder, Gott ist unser Vater. Eine Krone der Unsterblichkeit ist unser Lohn.

Als Bürger haben wir auch Miteigentumsrecht an allen Gütern des Himmels. Uns gehören seine Perlentore und seine Jaspismauern, uns das himmelblaue Licht der Stadt, die keiner Leuchte oder des Lichtes der Sonne bedarf. Unser ist der lautere Strom des lebendigen Wassers und die zwölferlei Früchte, die am Holz des Lebens wachsen. Es ist nichts im Himmel, was nicht uns gehört.

So genießen wir als Bürger des Himmels auch des Himmels Freuden. Freut man sich dort über einen Sünder, der Buße tut, über einen verlorenen Sohn, der heimkommt, so freuen auch wir uns dessen. Preist und verherrlicht man dort die Größe der siegreichen Gnade, so tun auch wir es. Werfen sie dort ihre Kronen vor Jesu nieder, so legen auch wir all unsere Ehre ihm zu Füßen. Fühlt man sich dort von seinem Lächeln entzückt, so ist er auch uns, die wir noch hienieden wohnen, nicht weniger wohltuend.

Derselbe wird euch, die ihr eine kleine Zeit leidet, vollbereiten, stärken, kräftigen, gründen. 1. Petrus 5, 10

Ihr habt schon den Regenbogen gesehen, diese himmlische Brücke, die sich über die Ebene hinspannt. Herrlich sind seine Farben und unnachahmlich ihre Verschmelzungen. Er ist prachtvoll, aber ach - er vergeht. Die herrlichen Farben zerfließen, und an ihrer Stelle erscheinen wieder die grauen Wolken. Sie sind nicht bleibend. Wie wäre es auch möglich? Ein herrlicher Anblick, erzeugt von flüchtigen Sonnenstrahlen und fallenden Regentropfen, wie kann der Dauer haben? Die Gnadenzüge im Wesen des Christen dürfen dem Regenbogen nicht gleichen in seiner vergänglichen Schönheit, sondern sie müssen im Gegenteil vollbereitet, gestärkt, gekräftigt, gegründet sein. Trachte danach, daß alles Gute, was du hast, etwas Bleibendes werde. Möge dein Gemüt nicht sein wie eine Schrift, auf Sand geschrieben, sondern wie ein Denkmal, in hartes Felsgestein gehauen. Möge dein Glaube nicht einem Luftschloß gleichen, sondern auferbaut sein aus einem Stoff, der das schreckliche Feuer zu überdauern vermag, durch das Holz, Heu und Stoppeln des Heuchlers verzehrt werden.
Aber nun achtet auch darauf, wie diese Gnade, im Glauben gegründet zu sein, erlangt wird. Des Apostels Worte weisen uns hin aufs Leiden als das Mittel dazu. „Die ihr eine kleine Zeit leidet.“ Es ist verkehrt, wenn wir hoffen, wir werden fest genug gegründet sein, wenn keine Stürme über uns kommen. Jene uralten Knorren an den Wurzeln der Eichen und jene mächtigen Risse in der Rinde der Äste zeugen von den vielen Stürmen, die über diese Riesen hinweggegangen sind. Sie sind zugleich aber auch Beweise von der Tiefe, bis zu der die Wurzeln sich Bahn gebrochen haben. So wird der Christ stark und festgewurzelt durch alle Trübsale und Stürme des Lebens. So seid getrost und wisset, daß in allen rauhen Prüfungen Gott seine Heilsabsichten an euch erfüllt.

Geheiligt in Gott dem Vater. Judas 1
Den Geheiligten in Christo Jesu. 1. Korinther 1, 2
Durch die Heiligung des Geistes. 1. Petrus 1, 2

Wie unweise und unverständig handeln doch diejenigen unter den Gläubigen, die unter den Personen der heiligen Dreieinigkeit einen Unterschied machen wollen, die etwa meinen, der Herr Jesus sei die Verwirklichung alles dessen, was lieblich und huldvoll ist, während der Vater ihnen als der streng Gerechte erscheint, dem aber alle Güte und Freundlichkeit fehle. Ebenso töricht handeln jene, die den Ratschluß des Vaters zur Rettung der Menschen und das Versöhnopfer Christi besonders hervorheben, darüber aber das Werk des Heiligen Geistes unterschätzen. In allen Gnadentaten handelt keine der drei Personen der Gottheit ohne die Mitwirkung der anderen. Sie sind in ihrem Wirken ebenso einstimmig wie eins in ihrem Wesen.

Dies gilt ganz besonders in bezug auf die Heiligung. Während wir wahrheitsgemäß von der Heiligung als von einem Werk des Heiligen Geistes sprechen, müssen wir uns doch hüten, daß wir die Sache nicht so betrachten, als hätten der Vater und der Sohn keinen Teil daran. Gott der Herr spricht: „Lasset uns Menschen machen, ein Bild, das uns gleich sei", und so sind wir sein Werk, geschaffen in Christo Jesu zu guten Werken, zu denen Gott uns zuvor bereitet hat, daß wir darinnen wandeln sollen. Welch hohen Wert legt also Gott auf rechtschaffene Heiligung, wenn die drei Personen der Gottheit zusammenwirken zur Darstellung einer Gemeinde, die da sei ohne Flecken oder Runzeln oder des etwas!

So mußt auch du einen hohen Wert auf die Heiligung legen. Achte dabei das Blut Christi hoch als den Grundstein deiner Hoffnung, sprich aber auch nie geringschätzig von dem Werk des Heiligen Geistes, das dich tüchtig macht zum Erbteil der Heiligen im Licht. Wir wollen so leben, daß unser Wandel das Werk des dreieinigen Gottes in uns bezeuge.

Da sprach Gott zu Jona: Meinst du, daß du billig zürnest?

Jona 4, 9

Zürnen ist nicht immer und notwendig etwas Sündhaftes. Aber wir sollten uns stets fragen, ob wir billig, das heißt aus gutem Anlaß zürnen. Es ist möglich, daß wir darauf mit ja antworten können. Wir tun recht und gut, wenn wir ob der Sünde zürnen, wegen des Unrechts, das sie gegen unseren guten und gnädigen Gott begeht. Oder wenn wir ob uns selbst zürnen, daß wir solche Toren bleiben nach soviel göttlicher Züchtigung und Zurechtweisung. Oder wenn wir ob anderen zürnen, wenn die einzige Ursache des Zornes das Böse ist, das sie tun. Wer sich nicht über die Missetat erzürnt, macht sich ihrer teilhaftig. Die Sünde ist ein fluchwürdiges und hassenswertes Ding, und kein erneuertes Herz kann sie geduldig ertragen. Gott selbst erzürnt sich täglich über die Bösen. Und es steht in seinem Worte geschrieben: Die ihr den Herrn liebet, hasset das Arge!

Aber es steht zu fürchten, daß unser Zürnen oft weder entschuldigt noch gerechtfertigt werden kann. Und dann müssen wir auf unsere Frage mit nein antworten. Warum sollten wir heftig sein gegen Kinder, leidenschaftlich gegen Mitarbeiter, aufgebracht gegen die Hausgenossen? Bringt solcher Zorn unserem Christenberuf Ehre? Oder wird Gott dadurch verherrlicht? Ist hier nicht vielmehr das alte böse Herz mit im Spiel, das sich wieder Raum zu machen sucht? Manche Christen lassen dem Zorn Raum; aber der Gläubige soll bedenken, daß er überwinden soll in allen Dingen, sonst kann er nicht gekrönt werden. Wenn wir unsere Leidenschaften nicht im Zaum zu halten vermögen, was hat die Gnade dann überhaupt an uns ausgerichtet? Laßt uns zum Kreuze fliehen und den Herrn bitten, daß er unsere Begierden und Leidenschaften kreuzige und uns erneuere zur Freundlichkeit und Sanftmut nach seinem Bilde.

Der Herr hat Wohlgefallen an seinem Volk. Psalm 149, 4

Wie allumfassend ist doch die Liebe Jesu. Es ist in dem, was sein Volk angeht, nichts, was er nicht berücksichtigt, und nichts, was sich auf unser Wohlergehn bezieht, ist ihm gleichgültig. Leugnet es nicht und zweifelt nicht daran, daß auch die Kleinigkeiten des Lebens alle an ihm vorbeigehen müssen. „Von dem Herrn wird des gerechten Mannes Gang gefördert, und er hat Lust an seinem Wege." Verlaß dich darauf, daß Jesus sich auch deiner kleinen Anliegen annimmt. Du darfst in allen Dingen deine Zuflucht zu ihm nehmen. Wie sich ein Vater über seine Kinder erbarmt, so erbarmt sich Gott über uns. Die unbedeutendsten Angelegenheiten unseres Lebens ruhen im weiten Herzen des Sohnes Gottes. O was hat er doch für ein Herz, das nicht nur die Gemeinde umfaßt, sondern auch die verschiedenen und zahlreichen Anliegen jedes Einzelnen unter ihnen berücksichtigt. Meinst du, du könntest die Liebe Christi ermessen? Denke daran, was seine Liebe dir erworben hat: Rechtfertigung, Kindschaft, Heiligung, ewiges Leben. Der Reichtum seiner Güte ist unerforschlich. Du wirst nie imstande sein, sie zu nennen, oder auch nur zu überblicken. Ach, welch eine Breite, Weite, Tiefe und Höhe der Liebe Christi, die alle Erkenntnis übertrifft. Soll Jesu wunderbare Leutseligkeit und Güte nur einer schwachen Erwiderung und einer trägen Anerkennung begegnen? Stimme deine Seele zu freudigen Liedern des Dankes! Die Heiligen sollen fröhlich sein und preisen und rühmen!

Ewig soll das Feuer auf dem Altar brennen und nimmer verlöschen. 3. Mose 6, 13

Erhaltet den Altar des Gebets im Kämmerlein in der Glut. Hier entlehnt das Heiligtum und der Altar der Familienandacht seine feurigen Kohlen. Darum soll jene Glut allezeit wohl geschürt werden. Das Gebet im Verborgenen ist das Wesen, das Wahrzeichen und der Wärmemesser des lebendigen Christentums.

Hier verbrennt das Fett eurer Opfer. Ernstliches Gebet vermag viel. Hast du um nichts zu bitten? Siehe, die Gemeinde, ihre Hirten, deine Seele, deine Kinder, deine Verwandten, deine Nachbarn, dein Vaterland und die Sache Gottes und die Verbreitung seiner Wahrheit in der Welt fordern dich zum Gebet. Sind wir in unserem Gebetskämmerlein vielleicht weder warm noch kalt? Brennt das Feuer der Andacht in unseren Herzen nur matt? Wenn das so ist, dann schrecke dies Zeichen des Verfalls uns auf aus dem Schlummer. Gehen wir weinend hin und flehen um den Geist der Gnade und des Gebets.

Unsere Schriftstelle findet auch ihre Anwendung auf den Altar des Herzens. Das ist der rechte goldene Räuchaltar. Gott sieht es gern, wenn die Herzen seiner Kinder ihm entgegenlodern. Wir wollen Gott unsere Herzen schenken, die vor Liebe glühen, und seine Gnade suchen, damit das Feuer nimmermehr verlösche; denn es brennt nicht, wenn der Herr es nicht in der Glut erhält. Viele Feinde suchen es zu dämpfen. Wenn aber die unsichtbare Hand im Verborgenen das heilige Öl der Salbung darauf gießt, dann flammt es höher und höher auf. Wir wollen die Worte der Heiligen Schrift als Brennstoff auf das Feuer unseres Herzens legen. Sie sind lebendige Kohlen. Wir wollen die Verkündigung des Evangeliums uns zur Aufmunterung geschenkt sein lassen, vor allem aber wollen wir recht oft mit unserem Herrn Jesus in der Stille bleiben.

Sie sammelten aber alle Morgen, soviel ein jeder für sich essen mochte.
2. Mose 16, 21

Trachte danach, daß du das Gefühl deiner Abhängigkeit von des Herrn Wohlwollen und Wohlgefallen zur steten Erneuerung deiner reichsten Freude wach erhaltest. Laß dir nie einfallen, vom alten Manna leben zu wollen. Sehne dich nie nach Hilfe von dem Ägypten dieser Welt. Alles muß von Jesus kommen, sonst bist du in Ewigkeit verloren. Ein altes Salböl ist nicht imstande, dir die rechte Salbung des Geistes zu gewähren. Dein Haupt bedarf frischen Öls aus dem goldenen Horn des Heiligtums, sonst geht es aller Herrlichkeit verlustig. Heute bist du vielleicht auf dem Gipfel des Berges Gottes. Aber der dich dahin gebracht hat, muß dich auch dort erhalten und bewahren. Verbirgt er sein Antlitz, so wirst du bald von Trübsal getroffen werden. In seiner Hand allein liegt dein Trost, und auf seinen Wink entschwindet er dir.

Der Herr will, daß wir diese unaufhörliche Abhängigkeit von ihm fühlen und erkennen. Ist's nicht am allerbesten für uns, daß es so ist, auf daß wir recht oft vor seinem Gnadenthron erscheinen und beständig an seine Liebe erinnert werden? O, wie reich ist doch die Gnade, die so unaufhörlich darreicht und sich nicht vor unserer Undankbarkeit verbirgt! Der goldene Regen höret nimmer auf. Die Gotteswolke schwebt allezeit über unserer Wohnung. O Herr Jesu, wir werfen uns vor dir nieder und bekennen, daß wir ohne dich untüchtig sind zu allem Guten. Und bei jedem Gnadengeschenk, das du uns gibst, beten wir deinen heiligen Namen an und preisen deine unerschöpfliche Liebe, die uns mit dem besten Weizen speist und mit Honig aus dem Felsen sättigt.

Liebe Brüder, wir wissen, wie ihr auserwählt seid.

1. Thessalonicher 1, 4

Manche Leute meinen, sie müssen erst wissen, ob sie erwählt seien, ehe sie zu Christo aufschauen wollen. Aber so erfahren sie es nie. Denn es wird nur dadurch erkannt, daß sie aufsehen auf Jesum. Wenn ihr eurer Erwählung gewiß werden wollt, so macht ihr euer Herz gewiß und fest, wenn ihr euch haltet an Gottes Verheißungen. Fühlst du, daß du ein verlorener, schuldbeladener Sünder bist? Dann gehe geradeswegs hin zum Kreuze Christi und klag's dem Herrn Jesus und sag ihm, du hättest in seinem Worte gelesen: „Wer zu mir kommt, den werde ich nicht hinausstoßen." Sag ihm, daß er gesagt hat: „Das ist gewißlich wahr und ein teuer wertes Wort, daß Christus Jesus gekommen ist in die Welt, die Sünder selig zu machen." Wende dich zu Jesu, schaue auf ihn und vertraue auf ihn, so wirst du dich unmittelbar von deiner Erwählung überzeugen. Denn so gewiß du an ihn glaubst, so fest und gewiß bist du auch erwählt. Wenn du dich ganz und gar Christus übergeben und dein Vertrauen auf ihn setzen willst, dann bist du einer von den Auserwählten Gottes. Gehe hin zu dem lieben, teuren Herrn Jesus, gerade wie du bist, und wärest du noch so schuldbeladen. Laß fahren alle neugierigen Fragen, ob du erwählt seiest oder nicht. Gehe geradeswegs zu Christo und birg dich in seinen Wunden, so weißt du, daß du ein Auserwählter bist. Die Versicherung des Heiligen Geistes wird dir zuteil werden, so daß du imstande sein wirst, zu sagen: Ich weiß, an welchen ich glaube, und bin gewiß, daß er mir mein Erbteil bewahren kann bis an jenen Tag. Gehe hin und setze dein Vertrauen auf ihn, so wird seine Antwort lauten: Ich habe dich je und je geliebt, darum habe ich dich zu mir gezogen aus lauter Güte. Es ist gar kein Zweifel möglich darüber, daß er dich erwählt hat, wenn du ihn erwählt hast.

Und sie sollen die letzten sein im Ausziehen mit ihrem Panier.

4. Mose 2, 31

Das Lager Dan brach zuletzt auf, wenn die Heere Israels auf ihrer Wanderung durch die Wüste weiterzogen. Die Daniter nahmen die letzte Stelle ein. Doch was kam viel auf die Stelle an! Gehörten sie als letzte doch ebensogut zum Heere wie die vordersten Stämme. Sie folgten derselben feurigen Wolkensäule, sie aßen dasselbe Manna, tranken aus demselben geistlichen Fels und wanderten demselben Land der Verheißung entgegen. Komm, meine Seele, werde munter und fröhlich, ob du auch zuhinterst und zuletzt bist. Du hast das selige Vorrecht, daß du zum Herrn gehörst und mitgehst, wo die hingehen, die den Vortrab anführen. Einer muß der letzte sein in Ehre und Ansehen. Irgendeiner muß das Geringste leisten um Jesu willen. Warum sollte ich das nicht sein?

Dabei hatten die Daniter eine sehr wichtige Stelle inne. Herumstreifende mußten unterwegs aufgehoben und mitgenommen, verlorenes Gut mußte vom Boden aufgelesen werden. Feurige Gemüter mögen vorwärtsstürmen auf ungebahnten Pfaden, um neue Wahrheiten zu erkennen und Jesu mehr Seelen zuzuführen, aber solche von mehr besonnener und ruhiger Geistesanlage mögen wohl dazu verwendet werden, die Gemeinde an ihren früheren Glauben zu erinnern und ihre schwachen Kinder aufzurichten. Jede Stelle hat ihre Pflichten, und die langsam gehenden Kinder Gottes werden finden, daß die ihnen eigentümliche Bestimmung derart ist, daß sie der ganzen Gemeinde zum größten Nutzen werden können. Meine Seele, wache sorgfältig und siehe, wie du den letzten auch heute helfend zur Seite stehen magst.

Der Herr, unser Gott, hat uns sehen lassen seine Herrlichkeit.

5. Mose 5, 24

Gottes große Absicht in allen seinen Werken ist die Offenbarung seiner Herrlichkeit. Aber wie soll diese Herrlichkeit solchen armen, gefallenen Geschöpfen wie uns geoffenbart werden? Des Menschen Auge ist nicht einfältig. Es schielt immer nach seiner eigenen Ehre. Es hat eine allzu hohe Meinung von seinen Kräften und Fähigkeiten und ist demnach nicht dazu angetan, die Herrlichkeit des Herrn zu betrachten. Darum ist es klar, daß das eigene Ich sich auf die Seite stellen muß, damit Raum gemacht werde für die Erhöhung Gottes. Und das wieder ist der Grund, warum Gott die Seinen oft in Schwierigkeiten und schlimme Lagen geraten läßt. Der, dessen Leben einem ebenen und sanften Pfade gleicht, sieht nur wenig von der Herrlichkeit des Herrn. Er hat wenig Gelegenheit, sich seiner selbst zu begeben. Darum ist er wenig zubereitet, sich erfüllen zu lassen mit der Offenbarung Gottes. Wer mit seinem Schifflein nur kleine Ströme und seichte Buchten besucht, erfährt gar wenig von dem Gott der Stürme. Aber „die ihren Handel treiben in großen Gewässern", die „erfahren des Herrn Werke und seine Wunder im Meere". In den gewaltig wogenden Wellen der Entbehrung, Armut, Versuchung und Verachtung lernen wir die Macht Gottes kennen, weil wir hier die Winzigkeit des Menschen fühlen.

Darum danke Gott, wenn du auf rauhen Pfaden geführt worden bist. Deine Trübsale haben dich bereichert mit einem Schatz der Erkenntnis, den du auf keine andere Weise gesammelt hättest. Preise Gott, daß er dich nicht in Unwissenheit und Finsternis gelassen hat, die ein ununterbrochenes Wohlergehen mit sich zu bringen pflegt, sondern daß du in dem großen Kampf der Anfechtung empfänglich gemacht worden bist für den Strahlenglanz seiner Herrlichkeit in seinem wunderbaren Walten und in seiner anbetungswürdigen Führung.

Welches ist das Pfand unseres Erbes zu unserer Erlösung.

Epheser 1, 14

O welch eine Klarheit, welch eine Freude, welch einen Trost, welch eine Wonne des Herzens erfährt der Mensch, der gelernt hat, sich nur an Jesu, ganz allein an Jesu zu sättigen. Und doch ist der Genuß, den wir von dem Wesen Christi in diesem Leben empfangen, im besten Falle immer noch etwas Unvollkommenes. Es ist nur ein Vorschmack. Wir haben die Erstlingsfrüchte des Geistes gekostet, und sie haben uns hungrig und durstig gemacht nach der Fülle der himmlischen Ernte. Wir seufzen innerlich und sehnen uns nach der vollen Gotteskindschaft. Hienieden sind wir wie Israel in der Wüste, das nur eine einzige Traube von Eskol sah, dort werden wir im Weinberg selbst wohnen. Hier sehen wir das Manna in kleinen Körnern vom Himmel fallen, dort aber werden wir Himmelsbrot und das Korn des Reiches Gottes essen. Jetzt sind wir erst Anfänger in der Schule Jesu und all unser Erkennen ist Stückwerk, dort aber werden wir erkennen, gleichwie wir erkannt sind. Mancher unserer Wünsche muß hienieden noch unbefriedigt bleiben, aber dort wird jedes Verlangen gestillt werden. Alle unsere Fähigkeiten werden in jener Welt der ewigen Wonne und Freude reichlich Arbeit bekommen.

Versetze dich doch jetzt schon im Geist in den Genuß des Himmels. Deine jetzt von Tränen getrübten Augen werden dann nicht mehr weinen. Du wirst in unaussprechlichem Entzücken den Glanz dessen schauen, der auf dem Throne sitzt. Ja noch mehr: du wirst mit ihm auf dem Throne sitzen. Du wirst teilhaben an seiner Herrlichkeit. Seine Krone, seine Freude, sein Paradies wird dein sein, und du wirst sein Miterbe sein an der Herrschaft über alle Dinge und mit ihm thronen von Ewigkeit zu Ewigkeit.

Das zerstoßene Rohr wird er nicht zerbrechen, und den glimmenden Docht wird er nicht auslöschen. Matthäus 12, 20

Was ist schwächer als das zerstoßene Rohr oder der glimmende Docht? Ein Rohr, das im Sumpf oder am See wächst, ist sehr leicht zerbrechlich. Jeder Wind, der über das Wasser zieht, bewegt es hin und her. Man kann sich nichts Zerbrechlicheres denken, nichts, dessen Dasein gefährdeter ist, als ein zerstoßenes Rohr. Dann seht auf den glimmenden Docht, was ist er? Es lebt noch ein Funke darin; aber, dieser Funke ist fast erloschen. Hier sind recht schwache Kräfte geschildert, und doch spricht der Herr Jesus davon: „Den glimmenden Docht will ich nicht auslöschen; das zerstoßene Rohr will ich nicht zerbrechen." Manche Kinder Gottes werden so gestärkt, daß sie Großes für ihn auszurichten imstande sind; Gott hat hier und da einige Starke unter seinem Volk. Aber die Mehrzahl der Seinen ist ein schwaches, furchtsames Geschlecht. Wenn die Versuchung kommt, so werden sie gefangen; wenn Trübsal droht, so geraten sie in Angst und Furcht. Und doch, so schwach sie auch sind, ja, eben weil sie so schwach sind, ist ihnen diese Verheißung ganz besonders geschenkt. Hier ist Gnade und Barmherzigkeit! Hier ist Liebe und Freundlichkeit! Wie zeigt uns dies Wort den Herrn Jesus in seiner ganzen Sanftmut und Treue! Er ist so liebevoll, so gnadenreich! Wir dürfen vor seiner Berührung nicht zurückbeben. Wir haben kein schmerzendes Wort von ihm zu fürchten; ob er uns schon schelten könnte ob unserer Schwachheit, so straft er uns doch mit keiner Silbe.

Ich will euch mir vertrauen. Jeremia 3,14

Christus ist mit seinem Volke aufs innigste vereinigt. In Liebe hat er sich seine Gemeinde als eine reine Jungfrau zur Braut erkoren, lange bevor sie unter das Joch der Knechtschaft geriet. Voll selbstaufopfernder Liebe arbeitete er wie Jakob um Rahel, bis das Lösegeld bezahlt war. Und nun harrt er der seligen Stunde, da ihre gegenseitige Liebeswonne im Hochzeitsmahl des Lammes die höchste Stufe erreicht. Noch hat der erhabene Bräutigam seine Vertraute nicht vollkommen und herrlich gemacht vor der Hoheit Gott im Himmel. Noch ist sie nicht in den vollen Genuß ihrer Würde eingesetzt. Noch ist sie Pilgerin in einer Welt der Schmerzen. Aber auch jetzt ist sie seinem Herzen teuer, köstlich in seinen Augen, in seine Hände gezeichnet und mit ihm als dem Haupte verbunden. Er sorgt reichlich für alle ihre Bedürfnisse, bezahlt alle ihre Schulden, erlaubt ihr, seinen Namen zu führen, und gestattet ihr Anteil an allen seinen Reichtümern.
Und er wird sich auch nie anders gegen sie verhalten. Der Tod trennt das Band der liebevollsten Ehegatten, aber das Band dieser Ehe kann er nicht zerreißen. Im Himmel freien sie nicht, sondern sind wie die Engel Gottes. Aber eine wunderbare Ausnahme von dieser Regel besteht: im Himmel feiern Christus und seine Brautgemeinde die ewige Hochzeitsfreude. Dieser Liebesbund ist dauernder und inniger als jeder irdische Ehebund. Alle menschlichen Bande werden von dieser wunderbaren Liebe zu seiner Gemeinde übertroffen. Um ihretwillen verließ er seinen Vater und ward ein Fleisch mit ihr. Ja, so spricht der Herr: „Ich will mich mit dir verloben in Ewigkeit; ich will mich dir vertrauen in Gerechtigkeit und Gericht, in Gnade und Barmherzigkeit; und du wirst den Herrn erkennen.“

Das Blut Jesu Christi, des Sohnes Gottes, macht uns rein von aller Sünde. 1. Johannes 1, 7

„Macht uns rein", spricht der Apostel, und nicht: „es wird uns einmal rein machen". Es gibt viele, die da meinen, daß ihnen als Trost im Tode die Hoffnung auf die Vergebung der Sünde bleibe. Ach, wie unendlich besser ist es doch, daß wir schon jetzt rein werden, als wenn wir auf die bloße Möglichkeit der Sündenvergebung angewiesen wären, wenn es einmal mit uns zum Sterben kommen soll. Manche bilden sich ein, daß die Vergebung ein Gnadengeschenk sei, daß uns erst nach jahrelanger innerer Christenerfahrung zuteil werden könne. Aber die Vergebung der Sünden ist etwas Gegenwärtiges, ein Vorrecht eben des heutigen Tages, eine Freude gerade dieser Stunde. Im gleichen Augenblick, wo ein Sünder sein Vertrauen auf Jesus setzt, hat er auch völlige Vergebung schon empfangen. Unsre Schriftstelle zeigt auch eine Fortdauer an, weil sie in der gegenwärtigen Zeitform ausgedrückt ist. Es hieß gestern „macht uns rein", es heißt heute „macht uns rein", und „macht uns rein" heißt es auch noch morgen; es wird auch so bleiben. Du darfst jede Stunde zu diesem Born kommen, denn er macht noch immerfort rein. Und ebenso haben wir die Vollständigkeit ins Auge zu fassen: „Das Blut Jesu Christi, seines Sohnes, macht uns rein von aller Sünde", nicht nur von Sünde, sondern von aller Sünde. Vielerlei sind unsre Sünden wider Gott. Aber sei unsre Schuld groß oder klein, die gleiche Quittung tilgt alles aus, das Blut Jesu Christi ist eine so köstliche und göttliche Zahlung. Unsre Missetat ist hinweg, auf ewig hinweg. O selige Vollendung!

Stehet fest und sehet zu, was für ein Heil der Herr heute an euch tun wird.
2. Mose 14, 13

In diesem Wort ist Gottes Weisung an den Gläubigen enthalten, wenn er in schwierige Lagen gerät. Er kann weder zurück noch vorwärts. Links und rechts ist er eingeschlossen. Was soll er nun machen? Des Meisters Wort an ihn lautet: Stehe fest! Es ist gut für ihn, wenn er in solchen Zeiten nur auf seines Meisters Wort hört, denn es kommen andere und schlimme Ratgeber genug mit ihren eitlen Anschlägen. Die Verzweiflung flüstert ihm zu: Leg dich hin und stirb; gib alles verloren! Aber Gott will, daß wir fröhlichen Mut fassen und uns auch in den schlimmsten Zeiten seiner Liebe und Treue freuen. Die Feigheit redet uns ein: Kehre um; du kannst doch dein Glaubensleben nicht durchführen, es fällt dir zu schwer. Aber wie sehr auch der Satan dich mit diesem seinem fluchwürdigen Beginnen in die Enge treibt, du kannst ihm doch nicht folgen, wenn du ein wahres Gotteskind bist. Die Übereilung ruft dir zu: Tue doch etwas; stillestehen und warten ist ein unnützer Verlust! Wir müssen einmal etwas tun, wir müssen die Hand regen, meinen wir, statt daß wir auf den Herrn sehen, der nicht etwas, sondern alles tun will. Die Einbildung prahlt: Wenn das Meer vor dir ist, so gehe nur mutig hinein und harre auf das Wunder, das geschehen wird. Aber der Glaube hört weder auf die Einbildung noch auf die Verzweiflung, weder auf die Feigheit noch auf die Übereilung, sondern allein auf Gottes Wort und Befehl: Stehe still und bleibe unbeweglich wie ein Fels. Halte dich aufrecht wie ein Mann, zur Tat bereit, der weiterer Winke gewärtig ist und geduldig und getrost auf die leitende Stimme achtet. Es geht nicht mehr lange, so wird Gott zu dir sprechen, wie einst Mose sprach zum Volke Israel: Ziehe weiter.

Aber er ließ das Kleid in ihrer Hand und floh und lief zum Hause hinaus. 1. Mose 39, 12

Im Kampf mit manchen Sünden bleibt uns keine andere Möglichkeit des Sieges, als daß wir fliehen. Oft bringt uns schon der bloße Anblick des Bösen in große Gefahr. Wer sich hüten will vor Missetaten, muß jede Gelegenheit zur Sünde meiden und fliehen. Mache einen Bund mit deinen Augen, daß du mit keinem Blick achtest auf den Anlaß zur Versuchung. Viele Versuchungen bedürfen nur eines Funkens, so fangen sie an zu brennen und stehen in einem Augenblick in vollen Flammen. Wer möchte so verwegen sein und in die Verbannungszelle eines Aussätzigen gehen und sich zum Schlaf niederzulegen inmitten des furchtbaren Verderbens? Nur wer begehren könnte, selbst aussätzig zu werden, mag auf solche Weise um das Gift der Ansteckung buhlen. Wenn der Seemann wüßte, wie er dem Sturm entfliehen könnte, er böte alles auf, bevor er sich der Gefahr aussetzte, mit ihm auf den Tod kämpfen zu müssen.

Vielleicht bin ich heute einer großen Gefahr ausgesetzt. Ich will Schlangenklugheit gebrauchen, mich fern davon zu halten und ihr auszuweichen. Freilich kann ich vielleicht etwas dafür einbüßen, wenn ich aller bösen Gesellschaft ausweichen will. Aber besser, ich verliere den Rock, als daß ich die Seele aufs Spiel setze. Daß ich reich werde, ist nicht notwendig; aber es ist mir befohlen, daß ich rein bleiben soll. Keine Bande der Freundschaft, keine Fesseln der Schönheit, kein Prangen mit Wissen, keine Gefahr, lächerlich zu erscheinen, sollen mich von dem weisen Entschluß abbringen, vor der Sünde zu fliehen. Dem Teufel muß ich widerstehen, so flieht er vor mir. Fleischeslust aber muß ich fliehen, sonst überlistet sie mich. Mögen nie Welt, Fleisch und Satan uns überwinden!

So wendet allen euren Fleiß daran und reichet dar in eurem Glauben Tugend und in der Tugend Erkenntnis und in der Erkenntnis Mäßigkeit und in der Mäßigkeit Geduld und in der Geduld Gottseligkeit und in der Gottseligkeit brüderliche Liebe und in der brüderlichen Liebe allgemeine Liebe.

2. Petrus 1, 5-7

Wenn du die Gnade völliger Glaubenszuversicht genießen willst, so tue, was die Heilige Schrift sagt: Wende allen Fleiß daran. Sorge also, daß dein Glaube rechter Art ist, daß er nicht nur ein bloßer Verstandesglaube sei, sondern ein Glaube, der sich ganz allein auf Christus verläßt. Gib fleißig acht auf deinen Mut. Bitte Gott, daß er dir die Stirn eines Löwen gebe, damit du im Bewußtsein deiner Gotteskindschaft unerschrocken einhergehst. Forsche fleißig in der Schrift und werde fest in der Erkenntnis. Eine klare Erkenntnis des göttlichen Wortes und Willens ist eine mächtige Stärkung deines Glaubens. Trachte nach dem Verständnis der Heiligen Schrift.
Wenn du das getan hast, so reiche dar in der Erkenntnis Mäßigkeit. Bewahre deinen Leib: sei mäßig im Genuß des Irdischen. Bewahre deine Seele: sei mäßig im Gebrauch der geistigen Güter. Halte Maß in Gedanken und Worten, im Leben und Empfinden. Danach reiche dar Geduld. Laß dir Geduld schenken, die alle Anfechtungen überwindet, damit du nicht murrest oder mutlos werdest in deinen Heimsuchungen. Wenn diese Gnade erlangt ist, dann schaue dich um nach der Gottseligkeit. Gottes Verherrlichung sei deines Lebens Ziel. Wandle vor seinem Angesicht. Bleibe ihm nahe. Und dazu füge die brüderliche Liebe. Liebe alle Heiligen. Hieran reihe weiter die allgemeine Liebe, die ihre Arme gegen alle Menschen ausstreckt und ihre Seelen liebt. Wenn du mit diesen Kleinodien geschmückt bist, so wirst du in demselben Maße, wie du diese himmlischen Tugenden übst, zur klarsten Überzeugung deiner Erwählung und Berufung gelangen.

Durch welche uns die teuren und allergrößten Verheißungen geschenkt sind. 2. Petrus 1, 4

Wenn du den köstlichen Wert der Verheißungen kennenlernen und sie in deinem Leben genießen willst, so denke viel über sie nach. Manche Verheißungen gleichen den Trauben auf der Kelter: wenn du sie pressest, so fließt der Saft heraus. Das Nachdenken über die heiligen Worte von der Zusicherung der Gnade ist gar oft das Vorspiel zu ihrer Erfüllung. Während du darüber sinnst und dich danach sehnst, taut der Segen, den du suchst, unmerklich auf dich herab und erquickt dich. Mancher, der gelechzt hat nach dem verheißenen Heil, hat Hilfe und Erhörung gefunden und die zugesicherte Gnade empfangen während der Betrachtung der göttlichen Zusage. Er hat voller Freude erfahren dürfen, daß er die Verheißung seinem Herzen zueignen darf.

Aber neben dem Nachdenken über die Verheißungen trachte danach, daß du sie als wahrhaftige Worte Gottes in dein Herz aufnehmen kannst. Wenn ich es mit dem Versprechen eines Menschen zu tun hätte, so faßte ich die Fähigkeiten und die Gemütsart dessen, der mir das Versprechen gegeben hat, ins Auge. So verhält sich's mit der Verheißung Gottes. Die Größe dessen, der die Gnade verheißt, muß mich ermutigen. Gott ist's ja, Gott selbst. Und Gott kann nicht lügen, wenn er dir etwas zusagt. Er ist ein unwandelbarer Gott. Er ändert nicht, was sein Mund spricht, und widerruft nicht ein einziges Trostwort seiner Lippen. Und an Macht fehlt's ihm auch nicht. Und auch nicht an Weisheit, die rechte Zeit zu finden. Er weiß Tag und Stunde, wo er uns seine Gnade erweisen soll. Weil ich also sehe, daß es das Wort eines so treuen, unwandelbaren, mächtigen, weisen Gottes ist, so will und muß ich seiner Verheißung glauben. Ihre Erfüllung wird mir gewiß zuteil werden.

Da war ich ein Narr und wußte nichts; ich war wie ein Tier vor dir.

Psalm 73, 22

Es ist zu bedenken, daß dies das Bekenntnis eines Mannes nach dem Herzen Gottes ist. Dabei bedeutet das Wort „Narr“ mehr als das, was der gewöhnliche Gebrauch dieses Ausdrucks in sich faßt. Asaph schreibt in einem früheren Vers: „Es verdroß mich der Ruhmredigen, als ich sah, daß es den Gottlosen so wohl ging.“ Daraus geht hervor, daß die eitle Torheit, auf die er in beiden Versen anspielt, etwas Sündliches war. Es war eine Torheit, die nicht eine Entschuldigung in der Schwäche finden konnte, sondern verdammlich war um ihrer Hartnäckigkeit und absichtlichen Stumpfheit willen. Es hatte ihn verdrossen, auf das zeitliche Glück der Gottlosen zu sehen. Er hatte vergessen, welch ein schreckliches Ende ihrer wartet.
Sind wir besser als Asaph, daß wir uns weise nennen dürfen? Bekennen wir etwa, daß wir der Vollkommenheit nachtrachteten oder daß wir so gezüchtigt wurden, bis die Rute all unseren Eigenwillen ausgetrieben hatte? Das wäre törichter Stolz! Wenn Asaph ein Narr war, wieviel närrischer müßten wir uns achten, wenn wir nur sehen könnten, wie es mit uns steht! Schaue rückwärts, Christ. Denke daran, wie du an Gott zweifeltest, während er so treu an dir war. Gedenke der Zeiten, da du seine Schickungen mit trüben Blicken betrachtetest, seine wunderbaren Führungen verkanntest und in den Schmerzensruf ausbrachst: Alles ist wider mich!, während doch alles zu deinem Besten dienen mußte. Wahrlich, wenn wir unser Herz kennten, so müßten wir uns einer sündlichen Narrheit und Torheit schuldig bekennen. Aber wir müßten auch wie Asaph im Bewußtsein dieser Narrheit zu dem seligen Schluß kommen, daß Gott allein weise ist, und ausrufen: Du leitest mich nach deinem Rat!

Wer will die Auserwählten Gottes beschuldigen? Römer 8, 33

O seliger Ausspruch! Wo ist hier eine Antwort zu finden? Alle Sünden aller Auserwählten sind auf den großen Fels unseres Heils gelegt, und durch seine Versöhnung abgetan. Sie sind auf ewig gerechtfertigt in Christo. Da die Schuld der Sünde getilgt ward, wurde auch die Strafe der Sünde auf ewig hinweggenommen. Der Christ hat keine Schläge mehr zu fürchten von der Zorneshand des versöhnten Gottes. Der Gläubige kann von seinem Vater gezüchtigt werden, aber Gott, der Richter, hat nichts zu dem Christen zu sagen, außer: „Ich habe dir verziehen, du bist erlöst." Für den Christen ist der Tod keine Strafe mehr in dieser Welt, noch fürchtet er einen anderen Tod. Er ist aufs völligste von aller Strafe sowohl, als von aller Schuld der Sünde befreit, und auch die Macht der Sünde über ihn ist überwunden. Sie kann uns wohl in den Weg treten und uns mit ihren beständigen Anläufen beunruhigen; aber die Sünde ist ein überwundener Feind gegenüber jeder Seele, die mit Christo vereinigt ist. Alle, die im Himmel das weiße Kleid der Gerechtigkeit tragen, haben überwunden durch des Lammes Blut, und das können auch wir. Keine Begierde ist zu mächtig, keine Lieblingssünde zu tief eingefleischt, wir können sie überwinden durch die Macht unseres Herrn Jesu Christi. Glaube es, lieber Christ, daß deine Sünde eine schon abgetane Sache ist.

Christus hat sie „aus dem Mittel getan, und an das Kreuz geheftet". Gehe nun hin, und ertöte sie, und der Herr stehe dir bei, daß du mögest ihm zum Lobe leben, denn die Sünde ist samt aller Schuld, Schande und Strafe dahin.

Da gedachte Petrus an das Wort, das Jesus zu ihm sagte: Ehe der Hahn zweimal kräht, wirst du mich dreimal verleugnen. Und er hob an, zu weinen. Markus 14, 72

Viele haben geglaubt, daß der Strom der Tränen Petri jedesmal wieder zu fließen begann, wenn er an seine Verleugnung des Herrn dachte. Es ist nicht von der Hand zu weisen, daß dieses der Fall war; denn seine Sünde war sehr groß, und die Gnade bewirkte später in ihm eine völlige Umwandlung. Geht's uns nicht auch so? Wenn wir daran denken, was wir einst zu werden versprachen und was dagegen aus uns geworden ist, so möchten wir ganze Ströme von Tränen der Bekümmernis vergießen. Petrus dachte an die Verleugnung seines Herrn, an den Ort, wo sie geschah, an den geringfügigen Anlaß zu dieser häßlichen Sünde, an die Schwüre und Beteuerungen, mit denen er seinen Verrat zu bekräftigen suchte, und an die entsetzliche Herzenshärtigkeit, die ihn wiederholt zu solchem Tun antrieb. Wie können wir noch starr und stumpf bleiben, wenn wir an unsere Sünden und ihre überaus große Sündigkeit erinnert werden? Wollen wir nicht unser Haus zu einem Bußhaus machen und zu dem Herrn schreien, er möge uns aufs neue seiner vergebenden Liebe versichern?
Petrus gedachte auch des liebevollen Blickes seines Meisters. Der Herr folgte dem Warnungsruf des krähenden Hahnes mit einem mahnenden Blick des Kummers, des Mitleids und der Liebe nach. Dieser Blick verschwand Petrus nie wieder aus dem Gedächtnis. Er war beredter als zehntausend Predigten, denen das Zeugnis des Geistes fehlt. Der reuige Jünger mußte gewiß auch weinen, wenn er an des Heilands volle Vergebung dachte, die ihn wieder völlig in den früheren Gnadenstand versetzte. Der Gedanke, daß wir einen so gütigen und liebevollen Herrn tief verletzt haben, ist mehr als genug Grund für uns zu steten Tränen. Herr, zerschlage unsere Felsenherzen und mache, daß die Bäche fließen.

Ich bin in ihnen. Johannes 17, 23

Wenn die Gemeinschaft zwischen uns und unserem Heiland so innig ist, wie breit und tief muß da der Strom unseres Umgangs mit ihm fließen! Siehe, er hat vor uns gegeben eine offene Tür. So wollen wir nicht zögern, dadurch einzugehen. Diese Stadt der Gemeinschaft hat viele Tore, und jedes Tor ist weit aufgetan, damit wir eingehen sollen, eines willkommenen, herrlichen Empfanges sicher. Wäre nur ein enges Sprachgitter vorhanden, durch das wir mit dem Herrn Jesus verkehren können, so müßten wir schon das für einen großen Vorzug achten. Wie groß ist aber die Gnade, daß uns ein so weiter Zugang geöffnet ist! Wäre der Herr Jesus weit von uns entfernt und trennten uns stürmische Meere von ihm, so hätten wir das sehnliche Verlangen, ihm einen Boten zusenden zu können, der ihm unsere Liebesgrüße überbrächte und uns wiederum Nachricht gäbe aus unseres Vaters Hause. Aber siehe, er macht Wohnung bei uns und richtet sich ein Heiligtum zu in unseren armen Herzen, damit er in beständigem Verkehr mit uns bleibe. Ach, wie töricht müßten wir doch sein, wenn wir nicht in unablässigem Umgang mit ihm blieben! Wenn der Weg weit und gefahrvoll und mühsam ist, dann brauchen wir uns nicht zu wundern, wenn Freunde einander nur selten besuchen. Wenn sie aber beieinander wohnen, wird dann wohl Jonathan seinen David vergessen? Wenn ein Mann über Land ist, so mag seine Frau seinen Umgang und seine Unterhaltung manchen langen Tag entbehren. Aber sie könnte es nicht aushalten, von ihm getrennt zu bleiben, wenn sie wüßte, er ist im Hause anwesend. Nun, sitzest du nicht bei ihm an seinem Gastmahl? Suche deinen Herrn, denn er ist dir nahe. Umarme ihn, denn er ist dein Bruder. Laß ihn nicht, denn er ist dein Mann. Drücke ihn an dein Herz, denn er ist dein Fleisch und Blut.

Laß mich aufs Feld gehen und Ähren auflesen. Ruth 2, 2

Du niedergeschlagener und betrübter Christ, komm und lies heute Ähren auf in dem weiten Erntefeld der Verheißungen. Hier liegen reiche Vorräte köstlicher Zusagen, die ganz auf deine Bedürfnisse berechnet sind.
Nimm die folgende: „Das zerstoßene Rohr wird er nicht zerbrechen, und den glimmenden Docht wird er nicht auslöschen.“ Paßt das nicht ganz und gar für dich? Ein Rohr, hilflos, unbedeutend, elend, schwach; ein zerstoßenes Rohr, aus dem sich kein Ton locken läßt; schwächer als die Schwachheit selbst; ein Rohr und ganz zerstoßen - das bist du. Und dennoch will er dich nicht ganz zerbrechen, sondern dich vielmehr wiederherstellen. Du bist wie ein glimmender Docht: kein Licht, keine Wärme strömt von dir aus; aber er will dich nicht auslöschen. Er will mit seinem sanften, belebenden Gnadenhauch dich anfachen, bis er dich in Flammen ausbrechen sieht.
Willst du eine andere Ähre auflesen? „Kommet her zu mir alle, die ihr mühselig und beladen seid, ich will euch erquicken.“ Was für milde Worte sind das! Dein Herz ist zart, und dein Meister weiß das, und darum spricht er so sanft mit dir. Willst du ihm nicht gehorsam sein und ihm gerade in diesem Augenblick folgen?
Nimm noch eine andere Ähre. „Fürchte dich nicht, du Würmlein Jakob. Ich helfe dir, spricht der Herr, und dein Erlöser ist der Heilige in Israel.“ Wie kannst du dich noch fürchten, wenn dir eine so wunderbare Zusicherung wie diese gegeben ist? So magst du zehntausend goldene Ähren sammeln. Unseres Meisters Kornfeld trägt gar reichlich. Lies sie auf. Eigne sie dir an. Jesus heißt dich zugreifen. Fürchte dich nicht, glaube nur. Erfasse die lieblichen Verheißungen, dresche sie aus auf der Tenne deiner Betrachtung und genieße ihr Brot mit Freuden.

Der alle Dinge wirkt nach dem Rat seines Willens.

Epheser 1, 11

Unser Glaube an Gottes Weisheit setzt voraus, daß er einen Plan festgelegt hat, nach dem er das Werk der Erlösung ausführt. Was wäre aus seiner Schöpfung geworden ohne seine weisen Absichten fürs Ganze wie fürs Einzelne? Ist auch ein Fisch im Meer oder ein Vogel in der Luft, dessen Dasein dem Zufall überlassen gewesen wäre? Selbst in der Welt des Kleinsten erkennst du das Walten eines Gottes, der alle Dinge wirkt nach dem Ratschluß seiner unendlichen Weisheit. Sollte aber Gott nur in der Schöpfung schalten und alles ordnen, und nicht auch im Reich der Gnade? Soll in der neuen, geistlichen Schöpfung das wankelmütige Wesen des freien Willens alles beherrschen, während der göttliche Ratschluß die alte Schöpfung überwacht? Nein, er kennt das Ende schon im Anfang. Er schaut im voraus alles weislich geordnet: nicht nur den Eckstein, den er im Schmucke glänzender Farben festgelegt und gebettet hat in das Blut seines teuren Sohnes, sondern an dem zuvor ersehenen Ort und an der richtigen Stelle auch einen jeden auserwählten Stein, den er herausgenommen hat aus dem Steinbruch der Natur und geglättet durch seine Gnade. Er überblickt alles vom Grundstein bis zum Giebel, vom Fuß bis zum First, von der Schwelle bis zur Spitze. Er hat in seinem Gemüt eine genaue Kenntnis von einem jeglichen Stein, der an seine bestimmte Stelle zu liegen kommen soll, und ein klares Bild von der Größe und Gestalt des gesamten Bauwerks. Er weiß um den Zeitpunkt, an dem der Schlußstein eingesetzt werden wird unter dem lauten Jubel: Heilig! Heilig! In der Vollendung wird sich's deutlich zeigen, daß Gott in einem jeglichen auserwählten Gefäß der Gnade mit seinem Eigentum gewaltet hat nach seinem Willen und daß er in jedem Teil des Gnadenwerks sein Ziel erreicht und seinen Namen verherrlicht hat.

Ihre Leuchte ist das Lamm. Offenbarung 21, 23

Licht ist in der Heiligen Schrift das Sinnbild der Freude. Alle Freude der Seligen im Himmel läßt sich in diesen Gedanken zusammenfassen: Jesus hat uns erwählt, geliebt, erkauft, gereinigt, gekleidet, bewahrt und verherrlicht; wir haben die Freude und Herrlichkeit ganz allein dem Herrn Jesus zu verdanken.

Das Licht ist auch eine Quelle der Schönheit. Von aller Schönheit bleibt nichts, wenn das Licht fehlt. Ohne Licht strahlt kein Glanz vom himmelblauen Saphir. So geht alle Schönheit der Heiligen dort oben aus Jesum hervor. Wenn er sich den Seinen entzieht, so müssen sie sterben. Wenn seine Herrlichkeit sich verhüllt, so muß ihr Glanz verwelken.

Licht ist auch das Sinnbild der Erkenntnis. Im Himmel wird unsere Erkenntnis vollkommen sein, aber der Herr Jesus selbst ist ihre Quelle. Dunkle Führungen, die wir vorher nie zu fassen vermochten, werden dann in klarem Licht erscheinen. Alles, was uns jetzt noch betroffen macht, wird uns im Lichte des Lammes befriedigt und unser freudiges Staunen erregen. Alles wird sich aufklären und den Gott der Liebe verherrlichen!

Licht ist auch Sinnbild der Offenbarung. Hienieden ist noch nicht erschienen, was wir sein werden. Wenn aber Christus sein Volk zu sich in den Himmel nimmt, wird er sie anrühren mit dem Stab seiner Liebe und sie verwandeln in das Bild seiner geoffenbarten Herrlichkeit. Sie waren arm und elend, aber welch eine Umwandlung! Sie waren mit Sünde bedeckt, aber er berührt sie nur mit seinem Finger, so wird sie glänzend wie die Sonne und klar wie ein Kristall. O, was wird das sein, wenn wir einst bei ihm sein dürfen und ihn schauen in seinem Licht als den Obersten aller Obrigkeiten und Herrn aller Herren.

Aber die vom Volk, so ihren Gott lieben, werden sich ermannen und es ausrichten. Daniel 11, 32

Die Erkenntnis Gottes ist für den Christen eine Quelle der Stärkung. Sie kräftigt seinen Glauben. Es ist des Heiligen Geistes besonderes Amt, sie in alle Wahrheit zu leiten, auf daß ihr Glaube gestärkt und gemehrt werde.
Die Erkenntnis macht auch die Liebe stark und mächtig. Sie öffnet die Pforte, durch die wir unseren Heiland erblicken. Sie malt das Bild Jesu; und wenn wir dieses Bild erblicken, so lieben wir ihn. Wir können keinen Christus lieben, den wir nicht kennen, von dem wir nicht wenigstens etwas wissen. Aber je mehr wir ihn kennenlernen, um so mehr werden wir ihn liebgewinnen.
Die Erkenntnis stärkt auch unsere Hoffnung. Wie können wir auf etwas hoffen, von dessen Vorhandensein wir nichts wissen? Die Hoffnung ist ein Fernrohr; aber wenn wir keine Anweisung empfangen, wohin wir es richten sollen, so können wir nichts sehen. Die Erkenntnis gibt unserer Hoffnung Ziel und Zweck. Wir erblicken die Herrlichkeit, die an uns soll geoffenbaret werden, und genießen sie im voraus voll freudiger Zuversicht.
Die Erkenntnis stärkt uns zum Ausharren in der Geduld. Wie sollen wir Geduld üben, es sei denn, daß wir etwas wissen von dem barmherzigen Mitleid Jesu Christi und den Segen begreifen, der aus der Züchtigung, die unser himmlischer Vater uns sendet, uns erwachsen soll?
Ach, es gibt keine einzige Gnade für den Christen, die nicht gekräftigt und zur Vollendung gebracht wird durch heilsame Erkenntnis. Hochwichtig ist es darum, daß wir nicht allein in der Gnade, sondern auch in der Erkenntnis unseres Herrn und Heilandes Jesu Christi wachsen.

Wir wissen aber, daß denen, die Gott lieben, alle Dinge zum Besten dienen. Römer 8, 28

Über einige Dinge ist der Gläubige ganz im klaren. Er weiß, daß Gott am Steuer seines Lebensschiffes sitzt und es lenkt mitten im heftigen Sturm. Er glaubt, daß eine unsichtbare Hand das Fahrzeug der Weltgeschichte steuert, daß Gott es leitet nach seinem wunderbaren Rat, wie sehr auch die Fluten wogen. Dieses Wissen beruhigt ihn über alles und bereitet ihn auf alles vor. Er schaut hinaus in die tobenden Wellen und sieht die Gestalt Jesu einhergehen auf den Tiefen und vernimmt seine Stimme: Sei getrost, ich bin es; fürchte dich nicht! Er weiß auch, daß Gott immer weislich handelt; und darum ist er voll Zuversicht, daß ihm kein Unglück schaden und kein Mißgeschick begegnen kann, daß nichts geschehen kann, was nicht kommen sollte.

Wir wissen aber, daß denen, die Gott lieben, alle Dinge zum Besten dienen! Der Christ hält hieran fest, nicht, wie wenn's eine bloße Einbildung wäre, sondern er weiß, daß es wirklich so ist. Alles hat bis jetzt zum Besten gedient. Auch die giftigen Stoffe, im rechten Verhältnis gemischt, haben die Heilung bewirkt. Der scharfe, sichere Schnitt des Messers hat das brandige Fleisch entfernt und die Heilung erleichtert. Jede Schickung hat bis jetzt die wohltätigste Wirkung ausgeübt. So wird des Gläubigen Herz durch den Glauben an Gottes allwaltende Obhut, an seine weise ausgeübte Macht, das Böse zum Guten zu wenden, fest und gewiß gemacht. So wird er tüchtig, jeder Trübsal ergeben und vertrauensvoll zu begegnen, wie Gott sie sendet. Er vermag durch den Geist des Gottvertrauens zu beten: Sende mir, was du willst, mein Gott, solange es von dir kommt! Nie ward irgendeinem deiner Kinder etwas Böses zuteil.

Wenn du mich demütigest, machst du mich groß. Psalm 18, 36

Eigentlich heißt die Stelle: „Deine Demut macht mich groß“, „Deine Herablassung zu mir“, „Deine Selbsterniedrigung“. Was uns groß macht, ist die Leutseligkeit Gottes, die sich uns zuliebe klein macht. Die Worte können auch übersetzt werden: „Deine Güte macht mich groß“. David schreibt dankbar alle seine Größe der Güte Gottes zu. Manche lesen auch: „Deine Hilfe“. Der Herr ist der starke Verbündete seiner Kinder, der ihnen zur Seite steht. Es gibt noch andere Ausdrücke. So heißt es z. B. in der griechischen Übersetzung: „Deine Zucht“, „Deine väterliche Strafe macht mich groß“, während die chaldäische Übersetzung lautet: „Dein Wort stärkt mich“. David weist hier auf die herablassende Güte seines himmlischen Vaters hin, wenn er an seine Lebenserfahrungen denkt. Möchte doch dieses Gefühl in unseren Herzen einen dankbaren Widerhall finden: Bringen wir dem Herrn Jesus Anbetung mit dem Ausruf: „Deine Güte macht mich groß!“ Wie wunderbar haben wir doch Gottes Güte und Freundlichkeit erfahren dürfen! Wie väterlich milde sind doch seine Heimsuchungen gewesen! Wie weise sein Verschonen! Wie lieblich seine Gebote! Wie sanft seine Führungen! Denke hierüber nach. Laß deine Dankbarkeit aufwachen; laß deine Demut sich vertiefen; laß deine Liebe wachsen!

Liebe, die du mich zum Bilde
deiner Gottheit hast gemacht;
Liebe, die du mich so milde
nach dem Fall hast wiederbracht:
Liebe, dir ergeb' ich mich, dein zu bleiben ewiglich!

Liebe, die du mich erkoren,
eh' ich noch geschaffen war;
Liebe, die du menschgeboren
und mir gleich warst ganz und gar.
Liebe, dir ergeb' ich mich, dein zu bleiben ewiglich!

Des Menschen Sohn hat Macht, auf Erden die Sünden zu vergeben. Matthäus 9, 6

Das ist eine der gewaltigsten Leistungen unseres großen Arztes: Er hat Macht, die Sünden zu vergeben! So lange er hienieden lebte, ehe er noch das Lösegeld bezahlt hatte, hatte er Macht, die Sünden zu vergeben. Und sollte er jetzt, da er gestorben ist, die Macht der Vergebung nicht mehr besitzen? Wenn ihr noch daran zweifelt, so schaut hin, wie er von den Toten auferstand und nun erhöhet ist zur Rechten Gottes! Höret, wie er Fürbitte tut vor seinem ewigen Vater, und auf seine Wunden hinweist, und das Verdienst seines heiligen Leidens geltend macht! Welch eine Macht der Vergebung findet sich hier! „Er mußte auferstehen von den Toten und predigen lassen in seinem Namen Buße und Vergebung der Sünden." Die größten Sünden werden abgewaschen durch sein Blut der Versöhnung. In diesem Augenblick, liebe Seele, hat Christus Macht, dir zu vergeben, wie überaus sündig auch deine Sünde sei. Ein einziges Wort vollbringt es. Er braucht nichts mehr zu vollbringen, um deine Vergebung zu erlangen; das Versöhnungswerk ist ganz vollbracht. Er kann dein Geschrei und Tränen erhören, und dir heute, jetzt, deine Sünden vergeben und dich dessen gewiß machen. Glaubst du das? Mögest du nun die Macht Jesu, die Sünden zu vergeben, an dir erfahren! Verziehe keinen Augenblick, dich an den Arzt deiner Seele zu wenden, sondern eile zu ihm mit dringendem Flehen um Gnade! Und siehe, wie brennt sein Herz in Liebe gegen dich!

Sie brüten Basiliskeneier und wirken Spinnwebe.

Jesaja 59, 5

Das Netz der Spinne ist ein höchst treffendes Bild von der Frömmigkeit des Heuchlers. Es stellt die Absicht, Beute zu erhaschen, ans Licht. Die Spinne sättigt sich mit geraubten Spinnen. Der Pharisäer schaut mit gierigen Blicken nach seinem Lohn. Törichte Leute lassen sich leicht von den wohltönenden, frommen Redensarten der Scheinheiligen berücken. Selbst der vorsichtige Beurteiler wird manchmal überlistet.

Das Netz einer Spinne ist ein Wunder von Kunstfertigkeit. Ist nicht auch eines Betrügers Gottesfurcht ganz ebenso bewundernswert? Wie weiß er doch einer offenbaren Lüge ein solches Gepräge der Wahrheit zu geben! Wie weiß er es so geschickt einzurichten, daß sein wertloser Plunder die Rolle des kostbaren Goldes spielt!

Ein Spinnweb geht ganz aus des Geschöpfes eigenem Inneren hervor. Die Biene sammelt ihr Wachs im Kelch der Blumen, aber die Spinne trinkt keinen Blumensaft und spinnt doch ihren Faden endlos in die Länge. So finden Heuchler ihre Zuversicht und Hoffnung in sich selbst. Ihren Anker haben sie auf dem eigenen Amboß geschmiedet und ihr Ankertau mit eigenen Händen zusammengedreht.

Aber einer Spinne Netz zerreißt leicht. Es ist wunderbar kunstvoll gemacht, aber nicht dauerhaft gearbeitet. Es hält weder dem Besen der Magd noch dem Stab des Wanderers stand. Es braucht kein schweres Geschütz, um des Heuchlers Hoffnung über den Haufen zu werfen. Sie stürzt schon beim leichtesten Stoß.

Spinnweben dürfen im Hause Gottes keine bleibende Statt finden. Der Herr sieht darauf, daß die Spinnweben samt denen, die sie verfertigen, auf ewig dem Verderben anheimfallen. O, meine Seele, vertraue auf etwas Besseres als auf einer Spinne Netz! Der Herr Jesus möge dein ewiger Bergungsort sein!

Und die Stadt bedarf keiner Sonne noch des Mondes, daß sie ihr scheinen, denn die Herrlichkeit Gottes erleuchtet sie.

Offenbarung 21, 23

In jener besseren Welt dort oben sind die Bewohner der ewigen Wohnungen unabhängig von allen zeitlichen Bedürfnissen. Sie bedürfen keiner Erneuerung ihrer Kleidung: das weiße Kleid der gottgewirkten Gerechtigkeit trägt sich nie ab. Sie bedürfen keiner Arznei zur Heilung von Krankheiten, denn kein Einwohner wird sagen: Ich bin schwach. Sie bedürfen keines Schlafes, um ihrem Körper Erholung und Stärkung zu geben; sie ruhen weder Tag noch Nacht, sondern loben Gott unermüdlich in seinem Tempel. Sie bedürfen keiner geselligen Kreise zu ihrem Trost und ihrer Erquickung, denn die Gemeinschaft mit dem Herrn ist auch für ihre höchste Sehnsucht voll genügend. Sie bedürfen keiner Lehrer zur Unterweisung in göttlichen Dingen, denn sie werden alle von Gott gelehrt sein. Uns fallen die Almosen an des Königs Tor zu, sie aber sitzen bei seinem Abendmahl. Hier lehnen wir uns auf eines teuren Freundes Arm, dort lehnen sie sich auf ihren Geliebten, ganz und allein auf ihn. Hier sind wir angewiesen auf die Hilfe unserer Mitgenossen, dort finden sie in Christus alles, was sie brauchen. Hier wendet unser Blick sich der Speise zu, die verdirbt, und dem Kleid, das veraltet und mottenfräßig wird; dort aber wird ihnen in Gott alles geschenkt. Hier nehmen wir den Eimer und füllen ihn mit Wasser aus dem Brunnen, dort aber trinken sie sich an der Quelle satt. Solch eine selige Zeit wird's sein, wenn wir Gott von Angesicht zu Angesicht schauen werden und uns unmittelbar auf seinen Arm stützen dürfen! Welch eine herrliche Stunde, wenn Gott und nicht seine Geschöpfe, wenn der Herr und nicht seine Werke unsere tägliche Freude und Wonne sein wird in der seligen Ewigkeit!

Wenn aber Christus, euer Leben, sich offenbaren wird, dann werdet auch ihr offenbar werden mit ihm in der Herrlichkeit.

Kolosser 3, 4

Der wunderbar reiche, inhaltsvolle Ausdruck von Paulus zeigt, daß Christus die Quelle unseres Lebens ist. „Da wir tot waren in den Sünden, hat er uns samt Christo lebendig gemacht." Dieselbe Stimme, die Lazarus aus dem Grabe rief, hat uns auferweckt zur Erneuerung des Lebens.

Er ist auch der Inhalt unseres geistlichen Lebens. Durch sein Leben haben wir das Leben. Er ist in uns die Hoffnung der Herrlichkeit, der Quell unserer Taten, der Grundgedanke, der jeden anderen Gedanken erregt und bewegt.

Christus ist die Erhaltung unseres Lebens. Wovon anders kann der Christ leben als von Christi Fleisch und Blut? Ihr müden Pilger in der Wüste der Sünde, ihr erhaltet nie einen Bissen, der den Hunger eurer Seele zu stillen imstande ist, es sei denn, ihr findet ihn in ihm!

Christus ist der Trost unseres Lebens. Alle unsere wahrhaftigen Freuden gehen von ihm aus. In den Zeiten der Trübsal ist seine Gegenwart unser Trost. Seine Güte ist besser denn Leben!

Christus ist das Ziel unseres Lebens. Wie der Pfeil der Zielscheibe entgegenfliegt, so eilt der Christ der Vollendung seiner Gemeinschaft mit Christus entgegen. Wie der Krieger für seinen Feldherrn kämpft und durch dessen Sieg selbst mit verherrlicht wird, so streitet der Gläubige für Christus und pflückt seinen Siegeslorbeer aus dem Siegeskranz seines Herrn.

Christus ist das Vorbild unseres Lebens. Wenn wir in inniger Gemeinschaft mit ihm leben, so trachten wir danach, daß wir in seine Fußstapfen treten, bis er endlich in der ewigen Herrlichkeit die Krone unseres Lebens wird.

O daß ich wäre wie in den vorigen Monden, in den Tagen, da mich Gott behütete. Hiob 29, 2

Viele Christen können mit Freuden in die Vergangenheit zurückblicken, aber sie schauen die Gegenwart mit verdrießlichen und unbefriedigten Augen an. Sie sehen zurück auf die Tage, die sie im Umgang mit dem Herrn zugebracht haben, und halten diese für die lieblichsten und schönsten, die sie je erlebten. Die Gegenwart aber erscheint ihnen düster und betrüblich. Einst lebten sie mit Jesu und in seiner Nähe, jetzt aber fühlen sie, daß sie sich von ihm verirrt haben. Sie beklagen es tief, daß sie ihre Zuversicht verloren haben oder keinen Seelenfrieden genießen, daß ihnen die Gnadenmittel keine Freude gewähren, daß das Gewissen nicht mehr so zart sei oder sie nicht mehr den glühenden Eifer für die Verherrlichung Gottes haben wie früher.
Woher kommt dieser traurige Zustand? Vielleicht aus einer Vernachlässigung des Gebets. Die Verödung des Kämmerleins ist der Anfang alles geistlichen Verfalls. Oder er entspringt aus abgöttischem Wesen. Dein Herz hing an etwas anderem mehr als an Gott. Gott aber gibt sich nicht zufrieden mit einem halben oder geteilten Herzen. Er will zuerst und ausschließlich geliebt sein. Oder die Ursache liegt im Selbstvertrauen und in der Selbstgerechtigkeit. Der Stolz ist geschäftig im Herzen, die Selbstsucht hat sich erhöht, statt daß sie sich hätte demütigen lassen am Fuße des Kreuzes.
Lieber Leser, wenn es jetzt mit dir nicht so steht wie „in den vorigen Monden", so gönne dir keine Ruhe. Begnüge dich nicht mit dem frommen Wunsche, daß die frühere Glückseligkeit wieder bei dir einkehren möge, sondern geh sogleich und suche deinen Meister und klage ihm deine Anliegen und Nöte. Bitte ihn um Gnade und Kraft, so wird er dich wieder erhöhen und dir das Licht von seinem Angesichte zu schmecken geben.

Ich habe ihr Leid erkannt. 2. Mose 3,7

Sollten wir nicht getrost sein, wenn wir entdecken, daß unser teurer Freund und Heiland alles weiß, wie es um uns steht?
Er ist der Arzt, und wenn er alles weiß, so ist es nicht nötig, daß es der Kranke auch weiß. Still, du verzagtes, wankelmütiges Herz, das bald weint, bald betet, bald zweifelt! Was du jetzt nicht weißt, wirst du hernach erfahren, und Jesus, der geliebte Arzt, kennt die Leiden deiner Seele. An mir ist es, Vertrauen zu ihm zu haben, und an ihm, mir mein Verhalten vorzuschreiben. Ich bin überzeugt, daß er alles zu einem guten Ende führt, wie seltsam auch sein Verfahren sei.
Er ist der Meister, und sein Wissen muß unseren Mangel an Kenntnissen ersetzen; wir haben nur zu gehorchen und nicht zu urteilen. Hat ein Baumeister nötig, jedem Handlanger die Bedeutung seines Entwurfes in allen Einzelheiten auseinanderzusetzen? Der Ton auf der Töpferscheibe kann nicht sagen, welche Gestalt ihm soll gegeben werden; wenn nur der Töpfer sein Handwerk versteht, was kümmert ihn doch die Unwissenheit des Tons?
Er ist das Haupt; was weiß der Arm zu überlegen, was begreift der Fuß? Alle Macht des Erkennens und Wissens liegt im Haupt. Wozu hätten die Glieder ein besonderes Hirn nötig, wenn das Haupt alles Denken für sie verrichtet? Darin also muß der Gläubige in seinem Leiden seinen ganzen Trost suchen, daß Jesus alles weiß und voraussieht, wenn er selber auch nicht weiß, was es mit ihm für ein Ende nimmt.

Daß die Bäume des Herrn voll Saft stehen, die Zedern Libanons, die er gepflanzt hat.
Psalm 104, 16

Libanons Zedern sind ein Sinnbild für das Volk der Christen. Sie verdanken ihr Leben und Gedeihen ganz dem Herrn, der sie gepflanzt hat. Das gilt von einem jeden Gotteskind. Die geheimnisvolle Hand des Heiligen Geistes streut den lebendigen Samen in ein Herz, das er selbst zur Saat zubereitet hat. Die Zedern Libanons bedürfen auch keines Menschen, der sie bewässere. Sie stehen auf einem hohen Felsen, nie gefeuchtet von Menschenhand, und doch sorgt ihr Schöpfer für sie. So verhält sich's mit dem Christen, der gelernt hat, seines Glaubens zu leben. Er ist unabhängig von Menschen und von zeitlichen Dingen. Er schaut auf den Herrn allein. Der erhält ihn beständig durch seine Gnade.
Weiter werden die Zedern Libanons von keiner sterblichen Macht geschützt. Sie verdanken auch nicht im geringsten ihr fröhliches Gedeihen in Sturmessausen und Wetterbrausen dem Menschen. Sie sind Gottes Bäume, erhalten und bewahrt allein durch ihn. Ganz ebenso ist es mit dem Christen. Er ist Wind und Wetter ausgesetzt. Er hat weder Schutz noch Schirm - ausgenommen allein das, daß die Flügel Gottes ihn bedecken.
Den Zedern gleich stehen die Gläubigen auch voller Saft und haben Lebenskraft genug, um allezeit zu grünen, selbst mitten im winterlichen Schnee und erstarrenden Frost. Endlich gereicht das fröhliche und kräftige Gedeihen der Zedern und ihr hoheitsvoller Wuchs Gott allein zur Ehre. Der Herr, ja der Herr allein, ist den Zedern alles geworden. Es ist nichts im Gläubigen, was den Menschen verherrlichen könnte. Er wird gepflanzt, ernährt und beschützt von des Herrn eigener Hand. Darum lobe den Herrn, meine Seele, und gib ihm allein die Ehre!

Denn, Herr, du lässest mich fröhlich singen von deinen Werken.
Psalm 92, 5

Glaubst du, daß dir deine Sünden vergeben sind und daß Christus eine völlige Versöhnung für sie dargebracht hat? Was für ein fröhlicher Christ mußt du dann sein! Wie mußt du dich erhoben fühlen über alle Trübsal und Traurigkeit dieser Welt. Was kann dir alles andere schaden, wenn dir nur deine Sünden vergeben sind? Luther hat gesagt: „Schlag zu, Herr, schlag zu, denn mir sind meine Sünden vergeben; wenn du mir nur vergeben hast, so schlag nur zu, so heftig du willst.“ In ganz gleichem Sinne kannst du sagen: Sende Krankheit, Armut, Verlust, Kreuz, Verfolgung oder was du nur immer willst; du hast mir vergeben, und meine Seele ist fröhlich.
Lieber Christ, weil du errettet und selig geworden bist, darum sei dankbar und voller Liebe. Klammere dich an das Kreuz, an dem deine Sünden gekreuzigt worden sind. Diene dem, der dir gedient hat. Gib nicht zu, daß dein Eifer sich verflüchtige und verzehre in einer nur vorübergehenden Wallung des Dankens und Lobpreisens, sondern beweise deine Liebe mit herzlichen, tiefempfundenen Zeichen deiner Hingabe an ihn. Liebe die Brüder dessen, der dich geliebt hat. Ist irgendein armer, schwergeprüfter Bruder, so weine mit ihm und trage sein Kreuz um des willen, der über dich geweint und deine Sünden getragen hat. Weil dir um Christi willen freie Vergebung zuteil geworden ist, gehe hin und verkündige anderen die frohe Botschaft von der vergebenden Gnade. Verkündige weit umher das Wort vom Kreuz. Heilige Freude und selige Freiheit machen dich zu einem guten Prediger, und die ganze Welt kann dir ein Ort zur Verkündigung der göttlichen Gnade sein.

Und ich will euch ein fleischernes Herz geben. Hesekiel 36, 26

Ein fleischernes Herz erkennt man an seiner zarten Empfindlichkeit gegen die Sünde. Wenn ein fleischernes Herz einer lüsternen Vorstellung, einem ungöttlichen Verlangen auch nur einen Augenblick Raum gegeben hat, so ist das schon genug, um es in die tiefste Trauer vor dem Herrn zu versetzen. Das steinerne Herz achtet eine große Sünde für nichts, das fleischerne Herz wird schon durch die kleinste Sünde beunruhigt.

Das fleischerne Herz ist zartfühlend für den Willen Gottes. Mein Eigenwille ist ein rechter Starrkopf. Es ist schwer, ihn unter den göttlichen Willen zu beugen. Wenn mir aber einmal das fleischerne Herz geschenkt ist, dann erzittert mein Wille wie Espenlaub bei jedem Hauch des Himmels und beugt sich wie eine Weide bei jedem Wehen des Geistes Gottes. Der natürliche Wille ist kaltes sprödes Erz, das nicht mit dem Hammer in Formen getrieben werden kann; aber der erneuerte Wille wird von der Hand der Gnade leicht, wie zerschmolzenes Metall, gestaltet. Das harte Herz empfindet keine Liebe zum Erlöser; aber das erneuerte Herz brennt von inniger Liebe zu ihm. Das harte Herz ist selbstsüchtig und fragt: Weshalb sollte ich über die Sünde weinen, warum sollte ich den Herrn lieben? Aber das fleischerne Herz spricht: Herr, du weißt, daß ich dich liebhabe; hilf mir, daß ich dich noch mehr lieben kann.

Ein solches fleischernes Herz besitzt viele Vorzüge. Es ist empfänglich für jeden geistlichen Segen, und jeder Segen wird ihm auch zuteil. Es ist zubereitet, zur Ehre und zum Preise Gottes allerlei himmlische Früchte zu bringen. Darum hat der Herr seine Freude an ihm. Ein zartes Herz ist der beste Schutz wider die Sünde und die beste Vorbereitung für den Himmel. Hast du ein solches fleischernes Herz?

Bringet dem Herrn die Ehre seines Namens. Psalm 29, 2

Gottes Ehre geht aus seinem Wesen und aus seinen Taten hervor. Es ist solch eine Fülle alles dessen, was heilig und lieblich und gut ist, in ihm, daß er voller Herrlichkeit sein muß. Und die Taten, die er tut, müssen auch herrlich sein, denn sie fließen aus seinem Wesen. Weil er aber will, daß all sein Tun seinen Geschöpfen seine Güte und Gnade und Gerechtigkeit offenbaren soll, so wacht er sorgfältig darüber, daß die damit verbundene Ehre nur ihm allein gegeben werde. Es ist ja auch nichts an uns, worin wir uns rühmen könnten. Was haben wir, das wir nicht empfangen hätten von dem Gott aller Gnade? Darum sollten wir alle Sorgfalt anwenden, daß wir demütig wandeln vor dem Herrn!

Sobald wir uns selbst rühmen und herrlich machen, lehnen wir uns wider den Höchsten auf, als solche, die gleiche Ehre wie er beanspruchen, während in dem All der Dinge doch nur Raum für eine Ehre ist. Darf das irdene Gefäß sich auflehnen wider den Töpfer, der es auf der Scheibe geformt hat? Mag auch der Sand der Wüste rechten mit dem Sturmwind? Mögen die Tröpflein im Ozean sich dem heulenden Sturmwind widersetzen? Dennoch ist's im Leben eines Christen vielleicht einer der schwersten Kämpfe, bis er den Spruch lernt: „Nicht uns, nicht uns, Herr, sondern deinem Namen gib Ehre!" Es ist das eine Bitte, die der Herr uns beständig wiederholen, ja oft unter schmerzlicher Züchtigung einschärfen muß. Daß er doch recht bald zum Ziele damit kommen möge! Wenn wir etwas für ihn tun und es ihm gefällt, dieses unser Tun anzunehmen, dann wollen wir unsere Krone ihm zu Füßen legen und ausrufen: Nicht ich, sondern Gottes Gnade, die mit mir gewesen ist!

Ich aber werde bleiben wie ein grüner Ölbaum im Hause Gottes und verlasse mich auf Gottes Güte immer und ewiglich.

Psalm 52, 10

Sinne ein wenig nach über die Güte des Herrn. Sie ist Güte der Erbarmung. Mit zarter, liebevoller Hand heilt er die zerschlagenen Herzen und verbindet er die Wunden der Zerstoßenen. Es ist auch große Güte. Du kannst sie nicht ermessen. Seine Güte ist so groß, daß er großen Sündern große Sünden vergibt und großen Frieden und große Freude schenkt. Es ist unverdiente Güte. Verdiente Gnade wäre nur ein unrichtiger Name für Gerechtigkeit. Auf seiten des Sünders war kein Recht vorhanden auf die gütige Teilnahme des Höchsten. Wäre der Empörer augenblicklich verdammt worden zum ewigen Feuer der Hölle, so hätte er die Verdammnis reichlich verdient gehabt. Wenn er dennoch vom Zorn errettet wird, so hat die barmherzige Liebe allein das bewirkt. Im Sünder lag kein Grund dazu. Es ist reiche Güte. Manches ist groß und vermag doch wenig auszurichten. Diese Güte aber ist unseren Seelen ein herzlicher Trost. Es ist vielfältige Güte. Ihr denkt vielleicht, ihr hättet nur eine einzige Gnade empfangen; aber ihr müßt erfahren, daß es eine ganze Wolke der Güte ist. Es ist überschwengliche Güte. Millionen haben sie genossen, aber sie ist unausschöpflich und bleibt allezeit gleich frisch, gleich frei, gleich voll. Es ist schließlich eine bleibende Güte. Sie kann dir nie entschwinden. Sie wird mit dir sein in jeder Versuchung und dich bewahren vor dem Abfall. Sie wird mit dir sein in der Trübsal, daß du nicht versinkst. Sie wird mit dir sein im Leben, ein Licht vor deinem Angesichte. Sie wird mit dir sein im Sterben als deiner Seele Sonne, wenn aller Erdentrost entschwindet.

Dieweil die Ungerechtigkeit wird überhandnehmen, wird die Liebe in vielen erkalten. Matthäus 24, 12

Erkaltete Liebe! Ärzte behaupten, daß einem kranken Menschen kein Aufenthaltsort besser bekomme als seine Heimat, die Stätte seiner Geburt. Wenn die Liebe in uns erkaltet und krank wird, so kann sie nirgends anders wieder genesen als da, wo sie geboren ward. Und wo ist die Geburtsstätte unserer Liebe zu Jesu? Ward sie geboren auf Sinai, da der Herr vom heiligen Berge herniederstieg und die Berge zerschmolzen und die Felsen zerflossen vor seiner Gegenwart? O nein! Ward die Liebe geboren auf Tabor, wo der Herr verklärt ward und seine Kleider helle wurden wie der Schnee? O nein! Die Liebe ward geboren im Garten Gethsemane, wo der Herr Jesus Blutstropfen schwitzte. Sie ward genährt im Palast von Pilatus, wo Jesus seinen Rükken darbot denen, die ihn zerfleischten, und sein Antlitz hinhielt denen, die ihn verspieen und schlugen, und wo sein Haupt gekrönt ward mit einer Dornenkrone. Die Liebe war großgezogen am Kreuz, unter den Seufzern eines sterbenden Gottes, unter dem Rieseln des Heilandsblutes.
Bezeugt mir's, ihr Kinder Gottes, wo entsprang eure Liebe anders? Saht ihr diese liebliche Blume je anderswo aufsprießen als auf Golgatha? Nein, dort, wo ihr die Liebe sahet, die alles Lieben übersteigt, dort ward eure Liebe geboren. Und wenn du dich nun nach der Heilung deiner kranken Liebe sehnst, so bringe sie zu dieser heiligen Stätte. Führe sie zum Kreuze und heiße sie das geopferte Lamm anschauen - wahrlich, sie wird aus einem Zwerg zu einem Riesen emporschießen, und der ersterbende Funke deiner Liebe wird auflodern in hellen Flammen.

Er aber wird auftreten und weiden in der Kraft des Herrn.

Micha 5, 3

Christi Herrschaft in seiner Gemeinde ist die eines Hirten. Er besitzt Macht und Gewalt, aber es ist die Macht eines weisen und liebevollen Hirten über seine hilfsbedürftige Herde. Er befiehlt und findet Gehorsam, aber es ist der willige Gehorsam wohlbehüteter und liebevoll gepflegter Lämmer, die sich freudig an ihren geliebten Hirten anschmiegen. Er herrscht durch die Macht der Liebe und durch die Gewalt der Güte.

Seine Herrschaft ist wohltätig in ihrer Wirkung. Das große Haupt der Gemeinde ist besorgt und tätig für das Wohl der Seinen. Er setzt sich nicht in stolzer Ruhe nieder auf seinen Thron, nein, er tritt auf und weidet. Das Wort „weiden" bezeichnet alles, was eines Hirten Treue zu tun vermag: leiten, überwachen, bewahren, heilen, lieben.

Seine Herrschaft ist von bleibender Dauer. Seine Augen schlummern nicht. Seine Hand ruht nimmer. Sein Herz hört nie auf, voller Liebe zu schlagen. Seine Schultern werden nicht müde, die Lasten seiner Kinder zu tragen.

Seine Herrschaft ist mächtig und gewaltig in ihrer Tätigkeit. Er wird weiden in der Kraft des Herrn. Wo immer Christus ist, da ist Gott. Alles, was Christus tut, ist die Tat des Höchsten. O köstliche Wahrheit! Selig sind wir, daß wir einem solchen Hirten angehören, dessen Menschheit uns ihm zu Brüdern macht und dessen Gottheit uns beschützt und beschirmt. Laßt uns anbeten und knieen vor dem Herrn und niederfallen vor ihm! Denn er ist unser Gott und wir das Volk seiner Weide und Schafe seiner Hand. Ja, weil ich Jesu Schäflein bin, freu ich mich nur immerhin über meinen guten Hirten, der mich wohl weiß zu bewirten, der mich liebt, und der mich kennt und bei meinem Namen nennt.

Es sprach David, der Sohn Isais, es sprach der Mann, der hoch erhoben ist, der Gesalbte des Gottes Jakobs, lieblich mit Psalmen Israels. 2. Samuel 23, 1

Unter den Heiligen, deren Leben uns in der Heiligen Schrift geschildert wird, ragt David besonders hervor. In seiner Lebensgeschichte begegnen uns Trübsale und Versuchungen, wie sie sich in solcher Häufung bei keinem Heiligen des Alten Bundes sonst finden. Er erfuhr an sich die Leiden jedes menschlichen Standes und Berufes. Könige haben ihre Prüfungen - und David trug eine Krone. Der Landmann hat seine Sorgen - und David handhabte den Hirtenstab. Der Wanderer erduldet manche Beschwerlichkeiten - und David hielt sich auf in den Felsklüften und Höhlen zu Engedi. Er ward auch versucht von seinen Freunden. Ahithophel, der Ratgeber des Königs, verließ und verriet ihn. Seine schlimmsten Feinde waren seine Hausgenossen. Seine Kinder waren sein größtes Kreuz. Die Versuchungen der Armut und des Reichtums, der Ehre und der Schmach, der Gesundheit und der Krankheit: sie alle erprobten ihre Macht an ihm. Versuchungen von außen und von innen untergruben seine Freude. Kaum entrann er einer Trübsal, so überfiel ihn eine andere. Kaum erlöst von einer Traurigkeit und Trostlosigkeit, ward er aufs neue in die tiefsten Tiefen des menschlichen Elends gestürzt.

Gerade deshalb sind nun seine Psalmen die Wonne aller Christen. Alle Bewegungen unseres Gemüts, unser Entzücken und unser Verzagen, hat David in seinen Erfahrungen genau geschildert. Er war ein tiefer Kenner des Menschenherzens, weil er in der besten aller Schulen erzogen war, in der Schule der inneren, persönlichen Herzenserfahrung. Werden wir in dieser Schule unterrichtet, dann werden auch wir erkennen, daß wir hier geweidet werden auf grüner Aue und geführet zum frischen Wasser. Meine Seele, möge heute Davids Erfahrung dich erquicken und stärken!

Die Seele, die da reichlich segnet, wird gelabt, und wer reichlich tränkt, der wird auch getränket werden. Sprüche 11, 25

Hier wird uns die Wahrheit verkündigt, daß wir geben müssen, wenn wir empfangen wollen; daß wir ausstreuen müssen, wenn wir sammeln wollen; daß wir andere glücklich machen müssen, wenn wir selber glücklich werden wollen.
Wieso das? Unsere Anstrengung, anderen nützlich zu werden, entwickelt unsere Kräfte zum gesegneten Wirken. Wir besitzen verborgene Pfunde und schlummernde Fähigkeiten, die durch die Übung ans Licht treten. Unsere Kraft zur Arbeit bleibt uns selbst verborgen, bis wir uns hinauswagen zum Kampfe im Kriege des Herrn oder bis wir den Mut haben, die Berge der Schwierigkeiten zu nehmen. Indem wir andere belehren, erwerben wir uns selber eine reichere Erkenntnis. Was für seligen Unterricht haben manche an Kranken- und Sterbebetten empfangen! Wir kamen hin, um Trost zu bringen und gingen fort als die Getrösteten! Im Gespräch mit armen Heiligen lernen wir die Wege Gottes gründlich kennen und empfangen eine tiefere Einsicht in die göttliche Wahrheit. Wie oft ist's so, daß wir demütiger werden, wenn wir andere reichlich segnen. Wir entdecken, wieviel Gnade sich gerade da findet, wo wir es am wenigsten erwarten. Wir suchen andere aufzurichten, und das Trostwort erquickt unser eigenes Herz. Es geht uns wie den beiden Menschen im Schneegebirge: einer deckte des anderen Glieder mit Schnee zu, um ihn so vor dem Tode des Erfrierens zu schützen; aber bei dieser Arbeit erhielt er sein eigenes Blut in Bewegung und rettete so zugleich sein eigenes Leben. Die arme Witwe zu Zarpath gab von ihrem dürftigen Vorrat dem Propheten Speise, und von dem Tage an wußte sie nichts mehr von Mangel. Gebet, so wird euch gegeben! Ein voll gedrückt, gerüttelt und überflüssig Maß wird man in euren Schoß geben.

Die Krankheit ist nicht zum Tode. Johannes 11, 4

Aus den Worten unseres Herrn vernehmen wir, daß jeder Krankheit ein Ziel gesetzt ist. Lazarus mußte wohl durch den Tod hindurchgehen, aber Tod war nicht Ziel und Zweck seiner Krankheit. In jeder Krankheit spricht der Herr zu den Wogen des Leidens: „Bis hierher sollst du kommen und nicht weiter."
Es ist ermutigend, daß die Grenze genau bestimmt ist. Gott hat bei allen unseren Krankheiten eine Grenze gesetzt für Zeit, Art, Größe, Dauer und Wirkung unserer Leiden. Nichts Großes und nichts Geringes entgeht der Hand dessen, der auch die Haare auf eurem Haupt zählt.
Die Grenze ist weislich abgewogen nach unseren Kräften, nach dem vorbestimmten Zweck und nach der beabsichtigten Gnadenwirkung. Die Heimsuchung kommt nicht aufs Geratewohl, die Gewalt jedes Rutenschlages ist aufs genaueste abgemessen. Gott läßt sich keinen Mißgriff zuschulden kommen, wenn er die Mittel auswählt, die zur Heilung unserer Seele nötig sind. Wir dürfen nie zu viel leiden, noch werden wir zu spät erlöst.
Die Grenze ist mit liebevoller Rücksicht bestimmt. „Denn er nicht von Herzen die Menschen plagt und betrübt." Ein Mutterherz ruft: „Schone meines Kindes!" Aber wo wäre eine Mutter so barmherzig wie unser gnädiger Gott? Wenn wir bedenken, wie unbändig wir sind, so ist's zu verwundern, daß wir nicht schärfer gezüchtigt werden. Es ist ein trostreicher Gedanke, daß der, der die Grenzen unserer Erde festgestellt hat, auch festgesetzt hat die Grenzen unserer Leiden.

Als des eingeborenen Sohnes vom Vater voller Gnade und Wahrheit. Johannes 1, 14

Gläubige Seele, du kannst Zeugnis geben, daß Christus der eingeborene Sohn vom Vater ist, wie auch der Erstgeborene von den Toten. Du kannst sagen: Er hat für mich vollbracht, was kein anderer tun kann, er sei denn Gott. Er hat meinen unbeugsamen Willen gebrochen, er hat mein verhärtetes Herz weich gemacht. Er hat Fesseln, die mich hielten, zerrissen. Er hat in mein Leben Freude und Glück gebracht. Mögen andere von ihm denken, was sie wollen, mir ist er der Eingeborene vom Vater und muß es bleiben. Hochgelobt sei sein Name! Er ist voller Gnade. Er zog mich zu sich, wenn ich mich losringen wollte von seiner Gnade. Und als ich zu seinem Gnadenstuhl kam, schenkte er mir die Vergebung meiner Sünden. Er ist auch voller Wahrheit. Alle seine Verheißungen sind Ja und Amen gewesen, und es hat auch nicht an einem gefehlt. Ich bekenne, daß nie ein Mensch einen solchen Meister hatte, wie ich einen habe. Nie hat ein Bruder einen solchen Freund gehabt, wie er sich gegen mich erzeigt hat; nie ein Sünder einen gütigeren Heiland, als Christus es mir geworden ist. Ich weiß es, im Leben ist er mein Leben, und im Tode ist er meines Todes Tod. Der Herr Jesus ist mir ganz Gnade und kein Gericht, ganz Wahrheit und kein Trug: Von Gnade und Wahrheit ist er erfüllt.

„Jesus-Nam!“ Wer kann ergründen deine Tiefe,
deine Höh! Wer die Gnad’ und Lieb’ verkünden,
deren End’ ich nirgends seh. Unausforschlich
bleibet hier deines Namens Fülle mir.

„Jesus-Name!“ Lebenssonne, du, des Vaters ewge
Freud, bist auch meine Lust und Wonne jetzt und
bis in Ewigkeit. Deine Strahlen voll und frei
machen auch die Schöpfung neu.

Glaubst du von ganzem Herzen, so mag es wohl sein.

Apostelgeschichte 8, 37

Diese Worte können dir als Antwort auf deine Bedenken dienen, in Beziehung auf die Heilsmittel. Vielleicht sprichst du: „Ich habe keine Freudigkeit, zu des Herrn Gnadentisch zu treten und das heilige Abendmahl seiner Gemeinschaft mit ihm zu genießen. Ich müßte fürchten, unwürdig zu essen und zu trinken, und würde mir vielleicht selbst das Gericht zuziehen, damit, daß ich nicht unterscheiden könnte den Leib des Herrn.“ Der Herr Jesus hat dir Freiheit geschenkt, fürchte dich nicht. Wenn der Heilige Geist dir die Gnade zu schmecken gibt, daß du den Geist der Kindschaft empfangen hast, so darfst du an allen Vorrechten des Christen furchtlos teilnehmen. Dasselbe gilt auch von des Christen inwendigen Gnadenerfahrungen. Armer, heilsbedürftiger Mensch, du denkst, daß du kein Recht habest, dich zu freuen mit einer unaussprechlichen, herrlichen Freude. Wenn es dir gestattet wird, einzugehen in die Vorhalle Christi, oder am untersten Ende seines Tisches zu sitzen, so fühlst du dich ganz zufrieden und selig. Aber du sollst nicht hinter dem Größten im Reich Gottes zurückstehen; Gott macht in der Liebe zu seinen Kindern keinerlei Unterschied. Jedes Kind ist ihm sein Kind. Wenn der Herr Jesus ins Herz einzieht, so gewährt er volle Freiheit, sich zu freuen im Herrn. Vielleicht sprichst du: „Ich wollte, ich könnte mich der Verheißung ungeschmälert freuen und frei in den Geboten meines Herrn wandeln.“ „Glaubst du von ganzem Herzen, so mag es wohl sein.“ Der Herr Jesus macht dich frei.

Seine Frucht ist meiner Kehle süß. Hohelied 2, 3

Wenn die Heilige Schrift die Vorgänge unseres geistlichen Lebens beschreiben will, dann bedient sie sich gern der Dinge unseres körperlichen Lebens als Anschauungsbild. Welch guten Dienst tut sie uns damit! Wie leicht wird uns da das Verstehen dessen gemacht, was uns sonst weithin fremd und unverständlich bliebe. So wird der Glaube einmal als ein Hören, ein andermal als ein Sehen und wieder ein andermal als ein Schmecken dargestellt.
Von diesem Schmecken wollen wir in unserem Schriftwort hören. Dieses Schmecken ist Glaube in einer seiner erhabensten Wirkungen. Eine der ersten Früchte des Glaubens ist das Hören. Wir hören die Stimme Gottes, nicht mit dem äußeren Ohr allein, sondern mit dem inwendigen Ohr des geistlichen Menschen. Wir hören diese Stimme aus Gottes Wort, und wir glauben auch, daß es sich so verhält. Das ist das Gehör des Glaubens. Danach schaut das Gemüt auf die Wahrheit, wie sie uns dargeboten wird. Das bedeutet: wir begreifen sie, wir verstehen ihren Sinn. Das ist des Glaubens Gesicht. Dann entdecken wir, wie wohltuend das Wort ist. Wir fangen an, es zu bewundern, und finden, daß es voll köstlichen Duftes ist. Das ist des Glaubens Geruch. Dann empfinden wir den Wert der Gnade, die uns in Christus geschenkt und zubereitet ist. Das ist der Glaube in seinem Gefühl. Was uns aber besondere Freude verleiht, das ist jene Art des Glaubens, in der durch ein Schmecken Christus in uns aufgenommen wird. Jede der genannten Wirkungen des Glaubens schafft Seligkeit für uns, aber die ganze Liebe Jesu wird doch erst dann von uns erlebt, wenn er uns durch inwendige und geistliche Aneignung zur Nahrung unserer Seelen wird. Alsdann ist seine Frucht unserer Kehle süß.

Er verheißt, daß sein Bund ewiglich bleiben soll. Psalm 111, 9

Des Herrn Volk freut sich über den Bund mit ihm. Er ist für sie eine unversiegliche Quelle des Trostes. Sie sind entzückt, wenn sie das hohe Alter dieses Bundes betrachten und bedenken, daß alle Angelegenheiten der Heiligen schon geordnet und gesichert waren in Christus, ehe die Sterne in ihren Bahnen einherzogen. Es ist für sie besonders stärkend, wenn sie der Gewißheit des Bundes eingedenk sind und sich die gewissen Gnaden Davids vor Augen halten. Sie freuen sich, ihn preisen und besingen zu können als einen Bund, der unterzeichnet, besiegelt, bestätigt und in allen Stücken wohl erwogen ist. Oft hüpft ihnen das Herz vor Freude, wenn sie die Unwandelbarkeit des Bundes ins Auge fassen, eines Bundes, den weder Zeit noch Ewigkeit, weder Leben noch Tod zerreißen kann. Sie freuen sich auch innig über die Fülle dieses Bundes und erquicken sich daran, daß darin alles für sie vorbedacht ist. Gott ist ihr Erbteil, Christus ist ihr Freund, der Heilige Geist ihr Tröster, die Erde ihre Herberge, der Himmel ihre Heimat.
Ganz besonders aber ist's für sie eine Freude, wenn sie auf den Gnadenreichtum dieses Bundes merken. Sie sehen, daß das Gesetz beiseitegestellt ward, weil es ein Bund der Werke war und auf dem Verdienst beruhte. Den neuen Bund aber erkennen sie als etwas Bleibendes, weil Gnade sein Grund, Gnade seine Vorbedingung, Gnade sein Schutz, Gnade seine Burg, Gnade seine Macht, Gnade sein Schlußstein ist. Dieser Bund ist ein Schatzhaus voll Reichtums, eine Kornkammer voller Vorräte, ein Brunnen voll lebendigen Wassers, ein Hort des Heils, ein Freibrief des Friedens und ein Himmel voller Wonne.

Und der Herr sprach zu Mose: Wie lange lästert mich dieses Volk, und wie lange wollen sie nicht an mich glauben?

4. Mose 14, 11

Unglaube ist eine Verunehrung Gottes. Er ist freilich ein Unkraut, dessen Same niemals vollständig aus unserem Herzen ausgerottet werden kann. Aber wir müssen mit Eifer und Ausdauer seine Wurzeln zu vertilgen suchen. Unter allem Hassenswerten ist der Unglaube das abscheulichste. Sein verderbliches Wesen ist so durch und durch vergiftet, daß der, der damit umgeht oder davon berührt wird, stets Schaden nimmt.
Besonders schlimm aber ist der Unglaube im Herzen eines Christen. Die Gnadenerweisungen, die er bisher vom Herrn empfangen hat, vergrößern seine Verschuldung, wenn er jetzt an ihm zweifelt. Durch Unglauben krönst du sein Haupt aufs empfindlichste mit den allerstacheligsten Dornen. Der Herr Jesus hat nie den leisesten Anlaß zum Mißtrauen gegeben. Er ist der Sohn des Höchsten und besitzt unermeßliche Schätze. Es ist schmählich, an seiner Allmacht zu zweifeln und ihm zu mißtrauen. Die Scheunen des Himmels werden nicht leer, weil wir davon essen. Wenn Christus nur eine Wassergrube wäre, so könnten wir seine Fülle bald ausschöpfen. Aber wer kann einen Brunnen lebendigen Wassers ausschöpfen, der in das ewige Leben quillt? Millionen haben ihre Bedürfnisse in ihm gestillt, und kein einziger unter ihnen hat über Mangel an Erquickung geklagt. Hinweg, hinweg mit diesem lügenhaften Verräter Unglauben! Es ist sein einziges Trachten, die Bande der Gemeinschaft zu zerreißen und uns mit Trauer über die Abwesenheit unseres Heilandes zu erfüllen. Tötet diesen scheußlichen Lindwurm! Nieder mit dir, du Verräter, mein Herz verabscheut dich!

Das ist aber das Hebopfer, das ihr von ihnen nehmen sollt: ... Öl zur Lampe. 2. Mose 25, 3. 6

In dem Abschnitt, dem dieses Wort entnommen ist, geht es um die Dinge, die Israel als Opfergabe zum Bau und zur Unterhaltung des Heiligtums bringen sollte. Gott hat zwar niemals in Tempeln gewohnt, die von Menschenhänden gemacht worden sind. Aber wenn schon eine Stätte da ist, die die Gegenwart des Herrn darstellen und dann auch in besonderer Weise der Anbetung Gottes dienen soll, dann ist nur das Allerbeste gut genug dafür. Wie armselig erscheint doch oft das, womit wir den Herrn der Welt zu verherrlichen meinen! Aber wenn wir je zum Opfer für Gottes Reich aufgerufen werden, dann laßt uns bedenken, daß wir der Würde der Sache Gottes nicht hohnsprechen.

Auch das Öl zur Lampe in der Stiftshütte mußte dieser Forderung genügen. Weder das im Morgenlande so reichlich vorhandene Erdöl noch das Fett der Fische noch das Öl von Nüssen durfte verwendet werden. Auf ein einziges Öl fiel die Wahl, das war das auserlesenste Olivenöl. Nur das Beste war gut genug.

Gilt das nicht auch für unser geistliches Leben? Die angemaßte Tugend natürlicher Herzensgüte oder die eingebildete Tugend äußerlicher Heiligkeit ist nie und nimmer ein Öl nach dem Herzen Gottes. Der wahrhaft Gläubige geht zur Ölpresse auf Golgatha und holt seinen Bedarf bei dem, der darin gekeltert ward. O bitten wir doch für uns, für unsere Hirten und für unsere Gemeinden, daß es doch nie an Öl zur Lampe gebrechen möge. Er, der Geber alles Guten, schenke uns täglich neues Öl in die Gefäße unseres Glaubens, damit unsere Lampen allezeit geschmückt seien zum Empfang unseres Herrn und Heilandes!

Gott sei mir gnädig. Psalm 51, 3

Als ein treuer Gottesmann, ein Licht der Gemeinde auf Erden, von einer gefährlichen Krankheit befallen wurde, wurde er gefragt, welche Schriftstelle für den Fall seines Todes zum Text der Leichenpredigt gewählt werden solle. Er antwortete: „Ach, ich fühle, daß ich ein armes, sündhaftes Geschöpf bin, das nicht wert ist, daß man irgend etwas von ihm sage. Wenn aber eine Leichenrede nötig ist, so sei es über das Wort: Gott, sei mir gnädig nach deiner Güte und tilge meine Sünden nach deiner großen Barmherzigkeit.“ Derselbe Geist der Demut leitete ihn bei der Anordnung der Inschrift, die auf seinen Grabstein gesetzt werden sollte. Sie sollte weiter nichts enthalten als seinen Namen, seinen Geburtstag, seinen Sterbetag und die Worte: Hier ruht ein armer, elender, hilfloser Erdenwurm, der sich den Liebesarmen der göttlichen Barmherzigkeit anvertraut.

Auch der beste Heilige kann seinem Gott nicht anders begegnen, als daß er sich auf die freie Gnade stützt. Die Edelsten des Menschengeschlechts sind sich dessen bewußt, daß sie im besten Falle Menschen sind. Leere Boote ragen weit über die Wasserfläche empor; aber Schiffe, die mit Gütern beladen sind, liegen tief im Wasser. Bloße Wortchristen machen viel Rühmens, aber wahrhafte Kinder Gottes schreien um Gnade über ihre Unwürdigkeit. Wir haben's nötig, daß der Herr uns gnädig ist, gnädig unseren Werken, unseren Gebeten, unseren Zeugnissen, unseren Opfern und all unserer Heiligkeit. Weil die Sünde sich auch in unsere heiligsten Angelegenheiten eindrängt, ist das Blut Jesu unentbehrlich, um sie von aller Befleckung zu reinigen. Ja, laßt uns mit heiligem Ernst beten: Gott, sei mir gnädig!

Harre des Herrn. Psalm 27, 14

Eilmärsche fallen dem Menschen Gottes leichter als das Stillesein und Harren. Es gibt Stunden der erwartungsvollsten Ungewißheit, da der Christ in seinem Verlangen, dem Herrn zu dienen, nicht weiß, welchen Weg er einschlagen, wofür er sich entscheiden soll. Was soll er tun? Soll er feige fliehen? Soll er furchterfüllt zur Rechten ausweichen? Soll er vermessen vorandringen? Nein, er soll ganz einfach harren.

Harre im Gebet. Schreie zu Gott und wirf dein Anliegen auf ihn. Sag ihm, was dich drückt und ängstigt. Berufe dich auf seine Verheißung, daß er dich nicht verlassen noch versäumen wolle. Es schlägt gewiß zu unserem Heil aus, wenn wir unsere Ungewißheit fühlen und erkennen und von Herzen willig sind, uns vom göttlichen Willen leiten zu lassen.

Harre im Glauben. Beweise dein unerschütterliches Vertrauen zu ihm. Ein ungläubiges, zweifelvolles Harren ist nur eine Schmach für den Herrn. Wenn er dich auch bis tief in die Nacht hinein harren läßt, glaube, daß er dir dennoch zur rechten Zeit erscheint. Sein Kommen ist gewiß und verziehet nicht.

Harre in stiller Geduld. Lehne dich nicht auf, weil du unter der Rute der Heimsuchung stillhalten mußt, sondern segne und preise Gott dafür. Nimm alles so an, wie's Gott schickt, und füge dich darein mit willigem Herzen und einfältigem Gemüt und ohne allen Eigenwillen. Überlaß alles der Hand deines Gottes und sprich: Siehe, Herr, nicht mein, sondern dein Wille geschehe. Ich bin ratlos und weiß keinen Ausweg mehr, aber ich will harren auf dich. Mein Herz verläßt sich allein auf dich. Mein Geist harrt deiner in der Überzeugung, daß du dennoch mein Trost und mein Teil bist, meine Zuflucht und meine Burg.

Die Inseln harren auf mich und warten auf meinen Arm.

Jesaja 51, 5

In Zeiten schwerer Heimsuchung besitzt der Christ nichts auf Erden, worauf er sich verlassen und sein Vertrauen setzen kann. Er muß sich dann nur ganz seinem Gott in die Arme werfen. Wenn sein Schiff bis zum Bord untergesunken ist und keine menschliche Macht mehr helfen kann, dann muß er sich ganz und gar der Vorsehung und Treue seines Gottes überlassen. O seliger Sturm, der einen Menschen auf solch einen unerschütterlichen Fels des Heils schlägt! O gesegnete Windsbraut, die die Seele zu Gott und zu ihm allein hinreißt! Manchmal können wir vor lauter Freunden, die sich um uns drängen, gar nicht zu Gott kommen. Aber wenn ein Mensch so arm, so freundlos, so hilflos ist, daß er gar nicht mehr weiß, wohin er sich wenden soll, dann flieht er in seines Vaters Arme und läßt sich liebevoll umfangen. Wenn ihn so schwere und eigentümliche Trübsale niederdrücken, daß er sie keiner Seele anvertrauen mag und kann als seinem Gott, dann soll er dafür loben und danken; denn dann erfährt er seines Herrn Güte und Treue reichlicher als sonst.

O du sturmgepeitschter Glaubensmensch, was für eine selige Trübsal ist das doch, die dich zu deinem Vater treibt! Siehe, das ist Heimsuchung. Verunehre deinen Herrn und Meister nicht mit deinen Zweifeln, sondern sei stark im Glauben und gib Gott die Ehre. Zeige der Welt, daß dir dein Gott mehr als zehntausend Welten wert ist. Zeige den Reichen, wie du reich bist in deiner Armut, wenn Gott dein Helfer ist. Zeige den Starken, wie stark du bist in deiner Schwachheit, wenn die ewigen Arme dich stützen. Sei stark und ein rechter Held, so wird sich der Herr ganz gewiß verherrlichen in deiner Schwachheit und seine Macht verkünden mitten in deiner Trübsal.

Du leitest mich nach deinem Rat und nimmst mich endlich mit Ehren an.
Psalm 73, 24

Du leitest mich - das ist ein starker Ausdruck des unbedingten Vertrauens. Das ist ein Wort für dich, liebe Seele. Verlasse dich darauf. Sei versichert, daß dein Gott dein Ratgeber und Freund sein will. Er will dich leiten. Er will alle deine Wege bereiten. In seinem geschriebenen Wort ist dir diese Zusicherung zum Teil schon in Erfüllung gegangen. Die Heilige Schrift ist sein Rat für dich. Selig sind wir, wenn wir Gottes Wort stets unsere Richtschnur und Leitung sein lassen. Was wäre der Seemann ohne seinen Kompaß? Und was wäre der Christ ohne seine Bibel? Sie ist die untrügliche Karte, die Seekarte, auf der jede Untiefe verzeichnet steht, wo alle Fahrstraßen von den Sandbänken des Verderbens bis zum himmlischen Hafen des Heils angegeben und eingetragen sind von einem, der vertraut ist mit dem ganzen Seeweg.
Aber noch mehr. Gott führt nicht nur wunderbar durchs Leben, sondern „du nimmst mich endlich mit Ehren an“. Welch ein Gedanke! Gott will dich mit Ehren annehmen. Ja, dich! Du irrst ab und streifst auf Irrwegen und Abwegen hin und her, du strauchelst - und dennoch will er dich endlich wohlbehalten einbringen zur Herrlichkeit! Siehe, das ist dein Erbteil. Erquicke dich heute daran. Sollten dich auch Schwierigkeiten rings umgeben, gehe nur in der Kraft dieses Wortes geradewegs zum Thron der Herrlichkeit.
Hochgelobt seist du, o Gott der Herrlichkeit, daß wir dir vertrauen dürfen und daß du uns jetzt leitest und leiten willst bis ans Ende!

Und die Schwiegermutter Simons lag krank und hatte das Fieber; und alsbald sagten sie ihm von ihr. Markus 1, 30

Sehr anheimelnd mutet uns dieser flüchtige Einblick in das Hauswesen des apostolischen Fischers an. Wir sehen hier, daß Familienfreuden und Familiensorgen kein Hindernis in der treuen Pflichterfüllung evangelischer Wirksamkeit sind. Aberglaube und Unglaube, selbstgemachte Heiligkeit und zügellose Ungebundenheit mögen die Ehe verwerfen und verdammen, trotzdem stimmen wahres Christentum und liebliches Familienleben vortrefflich zusammen.

Das Haus von Petrus war ohne Zweifel eine geringe Fischerhütte, aber der Herr der Herrlichkeit betrat sie, wohnte darin und vollbrachte daselbst ein Wunder. Gott wohnt häufiger in ärmlichen Hütten als in prächtigen Schlössern. Der Herr Jesus betrachtet euer irdisches Heimwesen und harrt, wie er euch Gnade erweisen könne. Krankheit war in Simons Haus eingekehrt. Ein Fieber tödlicher Art hatte seine Schwiegermutter aufs Schmerzenslager gestreckt. Sobald nun Jesus ins Haus kam, eilte er ans Krankenbett. Ist irgendein Kranker in eurem Hause? Dann ist Jesus der allerbeste Arzt. Geht nur sogleich zu ihm und sagt ihm alles. Niemand kann heilen wie er.

Wir dürfen freilich nicht meinen, daß er sogleich alle Krankheit von uns oder unseren Lieben einfach wegnimmt. Aber das wissen wir, daß gläubiges Gebet für den Kranken viel eher als alle menschliche Kunst und Wissenschaft Heilung bewirken kann. Und wo auch das Gebet nicht das gibt, was wir gerade erwarten, da wollen wir uns demütig beugen unter den Willen dessen, der über Leben und Tod Herr ist. Dann hat er eben Besseres für uns ersehen. So wollen wir uns denn getrost in seinen Willen ergeben.

Du, den meine Seele liebt. Hohelied 1, 7

Eine feste Burg ist es für uns, wenn wir ohne alle Wenn und Aber so zum Herrn sagen können. Manche können von Jesus nur sagen, sie hoffen ihn zu lieben, sie glauben ihn zu lieben. Aber nur armselige, oberflächliche Erfahrung kann sich hiermit begnügen. Keiner sollte seinem Geist die geringste Ruhe gönnen, bis er sich in einer so wichtigen Sache völlige Gewißheit verschafft hat. Wir sollten uns nicht mit einer oberflächlichen Hoffnung, daß Jesus uns liebe, nicht mit einem haltlosen Vertrauen, daß wir ihn lieben, zufrieden geben. Die Heiligen der Vorzeit sprachen nicht so unbestimmt, sondern sie redeten aufrichtig und offen. „Ich weiß, an welchen ich glaube", spricht der Apostel Paulus. „Ich weiß, daß mein Erlöser lebt", sagt Hiob. Gewinne eine sichere Erkenntnis von deiner Liebe zu Jesu und begnüge dich nicht mit weniger, als daß du mit völliger Gewißheit bezeugen kannst, du habest teil an ihm.

Wahre Liebe zu Christus ist in allen Fällen das Werk des Heiligen Geistes und wird von ihm im Herzen gewirkt. Warum lieben wir Jesus? Weil er uns zuerst geliebt hat! Warum lieben wir Jesus? Weil er sich für uns dargegeben hat! Wir haben das Leben empfangen durch seinen Tod. Wir haben Frieden erlangt durch sein Blut. Ob er gleich reich war, ist er doch arm geworden um unseretwillen. Wir sind erfüllt von der Bewunderung seiner Schönheit, von der Erkenntnis seiner unendlichen Vollkommenheit.

O selige Liebe, die das Herz mit Seilen bindet, die sanfter sind denn Seide, und mit Fesseln, die fester sind denn Stahl. Ich blicke voll Beugung und Staunen hinein in das Meer seiner Gnad und lausche der Botschaft des Friedens, die er mir verkündiget hat.

Ich will es tun; sei gereinigt. Markus 1, 41

Finsternis umhüllte die Erde, als des Allmächtigen Wort erscholl: Es werde Licht! Und es ward Licht. Das Wort des Herrn Jesu ist nicht weniger mächtig als jenes uralte Wort des Schöpfers aller Dinge. Die Erlösung hat gleich der Schöpfung ihr gewaltiges Wort der schrankenlosen Macht. Der Aussatz wich keinem menschlichen Heilmittel, aber er entfloh alsobald auf des Herrn Wort: Ich will es tun. Die Natur trug nichts zur Heilung bei, sondern allein das Heilandswort bewirkte die Reinigung, und zwar sogleich und dauernd.

Der Sünder ist in einem noch viel elenderen Zustande als der Aussätzige. Aber er soll wie dieser zu Jesu gehen und ihn bitten und vor ihm knien. Dann braucht er gar nicht zu zweifeln, daß sein Bitten Erhörung findet. Der Herr Jesus verwirft niemand. Er heilt alle, die zu ihm kommen.

Es ist besonderer Beachtung wert, daß der Herr den Aussätzigen berührte. Dieser Unreine hatte die Vorschrift des Gesetzes gebrochen und sich ins Haus eingedrängt. Aber Jesus, weit entfernt, ihn darüber zu strafen, bricht das Gesetz der Schriftgelehrten, um ihm zu helfen. Er tauscht die Rollen aus: während er den Aussätzigen reinigt, macht er sich durch die Berührung mit ihm äußerlich einer Verunreinigung schuldig. War nicht sein ganzes Leben so? Der von keiner Sünde wußte, wurde für uns zur Sünde gemacht, damit wir würden in ihm die Gerechtigkeit, die vor Gott gilt. O daß doch jeder arme Sünder zu Jesu käme und glaubte an die Kraft seines stellvertretenden Werkes, so würde er bald die Wirkung seiner barmherzigen Berührung verspüren.

O Gotteslamm, dein teures Blut hat noch die gleiche Kraft.
Gieß aus des Geistes Feuerglut, die neue Menschen schafft.

Wehe mir, daß ich ein Fremdling bin unter Mesech; ich muß wohnen unter den Hütten Kedars. Psalm 120, 5

Als Christ mußt du inmitten einer gottfernen Welt leben. Es nützt dir dabei wenig, wenn du rufst: Wehe mir! Der Herr Jesus hat nicht darum gebeten, daß du von der Welt genommen werden mögest. Und was er nicht für dich gebeten hat, das brauchst du dir auch nicht zu wünschen. Weit besser, du gehst der schweren Prüfung entgegen in der Kraft des Herrn und verherrlichst ihn durch deine Standhaftigkeit.

Der Feind ist allezeit auf der Lauer, um in deinem Wandel Fehler und Gebrechen zu entdecken. Sei darum recht heilig. Bedenke, daß aller Augen auf dich gerichtet sind und daß mehr von dir verlangt wird als von anderen Menschen. Bemühe dich, keinen Anlaß zum Tadel zu geben. Laß deine Aufrichtigkeit in Wort und Wandel den einzigen Vorwurf sein, den man dir machen kann. Trachte danach, im Segen zu wirken. Je schlimmer die Leute sind, unter denen du lebst und wohnst, um so nötiger sind ihnen deine Ermahnungen. Sind sie verschroben, so ist's um so notwendiger, daß du sie geradestreckst. Sind sie verkehrt, so mußt du um so mehr ihr stolzes Herz der Wahrheit zuzuwenden suchen. Wo ist der Arzt an der rechten Stelle, wenn nicht da, wo es viele Kranke gibt? Wo anders als in der Hitze des Kampfes erringt man Ehre? Und wenn du des Kampfes mit der Sünde müde geworden bist, so bedenke, daß alle Heiligen diese Prüfungen haben bestehen müssen. Sie fuhren nicht auf weichgepolsterten Ruhebetten zum Himmel. Darfst du erwarten, daß du deine Reise bequemer machst als sie? Sie gaben ihr Leben dem Tode preis, und auch du wirst die Krone nicht empfangen, wenn du nicht ebenfalls als ein guter Streiter Jesu Christi schwere Kämpfe bestanden hast.

Auf daß ihr seid ohne Tadel und lauter und Gottes Kinder, unsträflich mitten unter dem unschlachtigen und verkehrten Geschlecht, unter welchem ihr scheinet als Lichter in der Welt.

Philipper 2, 15

Das Licht ist zum Leuchten da. Ein Christ sollte in seinem Leben einen solchen Schein verbreiten, daß kein anderer auch nur eine Woche lang mit ihm leben könnte, ohne das Evangelium kennenzulernen. Seine Gespräche sollten derart sein, daß alle, die um ihn sind, deutlich erkennen, wes Geistes Kind er ist, und daß sie das Bild Jesu sich widerspiegeln sehen in all seinem Tun.

Lichter sollen den Weg weisen. Wir müssen denen unseren Beistand gewähren, die um uns her sind und im Finstern wohnen. Wir müssen ihnen das Wort des Lebens vorhalten. Wir müssen Sünder zum Heiland hinweisen, die Müden zum göttlichen Ruhehafen. Oft können Menschen die Heilige Schrift nicht verstehen. Da sollen wir mit Philippus bereit sein, ihnen den Weg des Heils zu erläutern und das Leben der Gottseligkeit anzupreisen.

Lichter sollen warnen. Auf Klippen und Sandbänken errichtet man Leuchttürme. Christen sollten wissen, daß es überall in der Welt allerlei falsche Lichter gibt. Darum ist das wahre Licht um so notwendiger. Die Strandräuber Satans sind immer auf der Lauer und versuchen die Menschen unter verlockenden Verheißungen der Lust zur Sünde. Sie zünden ein falsches Licht an. An uns ist es, das wahre Licht auf jedem gefahrbringenden Felsen anzuzünden, auf daß wir unschuldig bleiben am Blute aller Menschen.

Lichter üben auch eine sehr tröstliche Wirkung aus. Ebenso wiederum die Christen. Ein Christ sollte ein Tröster sein, mit freundlichen Worten im Munde und innigem Mitleid im Herzen. Er sollte Sonnenschein mitbringen, wo er nur immer hingeht, und Glückseligkeit verbreiten auf allen seinen Wegen.

Und da sie nicht konnten zu ihm kommen vor dem Volk, deckten sie das Dach auf, da er war, und gruben es auf und ließen das Bett hernieder, darin der Gichtbrüchige lag.

Markus 2, 4

Die Liebe ist erfinderisch, sagen wir. Der Glaube ist es auch. Seht hier: das Haus war voll, die Menge versperrte den Zugang zur Tür, aber der Glaube erfand einen Weg, wie man dennoch zum Herrn gelangen und den gichtbrüchigen Menschen zu ihm bringen könne. Wenn wir die Sünder nicht mit gewöhnlichen Mitteln dahin bringen können, wo der Heiland ist, so müssen wir außerordentliche Mittel anwenden. Wenn ein Fall dringend ist, dann dürfen wir uns nicht durch Gefahren oder Unannehmlichkeiten aufhalten lassen. Mochte vorfallen, was da wolle - der Glaube wagte alles, damit der arme Gichtbrüchige Hilfe empfange. O daß wir doch einen kühnen Glauben hätten! Wollen wir nicht heute versuchen, irgendeine Liebestat zu vollbringen, um Seelen zu retten und den Herrn zu verherrlichen? Die Welt macht unausgesetzt neue Erfindungen. Kann der Glaube nicht auch erfinden und durch neue Mittel die erreichen, die rings um uns her liegen?
Es war die Gegenwart Jesu, die den Mut, der alle Schwierigkeiten siegreich überwindet, in den vier Trägern des Gichtbrüchigen weckte. Ist nicht der Herr jetzt auch unter uns? Haben wir nicht seine heilende Macht an unseren Seelen erfahren? Wenn dem so ist, dann hinein durch Türen, Fenster, Dächer! Brecht alles auf, was euch hindert, und schafft, daß ihr arme, elende Seelen zu Jesus bringt. Wenn der leibliche Hunger durch Mauern brechen kann, so kann der Hunger nach Seelen in seinem Lauf nicht aufgehalten werden. O Herr, mache uns geschickt, neue Mittel zu erfinden, wie wir die sündenkranken Menschen erreichen können, und gib uns Mut, sie über alle entgegenstehenden Hindernisse hinweg zu dir zu bringen.

Ich will sein wie eine grünende Tanne, an mir soll man deine Frucht finden. Hosea 14, 9

Die Frucht des Zweiges ist ganz abhängig von der Wurzel. Trennt die Verbindung zwischen beiden, so stirbt der Zweig ab und es entsteht keine Frucht. Jede Weintraube ist zuerst in der Wurzel gewesen, dann durch den Stamm des Weinstocks hinaufgedrungen und hat sich schließlich zur Traube ausgebildet. So ist jedes gute Werk zuerst in Christus und kommt dann in uns als Frucht zum Vorschein. O schätze doch diese innige Vereinigung mit Christus recht hoch. Sie muß die Quelle aller Fruchtbarkeit sein, die du je für dich hoffen kannst. Wärest du nicht mit Christus vereinigt, so wärest du wahrlich ein verdorrter Zweig. Frucht ist abhängig von dem göttlichen Segen. Regen und Sonnenlicht gehören dazu. Die Frucht verdankt der Wurzel viel, aber sie verdankt auch den Einflüssen, die von außen kommen, sehr viel. Wie vieles verdanken wir der Gnadenvorsehung Gottes, durch die er uns beständig mit Erquikkung, Belehrung, Trost, Kraft und allen unseren Bedürfnissen versorgt.
Zum rechten Fruchtbringen gehört auch die weise Arbeit des Gärtners. Sein scharfes Messer fördert die Fruchtbarkeit des Baumes. Es kerbt die Fruchtzweige ein und beseitigt die überflüssigen Triebe. So verhält sich's auch mit der Pflege, die der Herr dir angedeihen läßt. „Mein Vater ist der Weingärtner. Eine jegliche Rebe, die nicht Frucht bringt, wird er wegnehmen, und eine jegliche, die da Frucht bringt, wird er reinigen, daß sie mehr Frucht bringe." Weil denn Gott der Urheber all unserer geistlichen Gnadenfrüchte und Tugenden ist, so laßt uns ihm alle Ehre geben für unsere Erlösung und Seligkeit.

Rufe mich an, so will ich dir antworten und will dir anzeigen große und gewaltige Dinge, die du nicht weißt.

Jeremia 33, 3

Diese Worte werden verschieden übersetzt. Eine Übersetzung lautet: Ich will dir verkünden Großes und Unglaubliches. In der Tat, es gibt unglaubliche und sonderbare Dinge in der christlichen Erfahrung. Zwar werden die allgemeinen Erfahrungen und Gefühle der Reue, des Glaubens, der Freude, der Hoffnung von allen Gliedern der Familie der Gläubigen genossen; aber es gibt ein höheres Reich des Entzückens, der bewußten Gemeinschaft mit Christus, das weit davon entfernt ist, eine allgemeine Wohnstätte der Gläubigen zu sein. Wir genießen nicht alle das hohe Vorrecht eines Johannes, daß wir an Jesu Brust ruhen dürfen, oder eines Paulus, der entzückt ward bis in den dritten Himmel. Es gibt Höhen der Erfahrung, die das Adlerauge der Spitzfindigkeit und der Witz der Weltweisheit noch nie geahnt hat. Gott allein kann uns dort hinaufführen. Aber der feurige Wagen, in dem er uns mitnimmt, und die feurigen Rosse, von denen dieser Wagen gezogen wird, sind ernstliches Gebet. Inbrünstiges Beten überwindet den Gott der Gnade. Ernstliches Gebet führt den Christen auf den Berg Karmel und macht ihn fähig, den Himmel mit Wolken des Segens zu bedecken und die Erde mit Fluten der Gnade. Ernstliches Gebet trägt den Christen empor auf Pisgas Höhen und zeigt ihm das verheißene Erbteil. Es erhebt uns auf den Berg Tabor und verklärt uns, bis wir in dieser Welt gleich werden dem Ebenbild des Herrn.

Wenn du etwas Höheres als die gewöhnliche erdgeborene Erfahrung hast, so schaue auf zu dem Fels, der über dich hinaufragt, und betrachte ihn durch das Fenster des anhaltenden Gebets mit deinem Glaubensauge. Wenn du auf deiner Seite das Fenster öffnest, wird's von der anderen nicht verschlossen werden.

Und er ging auf einen Berg und rief zu sich, welche er wollte; und die gingen hin zu ihm. Markus 3, 13

Jesus wählte hier nach seiner unumschränkten Macht kraft seines göttlichen Hoheitsrechts. Ungeduldige Geister mögen wüten und zürnen, daß sie nicht der höchsten Gunst gewürdigt werden. Du aber, teure Seele, freust dich darüber, daß der Herr Jesus beruft, wen er will. Wenn er mich nur zum Türhüter in seinem Hause annimmt, so will ich ihm entzückt danken und ihn lobpreisen für seine Gnade, daß er mir gestattet, irgend etwas in seinem Dienst auszurichten.

Die Berufung der Knechte Christi geschieht von oben. Der Herr Jesu steht auf dem Berge, weit erhaben über die Welt in Heiligkeit, Ernst, Liebe und Macht. Diejenigen, die er beruft, müssen den Berg zu ihm hinaufsteigen. Sie müssen sich dadurch zu ihm erheben, daß sie in beständigem Umgang mit ihm leben. Sie sind vielleicht nicht imstande, sich zu hohen Ehrenstellen emporzuschwingen oder durch glänzende Gelehrsamkeit sich auszuzeichnen. Aber wie Mose müssen sie auf den Berg Gottes steigen und im vertraulichen Umgang mit dem unsichtbaren Gott stehen, sonst sind sie nie dazu angetan, das Evangelium des Friedens zu verkündigen.

Jesus ging in die Einsamkeit, um sich in der innigen Gemeinschaft mit dem Vater zu erquicken. Wir müssen in dieselbe göttliche Gemeinschaft kommen, wenn wir unseren Nebenmenschen zum Führer zu Jesu werden sollen. Kein Wunder, daß die Apostel in der Kraft des Geistes vom Berg herniederkamen, wo sie Jesu Nähe hatten ungestört genießen dürfen. Laßt uns heute danach trachten, den Berg der Gemeinschaft mit Jesus zu besteigen, damit wir daselbst tüchtig werden zu der Lebensaufgabe, die uns zuteil geworden ist. Die Zeit, die wir ihm widmen, trägt reichliche Zinsen. Er wird sich uns offenbaren, wie er sich der Welt nicht offenbart, und wir werden einhergehen in seiner Kraft.

Gehet aus von ihnen und sondert euch ab, spricht der Herr.

2. Korinther 6, 17

Solange der Christ in der Welt ist, soll er nicht von der Welt sein. Er soll sich von ihr unterscheiden in dem großen Ziel seines Lebens. Christus soll sein Leben sein. Ob er esse oder trinke oder sonst etwas tue - er soll das alles tun zu Gottes Ehre. Ihr dürft euch Schätze sammeln, aber sammelt sie euch im Himmel, da sie weder Motten noch Rost fressen. Ihr dürft reich zu werden suchen, aber euer Reichtum sei, daß ihr zunehmt am Glauben und an guten Werken. Ihr dürft euch Freuden gönnen, wenn ihr aber fröhlich seid, so singt Psalmen und dichtet in eurem Herzen ein feines Lied zum Lobe des Herrn.

In eurem Geist wie in euren Neigungen sollt ihr euch nicht dieser Welt gleichstellen. Wenn ihr demütig bleibt vor Gott, wenn ihr allezeit seiner Gegenwart eingedenk seid, wenn ihr euch freut in der Gemeinschaft mit ihm, wenn ihr sucht, seinen Willen zu erkennen, dann zeigt ihr, daß ihr himmlischen Geschlechtes seid.

Ebenso sollt ihr abgesondert sein von der Welt in euren Taten. Ist etwas recht, so tut es, auch wenn es zu eurem Nachteil ist. Ist's ungerecht, so haßt die Sünde um eures Meisters willen, auch wenn sie euch reichen Gewinn eintrüge. Habt keine Gemeinschaft mit den unfruchtbaren Werken der Finsternis. Wandelt würdig eures hohen Berufes und eurer Erwählung. Bedenke, daß du ein Sohn des Königs aller Könige bist. Darum bewahre dich unbefleckt von der Welt. Besudele die Finger nicht, die bald die Saiten der himmlischen Harfen rühren werden. Laß deine Augen nicht Fenster der Lust werden, da sie doch einst schauen sollen den König in seiner Schöne. Laß dein Herz sich nicht mit Stolz und Bitterkeit füllen, das doch bald überfließen soll von überschwenglicher Freude.

Selig sind die Friedfertigen, denn sie sollen Gottes Kinder heißen. Matthäus 5, 9

Wir haben die siebente der Seligpreisungen vor uns. Sieben war bei den Hebräern die Zahl der Vollendung. Vielleicht hat eben deshalb der Heiland die Friedfertigen als die siebenten in der Reihe genannt, weil sie dem vollkommenen Menschen in Christo Jesu am nächsten stehen. Wer gern sehr glücklich sein möchte, muß nach dieser siebenten Seligpreisung trachten und ein Friedfertiger werden. Die Reihenfolge, in der unser Schriftwort steht, ist auch bedeutungsvoll. Der vorausgehende Vers redet von der Seligkeit derer, „die da reines Herzens sind, denn sie werden Gott schauen". Es ist also wohl zu beachten, daß wir aufs erste rein, danach friedsam sind. Ist die Reinheit festgewurzelt in unseren Herzen, dann erst können wir wahrhaft friedfertig sein. Nicht weniger scheint der nachfolgende Vers absichtlich mit unserer Schriftstelle verbunden zu sein. Wie friedfertig sich auch ein Christ beweist, so wird er doch manchmal mißverstanden. Das darf uns nicht wundern, denn selbst der Fürst des Friedens zündete durch seine Friedfertigkeit ein Feuer an auf Erden. Er selbst, der doch alle Menschen liebte und keinem Übles tat, „war der Allerverachtetste und Unwerteste, voller Schmerzen und Krankheit. Er war so verachtet, daß man das Angesicht vor ihm verbarg". Damit der von Herzen Friedfertige nicht verwundert sei, wenn er Gegner trifft, heißt es im folgenden Verse: „Selig sind, die um Gerechtigkeit willen verfolgt werden, denn das Himmelreich ist ihr." So werden also die Friedfertigen nicht nur selig gepriesen, sondern sie werden mit Segnungen von allen Seiten umgeben. Herr, schenke uns die Gnade, daß auch wir zu dieser Seligpreisung emporgelangen. Läutere unsere Gemüter, daß wir wahrhaft keusch und danach friedfertig werden!

Die durch das Jammertal gehen und machen daselbst Brunnen, und die Lehrer werden mit viel Segen geschmückt.

Psalm 84, 7

Hier wird uns gezeigt, daß der Trost, der dem einen zuteil ward, sich auch oft einem anderen wirksam erweist. Wir lesen etwa ein Buch, das uns reichen Trost gewährt. Da denken wir, unser Bruder sei schon in derselben Lage gewesen wie wir und er habe diesen Brunnen ebensowohl für uns wie für sich gegraben. Reisende haben sich oft mit Entzücken gefreut über die Fußspuren eines Menschen auf einem öden Pfade. So sehen wir so gerne die Pfadspuren anderer Pilger, wenn wir durch dieses Tränental wandern. Die Pilger graben den Brunnen. Aber sonderbar: er füllt sich von oben statt von unten. Wir brauchen die Mittel, aber der Segen kommt von oben und nicht von den Mitteln. Wir graben einen Brunnen, aber der Himmel füllt ihn mit seinem Naß. Die Mittel stehen im Zusammenhang mit dem Zweck, aber sie bringen ihn nicht zur Vollendung. Siehe, so füllt der Regen die Teiche, und die Brunnen erfüllen dadurch ihre Bestimmung, daß sie Behältnisse für das Wasser sind. Die Arbeit ist nicht umsonst, aber sie macht die göttliche Hilfe nicht überflüssig. Die Lehrer werden mit viel Segen geschmückt.

Die Gnade kann dem Regen verglichen werden um ihrer Reinheit, um ihrer erfrischenden und belebenden Wirkung willen, weil sie von oben stammt und weil sie nach göttlichem Wohlgefallen geschenkt oder entzogen wird. Ach, was sind doch Heilsmittel und Heilsvorschriften ohne den Beifall des Himmels! Sie sind Wolken ohne Regen und Brunnen ohne Wasser. O du Gott der Liebe, öffne die Fenster des Himmels und gieße über uns aus deinen Segen! Erquicke uns mit dem frischen Tau von oben und mache uns zu Menschen, von deren Leibe Ströme lebendigen Wassers fließen.

Und sie ließen das Volk gehen und nahmen ihn, wie er im Schiffe war; und es waren mehr Schiffe bei ihm. Und es erhob sich ein großer Windwirbel und warf die Wellen in das Schiff, also daß das Schiff voll ward. Markus 4, 36. 37

Wenn wir in Gesellschaft unseres Heilandes aufs Wasser gehen, dürfen wir nicht etwa auf gutes Wetter rechnen. Heftige Stürme können das Fahrzeug erschüttern, das den Herrn trägt, und wir dürfen nicht erwarten, daß die Wellen um unser Boot weniger schäumen und toben. Wenn wir mit Jesus gehen, müssen wir uns darein fügen, daß wir fahren, wie er selbst fährt. Wenn die Wogen für ihn gewaltig sind, so sind sie auch gewaltig für uns. Durch Sturm und Brandung nur kommen wir ans Land, und er ist uns vorausgegangen.
Als der Sturm über Galiläas See hinfuhr, da erbleichten alle Gesichter, und aller Herzen ängsteten sich und bangten vor einem Schiffbruch. Aber eben da erhob sich der schlummernde Heiland und bannte mit einem einzigen Wort das Wüten des Ungewitters. Da waren die Schifflein ruhig, die begleitenden ebenso wie das, worin der Herr fuhr. Wenngleich das Meer ängstigt, so bringt es doch Freuden, sobald der Herr Jesus bei uns ist. Mögen unsere Herzen ihn zu ihrem Anker machen, zu ihrem Steuer, zu ihrem Leuchtturm, zu ihrem Rettungsboot und zu ihrem Hafen. Fürchten wir uns nicht, solange er uns sichtbar bleibt! Nicht ein einziges Schiff aus seinem Gefolge wird Schiffbruch leiden. Durch den Glauben wollen wir jetzt den Anker aufziehen und mit unserem Herrn in See gehen. Wind und Wellen werden unser nicht schonen, aber sie müssen ihm alle gehorchen. Was für eine Windsbraut sich auch von außen gegen uns erheben mag, der Glaube erfährt doch im Innern eine selige Ruhe. Er ist stets in der Mitte der sturmgepeitschten Gefährten. Freuen wir uns über ihn. Sein Schiff hat den Himmel erreicht, unsere Barken folgen ihm.

Wenn eine Plage kommen will, so fürchtet er sich nicht.

Psalm 112, 7

Du solltest über trübe Aussichten, über drohende Gefahren, über Trauerbotschaften nicht so in Furcht und Schrecken geraten. Denn wenn du dich so ängsten lässest, was hast du dann vor anderen Menschen voraus? Andere Leute haben nicht wie du einen Gott, zu dem sie fliehen können. Sie haben seine Treue nie an sich erfahren wie du. Es darf dich nicht wundern, wenn sie vor Kummer niedergebeugt sind und vor Schmerz sich krümmen. Du aber bekennst, eines anderen Geistes Kind zu sein. Du bist wiedergeboren zu einer lebendigen Hoffnung. Dein Herz lebt im Himmel und hat mit dem Irdischen nichts zu schaffen. Wenn dich nun andere betrübt sehen wie ihresgleichen, was hat da jene Gnade, die du empfangen haben willst, noch für einen Wert?
Wenn du mit Unruhe erfüllt wirst wie andere, so wirst du auch in dieselben Sünden geraten, in die die anderen unter Prüfungen und Leiden gewöhnlich stürzen. Wenn die Gottlosen von bösen Tagen überfallen werden, so murren sie wider Gott. Sie empören sich wider ihn und meinen, er verfahre hart mit ihnen. Willst du den Herrn auch zum Zorn reizen wie sie?
Dann aber nehmen unbekehrte Menschen auch oft zu unrechten Mitteln ihre Zuflucht, um den Heimsuchungen zu entfliehen, und gewiß wirst du es ebenso machen, wenn dein Geist sich von der Not, die drückt, beherrschen läßt. Vertraue auf den Herrn und harre in Geduld auf ihn. Wie kannst du Gott verherrlichen, wenn du von Furcht hingerissen wirst? Kann dein Zweifeln und Zagen, dein Jammern und Klagen den Herrn verherrlichen? So fasse denn Mut, verlasse dich mit fester Zuversicht auf deinen Gott. Dein Herz sei getrost und fürchte sich nicht.

Daß ihr teilhaftig werdet der göttlichen Natur. 2. Petrus 1, 4

Teilhaftig werden der göttlichen Natur, das will nicht sagen: Gott selbst werden. Das ist unmöglich. Das Wesen Gottes ist unerreichbar für die Geschöpfe. Wir werden aber durch Gottes Gnade gottähnlich. Gott ist Liebe. So werden wir Liebe. Wer lieb hat, der ist von Gott geboren. Gott ist die Wahrheit. So werden wir wahrhaftig und lieben, was wahrhaftig ist. Gott ist gut. So macht er uns gut durch seine Gnade, so daß wir reines Herzens sein und Gott schauen können.

Aber noch mehr. Wir werden teilhaftig der göttlichen Natur, indem wir Glieder am Leibe Christi werden. Dasselbe Blut, das im Haupt fließt, durchströmt auch die Glieder. Dasselbe Leben, das Christus durchdringt, durchdringt auch sein Volk. „Ihr seid gestorben, und euer Leben ist verborgen mit Christo in Gott." Ja, wie wenn dies noch nicht genug wäre: wir werden mit Christus vermählt. Er hat uns ihm vertraut in Gerechtigkeit und Gericht, in Gnade und Barmherzigkeit. Wer mit dem Herrn verbunden ist, der ist ein Geist mit ihm. O geheimnisvolles Wunder, o wundervolles Geheimnis! Wir sehen es vor Augen, wer aber kann es verstehen? Eins mit Jesu, so eins mit ihm, daß die Rebe nicht inniger mit dem Weinstock verbunden ist als wir mit dem Herrn, unserem Heiland und Erlöser! Wenn wir uns hierüber herzlich freuen dürfen, so laßt uns bedenken, daß es sich beweisen muß im täglichen Wort und Wandel. Wer eins ist mit Christus, der ist dem Verderben entronnen, das in der Welt herrscht durch die vergängliche Lust.

Ach Herr, schenke uns die Gnade eines heiligeren, göttlicheren Lebens!

Ewigkeit, in die Zeit leuchte hell herein, daß uns werde klein das Kleine und das Große groß erscheine, sel'ge Ewigkeit!

Bringet ihn her zu mir! Markus 9, 19

Kinder sind eine köstliche Gabe Gottes. Aber sie machen viel Angst und Kummer. Sie können ihren Eltern eine große Lust, aber auch eine schwere Schmerzenslast werden. Sie können erfüllt werden mit dem Geiste Gottes, aber auch besessen von einem bösen Geist. In allen Fällen aber gibt uns das Wort Gottes ein Mittel an, wie sie von ihren Übeln geheilt werden können: Bringet ihn her zu mir!

Ach, wieviel inbrünstiger und eindringlicher sollten wir für unsere Kinder beten! Unser Schreien für sie sollte schon beginnen, ehe sie noch hineingeboren sind in diese Welt der Sünde. In den Tagen ihrer Kindheit werden wir schon genug traurige Anzeichen jenes Geistes gewahr, der dem Gebet widerstrebt und nicht hören will auf die Stimme Gottes in ihrer Seele. Aber der Herr Jesus spricht: Bringet ihn her zu mir. Sind sie dann groß geworden, so wallen sie vielleicht auf in Sünde und schnauben in Feindschaft wider Gott. Aber wenn dann unsere Herzen von Gram und Schmerz beschwert sind, wollen wir uns der Worte des großen Arztes erinnern: Bringet ihn her zu mir. Wir dürfen nimmer aufhören zu beten, bis daß sie aufhören zu atmen. Keine Krankheit ist hoffnungslos, solange Jesus lebt.

Der Herr läßt die Seinen manchmal in die Enge getrieben werden, damit sie aus Erfahrung kennenlernen, wie nötig sie ihn haben. Gottlose Kinder, die uns ihre Ohnmacht an ihren entarteten Herzen zu Gemüte führen, treiben uns hin zu dem Mächtigen um Beistand, und das gereicht uns zum großen Vorzug. Welches auch unser Anliegen sei, so soll es uns wie ein gewaltiger Strom hinaustragen ins endlose Meer der göttlichen Liebe. Jesus kann unsere Sorge bald hinwegnehmen. Es ist seine Wonne, uns zu trösten. Eilen wir zu ihm, denn er harrt auf uns und wünscht, daß wir zu ihm kommen.

So wir im Geist leben, so laßt uns auch im Geist wandeln.

Galater 5, 25

Das Allerwichtigste in unserem Christentum ist das Leben des Glaubens. Du findest nie wahren Glauben ohne wahre Gottesfurcht. Auf der anderen Seite begegnest du nie einem wahrhaft heiligen Leben, das nicht in einem lebendigen Glauben an die vollkommene Gerechtigkeit Christi wurzelt. Wehe denen, die das eine suchen ohne das andere! Es gibt manche, die den Glauben bejahen und die Heiligung vergessen. Sie sind vielleicht in der Erkenntnis sehr weit gefördert, aber sie stecken tief in der Verdammnis, denn sie halten die Wahrheit auf in Ungerechtigkeit. Es gibt andere, die nach der Heiligung des Lebens trachten, aber den Glauben verleugnen. Sie sind wie die Pharisäer, von denen der Heiland sagt, sie seien übertünchte Gräber. Wir müssen Glauben haben, denn das ist der Grundstein; wir müssen ein Leben der Heiligung führen, denn das ist der Aufbau. Was nützt einem Menschen die bloße Grundfeste zur Zeit eines Gewitters? Kann er sich darin bergen? Er bedarf eines Hauses, das ihn deckt, gleichwie das Haus eines festen Grundes bedarf.

Laß Glauben und Leben zusammenwirken, so werden sie deiner Frömmigkeit Festigkeit und Dauer gewähren. Gleichwie Licht und Wärme von derselben Sonne ausstrahlen, so sind beide, Leben und Glauben, gleich wirksam. Sie sind zwei Ströme, die beide dem Born der Gnade entspringen; zwei Lampen, mit dem Öl des Heiligtums gefüllt; zwei Ölbäume, vom Tau des Himmels befeuchtet. O Herr, schenke uns heute das innere verborgene Leben aus dir, so wird es sich nach außen offenbaren zu deiner Verherrlichung. Gib uns Gnade, daß wir im Geist leben, so werden wir auch im Geist wandeln und dir Früchte des Geistes tragen als Reben an dir, dem Weinstock!

So bestehet nun in der Freiheit, damit uns Christus befreit hat. Galater 5, 1

Diese Freiheit macht uns frei zur Aneignung der himmlischen Botschaft in Gottes Wort. Alle Verheißungen der Schrift darfst du dir frei aneignen. Die Heilige Schrift ist eine unausschöpfliche Schatzkammer, gefüllt mit unabsehbaren Reichtümern der Gnade. Sie ist die Wechselbank des Himmels: du kannst Wechsel auf dieselbe ziehen, so viel und so hoch du nur immer willst, es wird dir alles ohne Abzug und ohne Einsprache ausgezahlt. Komm nur im Glauben, so bist du willkommen geheißen zum Empfang der Bundesgnade. Es gibt keine Verheißung im Wort, deren Erfüllung dir verweigert würde. In den tiefsten Trübsalen kann solche Freiheit dich aufrichten. Inmitten der Wogen der Traurigkeit kann sie dich erquicken. Wenn dich Pfeile umschwärmen, sei sie dein Trost.
Du hast auch freien Zugang zum Gnadenthron. Welches auch unsere Wünsche und unsere Nöte seien, wir dürfen alles offen vor ihm darlegen. Wie viel oder wie schwer wir gesündigt haben, wir dürfen stets um Vergebung flehen und darauf rechnen, daß sie uns zuteil wird. Es hat nichts zu sagen, wie arm wir sind: wir dürfen uns auf seine Verheißung berufen, daß er in allem Nötigen für uns sorgen will. Wir dürfen zu jeder Zeit und Stunde zu seinem Gnadenstuhl hinzutreten. Brauche dein Recht, lieber Christ, und lebe auf der Höhe deiner Freiheit. Du hast freien Anteil an allem, was in Christus an Schätzen angesammelt ist: Weisheit, Gerechtigkeit, Heiligung und Erlösung. Es kommt nicht darauf an, was du bedarfst, denn in Christus ist die Fülle, und sie ist in ihm für dich vorhanden. O welch eine Freiheit ist dir geschenkt! Freiheit von der Verdammnis, Freiheit zur Aneignung aller Verheißungen, freier Zugang zum Thron der Gnade und endlich Freiheit, den Himmel zu ererben.

Hie Schwert des Herrn und Gideons! Richter 7, 20

Gideon befahl seinen Männern zweierlei: sie sollten brennende Fackeln unter irdenen Krügen verborgen bei sich tragen und auf ein gegebenes Zeichen die Krüge in ihren Händen zerschlagen und die Fackeln zum Vorschein bringen, und sie sollten dann die Posaunen blasen, die sie in der Rechten hielten, und rufen: Hier Schwert des Herrn und Gideons!

Das ist ganz genau auch die Aufgabe der Christen. Erstens müssen eure Fackeln leuchten. Zerbrecht die irdenen Gefäße, die euer Licht verbergen. Werft den Scheffel, der euer Licht bisher verhüllt hat, beiseite und gebt einen Schein von euch. Laßt euer Licht leuchten vor den Leuten, damit sie erkennen können, daß ihr auch mit Jesu seid.

Dann aber muß der laute Ruf ertönen. Die Posaunen müssen erschallen. Es bedarf kräftiger Anstrengung, um die Sünder durch die Verkündigung des gekreuzigten Christus zusammenzurufen und zu sammeln. Bringt ihnen das Evangelium. Tragt es ihnen ins Haus. Legt's ihnen auf den Weg. Blast die Posaune so laut, daß es ihnen in den Ohren gellt.

Bedenkt aber auch, daß der Ruf der Gemeinde das Losungswort Gideons ist: Hier Schwert des Herrn und Gideons! Gott muß alles ausrichten. Es ist sein Werk. Wir aber dürfen deshalb nicht müßig bleiben. Wir vermögen zwar nichts aus uns selber, sondern sind zu allem nur imstande durch den Beistand unseres Gottes. Darum wollen wir in seinem Namen den Entschluß fassen, Zeugnis abzulegen, zu leuchten mit unserer brennenden Fackel des Glaubens und aus unserer Posaune erschallen zu lassen Töne eines ernsten Bekenntnisses. So wird Gott mit uns sein und uns den Sieg verleihen.

Ich will einen ewigen Bund mit ihnen machen, daß ich nicht will ablassen, ihnen Gutes zu tun; und will ihnen meine Furcht ins Herz geben, daß sie nicht von mir weichen; und soll meine Lust sein, daß ich ihnen Gutes tue. Jeremia 32, 40. 41

Wie herzerquickend ist doch für einen Christen die Freude, die Gott an seinen Heiligen hat! Wir können kein Wohlgefallen an uns finden, wir sind uns unserer Sündhaftigkeit bewußt und beweinen unsere Untreue. Wir müssen fürchten, daß auch Gottes Kinder kein großes Wohlgefallen an uns finden können, denn sie müssen so vielerlei Unvollkommenheiten und Torheiten an uns wahrnehmen. Aber wir verweilen mit ganzer Liebe bei dieser erhabenen Wahrheit, daß der Herr sich gerade so über uns freut wie der Bräutigam über seine Braut. Sein Wohlgefallen ruht auf den Menschenkindern. Wir finden sogar nirgends geschrieben, daß Engel seine Seele mit Wonne erfüllen und er zu ihnen spricht: Ich habe Lust an dir. Aber er spricht das zu armen, gefallenen Geschöpfen wie wir, die von der Sünde verderbt und verwüstet, aber durch seine Gnade wieder errettet, erhöht und verherrlicht worden sind.

Wer hätte von dem Ewigen je denken können, daß er vor solcher Freude in lauten Jubel ausbrechen könnte? Dennoch steht geschrieben: „Er wird sich über dich freuen und dir freundlich sein und wird über dir mit Schalle fröhlich sein." Als er die Welt betrachtete, die er geschaffen hatte, sprach er: „Es ist sehr gut." Wenn er aber die betrachtet, die der Herr Jesus mit Blut erkauft hat, dann kann das große Herz des Unendlichen sich nicht mehr enthalten, sondern muß überfließen von göttlichen Ausrufen der Freude. Sollten wir nicht auf eine so wunderbare Bezeugung seiner Liebe unsere dankbare Antwort zurückgeben und singen: Ich will mich freuen des Herrn und fröhlich sein in Gott, meinem Heil!?

Israel freue sich des, der es gemacht hat. Psalm 149, 2

Sei fröhlichen Herzens, lieber Christ, aber habe acht, daß deine Freude ihre Quelle in dem Herrn habe. Jede Eigenschaft Gottes sollte ein neuer Strahl im Farbenbogen unserer Freude sein. Das sollte uns fröhlich machen, daß er weise ist, dieweil wir unsere Torheit kennen. Das sollte uns zur Freude stimmen, daß er mächtig ist, da wir doch ob unserer Schwachheit mit Furcht und Angst erfüllt sind. Daß er ewiglich bleibt, während wir dahinwelken wie des Grases Blume, daß er unwandelbar ist, während wir uns stündlich verändern, daß er voller Gnade ist, daß er uns diese Gnade in seinem Bund geschenkt hat, daß sie für uns da ist zu unserer Reinigung, zu unserer Bewahrung, zu unserer Heiligung, zu unserer Vollendung und zu unserer Verherrlichung - das alles sollte uns zur Freude in ihm auffordern.

Solche Freude in Gott gleicht einem tiefen Strom. Wir haben kaum erst seine Gestade berührt. Wir wissen ein wenig von seinen klaren, lieblichen, himmlischen Fluten. Aber droben fließt er tiefer. Seine Strömung ist gewaltiger und hinreißender. Der Christ fühlt, daß er sich nicht nur über das freut, was Gott ist, sondern auch über alles, was dieser Gott in den vergangenen Zeiten getan hat. Die Psalmen beweisen, daß das Volk Gottes viel und oft der herrlichen Taten Gottes eingedenk war. So soll denn auch heute noch die Gemeinde die Taten des Herrn erheben. Gleichwie ihr Tag um Tag neue Gnadenströme zufließen, so sollte auch ihre Freude über ihres Herrn Liebestaten sich zeigen in anhaltendem Danken und Lobpreisen. Seid fröhlich, ihr Kinder Zions, und freuet euch in dem Herrn, eurem Gott.

Solang mein Jesus lebt und seine Kraft mich hebt, muß Furcht und Sorge von mir fliehn, mein Herz in Lieb erglühn.

Er hat uns verordnet zur Kindschaft gegen sich selbst durch Jesum Christum, nach dem Wohlgefallen seines Willens, zu Lob seiner herrlichen Gnade, durch welche er uns hat angenehm gemacht in dem Geliebten. Epheser 1, 5. 6

Welch ein Stand der Gnade! Wie wunderherrlich, daß wir armen Sterblichen, wir Sünder Gegenstand der göttlichen Liebe sein sollen. Aber das alles sind wir nur in dem Geliebten. Manche Christen sehen danach aus, als wären sie angenehm gemacht in ihren inneren Erfahrungen. So wenigstens verstehen sie es. Wenn ihr Geist lebendig und ihre Hoffnung strahlend ist, dann meinen sie, sie seien Gott angenehm, denn dann fühlen sie sich so hoch gehoben und über alles Irdische emporgetragen. Aber wenn ihre Seelen in den Staub gebeugt sind, befällt sie die Furcht, sie seien nicht mehr angenehm in des Ewigen Augen. Wenn sie doch nur fühlen könnten, daß alle ihre so aufrauschende Freude sie nicht erhöht und alle ihre niederbeugende Traurigkeit sie nicht erniedrigt vor ihres Vaters Antlitz, sondern daß sie stets gleich angenehm gemacht sind in dem Einigen, der sich nie und nimmer verändert. Wieviel glücklicher wären sie und wieviel mehr würden sie ihren Heiland ehren!
Du schaust in dein Inneres und sprichst: Hier ist nichts, was Gott angenehm sein könnte. Aber blicke empor zu Christus und siehe, ob nicht in ihm alles Gott Wohlgefällige wohne. Gott hat deine Sünden hinter sich geworfen, und du bist angenehm gemacht in dem Gerechten. Du mußt mit der Sündenverderbnis ringen und gegen die Versuchung ankämpfen, aber du bist schon angenehm gemacht in ihm, der alle Macht des Bösen überwunden hat. Der Teufel kann dich nicht verderben, denn du bist angenehm gemacht in dem, der der Schlange Kopf zertreten hat. Selbst die Verklärten sind Gott nicht wohlgefälliger als du. Der Unterschied besteht nur darin, daß sie im Himmel angenehm gemacht sind in dem Geliebten und daß du schon hienieden auf Erden in Christus angenehm gemacht bist nach derselben Gnade.

Denn ich schämte mich, vom König Geleit und Reiter zu fordern, uns wider die Feinde zu helfen auf dem Wege. Denn wir hatten dem König gesagt: Die Hand unseres Gottes ist zum Besten über alle, die ihn suchen, und seine Stärke und Zorn über alle, die ihn verlassen. Esra 8, 22

In mancher Beziehung wäre ein Geleit für die pilgernde Gesellschaft sehr wünschenswert gewesen. Aber ein heiliges Schamgefühl gestattete Esra nicht, darum zu bitten. Er fürchtete, es möchte sonst der heidnische König die Bekenntnisse und Zeugnisse seines Glaubens an Gott als bloße Heuchelei deuten oder könnte auf den Gedanken kommen, der Gott Israels sei nicht imstande, seine Anbeter zu beschützen. Er konnte sich nicht dazu verstehen, sich auf einen fleischernen Arm zu stützen in einer Sache, die so augenscheinlich von Gott veranlaßt war. Darum zog die Reisegesellschaft ohne Geleit aus und hatte keine andere Hut als den, der Schwert und Schild seines Volkes ist.
Es ist sehr zu fürchten, daß nur wenige Gläubige einen so heiligen Eifer für Gottes Ehre in sich empfinden. Selbst solche, die mehr oder weniger in einem Leben des Glaubens wandeln, beflecken bei Gelegenheit den Glanz ihres Christenwandels damit, daß sie menschlicher Hilfe begehren. Es ist etwas so Seliges, wenn man keiner Stützen und Streben bedarf, sondern frei aufrecht steht auf dem Fels der Zeiten, gehalten vom Herrn allein. Könnten Christen in dem, was sie für den Herrn tun, noch Mithilfe von der Welt verlangen und wünschen, daß der Herr verunehrt wird, wenn sie für seine Sache die Hilfe der irdischen Macht in Anspruch nehmen? Als ob der Herr den Bedürfnissen seines eigenen Werkes nicht selbst zu genügen vermöchte! Könnten wir so eilfertig bei Freunden und Verwandten Beistand suchen, wenn wir bedächten, daß der Herr verherrlicht wird durch unser festes Vertrauen auf seinen alleinigen Arm? Meine Seele, harre allein auf Gott. Wenn du ihn hast, was bedarfst du dann noch irgendwie anderer Hilfe?

Auf daß er allein gerecht sei und gerecht mache den, der da ist des Glaubens an Jesum. Römer 3, 26

Nun wir denn sind gerecht geworden durch den Glauben, so haben wir Frieden mit Gott! Das Gewissen verklagt uns nicht länger. Die Gerechtigkeit entscheidet nun zugunsten des Sünders statt gegen ihn. Das Gedächtnis schaut zurück auf die vergangenen Sünden mit tiefem Kummer über sie, aber ohne jede Furcht vor einer künftigen Strafe. Denn Christus hat die Schuld seines Volkes bis auf den letzten Pfennig bezahlt.
Es leuchtet unserem Verstand als eine Grundwahrheit ein, daß Gott gerecht ist. Das verursacht uns zuerst großen Schrecken. Aber ist's nicht wunderbar, daß eben dieser selbe Glaube an Gottes Gerechtigkeit hernach ein Grundpfeiler unseres Friedens und Vertrauens wird? Wenn Gott gerecht ist, so muß ich als Sünder Strafe erdulden. Aber Jesus vertritt mich und erleidet die Strafe für mich. Und nun kann ich als ein Sünder, der in Christus steht, nimmermehr gestraft werden. Gott müßte seine Natur verändern, ehe eine einzige Seele, für die der Herr Jesus als Bürge eingestanden ist, je die Geißel des Gesetzes an sich erfahren dürfte. Weil also Jesus an die Stelle des Gläubigen getreten ist und ein volles Sühngeld bezahlt hat zur Abwendung des göttlichen Strafgerichtes für alles, was sein Volk verschuldet hat, darum darf der Gläubige in den Siegesjubel ausbrechen: Wer will die Auserwählten Gottes beschuldigen? Gott nicht, denn er hat sie gerecht gemacht. Christus nicht, denn er ist für sie gestorben. So blüht meine Hoffnung nicht darum, weil ich etwa kein Sünder wäre, sondern weil Christus für mich gestorben ist. So steht mein Vertrauen nicht darauf, daß ich heilig bin, sondern darauf, daß er meine Gerechtigkeit ist. So ruht mein Glaube nicht auf dem, was ich bin und fühle oder weiß, sondern auf dem, was Christus ist, was er getan und was er jetzt noch für mich tut.

Ich sah bei der Nacht, und siehe, ein Mann saß auf einem roten Pferde, und er hielt unter den Myrten in der Aue, und hinter ihm waren rote, braune und weiße Pferde.

Sacharja 1, 8

Das Gesicht, das in diesem Kapitel erzählt wird, schildert den Zustand Israels in den Tagen Sacharjas. Wenden wir es auf uns an, so gibt es uns eine Beschreibung der Gemeinde Gottes, wie wir sie heute auf Erden finden. Die Gemeinde wird mit einem Myrtengebüsch verglichen, das in einer Talebene blüht. Sie ist verborgen, ungesehen, unbeachtet. Sie buhlt um keine Ehre und zieht keine Aufmerksamkeit von seiten des unbefangenen Beobachters auf sich. Sie besitzt wie ihr Herr eine Herrlichkeit, aber die bleibt dem fleischlichen Auge verborgen, denn die Zeit ist noch nicht gekommen, da sie hervorbricht in ihrem Strahlenglanze.

Ebenso ist die Vorstellung von ruhiger Sicherheit uns in diesem Bilde dargeboten. Das Myrtengebüsch in der Aue ist still und ruhig, während der Sturm über die Bergesgipfel hinbraust. Stürme und Ungewitter lassen ihren Mut aus an den zackigen Firnen der Alpen, aber dort unten, wo der Strom fließt, der die Stadt unseres Gottes fröhlich macht, blüht die Myrte am frischen Wasser, unerschüttert vom Ungestüm des Windes. Wie groß ist die innere Stille der Gemeinde Gottes! Sogar unter Verfolgungen und Widerwärtigkeiten genießt sie einen Frieden, den die Welt nicht gibt und den sie darum auch nicht rauben kann.

Schildert das Gleichnis nicht auch das friedliche, fortwährende Wachstum der Heiligen? Die Myrte wirft ihr Laub nicht ab. Sie bleibt immer grün. So hat die Gemeinde auch in ihrer schlimmsten Zeit ein seliges Grünen und Gedeihen um sich her. Ja, zuweilen hat sie gerade dann im schönsten Grün geglänzt, wenn ihr Winter am härtesten war. Sie gedieh in den Zeiten am besten, in denen sie von schweren Heimsuchungen betroffen war.

Wohl dir, Israel! Wer ist dir gleich? O Volk, das du durch den Herrn selig wirst. 5. Mose 33, 29

Wer behauptet, die Nachfolge Christi mache die Menschen unglücklich, der ist selbst weit vom wahren Glück entfernt und hat keine Ahnung von dem, was Christus nachfolgen heißt. Es wäre wahrlich merkwürdig, wenn die Liebe zu Christus uns elend machte. Meint ihr, Gott werde alles Glück auf seine Feinde häufen und alle Traurigkeit für seine Kinder zurückbehalten? Sollten seine Widersacher Freude und Wonne genießen und seine Sprößlinge Kummer und Jammer ererben? Sollte der Sünder, der keinen Teil hat an Christus, sich des Reichtums aller Glückseligkeit rühmen und wir dagegen betrübt einhergehen wie die allerärmsten Bettler? Nein, wir freuen uns im Herrn allewege und rühmen uns unserer Gotteskindschaft. Die Rute der Züchtigung muß uns allerdings nach seiner Weisheit manchmal zuteil werden, aber sie wirkt für uns die friedsame Frucht der Gerechtigkeit, und darum können wir uns allezeit freuen in Gott, unserem Heil.

Wir sind Christus angetraut. Unsere Herzen sind mit ihm verbunden. Wir sind seine Glieder, und obgleich wir eine kleine Zeit leiden, gleichwie unser Haupt gelitten hat, so sind wir dennoch zu jeder Stunde begnadet mit himmlischen Gütern in ihm. Wir besitzen das Pfand unseres Erbteils in den Tröstungen des Heiligen Geistes, und dieser Trost ist weder gering noch selten. Wir sind Erben der ewigen Freude und Herrlichkeit und haben schon hienieden einen Vorschmack der Wonne, die unser wartet. Es leuchten einzelne Strahlen des Freudenlichtes zu uns herüber, um uns den ewigen Sonnenaufgang zu verkünden. Ja, es heißt in Wahrheit von uns: Wohl dir, Israel, wer ist dir gleich? O Volk, das du durch den Herrn selig wirst!

Der Herr schauet vom Himmel und siehet aller Menschen Kinder.

Psalm 33, 13

Nichts zeigt uns Gott in einem gnadenreicheren Lichte, als wenn es von ihm heißt: er steige hernieder von seinem Thron und komme herab, um mitleidsvoll auf die Leiden der Menschen zu achten und die Not der Menschenkinder sich zu Herzen dringen zu lassen. Wir lieben ihn. Da Sodom und Gomorra mit Gottlosigkeit erfüllt waren, wollte er diese Städte nicht zerstören, ehe er sie nicht mit einer persönlichen Heimsuchung begnadigt hätte. Wir können nicht anders: wir müssen unser Herz in aller Liebe vor unserem Herrn ausschütten, der aus der höchsten Herrlichkeit sein Ohr zu uns herniederneigt und es an die Lippen des sterbenden Sünders legt, dessen ermattete Seele sich nach Versöhnung und Frieden sehnt. Was können wir anders als ihn lieben, dieweil wir wissen, daß er auch die Haare auf unserem Haupte alle zählt, auf jeden unserer Tritte achtet und uns auf allen unseren Wegen leitet?

Besonders nahe kommt uns diese Wahrheit, wenn wir bedenken, wie er nicht nur auf die zeitlichen Bedürfnisse seiner Kinder, sondern ganz besonders auf ihre geistlichen Anliegen bedacht ist. Obgleich ein unermeßlicher Abstand zwischen dem endlichen Geschöpf und dem unendlichen Schöpfer besteht, sind doch beide durch unzerreißbare Bande miteinander verbunden. Wenn eine Träne aus deinem Auge fällt, so glaube nicht, daß Gott sie nicht wahrnehme. Denn wie sich ein Vater über Kinder erbarmt, so erbarmt sich der Herr über die, so ihn fürchten. Dein Seufzen kann das Herz Jehovas bewegen. Dein Lispeln zieht sein Ohr zu deinen Lippen nieder. Dein Gebet kann seiner Hand Stillehalten gebieten. Dein Glaube kann seinen Arm bewegen. Stelle dir nicht vor, Gott throne in der Höhe, ohne deiner zu gedenken noch deiner Tritte zu achten. Der Herr siehet auf dich, wie arm und elend du auch seiest.

Wenn dann der Priester besieht und findet, daß der Aussatz das ganze Fleisch bedeckt hat, so soll er denselben rein urteilen.
3. Mose 13, 13

Diese Verordnung muß uns sonderbar erscheinen. Dennoch lag ihr eine große Weisheit zugrunde. Wenn die Krankheit nach außen geworfen ward, so zeigte sich damit, daß die Natur des Leibes in der Wurzel gesund sei.
Auch wir sind Aussätzige, geschlagen mit dem Aussatz der Sünde. Das Aussatzgebot findet im übertragenen Sinne daher auch auf uns seine Anwendung. Wenn ein Mensch sieht, daß er ganz und gar verloren, daß er der Verdammnis verfallen ist, weil er über und über von der Unreinigkeit der Sünde bedeckt und gar nichts Gesundes mehr an ihm ist, wenn er alles selbstgerechte Wesen verabscheut und sich vor dem Herrn schuldig bekennt, dann ist die Voraussetzung gegeben, rein zu werden durch das Blut Jesu. Verborgene, unerkannte, unempfundene Sünde ist der wahrhaftige Aussatz. Wenn aber die Sünde eingesehen und gefühlt wird, so hat sie schon ihren Todesstreich empfangen. Nichts ist tödlicher als Selbstgerechtigkeit. Nichts berechtigt zu größerer Hoffnung als Zerknirschung.
Welch einen Trost gewährt unsere Schriftstelle also denen, die unter einem tiefen Gefühl der Sünde stehen! Die Sünde, die erkannt und bereut wird, und wäre sie noch so häßlich und gräßlich, verbannt nie einen Menschen vom Angesicht unseres Herrn Jesu. Wer zu ihm kommt, den wird er nicht hinausstoßen. Und wäre ein Mensch so ehrlos wie der Schächer, so unkeusch wie die große Sünderin, so grimmig wie Saulus von Tarsus, so grausam wie Manasse, so ungehorsam wie der verlorene Sohn, so schaut dennoch das Herz des Heilandes mit Wonne auf ihn, wenn er fühlt, daß nichts Gesundes an ihm ist. Und er spricht ihn rein. So komm denn zu ihm, du armer, schuldbeladener Sünder!

Lobsinget zu Ehren seinem Namen, rühmet ihn herrlich.

Psalm 66, 2

Es bleibt nicht unserem eigenen Gutdünken überlassen, ob wir Gott loben wollen oder nicht. Auf seinen Ruhm hat Gott das allergrößte Recht. Jeder Christ ist als ein Gefäß seiner Gnade dazu verpflichtet, Gott täglich zu loben und zu erheben. Es ist freilich wahr, daß uns kein bestimmtes Gebot zum täglichen Preise Gottes gegeben ist. Wir besitzen auch kein Gesetz, das uns bestimmte Stunden zum Lobsingen und Danken vorschreibt. Aber das Gesetz, das ins Herz geschrieben ist, lehrt uns, daß wir Gott lobpreisen sollen.

Ja, es ist des Christen Pflicht, Gott zu loben. Es ist nicht eine Unterhaltung zum Zeitvertreib, sondern es ist eine unumgängliche Lebensaufgabe. Ihr, die ihr stets voll Trauer seid, meinet nicht, ihr wäret deshalb entschuldigt. Bildet euch nicht ein, ihr dürftet euch eurer Pflicht gegen euren Gott entschlagen und ihm eure Loblieder vorenthalten. Ihr seid verpflichtet durch die Bande seiner Liebe, seinen Namen zu erheben, solange ein Odem in euch wohnt. Sein Lob soll allezeit in eurem Munde sein. Wenn ihr Gott nicht preist, so bringt ihr die Frucht nicht, die er als der göttliche Weingärtner mit Recht von euch erwartet. So laßt denn eure Harfe nicht hängen an den Weiden zu Babel, sondern holt sie herab, stimmt sie, sucht ihr mit dankbarem Herzen die zartesten Töne zu entlocken und laßt euer lautes Loblied herrlich erschallen. Mit jedem neudämmernden Morgen erhebt eure Lieder des Dankes, und jedem Sonnenuntergang folge eure Dankesbezeugung nach. Umgürtet die Erde mit eurem Lob, so wird Gott vom Himmel euren Gesang hören und euer Lobgetön mit Wohlgefallen annehmen.

Über unserer Tür sind allerlei edle Früchte. Mein Freund, ich habe dir beide, heurige und vorjährige, behalten.

Hohelied 7, 13

In dieser reichen Jahreszeit der herbstlichen Ernte wollen wir achthaben auf unsere Früchte. Wir haben heurige, d. h. neue Früchte. Wir sehnen uns nach einem Gefühl neuen Lebens, neuer Freude, neuer Dankbarkeit. Wir tragen Verlangen nach erneuerten Entschlüssen und möchten sie gern mit neuem Eifer und neuer Anstrengung durchführen. Unser Herz erblüht in neuen Gebeten und Seufzern, und unsere Seele ermuntert sich zu neuem Wollen und Wirken.
Es sind aber auch noch alte Früchte da. Vor allem unsere erste Liebe: eine köstliche, auserwählte Frucht! Dann unser erster Glaube: jener Glaube voller Einfalt, durch den wir, da wir nichts unser eigen nannten, dennoch teilhaftig wurden aller Güter. Dazu kommt unsere Freude, die wir empfanden, als der Herr sich uns zuerst offenbarte. Wir haben unsere alten Erinnerungen an die Verheißungen. Wie treu ist doch Gott an uns gewesen! Wie hat er uns in tiefen Fluten so gnädig getragen! Wie hat er uns im feurigen Ofen so unverletzt bewahrt! Vorjährige Früchte sind's in der Tat. Wir haben ihrer viele, denn seiner Gnadenbezeugungen waren mehr als Haare auf unserem Haupt.
Aber die Hauptsache ist die: wir haben alle Früchte unserem Herrn Jesus behalten. Das sind ihm die angenehmsten Huldigungen, wo er das einzige Ziel und Verlangen unserer Seele und seine Ehre der alleinige lautere Zweck all unseres Strebens ist. Herr Jesus, wir wollen den Schlüssel an der Tür unseres Gartens zudrehen und niemand einlassen, der dich auch nur einer einzigen deiner Früchte berauben könnte; denn du hast mit deinem Blut den Boden gefeuchtet, dem sie entsproßten. Unser alles sei dein, dein allein, o Jesu, geliebter Freund!

Als die da wiederum geboren sind, nicht aus vergänglichem, sondern aus unvergänglichem Samen. 1. Petrus 1, 23

Petrus ermahnte die zerstreuten Christen mit allem Ernst, sich untereinander „brünstig zu lieben aus reinem Herzen". Weislich entlehnte er seine Begründung nicht aus dem Gesetz oder aus der Natur oder aus der Weisheit des natürlichen Menschen, sondern aus der höheren göttlichen Natur, welche Gott den Seinen eingepflanzt hat. Einsichtsvolle Erzieher streben danach, in den ihnen Anvertrauten würdigen Anstand zu wecken und zu pflegen. So redet Petrus mit den Gläubigen als den Erben ewigen Lebens. Er hat ihnen vor allem etwas vom Adel der Liebe zu sagen: „Sehet zu, daß ihr einander liebhabt, denn ihr seid aus unvergänglichem Samen geboren. Ihr stammt aus Gott, dem Schöpfer aller Dinge. Ihr habt eine unsterbliche Bestimmung, ihr sollt nimmermehr umkommen, ob auch alles Fleisches Herrlichkeit verwelke und vergehe." Wohl uns, wenn wir in demütigem Geiste die wahrhafte Würde unserer erneuerten Natur erkennen und ihr nachzuleben suchen. Ein Christ muß mit Würde einhergehen. Durch ihn müssen alle erfreut und ermuntert werden, die im Haus und am Beschäftigungsort mit ihm zu tun haben. Der Christ meidet auch den Schein des Bösen und jagt allezeit der Heiligung nach. „Machet keusch eure Seelen im Gehorsam der Wahrheit durch den Geist zu ungefärbter Bruderliebe."

Es glänzet der Christen inwendiges Leben,
obgleich sie von außen die Sonne verbrannt.
Was ihnen der König des Himmels gegeben,
ist keinem als ihnen nur selber bekannt.
Was niemand verspüret, was niemand berühret,
hat ihre erleuchteten Sinne gezieret und
sie zu der göttlichen Würde geführet.

Sind sie nicht allzumal dienstbare Geister, ausgesandt zum Dienst um derer willen, die ererben sollen die Seligkeit?

Hebräer 1, 14

Das ist gesagt von den Engeln. Sie sind die unsichtbaren Diener der Heiligen Gottes. Sie tragen uns auf den Händen, auf daß wir unseren Fuß nicht an einen Stein stoßen. Der Gehorsam gegen ihren Herrn lehrt sie innigen Anteil nehmen an den Kindern seiner Liebe. Sie freuen sich über die Rückkehr des verlorenen Sohnes in seines Vaters Haus hienieden, und sie begrüßen jubelnd die Ankunft des Gläubigen im Schlosse des Herrn der Herrlichkeit droben. Vorzeiten wurde den Kindern Gottes ihre sichtbare Erscheinung zuteil. Aber auch heute ist, wenngleich von uns ungesehen, der Himmel noch immer offen, und die Engel Gottes steigen hinauf und herab, auf daß sie die Erben der Erlösung heimsuchen. Wenn uns die Augen geöffnet werden könnten, so sähen wir, wie feurige Rosse mit feurigen Wagen die Knechte des Herrn umgeben. Denn wir sind gekommen zu der Menge vieler tausend Engel, die alle Wächter und Beschützer des königlichen Samens sind.
Zu solcher Würde werden also die Auserwählten erhoben, daß die strahlenden Diener des Himmels ihre willigen, aufmerksamen Diener sind. Zu solcher Gemeinschaft werden wir erhöht, dieweil wir Umgang haben mit reinen himmlischen Geistern! Wie wohl sind wir beschützt, weil tausendmal tausend Wagen Gottes daherfahren zu unserem Schutz! Wem verdanken wir das alles? O, wir wollen den Herrn Jesus Christus ewig lieb und teuer achten; denn durch ihn und um seinetwillen dürfen wir ruhen in den himmlischen Gefilden, weit erhaben über alle Fürstentümer und Gewalten. Er ist's, dessen Lager rings um die her ist, die ihn fürchten. Er ist der rechte Michael, der den Drachen unter seine Füße tritt. O Jesu, du Engel der Gegenwart Gottes, dir weiht dieses Haus seine dankbaren Gelübde.

Ich will euch trösten, wie einen seine Mutter tröstet.

Jesaja 66, 13

Einer Mutter Tröstung! Ach, das ist die Zärtlichkeit selbst. Wie geht sie in ihres Kindes Kummer ein! Wie preßt sie es an ihren Busen und versucht, all seinen Schmerz in ihr eigenes Herz zu nehmen! Ihr kann es alles sagen, und sie wird mit ihm fühlen, wie niemand anders es kann. Von allen Tröstern liebt das Kind am meisten seine Mutter, und selbst erwachsene Männer haben dasselbe Gefühl. Läßt Jehova sich herab, einer Mutter gleich zu handeln? Das ist in der Tat Güte. Wir können leicht wahrnehmen, wie er ein Vater ist, aber er will auch gleich einer Mutter sein? Fordert uns dies nicht zu heiliger Vertraulichkeit, zu rückhaltlosem Vertrauen, zu geweihter Ruhe auf? Wenn Gott selbst der Tröster wird, so kann der Schmerz nicht lange währen. Laßt uns ihm unsere Not darlegen, ob wir auch nicht viel mehr als Schluchzen und Seufzen hervorbringen. Er wird uns nicht um unserer Tränen willen verachten. Unsere Mutter tat es ja auch nicht. Er wird unsere Schwachheit ansehen, wie sie es tat. Er wird unsere Fehler abtun, nur in einer sicheren und völligeren Weise, als unsere Mutter es konnte. Wir wollen nicht versuchen, unseren Kummer allein zu tragen. Das wäre unfreundlich gegen einen so freundlichen und sanften Herrn. Laßt uns den Tag mit unserem liebevollen Herrn beginnen. Und warum sollten wir ihn nicht in derselben Gemeinschaft auch beschließen, da Mütter ihrer Kinder nicht müde werden?

Wirf Sorgen und Schmerz
ins liebende Herz
des mächtig dir helfenden Jesus!
Wenn Kummer dich quält,
wenn alles dir fehlt,
so flehe zu deinem Erbarmer!

Und er stand auf und aß und trank und ging durch Kraft derselben Speise vierzig Tage und vierzig Nächte.

1. Könige 19, 8

Alle Kraft, die Gott uns verleiht, schenkt er uns zum Dienst, nicht zu Mutwillen oder um Rühmens willen. Als der Prophet unter dem Wacholder das geröstete Brot und die Kanne mit Wasser zu seinen Häupten liegen sah, da ward's ihm nicht bequem gemacht. Er fand keine behagliche Ruhe, um sich zu erholen. Vielmehr empfing er den Befehl, durch Kraft eben dieser Speise vierzig Tage und vierzig Nächte zu gehen bis an den Berg Gottes Horeb. Als der Meister seine Jünger zum Essen einlud mit den Worten: „Kommt und haltet das Mahl“, sprach er nach gehaltener Mahlzeit zu Petrus: „Weide meine Schafe!“
So verhält sich's auch mit uns. Wir essen das Brot des Himmels, damit wir unsere Kraft in des Herrn Dienst verzehren sollen. Manche Christen leben gern von Christus, aber sie sind nicht darauf bedacht, für Christus zu leben. Die Erde sollte eine Vorbereitung für den Himmel sein. Der Himmel aber ist gerade der Ort, wo die Heiligen am köstlichsten gespeist werden und am meisten zu tun bekommen. Sie setzen sich nieder zum Tisch unseres Herrn und dienen ihm Tag und Nacht in seinem Tempel. Sie genießen himmlische Speise und dienen dem Herrn in Vollkommenheit. Lieber Christ, arbeite in der Kraft, die du Tag für Tag von Christus empfängst, für ihn, deinen Herrn! Wozu sendet der Herr den Regen herab auf die lechzende Erde? Wozu gibt er den belebenden Sonnenschein? Tut er's nicht darum, damit dies alles die Früchte der Erde im Wachstum fördere und sie dem Menschen zur Nahrung wohl gedeihen lasse? So nährt und stärkt der Herr auch unsere Seelen, damit wir nachher unsere erneuerten Kräfte zu seiner Verherrlichung verwenden.

Wer aber von dem Wasser trinken wird, das ich ihm gebe, den wird ewiglich nicht dürsten. Johannes 4, 14

Wer an den Herrn Jesus gläubig geworden ist, findet in ihm alle Genüge für die Gegenwart und Freude die Fülle für alle Ewigkeit. Der Gläubige ist nicht ein Mensch, dessen Tage trübselig sind, weil es ihm an Trost mangelt, oder dessen Nächte kein Ende nehmen, weil ihnen jeder herzerquickende Gedanke fehlt; nein, er findet in seinem Heiland einen solchen Born der Freude, einen solchen Quell des Trostes, daß er stets zufrieden und glücklich ist. Treibt ihr ihn hinaus in die Wüste, so ißt er himmlisches Manna. Vertreibt ihr ihn von seiner Freundschaft und aus seinem Hause, so findet er dennoch einen treuen Freund, der mehr liebt und fester beisteht als ein Bruder. Untergrabt den Grund aller seiner irdischen Hoffnungen, dennoch bleibt sein Herz unerschüttert im Vertrauen auf seinen Herrn. Das Herz ist ein unersättliches Grab, bis der Herr Jesus darin einzieht. Aber dann wird es zu einem überströmenden Becher. Der wahrhaft heilig Gesinnte ist so völlig befriedigt von der Allgenugsamkeit Jesu, daß er nimmermehr dürstet, es sei denn allein nach tieferen Zügen aus dem lebendigen Brunnen.
Auf solche liebliche Art sollst du dürsten. Es soll kein Durst der Ermattung sein, sondern ein Durst der Liebessehnsucht. Es wird dir als etwas Köstliches erscheinen, zu seufzen nach einem völligeren Genuß der Liebe Jesu. Fühlst du, daß all dein Sehnen gestillt wird in ihm und daß du jetzt kein anderes Verlangen hast, als mehr von ihm zu erfahren und innigere Gemeinschaft mit ihm zu pflegen? Dann komm unaufhörlich zu diesem Brunnen und nimm das Wasser des Lebens umsonst. Jesus wird dich jederzeit willkommen heißen und sagen: Trinke, ja trinke nur immerzu, mein Geliebter und mein Freund!

Und Mose sprach zum Herrn: Warum bekümmerst du deinen Knecht? 4. Mose 11,11

Unser himmlischer Vater sendet uns häufig Trübsal, um unseren Glauben zu prüfen. Wenn unser Glaube etwas wert ist, so wird er die Probe bestehen. Das ist ein armseliger Glaube, der nur auf Gott vertraut, wenn die Freunde treu bleiben, der Leib von Gesundheitsfülle strotzt und das Geschäft blüht und Gewinn einträgt. Aber das ist ein echter Glaube, der an des Herrn Treue festhält, wenn die Freunde dahingegangen sind, wenn der Leib schwach wird und siecht, wenn das Gemüt gedrückt ist und wenn das Licht von unseres Vaters Antlitz sich vor uns verborgen hat.

Der Herr betrübt seine Knechte um seiner Verherrlichung willen. Er wird verherrlicht durch die Tugenden der Seinen, die seiner Hände Werk sind. Nie würden wir die herrlichen Töne der Harfe erklingen hören, wenn ihre Saiten unberührt blieben. Nie würden wir den herzerquickenden Wein der Traube schmecken, wenn sie nicht ausgepreßt würde in der Kelter. Nie würden wir die Wärme des Feuers empfangen, wenn nicht das Holz zu Asche verbrennte. Die Weisheit und die Macht des großen Werkmeisters werden in den Trübsalen offenbar, durch die er die Gefäße seiner Gnade hindurchgehen läßt.

Und schließlich hat die gegenwärtige Traurigkeit auch den Zweck, die zukünftige Freude zu erhöhen. Könnten wir im Himmel so überaus glücklich und selig werden, wenn wir nicht den Fluch der Sünde und die Leiden dieser Erde an uns erfahren hätten? Ist nicht der Friede lieblicher nach dem Streit und die Ruhe willkommener nach schwerer Mühe und Arbeit? Muß nicht die Erinnerung an verflossene Trübsale die Glückseligkeit der Verklärten erhöhen?

Und als er aufgehört hatte zu reden, sprach er zu Simon: Fahre auf die Höhe und werfet eure Netze aus, daß ihr einen Zug tut. Lukas 5, 4

Wir lernen aus dieser Erzählung die Notwendigkeit der Mitwirkung von seiten des Menschen. Der Fischzug war wunderbar; aber weder der Fischer noch sein Schiff noch sein Netz waren dabei müßig gelassen, sondern alles mußte mithelfen, die Fische zu bekommen. So ist's auch mit der Errettung der Seelen. Gott wirkt durch allerlei Mittel. Solange der neue Bund der Gnade in Kraft bleibt, wird es Gott gefallen, durch törichte Predigt des Evangeliums selig zu machen, die daran glauben. Wenn Gott unumschränkt und unabhängig von der Menschen Mithilfe seine Wunder wirkt, so wird er dadurch ohne allen Zweifel verherrlicht. Aber er hat die menschliche Mitbetätigung in den Plan seiner Heilsabsichten aufgenommen als das Mittel, durch das er auf Erden am meisten verherrlicht wird.
Die Mittel an sich sind ohne Verdienst und ohne Bedeutung. „Meister, wir haben die ganze Nacht gearbeitet und nichts gefangen." Waren sie denn nicht Fischersleute, die ihres Berufes treulich warteten? Wahrlich, sie hatten keine ungeübten Hände. Sie verstanden ihr Handwerk. Hatten sie es an Fleiß mangeln lassen? Hatte es ihnen an Ausdauer gefehlt? Nein, die ganze Nacht hatten sie gearbeitet. Fehlte es an Fischen im Meer? Gewiß nicht, denn sobald der Meister da war, gingen sie scharenweise ins Netz. Woran lag es denn? Daran, daß in den Mitteln an und für sich keine Macht liegt, wenn die Gegenwart Jesu fehlt. Ohne ihn können wir nichts tun. Aber mit ihm vermögen wir alles. Christi Gegenwart sichert den Erfolg. Wenn der Herr Jesus in seiner Gemeinde erhöht wird, dann ist seine Gegenwart ihre Kraft und Macht. So laßt uns arbeiten, bis die Nacht kommt. Der, der uns das Netz auswerfen heißt, füllt es auch mit Fischen.

Dem aber, der euch kann behüten ohne Fehl und stellen vor das Angesicht seiner Herrlichkeit unsträflich mit Freuden, dem Gott, der allein weise ist, unserem Heiland, sei Ehre und Majestät und Gewalt und Macht nun und zu aller Ewigkeit.

Judas 24, 25

In gewissem Sinne ist der Weg zum Himmel sehr sicher und gefahrlos. Aber in anderer Beziehung ist kein Pfad so voller Gefahren und Beschwerden. Er ist mit Hindernissen und Anstößen übersät. Ein einziger falscher Tritt, und wir stürzen in den schauerlichen Abgrund. Oft müssen wir mit dem Psalmisten ausrufen: „Ich aber hätte schier gestrauchelt mit meinen Füßen, mein Tritt wäre beinahe geglitten." Auf den ebensten Straßen straucheln wir bald, auf den glattesten Pfaden fallen wir leicht. Ein Strohhalm kann uns zu Fall bringen und ein Kieselstein uns verwunden. Wir sind wie kleine Kinder, die mit Zittern die ersten Fußtritte im Wandel des Glaubens wagen, und unser himmlischer Vater hält uns bei unseren Händen, denn sonst liegen wir bald darnieder.
Ach, wenn wir vor dem Fall bewahrt werden, wie müssen wir da die geduldige Macht preisen, die Tag für Tag über uns wacht! Bedenkt, wie schnell wir sind zur Sünde, wie unüberlegt wir uns der Gefahr aussetzen, wie sehr wir geneigt sind, uns zu überstürzen. Ja, wir haben viele Feinde, die uns zu Fall bringen möchten. Der Weg ist rauh, und wir sind schwach. Nur ein allmächtiger Arm kann uns bewahren. Und ein solcher Arm hat sich unser angenommen und will uns verteidigen. Er ist treu, der es verheißen hat. Er kann uns behüten vor dem Fall, also daß wir bei allem tiefen Gefühl unserer großen Schwachheit uns mit einem festen Glauben freuen dürfen über unsere vollkommene Sicherheit.

Er kann uns stellen vor das Angesicht seiner Herrlichkeit unsträflich mit Freuden. Judas 24

Unsträflich - welch ein wunderbares Wort! Und erst recht: welch ein herrliches Ziel unseres Lebens! Wir sind zwar jetzt noch weit davon entfernt. Da aber unser Heiland unaufhörlich fortarbeitet an dem Liebeswerk unserer Vollendung, so werden wir noch einmal dahin gelangen. Der Herr will endlich auch ihm selbst darstellen eine Gemeinde, die herrlich sei, die nicht habe einen Flecken oder Runzel oder des etwas, sondern daß sie sei heilig und unsträflich. Alle Edelsteine in des Heilandes Krone sind von vollkommener Reinheit und ohne den geringsten Tadel.
Wie aber will der Herr Jesus uns unsträflich machen? Er wird uns abwaschen von unseren Sünden mit seinem Blut, bis wir herrlich und hell sind wie Gottes reinste Engel. Wir werden bekleidet werden mit seiner Gerechtigkeit. Das Werk des Heiligen Geistes in uns wird ganz vollkommen sein. Er wird uns so völlig heiligen, daß wir gar nicht mehr die geringste Neigung zum Bösen fühlen. Verstand, Gemüt, Wille: jede Kraft und Eigenschaft wird frei geworden sein von der Sklaverei der Sünde. Wir werden heilig, gleichwie Gott heilig ist. Wir werden in seiner Gegenwart wohnen ewiglich. Die Heiligen werden keine Fremdlinge sein im Himmel. Ihre Schönheit wird so groß sein wie die Herrlichkeit des Ortes, der ihnen bereitet ist. O, welch ein Entzücken wird das einst sein, wenn die Tore der Ewigkeit sich weit öffnen und wir eingehen dürfen in das Erbe der Verheißung und wohnen mit den Heiligen im Licht! Die Sünde abgetan, der Satan ausgeschlossen, alle Versuchung auf ewig vorbei und wir selbst unsträflich vor Gott - das ist wahrlich der Himmel! Lasset uns freuen und fröhlich sein, wenn wir daran denken!

Laßt uns unser Herz samt den Händen aufheben zu Gott im Himmel. Klagelieder 3, 41

Schon die Tatsache unseres Betens zeigt uns unsere Armut. Das ist eine sehr heilsame Erkenntnis für so hochmütige Wesen wie wir. Wenn Gott uns seine Gunst erwiese, ohne daß wir genötigt wären, darum zu bitten, so könnten wir nie erfahren, wie arm wir sind. Echtes Gebet ist eine Offenbarung verborgener Armut. Weil es sich an den göttlichen Reichtum wendet, so ist's ein Bekenntnis der menschlichen Dürftigkeit. Der gesundeste Zustand eines Christen besteht darin, daß er allezeit leer ist im eigenen Ich und beständig von dem Herrn abhängig in allen seinen Bedürfnissen, daß er allezeit arm ist in der eigenen Seele und reich in Jesu, matt im eigenen Wesen, aber mächtig durch Gott. So ist das Gebet schon an und für sich, abgesehen von der Erhörung, die ihm zuteil wird, eine große Wohltat für den Christen.
Aber nicht nur das. Seinen letzten Sinn hat unser Beten doch darin, daß ihm Erhörung geschenkt wird. Ein eifriger Beter geht hervor aus seiner Kammer, gleichwie die Sonne aufgehet aus ihrer Kammer an der Welt Ende und sich freuet wie ein Held, zu laufen den Weg. Das Gebet ist die erhobene Hand Moses, die die Amalekiter empfindlicher schlägt als das Schwert Josuas. Es gürtet die menschliche Schwachheit mit göttlicher Kraft. Es verwandelt die menschliche Torheit in göttliche Weisheit und schenkt den schwergeprüften Sterblichen den Frieden Gottes. Wir wissen nichts, was das Gebet nicht auszurichten vermöchte.
Wir danken dir, großer Gott, für den Gnadenstuhl, denn er ist ein hehrer Beweis deiner Güte und Freundlichkeit. Stehe uns heute bei, daß wir sie uns recht aneignen können.

Ich behalte dein Wort in meinem Herzen. Psalm 119, 11

Wir wären bessere Christen, wenn wir öfter allein wären und auf den Herrn harrten und durch die Betrachtung seines Wortes geistliche Kräfte zur Arbeit in seinem Dienst sammelten. Wir sollten schon deshalb über die göttlichen Dinge nachdenken, weil wir nur auf diese Weise wahrhafte Nahrung aus ihnen schöpfen können. Die Wahrheit gleicht der Weintraube: wenn wir Wein aus ihr bereiten wollen, so müssen wir sie zerstoßen; wir müssen sie keltern und wiederholt pressen. So müssen wir mit forschender Betrachtung die Trauben der Wahrheit treten, wenn wir den Wein des Trostes daraus empfangen wollen. Unser Leib lebt nicht allein davon, daß er Speise in den Mund nimmt, sondern erst durch die Verdauung wird die Nahrung zu einem Mittel der Erhaltung des Lebens. Unsere Seelen werden nicht nur dadurch genährt, daß sie eine Zeitlang dieses, dann jenes hören, was auf die göttliche Wahrheit Bezug hat, sondern das Hören und das Lesen, das Aufmerken und das Lernen verlangt eine innere Verarbeitung, damit sich dadurch ihre belebende Wirksamkeit in völligem Maße vollziehe.

Diese innerliche Verarbeitung der Wahrheit beruht zum größten Teil darauf, daß sie im Herzen bewegt wird. Woher kommt's, daß manche Christen trotz vieler Predigten, die sie hören, so langsame Fortschritte in einem göttlichen Leben machen? Weil sie das Gebet in ihrem Kämmerlein vernachlässigen und nicht mit Ernst und Eifer sich der Betrachtung des Wortes Gottes hingeben. Sie lieben den Weizen, aber sie reinigen ihn nicht. Sie möchten gern das Korn haben, aber sie mögen nicht aufs Feld gehen, um es zu schneiden. Die Frucht hängt am Baum, aber sie wollen sie nicht pflücken. Das Wasser fließt zu ihren Füßen, aber sie wollen sich nicht bücken, es zu trinken. Von solcher Torheit mache uns frei, o Herr. Unser Entschluß sei: Ich behalte dein Wort in meinem Herzen.

Denn die göttliche Traurigkeit wirkt zur Seligkeit eine Reue, die niemand gereut. 2. Korinther 7, 10

Echte geistliche Traurigkeit über die Sünde ist ein Werk des Geistes Gottes. Die Reue ist eine zu zarte Blüte, als daß sie im Garten der Natur erwachsen könnte. Wenn du ein einziges Körnlein wahren Abscheus vor der Sünde in dir hast, so ist's dir von Gott geschenkt worden. Die Dornen der menschlichen Natur haben noch nie auch nur eine einzige Feige getragen.

Die wahre Reue trägt eine bestimmte, unverkennbare Hinneigung zum Heiland in sich. Wenn wir unsere Sünde bereuen, so müssen wir das eine Auge auf die Sünde, das andere auf das Kreuz richten. Oder noch besser: wir bleiben mit beiden Augen an Christus haften und sehen alle unsere Missetat im Lichte seiner Liebe.

Wahre Reue über die Sünde wirkt unbeschreiblich segensreich. Niemand darf sagen, er hasse die Sünde, wenn er in der Sünde lebt. Die Reue zeigt uns das Böse an der Sünde, nicht nur in der Vorstellung, sondern in der wirklichen Erfahrung. Gebrannte Kinder fürchten das Feuer. Wahrhafte Trauer über die Sünde macht, daß wir sehr auf der Hut sind, uns auch nicht im geringsten zu versündigen. Jeden Tag beschließen wir damit, daß wir aufrichtig und niedergeschlagen bekennen, wie wir mannigfaltig gefehlt haben; und jeden Morgen erwachen wir mit ernstlichen Seufzern, Gott möge uns an dem neuen Tag bewahren vor neuen Sünden, auf daß wir ihn nicht betrüben.

Wahrhafte und aufrichtige Reue wirkt unablässig fort. Wer von Herzen gläubig ist, bereut bis zur Sterbestunde. Dieser Quell setzt nie aus. Jede andere Sorge weicht der Zeit, aber dieser Kummer wächst mit unserem Wachstum, und seine Bitterkeit ist so lieblich, daß wir Gott dafür danken, daß wir sie schmecken dürfen, bis wir einst eingehen zu unserer ewigen Ruhe.

Aber was mir Gewinn war, das habe ich um Christi willen für Schaden geachtet. Ja, ich achte es noch alles für Schaden gegen die überschwengliche Erkenntnis Jesu Christi, meines Herrn.
Philipper 3, 7. 8

Die Erkenntnis Jesu Christi ist für unser Glaubensleben von besonderer Wichtigkeit. Je reicher wir darin werden, desto mehr wird das Werk der Erlösung in uns vollendet. Dabei kommt es freilich auf einige Dinge an, die nicht unbeachtet bleiben dürfen.

Zunächst muß solche Erkenntnis Christi eine ganz persönliche und eigene Sache sein. Ich kann mich nicht darauf berufen, daß ein anderer ihn für mich erkennt. Ich muß selbst mit ihm bekannt werden. Er muß mein Heiland sein.

Es muß auch eine bewußte Erkenntnis sein. Weder Träumereien noch verschwommene Vorstellungen von ihm können mir helfen. Ich muß ihn erkennen wie das Wort ihn offenbart in seiner menschlichen und göttlichen Natur.

Aus meiner Christuserkenntnis muß dann auch meine Christusliebe erwachsen. Wenn ich meinen Heiland erkenne, so wird mein Gemüt erfüllt bis zum Rand. Ich fühle, daß ich in ihm das besitze, wonach meine Seele sich sehnt. Er ist das Brot, das vom Himmel kommt und der Welt das Leben gibt.

Rechte Christuserkenntnis treibt mich zu immer neuem Forschen an. Je mehr ich meinen Heiland erkenne, um so mehr möchte ich immer wieder von ihm erfahren. Je höher ich steige, um so mehr sehnt sich mein Blick nach den Gipfeln, die über mein Haupt in die Wolken ragen, und um so mächtiger werden meine Schritte zur höchsten Höhe emporgezogen.

Die Erkenntnis Christi ist schließlich eine über alles seligmachende Gnade. Sie hebt mich über alle Trübsale und Zweifel und Leiden hinweg. Sie umschlingt mich mit der Unsterblichkeit des ewig liebenden Heilandes. Sie umgürtet mich mit dem goldenen Gürtel seiner Freude. Komm, liebe Seele, setze dich zu Jesu Füßen und lerne heute von ihm.

Wer aber wird den Tag seiner Zukunft erleiden können, und wer wird bestehen, wenn er wird erscheinen?

Maleachi 3, 2

Das erste Kommen Jesu geschah ohne alle äußere Prachtentfaltung und Machtentwicklung. Dennoch vermochten nur wenige der Gewalt seines Zeugnisses zu widerstehen. Herodes und ganz Jerusalem mit ihm erschraken und gerieten in Bestürzung bei der Nachricht von seiner wunderbaren Geburt. Aber wie wird sein zweites Kommen sein? Welcher Sünder vermag den Gedanken daran zu ertragen? „Er wird mit dem Stab seines Mundes die Erde schlagen und mit dem Odem seiner Lippen die Gottlosen töten." Sein Tod erschütterte die Erde und umnachtete den Himmel - wie erst wird der furchtbare Glanz des Tages sein, an dem er als der lebendige Heiland vor ihm versammeln wird die Lebendigen und die Toten.

O, daß doch der Gedanke an sein Kommen die Menschen dahin brächte, daß sie von ihren Sünden lassen und den Sohn küssen, daß er nicht zürne! Er ist zwar das Lamm, aber zugleich der Löwe vom Stamm Juda. Ob er gleich das zerstoßene Rohr nicht zerbricht, so wird er dennoch seine Feinde zerschlagen mit eisernem Stabe und sie wie Töpfe zerschmeißen. Keiner seiner Feinde wird stehen können vor dem Sturmwind seines Zornes noch sich erretten vor der alles wegfegenden Flut seines Unwillens. Allein seine geliebten, bluterkauften Kinder schauen voll freudiger Erwartung seinem Kommen entgegen und hoffen ohne Furcht, darin zu bestehen. Er sitzt und schmelzt, er reinigt und läutert die Kinder des Glaubens, und wenn er sie durchläutert hat, werden sie hervorgehen als das reine Gold. Wir wollen uns heute prüfen.

Ach Herr, schenke uns doch deine Gnade und nimm aus uns hinweg alle Heuchelei, auf daß wir vor dir aufrichtig erfunden werden am Tage deiner Erscheinung.

Spricht Jesus zu ihnen: Kommt und haltet das Mahl!

Johannes 21, 12

Kommt und haltet das Mahl - das Wort gibt uns einen Hinweis auf die Vereinigung mit Jesus, weil er selbst die einzige Speise ist, die wir genießen können, wenn wir das Mahl mit Jesus halten. O welch eine selige Vereinigung! Es ist eine Tiefe darin, die kein Verstand ergründen kann, daß wir so mit Jesu essen sollen. „Wer mein Fleisch isset und trinket mein Blut, der bleibt in mir und ich in ihm."
Es ist ebenso eine Einladung, die Gemeinschaft mit den Heiligen zu genießen. Christen können über allerlei Punkte verschiedener Meinung sein, aber sie haben alle denselben geistlichen Hunger. Und wenn wir auch nicht alle dasselbe fühlen können, so können wir doch alle dasselbe Brot des Lebens genießen, das vom Himmel kommt. An der Tafel der Gemeinschaft mit Jesus haben wir einen Kelch und ein Brot. Wenn der Kelch herumgereicht wird, so umfassen wir alle einander mit herzlicher Liebe und bitten um diese Liebe. Kommt näher zu Jesu, so werdet ihr euch je länger, desto inniger im Geist mit allen denen verbunden fühlen, die dasselbe himmlische Manna genießen wie ihr.
Ebenso sehen wir hier die Quelle aller Stärkung. Wenn wir kommen und das Mahl mit ihm halten, so empfangen wir Kraft zum Dienst. Keiner von uns braucht sich auf schmale Kost einzustellen. Wir sollten im Gegenteil gedeihen vom Fett und Mark des Evangeliums, auf daß wir dadurch Kräfte empfangen und die Fähigkeit zum Dienst aufs höchste entwickeln.
Wenn wir also die Nähe Christi und die Vereinigung mit ihm völlig genießen, wenn ihr die Seinen lieben und vom Herrn Stärkung empfangen wollt, so kommt und haltet das Mahl mit ihm durch den Glauben.

David aber gedachte in seinem Herzen: Ich werde der Tage einen Saul in die Hände fallen. 2. Samuel 27, 1

Der Gedanke, den David in seinem Herzen hegte, war ein unrichtiger Gedanke. Bei keiner einzigen Gelegenheit hatte Gott seinen Knecht verlassen. Er war oft in gefährliche Lagen geraten, aber es war kein einziges Beispiel vorgekommen, wo Gottes wunderbare Führung ihn nicht gnädig herausgerettet hätte. Die Prüfungen und Leiden, denen er ausgesetzt war, waren von mancherlei Art. Dennoch hatte der, der sie gesandt hatte, in jedem einzelnen Falle auch für den besonderen Rettungsweg gesorgt. David konnte auch nicht ein einziges Mal auf irgendeine Stelle seines Tagebuches hinweisen und sagen: „Hier liegt's am Tag, daß der Herr mich hat verlassen wollen." Der ganze Verlauf seines Lebens bewies das Gegenteil. Hätte er also aus dem, was Gott für ihn schon getan hatte, nicht schließen sollen, daß Gott sein Beschützer bleiben werde?
Ist es aber nicht vielleicht auf unserer Seite gerechtfertigt, wenn wir an Gottes Hilfe und Beistand zweifeln? O, das hieße Zweifel und Mißtrauen hegen ohne allen Grund. Haben wir je den Schatten einer Ursache gehabt, daß wir an unseres Vaters Güte zweifeln dürften? Ist nicht seine Liebe und Freundlichkeit wunderbar groß gewesen? O nein, unser Gott hat uns noch nie auch nur einen Augenblick verlassen. Wir haben dunkle Nächte erlebt, aber der Stern der Liebe hat ungeschwächt fortgeleuchtet mitten durch die Finsternis. Wir sind in schweren Kämpfen gestanden, aber er hat den Schild seines Schutzes unbeweglich über unserem Haupte gehalten. Wir sind durch manche Trübsal hindurchgegangen, aber nie zu unserem Nachteil, sondern allezeit zu unserem Gewinn. Alles, was wir von unserem treuen Gott erfahren haben, beweist uns, daß er uns bewahren will bis ans Ende.

Deine Fußstapfen triefen von Fett. Psalm 65, 12

Der Fußstapfen des Herrn, die von Fett triefen, sind viele. Aber eine ganz besondere Fußspur ist die des Gebets. Kein Christ, der oft in seinem Kämmerlein weilt, wird nötig haben, über Mangel zu klagen. Seelen, die Hunger leiden müssen, sind die, die sich vom Gnadenstuhl fernhalten. Anhaltendes Ringen mit Gott im Gebet stärkt den Gläubigen, ja es macht ihn glücklich. Bist du viel in der Stille, so erlangst du viel innere Gewißheit. Bist du selten mit deinem Herrn allein, so steht dein Christentum auf schwachen Füßen. Es wird von mancherlei Furcht und Zweifel befleckt und strahlt nicht in des Herrn Freude. Weil die seelenerquickenden Fußstapfen des Gebets auch den schwächsten Heiligen zum Vorwärtsgehen einladen, weil keine hohen Befähigungen erforderlich sind, darum siehe zu, lieber Christ, daß du recht oft auf dem Pfad der stillen Sammlung und des einsamen Gebets erfunden wirst. Wirf dich oft auf deine Knie nieder. Damit hat Elia Regen herabgebracht auf die ausgedörrten Gefilde Israels.

Noch ein anderer Pfad des Herrn trieft von Fett für die, die darauf wandeln: es ist der verborgene Wandel der Gemeinschaft mit dem Herrn. Welche Wonne gewährt doch der Umgang mit Jesu! Die Erde besitzt keine Worte, die die heilige Ruhe einer Seele zu schildern vermöchten, die an der Brust Jesu liegt. Viele Christen wissen nicht, was das ist. Sie leben in den Niederungen und ersteigen selten die Höhen. Sie wohnen im Vorhof und kommen nicht ins Heiligtum. Sie schauen von weitem dem Opfer zu, aber sie setzen sich nicht mit den Priestern zum Mahl. Lieber Leser, setze dich zu den Füßen deines Herrn. O Herr Jesu, suche uns heim mit deinem Heil!

Und ich, liebe Brüder, konnte nicht mit euch reden als mit Geistlichen, sondern als mit Fleischlichen, wie mit jungen Kindern in Christo. 1. Korinther 3,1

Trauerst du, daß du so schwach bist im Leben aus Gott, daß dein Glaube so klein und deine Liebe so matt ist? Werde munter! Du hast alle Ursache, dankbar zu sein. Bedenke, daß du in vielen Stücken dem reifsten Christen vollkommen ebenbürtig bist. Du bist ebenso mit Blut erkauft wie er. Du bist ebenso ein Kind Gottes wie jeder andere Gläubige. Du bist ebenso völlig gerechtfertigt wie andere, denn die Rechtfertigung ist nicht etwas, was sich nach Graden abstuft. Du hast ebensolch großes Anrecht auf die köstlichen Güter des Testaments wie die am meisten geförderten Gläubigen, denn dein Anteil an den Bundesgnaden hängt nicht von deinem Wachstum ab, sondern vom Bund und Testament selbst. Dein Glaube an den Herrn Jesus ist nicht der Maßstab, sondern das Unterpfand deines Eigentumsrechtes an ihn. Du bist ebenso reich wie der Reichste, wenn nicht am Genuß, so doch am wirklichen Besitz. Ins Familienbuch der Herrlichkeit sind der Große und der Kleine mit der gleichen Feder eingezeichnet worden. Du bist seinem Vaterherzen ebenso teuer wie jeder andere.

Statt über deinen Zustand betrübt und niedergeschlagen zu sein, solltest du also frohlocken in deinem Heiland Jesus Christus. Bin ich der Geringste in Israel? Dennoch bin ich in Christo erwählt, zu thronen in den himmlischen Gefilden. Bin ich arm im Glauben? Dennoch bin ich in Jesu ein Erbe aller Dinge. Bin ich auch weniger als nichts, so darf ich mich gleichwohl rühmen als in der Torheit. Ist nur die Wurzel des Guten in mir, so will ich mich freuen in dem Herrn und mich rühmen in Gott meinem Heil.

Lasset uns aber rechtschaffen sein in der Liebe und wachsen in allen Stücken an dem, der das Haupt ist: Christus.

Epheser 4, 15

Manche Christen bleiben unentwickelt und zwergenhaft in geistlichen Dingen, so daß sie Jahr um Jahr denselben Zustand erkennen lassen. Sie wachsen nicht in allen Stücken an dem, der das Haupt ist. Sollten wir's dabei bewenden lassen, daß wir an Christus glauben und sagen: „Ich bin geborgen" und nicht vielmehr wünschen, aus eigener Erfahrung mehr von der Fülle kennenzulernen, die sich in ihm vorfindet?
Wir müssen eine Saatzeit haben, das ist wohl wahr. Aber o, daß doch ein Frühling käme, ja noch mehr: ein fruchtbarer Sommer, der uns eine reichliche und frühe Ernte verheißt! Wenn wir unter der Gnade reif werden wollen, so müssen wir zu Jesus kommen, müssen leben in dem Sonnenschein seines milden Lächelns. Wir müssen Gemeinschaft mit ihm pflegen. Wir müssen den Anblick seines Angesichts nur aus der Ferne aufgeben und nahe herantreten. Dann werden wir erfahren, daß wir zunehmen in der Heiligung, in der Liebe, im Glauben, in der Hoffnung, ja in jeder köstlichen Gabe. Die Sonne geht zuerst nur den Gipfeln hoher Berge auf und vergoldet sie mit ihren Strahlen. So ist's eine der wonnevollsten Erfahrungen in der Welt, wenn man die feurige Glut vom Lichte des Geistes das Haupt eines Heiligen verklären sieht, der in geistlicher Gestalt, einem Paulus gleich, alle seine Genossen überragt, bis er, einem mächtigen, schneebedeckten Alpenriesen gleich, vor seinen Miterwählten die Strahlen der Sonne der Gerechtigkeit widerstrahlt und den Schimmer seines Glanzes hoch aufleuchten läßt, daß alle es sehen und ihren Vater im Himmel preisen können.

Die Liebe Christi dringet uns also. 2. Korinther 5, 14

Wie vieles verdankst du deinem Herrn? Hat er je etwas für dich getan? Hat er dir deine Sünden vergeben? Hat er dich gekleidet mit dem Kleid der Gerechtigkeit? Hat er deinen Gang gewiß gemacht? Hat er dir eine Wohnung im Himmel bereitet? Hat er deinen Namen in das Buch des Lebens eingeschrieben? Hat er dich mit unzählbaren Wohltaten überschüttet? Hat er für dich Reichtümer der Gnade aufbewahrt, die kein Auge gesehen und kein Ohr gehört hat? Dann tue auch etwas, was seiner Liebe wert ist. Biete deinem Erlöser nicht bloß das leere Opfer deines Mundes dar. Was mußt du empfinden, wenn dein Meister kommt und du ihm bekennen mußt, daß du nichts für ihn getan hast, sondern deine Liebe abgesperrt hieltest wie einen stehenden Wassergraben, so daß sie weder seinen armen Brüdern noch seinem Werk zufloß? Fort mit einer solchen Liebe! Was halten die Menschen von einer Liebe, die sich nie durch Taten beweist und offenbart?

Bedenke die Macht seiner Liebe. Und dann laß sie für deine Seele ein gewaltiger, rauschender Wind sein, der die Wolken deiner Weltliebe hinwegtreibt und den Staub deiner Sünde hinwegfegt. „Um Christi willen", das sei die feurige Zunge, die sich auf dein Haupt setzt. Das sei das göttliche Entzücken, der himmlische Hauch, der dich über die Erde emporträgt, das sei der göttliche Geist, der dich kühn macht gleich dem Löwen und schnell wie des Adlers Flug im Dienste des Herrn. Auf Gott gerichtet mit einer Beständigkeit, die nichts erschüttern kann, entschlossen, ihn zu ehren, mit einer Bestimmtheit, die sich durch nichts abwendig machen läßt, und vorwärts strebend mit einem Eifer, der nimmer ermüdet, so wollen wir unsere Liebe zu Jesu laut bezeugen.

So will ich ihr Abtreten wieder heilen; gern will ich sie lieben, denn mein Zorn soll sich von ihnen wenden. Hosea 14, 5

Dieser Spruch ist ein ganzes Buch göttlicher Weisheit im kleinen. Wer seinen Sinn versteht, ist ein Gottesgelehrter. Wer sich in die Fülle seiner Gedanken versenken kann, ist ein Meister in Israel. Er ist eine Zusammenfassung der herrlichen Botschaft des Heils, das uns widerfahren ist in Christo Jesu, unserem Erlöser. Der Sinn hängt in dem Wörtlein „gern".
Dies ist der herrliche, göttliche Weg, auf dem die Liebe vom Himmel auf die Erde herabströmt, eine freiwillige Liebe, die sich über die ergießt, die es nie verdient, nie gesucht und nie erkauft haben. Es ist wahrlich die einzige Art, wie Gott solche Leute wie uns lieben kann. Wenn irgendeine Würdigkeit von unserer Seite her erforderlich wäre, dann liebte er uns ja nicht gern. Wenigstens wäre es eine Abschwächung und Zurückhaltung der Willigkeit der Liebe. Wir klagen, daß unser Herz verhärtet ist, daß wir nicht ein solches Bedürfnis nach Christus verspüren, wie wir wohl gern möchten. Aber er will uns nicht darum lieben, weil wir Bedürftigkeit empfinden, nein: Gern will ich dich lieben. Es gibt keine Bedingungen für diese Liebe Gottes. Der Bund der Gnade hängt von keinerlei Voraussetzungen ab, so daß wir ohne irgendwelche Würdigkeit es auf die Verheißung Gottes hin getrost wagen dürfen, die er uns in Christo Jesu gegeben hat: Wer an ihn glaubt, der wird nicht gerichtet. Es ist eine selige Erkenntnis, zu wissen, daß die Gnade Gottes uns jederzeit frei offensteht, ohne alle Vorbereitung, ohne alle Tüchtigkeit von unserer Seite, ohne Geld und umsonst! So komme doch, wer Mangel hat, und werd' an Christi Fülle satt!

Da sprach Jesus zu den Zwölfen: Wollt ihr auch weggehen?

Johannes 6, 67

Was für einen Grund hättest du wohl, daß du Jesus verlassen wolltest? Ist's etwas Vergangenes, was dich dazu veranlassen könnte? Hat sich Jesus dir nicht als der erwiesen, der dir alles in allem sein kann und will, der überschwengliche Liebe und Treue an dir bewiesen hat? Bist du je einmal zuschanden geworden, wenn deine Seele in aller Einfalt ihr Vertrauen auf Jesus gesetzt hat? Hast du nicht bis zu diesem Augenblick erfahren, daß dein Herr dir ein barmherziger und gnädiger Freund gewesen ist? Kannst du dir einen besseren Freund als ihn denken? Dann vertausche nicht das Alte, Bewährte gegen etwas Neues, das du nicht kennst.

Oder du denkst an die Gegenwart. Was könnte dich denn da zu einem Wechsel veranlassen? Ist das nicht unsere Freude, daß wir heute wissen: wir sind in ihm selig und errettet? Und wenn uns diese Freude so erquickt und beglückt, warum sollten wir irgendeiner Veränderung begehren? Wer mag Schlacken eintauschen für Gold? Wir wollen die Sonne nicht verwünschen, bevor wir nicht eine bessere Leuchte haben. Wir wollen unseren Herrn Jesus nicht verlassen, bevor nicht ein herrlicherer und liebevollerer Freund erscheint. Und weil dies nimmermehr geschehen kann, so wollen wir ihn mit unermüdlicher Kraft festhalten und seinen Namen wie ein Siegel auf unseren Arm setzen.

Und wenn du dann in die Zukunft blickst, kannst du irgendein Ereignis vermuten, das dich zu einem Wechsel nötigen oder dich veranlassen könnte, einem neuen Anführer zu folgen? Ich glaube nicht. Ist das Leben noch so lang, er ändert sich nicht. In Armut, in Krankheit, im Leiden, im Sterben soll es gelten: Nichts kann uns scheiden von der Liebe Gottes, die da ist in Christo Jesu, unserem Herrn.

Daß die Bäume des Herrn voll Saft stehen. Psalm 104, 16

Ohne Saft kann der Baum weder grünen noch blühen. Lebenskraft ist auch etwas Unerläßliches für einen Christen. Es muß ein Leben in uns vorhanden sein, das der Heilige Geist uns einflößt, sonst können wir keine Bäume des Herrn sein. Der bloße Name ist etwas Totes. Wir müssen erfüllt werden mit dem Geist des göttlichen Lebens.
Dies Leben ist eine geheimnisvolle Kraft. Wir verstehen nichts davon, wie der Saft seinen Kreislauf in den Pflanzen vollführt, durch welche Kraft er aufsteigt und welche Gewalt ihn wieder abwärts treibt. So ist auch unser innerliches Leben ein Geheimnis. Die Wiedergeburt wird durch den Heiligen Geist gewirkt, der in den Menschen eingeht und das neue Leben des Menschen wird. Und dieses göttliche Leben in einem Menschen nährt sich dann von dem Fleisch und Blut Christi und wird von der göttlichen Nahrung erhalten. Aber wer kann sagen und deuten, woher es kommt und wohin es geht? Unsere Wurzel ist Jesus Christus, und unser Leben ist verborgen in ihm.
Wie ist der Saft in der Zeder so unablässig tätig! So erweist sich das göttliche Leben im Christen allezeit tätig und kräftig. Nicht jederzeit reifen die Früchte, aber allezeit schreitet das innere Wachstum voran. Er arbeitet nicht immer für Gott, aber sein Herz lebt immer von Gott. Und wie der Saft sich in der Bildung der Früchte am Baum offenbart, so geschieht's auch mit den Äußerungen eines gesunden Christenlebens. Die Gnade, die in ihm arbeitet, tut sich kund in seinem Wandel und seinen Worten. Wenn man mit ihm spricht, so kann er nicht anders: er muß von Jesus reden. Und wenn man auf sein Tun achtet, so sieht man, daß er auch mit Jesus gewesen ist.

Um der Wahrheit willen, die in uns bleibt und bei uns sein wird in Ewigkeit. 2. Johannes 2

Wenn einmal die göttliche Wahrheit Eingang findet im Herzen und sich den ganzen Menschen untertan macht, so kann sie keine Macht mehr in uns ausrotten. Sie bleibt nicht als Gast bei uns, sondern als göttliche Herrscherin. Der ist kein Christ, der dies nicht glaubt. Wer die lebendigmachende Kraft des Evangeliums empfindet und die Macht des Heiligen Geistes kennt, ließe sich eher in Stücke zerreißen, als daß er sich das Evangelium von seiner Erlösung rauben ließe. Wieviel Gnadenschätze sind in der Zusicherung enthalten, daß die Wahrheit in uns bleibt und bei uns sein wird in Ewigkeit, daß sie im Leben unsere Hoffnung, im Sterben unser Trost, in der Auferstehung unser Siegeslied, in der Ewigkeit unsere Verherrlichung sein wird!

Über manche Wahrheiten wachsen wir hinaus, weil sie nur Vorübungen und Anleitungen für Anfänger enthalten. Aber mit der göttlichen Wahrheit können wir nicht in gleicher Weise verfahren. Ob sie gleich für kleine Kindlein lieblich und süß ist wie Milch, ist sie doch zugleich im höchsten Sinne des Wortes starke Speise für die Starken. Die Wahrheit, daß wir Sünder sind, ist peinlich für uns und macht uns demütig und wachsam. Die größere Wahrheit, daß selig wird, wer an den Herrn Jesum glaubt, bleibt allezeit unsere Hoffnung und Freude. Die innere Erfahrung, weit entfernt, unser Festhalten an den Lehren der Gnade zu lockern, hat uns je länger, desto fester an sie gekettet. Wir glauben jetzt zuversichtlich und unerschütterlicher als je zuvor. Unsere Gründe, an diesem Glauben festzuhalten, sind zahlreicher als zu irgendeiner Zeit. Und wir hoffen zuversichtlich, daß es so bleiben wird, bis wir im Tod den Heiland in unsere Arme schließen.

Ihr wartet wohl auf viel, und siehe, es wird wenig; und ob ihr es schon heimbringt, so zerstäube ich es doch. Warum das?, spricht der Herr Zebaoth. Darum, daß mein Haus so wüste steht und ein jeglicher eilt auf sein Haus. Haggai 1, 9

Geizige Menschen wägen ihre Beiträge für die Sache des Herrn sorgfältig ab und nennen es ein wohltätiges, weises Haushalten. Sie lassen sich nicht von ferne träumen, daß sie mit solchem Geizen sich arm machen. Sie entschuldigen sich damit, sie müßten für die eigene Familie sorgen, und vergessen, daß die Vernachlässigung des Hauses Gottes der sicherste Weg ist, ihr eigenes Haus ins Verderben zu stürzen. Unser Gott hat alles so in seiner Hand, daß er unsere Arbeit über alle Erwartung segnen kann. Er kann aber auch unsere Pläne so durchkreuzen, daß wir mit Schande und Schaden bestehen müssen. Mit einem Wink seiner Hand kann er unser Fahrzeug ebenso auf die Straße des Glücks lenken wie in die Tiefe der Armut und des Elends stürzen. Es ist eine Lehre der Schrift, daß der Herr den Freigebigen reich macht und daß der, der dem Mitleid wehrt, in Dürftigkeit gerät.
Aus reicher Erfahrung habe ich die Überzeugung gewonnen, daß die freigebigsten Christen auch die glücklichsten waren und zugleich die, deren Wohlstand am sichtbarsten aufblühte. Die Menschen vertrauen guten Haushaltern immer größere Summen. So macht's häufig auch der Herr. Er gibt denen ganze Lastwagen zurück, die Garben verschenken. Auch wo er nicht besonderen Segen gibt, macht der Herr das Wenige zu Vielem durch die Genügsamkeit, die das gottselige Herz empfindet, wenn es dem Herrn den Zehnten von dem, was er ihm zuteil werden ließ, geheiligt hat. Die Selbstsucht schaut zuerst zum eigenen Haus, aber die Gottseligkeit sucht vor allem das Reich Gottes und seine Gerechtigkeit. Mit der Zeit bringt Selbstsucht Schaden und Gottseligkeit reichen Gewinn.

Wirf deine Anliegen auf den Herrn, der wird dich versorgen und wird den Gerechten nicht ewiglich in Unruhe lassen.

Psalm 55, 23

Alle Not sollte uns zum Herrn treiben. Hast du eine Bürde, so wälze sie auf die Allmacht. Sie mag dich niederdrücken, aber wenn der Herr sie nimmt, so wird er sich nichts daraus machen. Und wenn du nach seinem Willen berufen bist, sie doch zu tragen, so will er dich stärken. Sie wird auf dir liegen und doch nicht auf dir. Du wirst darunter so aufrecht gehalten werden, daß die Bürde dir ein Vorrecht sein wird. Bringe den Herrn in die Sache hinein, und du wirst aufrecht unter dem stehen, was dich sonst niederbeugte.

Unsere größte Sorge sei, daß unser Leiden uns von dem Pfad der Pflicht abtreiben könnte. Aber das wird der Herr nie dulden. Wenn wir vor ihm gerecht sind, wird er nicht zugeben, daß unsere Trübsal uns von unserem Standpunkt abbringt. In Jesu nimmt er uns als gerecht an, und in Jesu will er uns so bewahren.

Und wie ist's in diesem Augenblick? Gehst du allein in dieses Tages Prüfung hinein? Sollten deine armen Schultern wieder von der schweren Last gedrückt werden? Sei nicht so töricht. Erzähle dem Herrn all deinen Kummer und überlasse ihm denselben. Wirf nicht deine Bürde nieder, um sie dann wieder aufzunehmen, sondern wälze sie auf den Herrn und lasse sie da. Dann sollst du frei umherwandeln, ein fröhlicher, entlasteter Gläubiger, und das Lob deines großen Bürdenträgers singen.

Ihn, ihn laß tun und walten!
Er ist ein weiser Fürst
und wird sich so verhalten,
daß du dich wundern wirst.

Wer nicht lieb hat, der kennt Gott nicht. 1. Johannes 4, 8

Das auszeichnende Merkmal eines Christen ist sein Vertrauen auf die Liebe Christi, und die Erwiderung dieser Liebe durch seine Liebe zu Christo. Der Glaube versiegelt fürs erste den Menschen und setzt die Seele in den Stand, mit dem Apostel zu sprechen: „Der Sohn Gottes hat mich geliebet und sich selbst für mich dargegeben." Dann gibt die Liebe ihre Mitunterschrift und drückt dem Herzen das Siegel der Dankbarkeit und der Liebe zu Jesu auf. „Lasset uns ihn lieben, denn er hat uns zuerst geliebet." In jenen großen Tagen der ersten Christen war diese doppelte Versiegelung an allen Gläubigen deutlich zu erkennen. Sie waren solche Menschen, welche die Liebe Christi kannten und sich darauf verließen, wie sich ein Mann auf einen Stab lehnt. Die Liebe, die sie gegen den Herrn empfanden, war nicht bloß eine Gemütsstimmung, welche sie in den geheimen Kammern ihrer Herzen zu verbergen suchten, und von welcher sie nur in ihren Versammlungen zu sprechen wagten, wo sie am ersten Tag jeder Woche zusammenkamen und Lieder zur Ehre Jesu Christi des Gekreuzigten miteinander sangen. Es war eine innige Liebe von so gewaltiger und verzehrender Kraft in ihnen, daß sie sich in allem ihrem Tun offenbarte. Die Liebe zu Jesus war das Siegel und Kennzeichen aller wahren Christen. So ist's noch heute. Die Kinder Gottes werden in ihren innersten Kräften von der Liebe getrieben. Die Liebe Christi dringet sie. Sie freuen sich, daß die göttliche Liebe sich ihnen zuneigt, sie fühlen dieselbe ausgegossen in ihre Herzen durch den Heiligen Geist, der ihnen geschenkt ist.

Darum sollt ihr also beten: Unser Vater im Himmel! Dein Name werde geheiligt. Dein Reich komme. Dein Wille geschehe auf Erden wie im Himmel. Unser täglich Brot gib uns heute. Und vergib uns unsere Schulden, wie wir unseren Schuldigern vergeben. Und führe uns nicht in Versuchung, sondern erlöse uns von dem Übel. Denn dein ist das Reich und die Kraft und die Herrlichkeit in Ewigkeit. Amen.

Matthäus 6, 9–13

Welch ein Gebet! Es fängt an, wie jedes wahre Gebet anfangen muß: mit dem Geist der Kindschaft. Kein Gebet ist wohlgefällig vor Gott, wenn wir nicht sagen können: Ich will mich aufmachen und zu meinem Vater gehen. Dieser kindliche Geist erfaßt schnell die Größe des Vaters im Himmel und erhebt sich zu demütiger Anbetung. Das Kind, das da lispelt „Abba, lieber Vater", wird zum Cherub, der da ruft „Heilig, heilig, heilig". Und wieder ist's nur ein Schritt von der entzückten Gottesanbetung zu dem feurigen Geist der Mission: Dein Reich komme, dein Wille geschehe! Darauf folgt der herzliche Ausdruck der Abhängigkeit von Gott und des Vertrauens auf ihn: Gib uns unser täglich Brot! Werden wir weiter vom Heiligen Geist erleuchtet, so entdecken wir, daß wir noch sündhaft sind. Darum flehen wir um die Gnade der Vergebung. Und wenn wir Vergebung empfangen haben, wenn uns die Gerechtigkeit Christi zugerechnet ist, wenn wir wissen, daß wir angenehm gemacht sind in dem Geliebten, dann bitten wir demütig um heilige Bewahrung: Führe uns nicht in Versuchung. Ein Mensch, dem Vergebung zuteil geworden ist, läßt sich's angelegen sein, daß er nicht abermals sündige. Als Endergebnis von dem allen folgt eine siegreiche Lobpreisung: Dein ist das Reich und die Kraft und die Herrlichkeit in Ewigkeit. Wir freuen uns, daß unser König regiert in dem Reich der Gnade und seine Herrschaft kein Ende haben wird.
Herr, lehre uns beten!

Ich danke dem Herrn von ganzem Herzen und erzähle alle seine Wunder. Psalm 9, 2

Preis und Dank sollte stets auf die Erhörung unserer Gebete folgen. Hat der Herr sein Ohr herabgeneigt zur Stimme deines Flehens? Dann danke ihm, solange du lebst. Laß die reife Frucht auf den Boden zurückfallen, aus dem sie ihre Nahrung empfangen hat. Verweigere ihm, der dein Gebet erhört hat, dein Loblied nicht. Wenn du zu Gottes Gnadenerweisungen schweigest, so machst du dich der Sünde der Undankbarkeit schuldig. Es wäre ebenso wie die Handlungsweise der neun Aussätzigen, die nicht umkehrten, um dem heilenden Herrn zu danken, nachdem sie von ihrem Aussatz geheilt worden waren.

Wer vergißt, Gott zu loben und dankbar zu preisen, der verschmäht sein eigenes Heil. Dank ist ebensowohl wie das Gebet eines jener mächtigen Mittel, durch die das Wachstum unseres geistlichen Lebens gefördert wird. Es trägt dazu bei, daß wir unserer Lasten ledig werden, unsere Hoffnung stärken, unseren Glauben mehren. Es ist eine wohltätige und stärkende Übung, die den Herzschlag der Gläubigen kräftiger macht und ihn zu neuer Arbeit im Dienste seines Meisters stählt.

Gott für die empfangene Gnadengabe zu danken, das ist auch der Weg, wie wir unseren Mitmenschen zum Gehilfen werden können. Andere, die in gleichen Umständen sind, empfangen Trost, wenn wir sagen können: Preiset mit mir den Herrn und lasset uns miteinander seinen Namen erhöhen. Schwache Seelen werden gestärkt und wankende Heilige werden ermutigt, wenn sie hören, daß wir gar fröhlich rühmen können. Ihre Furcht und ihre Zweifel werden beschämt, wenn wir einander lehren und ermahnen mit Psalmen und Lobgesängen und geistlichen, lieblichen Liedern und singen dem Herrn in unseren Herzen.

Schaffe in mir, Gott, ein reines Herz und gib mir einen neuen, gewissen Geist. Psalm 51, 12

Ein Abtrünniger, in dem noch ein einziger Lebensfunke übrig ist, seufzt und sehnt sich nach der Wiedererneuerung. Zu dieser Erneuerung ist die gleiche Wirkung und Kraft der Gnade erforderlich wie zu unserer Bekehrung. Wir müssen unsere Sünde von Herzen bereuen. Wir haben Glauben nötig, damit wir vor allem zu Christus kommen. Nur die Gnade kann uns wieder zu ihm zurückführen. Wir müssen eine Zusicherung des Höchsten empfangen, damit unsere Furcht ein Ende nehme. Niemand kann erneuert werden ohne eine wahre und wirkliche Bezeugung der Macht des Heiligen Geistes.

Laß deine Sünde, o Christ, dich dazu veranlassen, daß du mit allem Ernst zu deinem Gott um Hilfe schreist. Bedenke, wie David nicht seine Arme ineinanderschlug oder seinen Mund schloß, sondern zum Gnadenthron eilte mit der Bitte: Gib mir einen neuen, gewissen Geist. Ach, daß du Gnade empfingest, mit Gott zu ringen, wie wenn du um dein Leben flehen müßtest.

Wer ernstlich und aufrichtig zu Gott darum bittet, wird seinen Ernst damit beweisen, daß er die Gnadenmittel gebraucht, die Gott verordnet hat. Bete viel. Suche eifrig Nahrung in Gottes Wort. Töte die Lüste und Begierden ab, die den Herrn von dir weggetrieben haben. Wache sorgfältig über alle Keime künftiger Sünden. Der Herr geht seine eigenen Wege: bleibe am Wege sitzen, so bist du bereit, wenn er vorübergeht. Bleibe in all den seligen Geboten, die deine Gnadenkräfte erfrischen und ernähren können. Und dieweil du weißt, daß alle Kraft von ihm ausströmen muß, so höre nicht auf, zu rufen: Gib mir einen neuen, gewissen Geist. Verwirf mich nicht von deinem Angesicht und nimm deinen Heiligen Geist nicht von mir.

Und der Gemeinde in deinem Hause. Philemon 2

Gibt es eine Gemeinde in diesem Hause? Gehören Eltern, Kinder, Freunde, Hausgenossen alle dazu oder sind einige der Hausgenossen noch unbekehrt? Wir wollen einen Augenblick hierbei verweilen und jedes bei sich die Frage erwägen: Bin ich auch ein Glied der Gemeinde in diesem Hause? Wie müßte das Herz des Vaters vor Wonne schlagen, wie müßten der Mutter Augen sich mit Tränen heiliger Freude füllen, wenn vom Ältesten bis zum Jüngsten alle dem Herrn angehörten. Wir wollen um diese große Gnade flehen, bis der Herr sie uns gewährt. Es war wahrscheinlich Philemons größtes Herzensanliegen, daß doch alle, die zu seinem Hause gehörten, selig werden möchten. Aber es ward ihm zuerst nicht nach der ganzen Fülle seines Wunsches gewährt. Er hatte einen unnützen Knecht, Onesimus, der aus dem Dienste entfloh, nachdem er seinem Herrn noch Schaden zugefügt hatte. Aber seines Meisters Gebete folgten ihm auf allen Wegen nach. Und endlich ward er so geleitet, daß er den Apostel Paulus predigen hörte. Sein Herz wurde ergriffen, und er kehrte zu Philemon zurück, und zwar als ein lieber Bruder und neues Glied der Gemeinde in Philemons Hause. Fehlt heute ein Glied deiner Hausgemeinde bei deinem Familiengottesdienst?

Wenn eine solche Gemeinde in deinem Hause ist, so wache über sie und handle hierin als vor dem Angesichte Gottes. Wir wollen unsere Tagesarbeit tun mit allem Ernst der Heiligung, mit treuem Fleiß, mit liebevollem und aufrichtigem Wesen. Die häusliche Andacht macht das Familienleben innig und herzlich. Die Liebe tritt wärmer und ungehinderter hervor. Der Wandel ist geheiligter und Christus ähnlicher. Laßt uns zu ihm flehen, daß er uns Gnade verleihen möge, damit wir unser Licht leuchten lassen zur Ehre seines Namens.

Ich bin der Herr und wandle mich nicht. Maleachi 3,6

Wie gut, daß mitten unter allen Wandlungen und Täuschungen des Lebens einer ist, den kein Wechsel anrührt und dessen Wort feststeht, dessen Wort nicht weicht und auf dessen Stirn der Wankelmut keine Furchen zieht. Alles andere verändert sich ständig. Die Sonne selbst wird sich einst verfinstern. Die Welt altert. Himmel und Erde werden vergehen. Aber einer ist, der Unsterblichkeit hat. Seine Jahre nehmen kein Ende. In seinem Wesen ist nicht Wechsel noch Veränderung. Die Freude, die der Seemann empfindet, wenn er nach langer, ungestümer Fahrt wieder das Festland betritt, ist nicht größer als die Freude eines Christen, der mitten unter den Wechselfällen dieses trügerischen Lebens den Fuß seines Glaubens auf die Wahrheit setzt: Ich bin der Herr und wandle mich nicht.

Der feste Halt, den der Anker dem Schiff gewährt, wenn es endlich einen sicheren Ankergrund gefunden hat, gleicht der Zuversicht, die der Christ in seiner Hoffnung findet, wenn er den Blick auf diese herrliche Wahrheit richtet. Bei Gott ist keine Veränderung. Was er vor allen Ewigkeiten war, das ist er noch jetzt. Seine Macht, seine Weisheit, seine Gerechtigkeit, seine Wahrheit sind unwandelbar. Er ist die Zuflucht und Zuversicht seines Volkes geblieben. Er ist unwandelbar in seiner Liebe. Er liebt sie jetzt noch so sehr wie je. Und wenn alles Irdische vergeht und wie Staub verweht am jüngsten Tag, so wird dennoch seine Liebe prangen im Tau ihrer Jugend. Ja, er ändert sich nicht, und darum können wir uns in ihm nie täuschen. Die Räder der allwaltenden Vorsehung wälzen sich wohl, aber ihre unbewegliche Achse ist die Liebe.

Siehe, er betet.

Apostelgeschichte 9, 11

Gebete finden im Himmel die aufmerksamste Beachtung. Sobald Saulus anfing zu beten, erhörte ihn der Herr. Hier ist Trost für die betrübte, aber betende Seele. Oft beugt ein armer Mensch mit zerbrochenem Herzen seine Knie, aber er vermag seine Traurigkeit nur in Seufzern und Tränen kundzugeben. Dennoch hat dieses Seufzen alle himmlischen Harfen mit lautem Jubelgetöne erfüllt. Jede Träne ist aufgehoben von Gott und wird von ihm aufbewahrt in dem Tränenbecken des himmlischen Schatzhauses. Der Flehende, dessen Angst seine Worte unterdrückt, wird von dem Höchsten nicht mißverstanden. Er braucht den trüben Blick nur in die Höhe zu richten. Schon das Fallen einer Träne ist ein Gebet. Tränen sind himmlische Diamanten. Seufzer sind Gesänge und Reigen vor Jehovas Thron und gehören zu den lieblichsten Melodien, die hinausdringen zum erhabenen Thron dort oben.

Gott hört nicht nur die Gebete, sondern er hört sie gern. Wahrlich, er achtet nicht auf hoffärtige Augen und glatte Worte. Er kümmert sich nicht um die Pracht und den Prunk der Reichen. Er sieht nicht auf den Stolz und das Getöse der Menschen. Wo aber irgendein Herz von Kummer gedrückt ist oder ein Mund von Angst und Schmerz bebt, wo ein tiefer Seufzer aufsteigt oder eine Bußträne hervorbricht, da ist sein Herz weit offen. Er schreibt alles nieder auf die Pergamentrolle seiner Erinnerungen. Er legt unsere Gebete wie Rosenblätter zwischen die Seiten seines Gedenkbuches. Und wenn einst dieses Buch eröffnet wird, so wird ein liebreicher Duft daraus hervordringen.

In deinem Licht sehen wir das Licht. Psalm 36, 10

Kein Mund vermag dem Herzen die Liebe Christi zu schildern, bis der Herr Jesus selber sie in demselben kund tut. Wenn du die Sonne betrachten möchtest, so würdest du wohl schwerlich alle gewöhnlichen Beleuchtungsmittel zusammennehmen und auf solche Weise das herrliche Licht, das den Tag regiert, zu beleuchten suchen. Nein, wer weise ist, weiß wohl, daß die Sonne sich selber offenbaren muß, und dieses gewaltige Licht kann nur durch seinen eigenen Glanz erkannt werden. Und so verhält es sich mit Christo. „Selig bist du, Jonas Sohn", sprach er zu Petrus, „denn Fleisch und Blut hat dir das nicht geoffenbaret." Der Geist Gottes muß mit Macht kommen und den Menschen mit seinem Licht überschatten. Der große Haufen dieser Welt nimmt nichts wahr von den unaussprechlichen Herrlichkeiten Jesu. Er kommt ihnen ungestalt und lästig vor, wie „eine Wurzel aus dürrem Erdreich", die von den Toren verschmäht, von den Stolzen verachtet wird. Nur wo der Geist das Auge mit Augensalbe gesalbt, das Herz mit göttlichem Leben erfüllt hat, nur da wird er verstanden. „Euch nun, die ihr glaubet, ist er köstlich." Euch ist er der Grund- und Eckstein, der Fels eures Heils, euer ein und alles. Anderen aber ist er „ein Stein des Anstoßes und ein Fels der Ärgernis".

Selig ist, wer die Offenbarung unseres Heilands empfängt, denn ihm ist die Verheißung gegeben, daß er Wohnung bei ihm machen will. O Jesu, unser Herr, unser Herz steht dir offen, komm herein, und ziehe ewiglich nicht wieder fort! Zeige dich uns! Beglücke uns mit einem Strahl deiner Liebe!

Christus ist mein Leben und Sterben ist mein Gewinn.

Philipper 1, 21

Bedeutungsvoll folgen hier diese Worte unmittelbar aufeinander: Leben - Sterben. Nur drei Buchstaben stehen dazwischen. Und wie es in den Worten ist, so ist es auch in der Wirklichkeit. Wie nahe sind Leben und Tod beisammen! Das Leben ist des Todes Vorhof. Unsere Pilgrimschaft auf Erden ist nur eine Reise zum Grab. Der Puls, der unser Dasein fristet, schlägt nur unseren Todesmarsch. Das Blut, das unser Leben erhält, schwemmt es den Tiefen des Todes zu. Heute sehen wir unsere Freunde in der Blüte der Kraft, morgen vernehmen wir die Nachricht von ihrem Tode. Gestern boten wir dem Starken noch die Hand, heute drücken wir ihm die Augen zu. O, wie eng ist der Tod mit dem Leben verknüpft! Das Lamm, das auf der Wiese hüpft, wird bald unter dem Messer verbluten. Der Ochse wird fett für die Schlachtbank. Bäume wachsen, damit man sie fällt. Ja, Weltreiche entstehen und blühen, aber sie blühen dem Verfall entgegen. Der Tod ist der schwarze Diener, der hinter dem Wagen des Lebens herreitet.

Aber Gott sei Lob und Dank! Es gibt noch einen Ort, wo der Tod nicht des Lebens Bruder ist, wo das Leben allein herrscht. Es gibt ein Land, wo kein Todesröcheln mehr, wo kein Trauerschleier mehr gewoben wird, wo keine Gräber mehr geschmückt werden. O seliges Land! Wenn wir dich erreichen wollen, müssen wir sterben. Wenn wir aber nach dem Tode zur Herrlichkeit des ewigen Lebens eingehen, wenn wir den, der uns vom Tode errettet und zum Leben berufen hat, schauen dürfen mit diesen unseren Augen, als den, der des Todes Gewalt und die Schlüssel des ewigen Lebens hat, und ihn lieben und loben dürfen in Ewigkeit, dann werden wir ausrufen: Sterben ist mein Gewinn!

Denn ich will Wasser gießen auf das Durstige und Ströme auf das Dürre: ich will meinen Geist auf deinen Samen gießen und meinen Segen auf deine Nachkommen.

Jesaja 44, 3

Wenn eine gläubige Seele in einen Zustand tiefer Traurigkeit versunken ist, sucht sie sich wohl dadurch daraus emporzuraffen, daß sie sich mit düsteren und ängstlichen Einbildungen quält. Aber das ist nicht der Weg, wie man sich aus dem Staube erhebt. Wie der Adler sich nicht emporschwingen kann, wenn man ihm die Flügel bindet, so kann unser Glaube nicht wachsen, wenn wir ihm die Fesseln des Zweifels aufzwingen. Nicht das Gesetz, sondern die Gnade macht die heilsbegierige Seele frei. Knechtische Furcht bringt den abtrünnigen Flüchtling nicht zu Gott zurück. Aber die freundlichen Einladungen der Liebe Jesu laden ihn ein zur Ruhe an seiner Brust.

Dürstest du heute nach dem lebendigen Gott und fühlst du dich unglücklich, daß du den nicht finden kannst, der deines Herzens Freude und Wonne ist? Hast du die Freude eines gottseligen Glaubens verloren? Bist du dir bewußt, daß du verödet bist wie das dürre Land, daß du Gott die Frucht nicht bringst, die er mit Recht von dir erwartet, daß du weder in der Gemeinde noch in der Welt das leistest, was dein Herz wünscht? Dann hast du hier gerade die Verheißung, die du nötig hast: Ich will Wasser gießen auf das Durstige. Du wirst die Gnade empfangen, nach der du dich so innig sehnst. Sie wird dir in vollstem Maße zuteil werden, so weit nur immer dein Verlangen reicht. Wasser erquickt den Durstigen: du sollst also erquickt werden. Wasser erfrischt das schlummernde Pflanzenleben: dein Leben soll also erfrischt werden durch neue Gnade. Wasser schwellt die Knospen und läßt die Früchte reifen: auch du wirst grünen und fruchtbar werden in den Wegen Gottes. Ja, das dürre Land soll zur Wasserquelle werden.

Siehe, in die Hände habe ich dich gezeichnet. Jesaja 49, 16

Zion sprach: „Der Herr hat mich verlassen, der Herr hat meiner vergessen." Wie aber scheint das göttliche Gemüt sich ob solchem bösen Unglauben so sehr zu entsetzen! Was kann es auch Befremdenderes als die grundlosen Zweifel und Befürchtungen der Lieblinge Gottes geben? Das liebevolle Strafwort des Herrn sollte uns tief beschämen. Er ruft aus: „Wie kann ich dich doch vergessen haben, dieweil ich dich doch in meine Hände gezeichnet habe? Wie darfst du noch zweifeln, daß ich unaufhörlich deiner eingedenk bin, wenn der Denkbrief in mein Fleisch eingegraben ist?" O Unglaube, was für ein unbegreifliches, erstaunliches Ding bist du doch! Ich weiß nicht, worüber ich mich mehr wundern soll: über die Treue Gottes oder über den Unglauben seines Volkes. Er hält seine Verheißung zum tausendsten Male und doch zweifeln wir bei der nächsten Anfechtung wieder an ihm. Er versagt seine Hilfe nie, und doch lassen wir uns beständig von jeder Angst in Sorge setzen.

Siehe! Das ist ein Wort, das unsere Bewunderung wecken soll. Und wahrlich, hier ist Ursache zum höchsten Erstaunen. Himmel und Erde dürfen wohl voller Verwunderung sein, daß Empörern eine so große Gnade zuteil wird, daß sie so nahe zum Herzen der unendlichen Liebe gezogen und in ihre Hände gezeichnet werden. Ja, sie selbst - nicht nur ihr Name. Betrachte doch diese Fülle! Ich habe deine Person, dein Bild, dein Anliegen, deine Verhältnisse, deine Sünden, deine Versuchungen, deine Schwachheiten, deine Bedürfnisse, deine Werke eingegraben. Ich habe d i c h gezeichnet, alles, was dich angeht, was dich berührt - ich habe dich ganz hierher gesetzt. Willst du nun je wieder sagen, daß dich dein Gott verlassen habe, wenn er dich in seine eigenen Hände gezeichnet hat?

Wie ihr nun angenommen habt den Herrn Jesus Christus, so wandelt in ihm. Kolosser 2, 6

Das Leben des Glaubens wird als ein Annehmen dargestellt. Das ist eine Tätigkeit, die das Gegenteil von allem, was auch nur von fern einem Verdienst ähnlich sieht, in sich schließt. Es ist einzig und allein die Empfangnahme einer Gabe. Gleichwie die Erde den Regen trinkt, wie das Meer die Ströme aufnimmt, wie die Nacht das Licht der strahlenden Sterne empfängt, so haben wir, die wir nichts zu geben vermögen, freien Anteil an der Gnade Gottes.
Solange wir ohne Glauben sind, bleibt uns Jesus im besten Falle ein bloßer Name, eine geschichtliche Persönlichkeit. Durch den Glauben wird er uns zu einer wirklichen Person, an der unser Herz Anteil hat. Aber das Annehmen bedeutet zugleich ein Ergreifen, ein Inbesitznehmen. Die Sache, die ich annehme, wird mein Eigentum. Wenn ich Jesus annehme, so wird er *mein* Heiland, so mein eigen, daß weder Tod noch Leben ihn mir wieder entreißen können. Das alles heißt, Christus annehmen, ihn empfangen als freie Gabe Gottes, ihn meinem Herzen zur Wahrheit machen.
Das Heil kann angesehen werden als das Gesicht, das der Blinde empfängt, als das Gehör, das dem Tauben geschenkt wird, als das Leben, das dem Toten gegeben wird. Aber wir haben nicht allein diese Gaben empfangen, sondern wir haben den Herrn Jesus Christus angenommen. Er hat uns Leben gegeben vom Tod, er hat uns Vergebung der Sünde geschenkt, er hat uns seine Gerechtigkeit zugerechnet - das alles sind hohe Dinge. Aber wir begnügen uns nicht damit: wir haben Christus angenommen. Wie voll muß doch unser Herz von Jesus werden; denn der Himmel und aller Himmel Himmel können ihn ja nicht fassen.

Wie ihr nun angenommen habt den Herrn Jesus Christus, so wandelt in ihm. Kolosser 2, 6

Sobald wir den Herrn Jesus im Innersten unseres Herzens angenommen haben, offenbart sich unser neues Leben durch einen Wandel des Glaubens in ihm. Unsere Gottesfurcht darf sich nicht auf unser Kämmerlein beschränken. Wir müssen das, was wir glauben, in einem tätigen Leben verwirklichen. Wenn ein Mensch in Christus wandelt, dann handelt er so, wie Christus handeln würde. Sein Leben ist ein Abbild Jesu.

Wandel bedeutet Fortschritt. Wer in Christus wandelt, schreitet von Gnade zu Gnade, bis er zur höchsten Stufe in der Erkenntnis des geliebten Freundes kommt, die ein Mensch erreichen kann.

Wandel bedeutet Beharrlichkeit. Ihr müßt unaufhörlich in Christus bleiben. Viele Christen meinen, sie müßten sonntags sich dem Umgang mit Christus widmen, aber die Werktage für sich und ihre Arbeit verwenden. Oder sie bilden sich ein, wenn sie morgens und abends die Gemeinschaft mit dem Herrn suchen, so gehöre der ganze übrige Tag der Welt. Welch ein armseliges Leben! Wir müssen stets an ihm bleiben und in seiner Nähe beharren.

Wenn wir von eines Menschen Wandel reden, so meinen wir damit seine Gewohnheiten, seine Lebensweise. Wenn wir Christus nur zuweilen genießen und ihn dann wieder vergessen, so ist das keine Gewohnheit. Wir müssen uns zu ihm halten, an ihn klammern, ihn nie fahren lassen, sondern in ihm leben und weben. Beharrt auf dem Wege, in dem ihr angefangen habt. War der Herr Jesus Christus am Anfang eures Glaubens Zuversicht, eures Lebens Quelle, eures Handelns Richtschnur und eures Geistes Freude, so bleibe er es, bis ihr eingeht zur ewigen Freude und Ruhe des Volkes Gottes.

Zuflucht ist bei dem alten Gott und unter den ewigen Armen.

5. Mose 33, 27

Unsere Stelle will uns sagen, daß Gott unsere Heimat ist. Es liegt eine große Fülle und etwas überaus Liebliches in diesem Bild. Die Heimat ist unserem Herzen allezeit teuer, und wär's die kleinste, niedrigste Hütte. Noch viel teurer ist uns unser lieber Gott, denn in ihm leben und weben und sind wir.

In der Heimat fühlen wir uns geborgen. Da schließen wir die Welt von uns aus und weilen in sicherer Ruhe. Wenn wir bei Gott sind, fürchten wir kein Unglück. Denn er ist unser Schutz und Schirm, unsere ewige Zuflucht.

Daheim ruhen wir aus nach des Tages Last und Hitze. So findet auch unsere Seele Ruhe in Gott, wenn wir, ermattet vom Kampf und Gewühl des Lebens, uns zu ihm wenden.

Daheim lassen wir unser Herz frei gehen. Wir fürchten nicht, daß wir mißverstanden werden. So ist's auch, wenn wir bei Gott weilen. Wir dürfen ungehemmt und ungehindert mit ihm umgehen und ihm alle unsere geheimen Wünsche offen darlegen.

Die Heimat ist auch die Stätte wahrsten und reinsten Glücks. So findet unsere Seele in Gott ihre süßeste Wonne. In ihm genießen wir eine Freude, die alle anderen Freuden weit übertrifft. Der Gedanke an den heimischen Herd gibt uns Mut und Kraft, der Arbeit tägliche Last zu tragen. So stärkt uns die Liebe zu Gott, der unsere Heimat ist. Wir gedenken seiner in seinem lieben Sohn, und ein Strahl vom leidenden Antlitz des Heilandes feuert uns an, für ihn zu arbeiten. Wir haben noch Brüder, die auch errettet werden müssen. Wir müssen unseres Vaters Herz damit erfreuen, daß wir seine verirrten Kinder suchen und heimführen.

Zuflucht ist bei dem alten Gott und unter den ewigen Armen.

5. Mose 33, 27

Der ewige Gott ist selbst unsere Stütze und unser Schutz zu allen Zeiten. Er trägt uns in seinen mächtigen Armen, wo wir in Not und Trübsal sinken. Es gibt Zeiten, in denen der Christ sehr tief gedemütigt wird. Unter einem Gefühl großer Sündigkeit fühlt er sich vor Gott so niedergebeugt, daß er kaum mehr zu beten vermag. Nun denn, du armes, liebes Gotteskind, bedenke, daß du unter den ewigen Armen bist. Mag dich die Sünde noch so sehr beugen, so reicht Christi große Versöhnungsliebe noch viel tiefer herab. Du bist vielleicht tief, sehr tief gefallen, aber du kannst nicht so tief gefallen sein, daß du immerdar verloren wärest.
Der Geist versinkt oft in tiefe äußere Trübsal und Sorge. Jede irdische Stütze ist geraubt. Was dann? Siehe, unter den ewigen Armen steht er dennoch. Er kann nicht tiefer in Traurigkeit und Zagen fallen, als es die Bundesgnade eines Gottes voll ewiger Treue gestattet.
Der Christ kann auch unter innere Anfechtungen kommen durch heftige Kämpfe. Aber auch dann kann er nicht so tief sinken, daß er außer dem Bereich der ewigen Arme wäre. Sie sind über und unter ihm und um ihn. Und weil er solche Stütze hat, kann ihm Satans List nichts anhaben. Diese Zusicherung ist ein großer Trost auch für alle, die im Dienste des Herrn stehen. Sie sichert uns Erquickung zu für jeden Tag, Gnade für jedes Bedürfnis und Kraft zu jeder Arbeit. Und wenn dann der Tod kommt, bleibt die Verheißung fest. Unser ganzes Leben lang und an seinem Ende werden wir getragen von den ewigen Armen, die weder ermatten noch ermüden, sondern ihre Kraft unveränderlich bewahren. Denn der allmächtige Gott wird nicht müde noch matt.

Auf daß euer Glaube rechtschaffen und viel köstlicher erfunden werde denn das vergängliche Gold, das durchs Feuer bewährt wird. 1. Petrus 1, 7

Ein Glaube, der nicht durch Prüfungen hindurchgegangen ist, ist ein kleiner Glaube, weil ihm die Bewährung durch die Prüfung fehlt. Der Glaube gedeiht nie so herrlich, wie wenn sich alles gegen ihn vereinigt. Stürme sind seine Zuchtmeister und Blitze seine Lehrer. Wenn Windstille auf dem Meere herrscht, so mögt ihr Segel aufhissen, soviel ihr nur immer wollt - das Schiff kommt dem Hafen nicht näher. Wenn aber die Winde heulend stürmen, wenn die Wogen sich erheben, dann eilt das Schiff mit Adlerschnelle dem ersehnten Hafen zu, ob auch das Verdeck von den Wogen überflutet wird und die Masten unter dem Druck der vollen, schwellenden Segel seufzen und ächzen. Keine Blume ist von so glänzend blauer Farbe wie die, die am Fuß der eisigen Gletscher wächst. Kein Wasser schmeckt so erquikkend wie das, das mitten in der öden Wüste entspringt. Kein Glaube ist so fest wie der, der mitten im Unglück sich lebendig erhält und allen Widerwärtigkeiten siegreich widersteht. Geduldiger Glaube bringt Erfahrung. Du hättest nie Gottes Macht erfahren, wenn sein Arm dich nicht mitten in den Wasserfluten getragen hätte. Der Glaube wächst an Festigkeit, Gewißheit und Innigkeit um so freudiger, je mehr er durch Trübsale bewährt wird. Der Glaube ist köstlich, nicht minder köstlich aber auch seine Prüfung.

Das entmutige euch nicht, die ihr noch jung seid im Glaubensleben. Ihr werdet noch Prüfungen genug zu ertragen bekommen, ohne daß ihr sie sucht. Ihr werdet aber auch je mehr und mehr von Gott begnadigt werden, bis euer Glaube Berge versetzt und euch auch das Unmögliche möglich macht.

Gleichwie die Rebe kann keine Frucht bringen von sich selber, sie bleibe denn am Weinstock, also auch ihr nicht, ihr bleibet denn in mir. Johannes 15, 4

Wie hast du's angefangen, daß du Frucht brachtest? Du bist zum Herrn Jesus gekommen und hast dich an seine große Versöhnung angeklammert und hast dich auf seine vollkommene Gerechtigkeit verlassen. O, was für herrliche Früchte hast du da getragen! Erinnerst du dich noch an diese schönen Tage deiner ersten Liebe?
Bist du seitdem matt geworden in deinem Eifer? Wenn das wäre, so beschwöre ich dich: gedenke der Zeit der ersten Liebe und tue die ersten Werke! Halte dich vor allem an das, wovon du aus Erfahrung weißt, daß es dich zu Christus gezogen hat. Jegliche Übung der Gottseligkeit, die dich zu Jesus führt, trägt dazu bei, daß du Frucht trägst. Wann bist du am unfruchtbarsten gewesen? War's nicht damals, als du fern von deinem Herrn und Heiland Jesus Christus dahinlebtest? Als du lässig warst im Gebet? Als du vom einfältigen Glauben an das Blut deines Erlösers abwichest? Als deine Tugenden sich aufblähten, statt daß du dafür deinem Herrn die Ehre gabst? Als du vergessen hattest, worin deine Kraft ruht? Ja, damals hast du aufgehört, Frucht zu bringen. Viele von uns haben durch furchtbare Demütigungen ihrer Seele von dem Herrn erfahren und gelernt, daß wir nichts haben, was wir nicht von Christus hätten, daß wir nichts sind, wenn wir nicht vor allem Christus selber haben.
Bei ihm allein wird alle meine Frucht gefunden. Ich kann nie aus mir eine gute Frucht bringen. Je einfältiger wir uns in allen Dingen auf die Gnade Gottes in Christo verlassen und auf den Heiligen Geist warten, um so mehr werden wir unserem Gott Frucht bringen. O erwartet alle eure Frucht wie all euer Leben vom Heiland und vertraut ganz und allein auf ihn!

Ich will ausreuten die, so des Himmels Heer anbeten; die es anbeten und schwören doch bei dem Herrn und zugleich bei Milkom. Zephanja 1, 5

Doppelzüngigkeit ist vor Gott ein Greuel, und Heuchelei ist seinem Herzen verhaßt. Der Götzendiener, der sich entschieden zu seinem Abgott hält, hat eine Sünde weniger auf sich als der, der ein beflecktes und entweihtes Opfer zum Tempel des Herrn bringt und dessen Herz an der Welt und ihren Sünden hängt. Im alltäglichen Leben wird ein unzuverlässiger, doppelzüngiger Mensch mit Recht der Verachtung preisgegeben. In göttlichen Angelegenheiten ist Doppelzüngigkeit die allerfluchwürdigste Sünde, die es gibt. Das Strafurteil, das Gott darüber ausspricht, ist wohlverdient. Warum sollte die göttliche Gerechtigkeit einen Sünder verschonen, der das Rechte kennt, es billigt und sich anheischig macht, es zu seiner Richtschnur zu wählen, und der dennoch dem Bösen Raum gibt in seinem Herzen?
Mein Freund, prüfe dich! Sieh zu, ob du dich eines zweideutigen Handels und Wandels schuldig gemacht hast. Du bekennst, ein Jünger Jesu zu sein. Liebst du ihn denn auch wahrhaftig? Ist dein Herz aufrichtig gegen Gott? Bist du ehrlich oder biegst und schmiegst du dich jedem Wind? Wer den einen Fuß auf das Land der Wahrheit setzt und den anderen auf das trügerische Meer der Falschheit, tut einen schrecklichen Fall und stürzt ins Verderben. Christus will uns alles sein oder nichts. Wenn er in meinem Herzen herrscht, so hat keine andere Macht mehr Platz darin. Verlasse ich mich also ganz allein auf den Gekreuzigten? Lebe ich allein meinem Jesus? O, dann sei die allmächtige Gnade gepriesen, die mich errettet hat! Und fehlt's mir noch in diesem Stück, o Herr, dann vergib mir meine Sünde und gib, daß ich deinen Namen fürchte.

Des Herrn Teil ist sein Volk, Jakob ist sein Erbe. 5. Mose 32, 9

Wie sind die Gläubigen Gottes Eigentum? Durch seine freie Gnadenwahl. Er hat sie erwählt und seine ganze Liebe ihnen zugewendet. Und das hat er getan ohne irgendein Gutes, das zu irgendeiner Zeit an ihnen gewesen wäre. Er war gnädig, welchem er gnädig sein wollte. So also sind sie sein Eigentum durch seine freie, durch keinerlei Einschränkung bestimmte Wahl.

Aber sie sind sein Eigentum auch, weil er sie erkauft hat. Er hat für sie dargelegt und bezahlt den ganzen, vollen Preis bis auf den letzten Heller. Nicht mit vergänglichem Silber oder Gold, sondern mit dem teuren Blut des Herrn Jesu Christi ist des Herrn Erbteil aufs völligste erlöst worden. Der Preis ward vor öffentlichem Gerichtshof dargelegt und anerkannt, und die Gemeinde ist des Herrn freies Eigentum ewiglich. Siehe das Blutzeichen auf allen Auserwählten. Es ist dem menschlichen Auge unsichtbar; aber es ist Christo bekannt, denn der Herr kennt die Seinen.

Sie sind aber auch sein eigen, weil er sie überwunden hat. Welch einen Kampf kostete es ihn, bis er uns gewonnen hatte! Wie lange belagerte er unsere Herzen! Wie oft forderte er uns zur Übergabe auf. Aber wir verrammelten ihm die Tore und befestigten unsere Mauern gegen ihn. Erinnern wir uns nicht mehr der großen Stunde, wo er unsere Herzen im Sturm nahm? Ja gewiß, wir sind die überwundenen Gefangenen seiner allmächtigen Liebe.

Weil wir nun also erkoren, erkauft, erobert sind, so sind die Rechte unseres göttlichen Herrn unantastbar. Wir freuen uns des, daß wir nie unser eigen sein können. Wir sehnen uns täglich, seinen Willen zu tun und seine Herrlichkeit zu offenbaren.

Der Herr ist mein Teil, spricht meine Seele, darum will ich auf ihn hoffen. Klagelieder 3, 24

Der Herr ist mein Teil. Nicht nur seine Gnade, seine Liebe, sein Bund, sondern Jehova Zebaoth selbst. Er hat uns erwählt zu seinem Erbteil, und wir haben ihn zu unserem Erbe erwählt. Freilich muß der Herr unser Erbteil zuerst für uns erwählen, denn wir hätten es von uns aus nicht getan. Wenn wir aber wirklich berufen sind nach dem Vorsatz seiner erwählenden Gnade, so können wir singen:

Herr, du bist mein bestes Teil,
meine Wonne, Schatz und Heil;
Jesus, Gottes ewger Sohn,
bist mein Schild und großer Lohn.

Der Herr ist unser allgenugsames Teil. Wenn Gott schon in sich allgenugsam ist, so muß er auch für uns der sein, der all unseren Bedürfnissen und Wünschen die vollste Genüge gewährt. Es ist nicht leicht, eines Menschen Verlangen voll zu befriedigen. Aber alles, was wir nur immer wünschen können, ist in unserem Herrn vorhanden, so daß wir ausrufen: „Wenn ich nur dich habe, so frage ich nichts nach Himmel und Erde. Wenn mir gleich Leib und Seele verschmachtet, so bist du doch, Gott, allezeit meines Herzens Trost und mein Teil."
Ach, wie dürfen wir unsere Lust haben an dem Herrn, der uns tränkt aus dem Strom seiner Freuden. Unser Glaube breitet seine Flügel aus und erhebt sich wie ein Adler in den Himmel der göttlichen Liebe. Freuen wir uns also in dem Herrn allewege. Zeigen wir der Welt, daß wir ein glückliches und seliges Volk sind, so daß sie ausrufen muß: Wir wollen mit euch gehen, denn wir hören, daß Gott mit euch ist.

Ihm sei Ehre in Ewigkeit! Amen. Römer 11, 36

Ihm sei Ehre in Ewigkeit! Dies sollte des Christen besonderes Verlangen sein. Alle anderen Wünsche müssen dem untergeordnet und zu Dienst sein. Der Christ darf sich für seinen Beruf Glück und Gedeihen wünschen, aber nur, sofern ihm dies dazu verhelfen kann, das große Verlangen zu erfüllen: Ihm sei Ehre in Ewigkeit! Er darf danach trachten und darum bitten, daß er mehr Gaben und mehr Tugenden empfange, aber nur damit das Hauptziel um so eher erreicht werde: Ihm sei Ehre in Ewigkeit! Nie soll dein Herz für irgend etwas so mächtig schlagen wie für ihn. Die Liebe zu ihm sei deines Lebensstromes Wellenschlag. Dieser Ehrgeiz feuere deine Seele an. Mache Gott zu deinem alleinigen Ziel.

Unser Verlangen nach Gottes Verherrlichung und Ehre muß ein wachsendes Verlangen sein. Du hast ihn in deiner Jugend gepriesen - es sei dir heute nicht mehr genug am gleichen Preis wie damals. Hat dich Gott in deinem Beruf geleitet und dir in deinen Unternehmungen Glück und Gelingen geschenkt? Gib ihm mehr, gleichwie er dir reichlicher gegeben hat. Hat dir Gott innere Erfahrungen geschenkt? Ehre ihn mit stärkerem Glauben als du ihn im Anfang gehabt hast. Wächst du in der Erkenntnis? Dann singe lautere Lieder. Genießest du seligere Zeiten, als sie dir einst zuteil wurden? Bist du etwa vom Krankenlager wie neugeboren wieder aufgestanden, und ist dir dein Leiden in Frieden und Freude verwandelt worden? Dann laß deine Harfen heller klingen, schütte mehr glühende Kohlen und edlen Weihrauch in das Rauchfaß deiner Dankgebete. Gib ihm die Ehre durch deinen Wandel und beschließe deinen Lobgesang mit dem Amen deines lebendigen Gottesdienstes.

Du bist ein verschlossener Garten, eine verschlossene Quelle, ein versiegelter Born. Hohelied 4, 12

In diesem Gleichnis tritt uns offenbar der Begriff der Heimlichkeit entgegen. Im Morgenlande gab es Brunnen, über die ein Haus gebaut war, so daß nur der zur Quelle gelangen konnte, der den verborgenen Eingang kannte. Solchem verschlossenen Brunnen gleicht das Herz des Gläubigen, wenn es durch die Gnade erneuert wird. Es ist ein geheimnisvolles Leben im Innern, das keine menschliche Kunst und Geschicklichkeit einschließt. Es ist ein Geheimnis, das kein anderer Mensch erkennt, ja das auch derselbe Mensch, der es besitzt, seinem Nächsten nicht offenbaren kann.
Eine verschlossene Quelle ist kein öffentlicher Brunnen. Sie gehört zu einem Garten und ist allein um seinetwillen vorhanden. So verhält sich's auch mit dem geistlichen Leben. Jünger Jesu wurden im ewigen Ratschluß ausgesondert. Sie unterscheiden sich von anderen durch den Besitz eines inneren Lebens, das diesen fehlt. Sie sind gute Kameraden ihrer Mitmenschen. In selbstloser Nächstenliebe dienen sie jedermann, wenn sie sich auch nicht zu erquicken vermögen an den leichten Freuden, die das Leben bietet. Jeder Christ sollte fühlen, daß er versiegelt ist mit dem Geist Jesu Christi. Solche Versiegelung aber ist dann auch zugleich Sicherheit. O wie sicher und geborgen und ausgeglichen ist doch das innere Leben der Gläubigen. Der dieses Leben gegeben hat, der hat ja sein eigenes Leben hingegeben zu ihrer Bewahrung.

O selig Haus, wo man dich aufgenommen,
du wahrer Seelenfreund, Herr Jesu Christ,
wo unter allen Gästen, die da kommen,
du der gefeiertste und liebste bist.
Wo aller Herzen dir entgegenschlagen
und aller Augen freudig auf dich sehn,
wo aller Lippen dein Gebot erfragen
und alle deines Winks gewärtig stehn!

Der törichten Fragen der Geschlechtsregister, des Zankes und des Streites über das Gesetz entschlage dich; denn sie sind unnütz und eitel. Titus 3, 9

Unser Leben ist kurz. Wir tun weiser, wenn wir es dazu verwenden, daß wir etwas Gutes wirken, als daß wir über Dinge streiten, die im besten Fall doch nur von ganz untergeordneter Bedeutung sind. Viele Gemeinden leiden Schaden unter dem kleinlichen Wortgezänk über unbedeutende Fragen und verborgene Dinge. Weder die Erkenntnis noch die Liebe wird dadurch gefördert. Fragen über Dinge, über die die Heilige Schrift schweigt, über Geheimnisse, die Gott allein betreffen, über Weissagungen von unsicherer Auslegung, über die Art der äußerlichen Gottesdienstordnung sind ganz töricht. Weise Menschen weichen ihnen aus. Unsere Pflicht ist es, sie weder aufzuwerfen noch zu beantworten. Wir sollen uns ihrer entschlagen. Wenn wir danach trachten, daß wir in einem Stande guter Werke erfunden werden, dann werden wir mit nützlichem Wirken so vollauf beschäftigt sein, daß uns keine Muße bleibt zu unwürdigen, unnötigen und zwecklosen Erörterungen.

Aber es gibt Fragen, die nicht müßig und töricht sind und denen wir nicht ausweichen, sondern aufrichtig begegnen sollen. Glaube ich an den Herrn Jesus Christus? Bin ich erneuert in dem Geist meines Gemüts? Wandle ich nicht mehr nach dem Fleisch, sondern nach dem Geist? Wachse ich in der Gnade? Schmückt mein Wandel die Lehre Gottes, meines Heilandes? Warte ich auf die Zukunft des Herrn? Bin ich wachsam als ein Knecht, der seines Herrn und Meisters gewärtig ist? Solche Fragen erfordern unsere ganze Aufmerksamkeit. Haben wir uns bisher in Spitzfindigkeiten ausgelassen, so wollen wir uns von nun an nützlicheren Dingen zuwenden. Der Herr aber gebe uns Weisheit in allen Dingen.

Du führst, Herr, die Sache meiner Seele und erlösest mein Leben. Klagelieder 3, 58

Achtet darauf, mit welcher Bestimmtheit der Prophet spricht. Er sagt nicht: „Ich hoffe, ich glaube, ich meine manchmal, daß Gott die Sache meiner Seele führen will“, nein, er spricht davon als von einer unbezweifelbaren, abgemachten Sache. Wir wollen uns unter dem Gnadenbeistand des heiligen Trösters von allen Zweifeln und Befürchtungen losmachen, die unseren Frieden und unseren Trost so sehr beeinträchtigen. Bitten wir, daß wir nichts mehr zu schaffen haben mögen mit der heiseren, krächzenden Stimme des Argwohns und des Mißtrauens, sondern imstande seien, mit der klaren, volltönenden, wohlklingenden Stimme ganzer Überzeugung und zweifelloser Gewißheit zu sprechen.

Merkt auch, wie dankbar der Prophet sich ausdrückt. Er schreibt alle Ehre Gott allein zu. Weder irgendeinem Menschen noch seinem eigenen Verdienst schreibt er seine Erlösung zu. So sollte der Christ sich allezeit einer dankbaren Gesinnung befleißigen. Die Erde sollte ein Tempel sein, den die Loblieder dankbarer Heiliger erfüllen. Jeder Tag sollte ein Rauchfaß sein, das vom süßen Weihrauch unserer Dank- und Preisgebete angenehm duftet.

Wie freudig scheint Jeremia zu sein, wenn er der Barmherzigkeit und Güte des Herrn gedenkt! Wie siegesfreudig erhebt sich sein Gebet. Eben erst aus der tiefen Grube des Gefängnisses gekommen und noch immer der trauernde Prophet, läßt er dennoch seinen Lobpsalm zum Himmel emporsteigen. O ihr Kinder Gottes, sucht nach einem lebendigen Ausdruck für eure dankbare Empfindung, die des Herrn Güte und Freundlichkeit in euch weckt. Und wenn ihr den rechten Ausdruck gefunden habt, so redet offen und aufrichtig davon. Lobsinget mit dankendem Gemüte, jauchzet mit schallendem Klang!

Betrübet nicht den Heiligen Geist, mit dem ihr versiegelt seid auf den Tag eurer Erlösung. Epheser 4, 30

Alles, was der Gläubige Gutes hat, stammt von Christus. Aber es kommt ihm einzig und allein durch die Vermittlung des Heiligen Geistes zu. So kann auch kein Gutes von dir ausgehen, ohne daß es in dir gewirkt würde durch die heiligende Kraft eben desselben Geistes. Selbst wenn der gute Same in dich gelegt worden ist, bleibt er dennoch schlummernd liegen, wenn er nicht in dir wirket beides, das Wollen und das Vollbringen, nach seinem Wohlgefallen. Möchtest du gerne für deinen Herrn Zeugnis ablegen? Wie wäre es anders möglich als dadurch, daß der Heilige Geist deine Zunge berührt? Möchtest du gerne beten? Ach, wie ist doch unser Beten so matt und träge, wenn nicht der Heilige Geist für uns ins Mittel tritt. Möchtest du gern der Sünde absterben? Möchtest du geheiligt werden? Möchtest du deinem Herrn und Meister nachfolgen? Sehnst du dich danach, den Engeln Gottes gleich zu werden und erfüllt zu sein mit Eifer und Feuer für deines Herrn Sache? Das alles vermagst du nicht ohne den Heiligen Geist. O Rebe, du kannst keine Frucht bringen ohne den Saft vom Weinstock. O Kind Gottes, du hast kein Leben in dir, wenn du ferne bist von dem Leben, das Gott dir schenkt durch seinen Heiligen Geist.

Darum wollen wir ihn nicht betrüben. Wir wollen ihn nicht zum Zorn reizen mit unserer Sünde. Wir wollen seine zartesten Regungen und Bewegungen nicht auslöschen in unserer Seele. Wir wollen jeder seiner Eingebungen Gehör schenken und bereitwillig jeder seiner Forderungen folgen. Wenn der Heilige Geist in Wahrheit solche Macht hat, so wollen wir nichts unternehmen ohne ihn. Wir wollen uns in kein Vorhaben einlassen, an kein Unternehmen Hand anlegen und kein Werk zu Ende bringen, ohne auf seine Leitung zu achten.

Er blieb über Nacht in dem Gebet zu Gott. Lukas 6, 12

Wenn je einer hätte ohne Gebet leben können, so wäre es unser Herr gewesen. Und doch hat nie ein Mensch so viel gebetet wie er! So groß war seine Liebe zu seinem Vater, daß er beständig seine Nähe suchte. So groß war seine Liebe zu den Seinen, daß ihn verlangte, allezeit Fürbitte zu tun für sie. Die Tatsache der außerordentlichen Gebetsfülle Jesu bietet uns eine große Lehre dar. Er hat uns ein Beispiel gegeben, daß wir nachfolgen sollen seinen Fußstapfen. Die Zeit, die er dem Gebet widmete, war köstlich, die Stunde der Stille, wo ihn das Geräusch der Menge nicht störte, die Zeit der Ruhe, wo alles zu wirken aufhörte, nur er nicht. Die Zeit, wo der Schlummer die Menschen alles Leid vergessen ließ, wo sie ihr Flehen zu ihm um Erleichterung unterbrachen. Während andere im Schlaf die Ruhe fanden, erquickte und ermunterte er sich im Gebet. Auch der Ort war trefflich gewählt. Er suchte die Einsamkeit, wo ihn niemand störte, wo niemand ihn beobachtete. Da war er sicher vor der Anmaßung der Pharisäer, wie vor unwillkommenem Geräusch. Jene schattigen, schweigsamen Hügel waren ein treffliches Gebetskämmerlein für den Sohn Gottes. Es ist bemerkenswert, wie lange er in seinem Gebet verharrte. Wir können nicht eine einzige Stunde mit ihm wachen, aber er wachte ganze Nächte für uns. Sollten wir nicht von Jesu lernen, zum Gebet unsere Zuflucht zu nehmen, wenn wir besonders schwer heimgesucht werden, oder neue Kraft im Dienst unseres Herrn brauchen? Herr Jesu, lehre uns beten!

So wir sagen, daß wir Gemeinschaft mit ihm haben, und wandeln in der Finsternis, so lügen wir und tun nicht die Wahrheit. So wir aber im Lichte wandeln, wie er im Lichte ist, so haben wir Gemeinschaft untereinander, und das Blut Jesu Christi, seines Sohnes, macht uns rein von aller Sünde. 1. Johannes 1, 6.7

Weißt du, was das bedeutet: Gemeinschaft mit Christus? Wir haben Gemeinschaft mit ihm in seiner Liebe. Alles, was er liebt, lieben auch wir. Er liebt die Heiligen - wir auch. Er liebt die Sünder - wir auch. Er liebt das arme, verirrte Menschengeschlecht und sehnt sich, daß die Wüste dieser Erde in ein Paradies des Herrn verwandelt werden möchte - wir auch.
Wir haben Gemeinschaft mit ihm in seinen Wünschen. Ihn verlangt nach der Verherrlichung Gottes - uns auch. Er wünscht, daß die Heiligen bei ihm sein möchten, wo er ist - wir auch. Er sehnt sich danach, die Sünde zu vernichten - wir auch. Er möchte gern, daß seines Vaters Name geliebt und gelobt wird von aller Schöpfung - wir auch.
Wir haben Gemeinschaft mit ihm in seinen Leiden. Wir werden zwar nicht ans Kreuz geheftet; aber wenn er geschmäht wird, so werden wir mitgeschmäht. Der Jünger ist nicht über seinen Meister.
Wir haben Gemeinschaft mit ihm in seinen Mühsalen und in seiner Arbeit. Wie er wollen wir den Menschen dienen durch das Wort der Wahrheit und durch Werke der Liebe. Unsere Speise besteht wie seine darin, daß wir den Willen Gottes tun.
So haben wir auch Gemeinschaft mit Christus in seinen Freuden und seiner Herrlichkeit. Hast du je diese Freude geschmeckt? Es gibt keine reinere und entzückendere Wonne als die, daß wir Christus in uns vollkommen haben, auf daß unsere Freude überschwenglich sei. Seine Herrlichkeit erwartet uns, um unsere Gemeinschaft mit ihm völlig zu machen, denn seine Gemeinde wird mit ihm sitzen auf seinem Stuhl als seine innig geliebte Braut.

Denn der Herr wird mächtig daselbst bei uns sein, gleich als wären da weite Wassergräben, darüber kein Schiff mit Rudern fahren, noch Galeeren schiffen können. Jesaja 33, 21

Weite Wasserstraßen und Ströme machen ein Land fruchtbar und bringen Reichtum und Überfluß in eine Gegend. Ländereien an breiten Strömen zeichnen sich durch die Mannigfaltigkeit ihres Pflanzenschmucks und durch den Reichtum ihrer Ernten aus. Das alles ist Gott für seine Gemeinde.

Hat sie Gott, so schwelgt sie im Überfluß. Was kann sie wünschen, das er ihr nicht gewährte? Verlangt euch nach dem Brot des Lebens? Es trieft gleich Manna vom Himmel herab. Sehnt ihr euch nach Bächen der Erquickung? Der Fels folgt euch nach, und dieser Fels ist Jesus Christus. Wenn ihr an irgend etwas Mangel leidet, so ist's eure eigene Schuld.

Weite Wasserstraßen begünstigen auch den Handel. Durch unseren Heiland stehen wir in Handelsverbindung mit der Vergangenheit: die Ernten Golgathas, die Schätze des Bundes, die Vorräte der Ewigkeit - alles kommt auf der weiten Wasserstraße unseres gnädigen Herrn zu uns hernieder. Wir stehen ebenso in Handelsverbindung mit der Zukunft. Welche Fahrzeuge, schwer beladen, kommen vom tausendjährigen Reich zu uns herüber! Welch herrliche Erscheinungen werden uns von den Tagen des Himmels auf Erden zuteil! Durch unseren Heiland stehen wir im Verkehr mit den Engeln, in Gemeinschaft mit den Geistern, die vor dem Throne Gottes stehen. Ja, noch mehr: wir haben Gemeinschaft mit dem Unendlichen und Ewigen selbst.

Breite Wasserstraßen sind auch ein guter Schutz gegen den Ansturm der Feinde. Welch ein Schutz ist Gott für seine Gemeinde! Der Teufel kann diesen breiten Strom Gottes nicht überschreiten. Er kann uns nichts anhaben. Gott bleibt unwandelbar derselbe.

So euch nun der Sohn frei macht, so seid ihr recht frei.

Johannes 8, 36

Niemand als der Herr Jesus kann Erlösung bringen. Wahre Freiheit kommt allein von ihm. Er, der ein Erbe ist aller Dinge, hat ein Recht, die Menschen freizumachen. Und diese Freiheit, die er schenkt, ist teuer erkauft mit seinem Blut. Er macht dich frei, aber er gab sich selbst dafür in Fesseln und Bande. Du gehst frei aus, weil er deine Last für dich getragen hat. Du bist los und ledig, weil er an deiner Statt gelitten hat.

Aber obgleich er solche Freiheit teuer erkauft hat, gibt er sie doch umsonst. Er verlangt keinerlei Vorbereitung zur Freiheit von uns. Er findet uns im Sack und in der Asche und heißt uns das herrliche Gewand der Freiheit anziehen. Er macht uns gerade so, wie wir sind, frei und selig, und das ganz ohne unsere Hilfe und unser Verdienst.

Wen Jesus freimacht, dem ist diese Freiheit auf ewig zugesichert. Ihn kann nie wieder eine Fessel binden. Der Satan mag alle List und Gewalt aufwenden, um uns aufs neue zu Sklaven zu machen: es gelingt ihm nicht, denn mit uns ist der Herr. Die Welt mit ihren Versuchungen mag trachten, uns zu verführen; aber der, der für uns ist, ist mächtiger als alle, die gegen uns sind. Die Ränke unseres eigenen trügerischen Herzens mögen uns in Verlegenheit und Gefahr bringen; aber der das gute Werk in uns angefangen hat, der wird es auch hinausführen und vollbringen. Der Adler, der sich zum Felsenhorst emporschwingt und dann emporrauscht über die Wolken, ist nicht freier als die Seele, die Christus befreit hat. So beweise sich unsere Freiheit darin, daß wir Gott dienen mit Dank und Freude: Herr, was willst du, daß ich tun soll?

Alles, was dir vor Handen kommt zu tun, das tue frisch.

Prediger 9, 10

Es gibt manche Dinge, die sich unserem Herzen darbieten und die wir doch nicht durchführen können. Es ist gut, wenn's in unserem Herzen ist. Aber wenn wir uns möglichst nützlich machen wollen, so dürfen wir uns nicht damit zufrieden geben, daß wir uns etwas im Herzen vornehmen und etwa davon reden, sondern wir müssen uns frisch daran machen, alles zu tun, was uns vor Handen kommt. Eine einzige gute Tat ist mehr wert als tausend herrliche und glänzende Pläne. Warten wir nicht lange auf gute Gelegenheiten oder auf ein Werk anderer Art, sondern tun wir frisch, was uns vor Handen kommt. Uns ist keine andere Zeit zum Leben geschenkt als die vorhandene. Das Vergangene ist vorbei. Die Zukunft ist noch nicht da. Uns steht nie eine andere Zeit zur Verfügung als die gegenwärtige. Darum warte nicht, Gott zu dienen. Diene Gott jetzt und bemühe dich jetzt, Frucht zu bringen. Vertändle dein Leben nicht damit, daß du immer nur Pläne entwirfst. Noch nie hat jemand Gott damit gedient, daß er morgen etwas tun will. Wenn wir Christus ehren und von ihm Segen empfangen, so ist's durch das, was heute geschieht. Alles, was du für Christus tust, tue mit ganzem Herzen. Wirf dich mit aller Kraft deiner Seele hinein. Bringe deinem Heiland nicht lässige Arbeit. Wenn du ihm dienst, so sei es von ganzem Herzen, von ganzer Seele, aus allen deinen Kräften.

Aber worin liegt des Christen Kraft? Nicht in ihm, denn er ist die völlige Ohnmacht. Seine Kraft steht bei dem Herrn Zebaoth. Darum laßt uns seine Hilfe suchen. Wir wollen unter Gebet und im Glauben an unsere Arbeit gehen. Und wenn wir getan haben, was uns vor Handen gekommen ist, so wollen wir harren, daß der Herr es segne.

Und mir ward gezeigt der Hohepriester Josua, stehend vor dem Engel des Herrn. Sacharja 3,1

In Josua, dem Hohepriester, sehen wir das Bild eines jeden Kindes Gottes. Jesus hat uns Gott zu Priestern gemacht. Schon auf Erden stehen wir im Priestertum eines geheiligten Wandels und eines wohlgefälligen Gottesdienstes. Aber von jenem Hohepriester heißt es, er stehe vor dem Engel des Herrn. Das will sagen, er stehe, seines Priesteramtes zu pflegen. So sollte ein jeglicher, der treu am Glauben festhält, jederzeit erfunden werden. Jeder Ort ist Gottes Tempel. Sein Volk kann ihm im täglichen Beruf und unter der geschäftigen Arbeit ebenso wahrhaft dienen wie in seinem Hause. Sie pflegen allezeit des Altars und opfern geistliche Opfer des Gebets und Danks und bringen sich selbst dar zu einem lebendigen Opfer.
Aber beachtet wohl, daß Josua steht vor dem Engel Jehovas. Nur durch die Dazwischenkunft eines Mittlers ist's uns armen, befleckten Menschen möglich geworden, Priester Gottes zu werden. Was ich opfere, das stelle ich dar vor dem Messias, dem Engel des Bundes, dem Herrn und Heiland Jesus Christus. Durch ihn sind meine Gebete Gott angenehm und finden sie Erhörung. Ich kann nichts als meine Tränen bringen. Aber er bringt sie mit seinen eigenen Tränen dar in seinem Gefäß. Wenn ich ihm nichts bringen kann als mein Seufzen und Sehnen, so nimmt er dies an als ein angenehmes Opfer; denn ihm brach einst das Herz vor Schmerz, und er seufzte tief im Geist. Wenn ich in ihm stehe, so bin ich angenehm gemacht in dem Geliebten. Alle meine befleckten Werke, obgleich an und für sich verwerflich vor Gott und ein Greuel in seinen Augen, werden so aufgenommen, daß sie ihm zu einem süßen Geruch des Wohlgefallens werden. Er ist zufrieden, und ich bin reichlich beschenkt und selig.

Ich bin aber sehr erfreut worden, da die Brüder kamen und zeugten von deiner Wahrheit, wie du denn wandelst in der Wahrheit. 3. Johannes 3

Die Wahrheit war in Gajus, und Gajus wandelte in der Wahrheit. Wäre das erste nicht der Fall gewesen, so hätte das zweite nicht sein können. Die Wahrheit muß eindringen in die Seele, muß sie erfüllen und durchwürzen, sonst ist sie ohne Wert für sie. Lehren des Heils, die nur mit dem Verstand erfaßt werden, sind wie Brot, das man in der Hand behält. Aber eine Lehre, die ins Herz aufgenommen wird, ist wie eine Speise, die den Leib erhält und aufbaut. Die Wahrheit muß in uns zu einer lebendigen Kraft werden, zu einem Teil unseres Wesens.

Nun ist's ein allgemeines Naturgesetz, daß das Inwendige sich durch seine Wirkung nach außen offenbaren muß. Wenn darum das Licht der Wahrheit in unserem inwendigen Menschen angezündet ist, so strahlt sein Glanz bald aus unserem äußeren Wandel und Wort hervor. Man behauptet, daß die Nahrung gewisser Raupen die Seidenkapseln färbt, in die sie sich einspinnen. Gerade so gibt die Art, von der eines Menschen inwendige Natur lebt, jedem Wort und Werk, das von ihm ausgeht, eine bestimmte Färbung. Wenn wir in der Wahrheit wandeln, so erwächst für uns daraus ein Leben in Rechtschaffenheit, Heiligkeit, Treue und Einfalt als natürliche Folge. Wir können über die verborgenen Geheimnisse der Seele daraus urteilen, wie sie sich im Wandel und Umgang eines Menschen offenbaren. Möge es uns geschenkt werden, o Gott, daß wir uns leiten und beherrschen lassen von deinem göttlichen Willen, also daß nichts Falsches und Sündliches in unserem Herzen herrschen möge.

Du sollst kein Verleumder sein unter deinem Volk. Du sollst auch nicht stehen wider deines Nächsten Blut; denn ich bin der Herr. Du sollst deinen Bruder nicht hassen in deinem Herzen, sondern du sollst deinen Nächsten zurechtweisen, auf daß du nicht seinethalben Schuld tragen müssest. 3. Mose 19,16.17

Verleumderisches Wesen wirkt sich wie ein dreifaches Gift aus. Es brandmarkt den Verleumder, den, der der Verleumdung sein Ohr leiht, und den, welcher verleumdet wird. Der gute Name der Kinder Gottes sollte in unseren Augen teuer und wert gehalten sein und wir sollten es für eine Schmach halten, dem Satan zu helfen, den Namen des Herrn und seiner Gemeinde zu verunglimpfen. Manche Zunge bedarf viel eher eines Zaumes als eines Sporns. Viele meinen sich zu rühmen und zu verherrlichen, wenn sie ihre Brüder verleumden. Das sei unsere Hausregel und unsere persönliche Pflicht: Sage keinem Menschen etwas Böses nach!

Dennoch gestattet uns der Heilige Geist, die Sünde zu tadeln. Er gibt uns auch an, in welcher Weise das zu geschehen hat. Wir sollen es so tun, daß wir es unserem Bruder unter Augen vorhalten, und sollen ihn nicht hinter seinem Rücken verleumden. Solches Strafen ist männlich, brüderlich, christlich und, so der Herr mit seiner Gnade dabei ist, auch nützlich zur Besserung. Scheut das Fleisch davor zurück? Dann müssen wir unserem Gewissen um so mehr Gehör geben und uns Gewalt antun und ans Werk machen, auf daß wir nicht selber teilhaftig an der Sünde erfunden werden, die wir an unserem Freunde durch Schweigen geduldet haben. Hunderte sind vor großen Sünden bewahrt worden durch rechtzeitiges, weises, liebevolles Warnen treuer Seelsorger und Brüder. Unser Herr Jesus hat uns ein großes Beispiel vor Augen gestellt, wie man mit irrenden Freunden umgehen muß, in der Warnung, die er Petrus gab, in dem Gebet, das er für ihn darbrachte, und in der Zartheit, mit welcher er seine prahlerische Versicherung, als ob solche Vorsicht und Warnung bei ihm unnötig sei, beantwortete.

Amazja sprach zu dem Manne Gottes: „Was soll man denn tun mit den hundert Zentnern, die ich den Kriegsknechten von Israel gegeben habe?" Der Mann Gottes sprach: „Der Herr hat noch mehr, das er dir geben kann, denn dies." 2. Chronik 25,9

Amazja hatte für einen geplanten Feldzug Soldaten gedungen und ihnen hundert Zentner als Kriegssold gezahlt. Auf Veranlassung eines Propheten kam es nicht zum Einsatz dieser Söldner. Und nun müht er sich ab mit der Frage nach diesem Geld. Ein verlorener Zuschuß? Eine umsonst vertane Ausgabe? Große Summen zu verlieren, ist nie eine angenehme Sache. Auch wenn die Grundsätze unseres Christenglaubens es von uns fordern, findet unser Fleisch sich nimmer willig zu solchem Opfer. Viele Dinge können den Christen versuchen, seine Hand nach unrechtem Gewinn auszustrecken. Oder sie können ihn abhalten, das, was sein Gewissen ihm vorschreibt, zu vollführen.
Der Herr hat noch mehr, das er dir geben kann - das ist die völlig befriedigende Antwort auf all diese Fragen. Unser Vater hat den Kassenschlüssel. Was wir um seinetwillen verlieren oder aufgeben, das kann er uns tausendfältig erstatten. Unsere Aufgabe ist es, seinen Willen zu tun. Dann dürfen wir uns darauf verlassen, daß er auch für uns sorgt. Der Herr will niemandem etwas schuldig bleiben. Die Heiligen wissen wohl, daß ein Körnlein Seelenfrieden mehr denn tausend Tonnen Goldes aufwiegt. Gottes Wohlgefallen und eine Hütte sind genug für ein treues Herz. Sein Zürnen und ein reiches Schloß dazu müßten für einen begnadigten Menschen eine unerträgliche Hölle sein. Laßt alle Reichtümer schwinden, wenn wir nur den Schatz nicht verlieren, der droben ist, da Christus ist zur Rechten Gottes. Er wird kein Gutes mangeln lassen den Frommen, die da aufrichtig wandeln.

Sommer und Winter machst du. Psalm 74, 17

Meine Seele, beginne den Christmonat mit deinem Gott. Kälte und Schnee bringen es dir in Erinnerung, daß er seinen Bund hält Tag und Nacht. Sie gewähren dir die Versicherung, daß er auch den herrlichen Bund halten wird, den er mit dir gemacht hat in Christo Jesu, deinem Heiland. Er, der treu an seinem Wort hält mitten im Wandel der Zeiten und Tage dieser armen, sündenbefleckten Welt, wird sich nicht untreu erfinden lassen in seinem Walten um seines teuer geliebten Sohnes willen.

Winter in der Seele ist in keinem Falle eine angenehme Jahreszeit. Aber es ist ein Trost dabei: Der Herr ist's, der den Winter herbeiruft. Er sendet die schneidenden Stürme der Leiden, um die Knospen unserer Ungeduld zurückzuhalten. Er streut Reif wie Asche über die einst so grünen Fluren unserer Freude. Er wirft seine Schloßen wie Bissen, daß die Wellen der Wonne im Strom unseres Lebens festfrieren. Das tut er alles. Darum darfst du nicht murren. Verluste, Trübsale, Schwermut, Krankheit, Mangel und tausend andere Übel werden vom Herrn gesandt und kommen um weiser Absichten willen über uns. Fröste töten schädliche Insekten. Sie brechen die Schollen auf und lokkern den Boden.

Und - wie schätzen wir doch jetzt die Wohltat des Feuers erst recht! Wir wollen unseren Herrn auch so schätzen, der die beständige Quelle des Trostes und der Wärme in unseren Herzen ist zu jeder Zeit der Not. Wir wollen zu ihm gehen und bei ihm Freude und Friede für uns suchen im Glauben. Wir wollen uns in die warmen Kleider seiner Verheißungen hüllen und an die Arbeit gehen, die diese kalte Zeit uns auferlegt. Denn es stünde schlimm um uns, wollten wir uns des Pflügens weigern wie der Faule, der die Kälte scheut. Er wird im Sommer betteln gehen und darben müssen.

Siehe, ich bin bei euch alle Tage. Matthäus 28, 20

Der Herr Jesus steht mitten unter seiner Gemeinde. Er wandelt mitten unter den goldenen Leuchtern. Er ist so gewiß gegenwärtig bei uns wie einst bei seinen Jüngern am Meer Tiberias, da sie Kohlen gelegt sahen und Fische darauf und Brot. Zwar nicht körperlich, aber deshalb nicht minder wahrhaftig ist Jesus bei uns.

Das ist eine selige Wahrheit. Denn wo Jesus ist, da wird die Liebe angefacht. Von allen Dingen in der Welt, die ein Herz in Flammen setzen können, kommt nichts der Gegenwart Jesu gleich. Wenn wir nur einen Augenblick unser müdes Haupt an seinen Busen lehnen und seine göttliche Liebe in unsere armen, kalten Herzen aufnehmen können, so bleiben wir nicht mehr kalt, sondern glühen wie Seraphim, sind jeder Anstrengung gewachsen und vermögen jedes Leiden zu ertragen.

Wenn wir wissen, daß Jesus bei uns ist, entfaltet sich jede unserer Fähigkeiten zur höchsten Kraft. Jede Tugend erstarkt in uns. Wir widmen uns dem Dienst des Herrn und seines Reiches mit ganzem Herzen, von ganzer Seele und aus allen Kräften. Darum ist die Gegenwart Jesu Christi über alles begehrenswert.

Die Macht seiner Gegenwart erweist sich vor allem bei denen, die ihm ähnlich geworden sind. Wenn dich verlangt, Christus zu sehen, so mußt du ihm gleich werden. Trachte also danach, eins zu werden mit Christus in all deinen Wünschen und Absichten.

Es ist seine Wonne, bei uns zu sein. Wenn er nicht zu uns kommt, geschieht es nur, weil wir ihn durch unsere Gleichgültigkeit daran hindern. Auf unser ernstliches Gebet will er sich uns offenbaren. Er gestattet uns in Gnaden, daß wir ihn mit unseren Bitten und Tränen festhalten; denn das sind die goldenen Ketten, die Jesus an sein Volk binden.

Und ist kein Flecken an dir. Hohelied 4, 7

Nachdem der Herr seine Brautgemeinde gepriesen und ihre Schönheit bezeugt hat, bestätigt er sein Lob noch durch eine liebreiche Verwahrung gegen jeden Tadel: Und ist kein Flecken an dir. Ein Flecken kann leicht beseitigt werden und stört am allerwenigsten von allen Mängeln den vollen Genuß der Schönheit. Aber auch von diesem leisen Tadel ist der Gläubige in den Augen seines Herrn frei. Wie groß ist das! Wenn er bezeugt, daß sie auch vom allergeringsten Flecken frei ist, so sind alle jene gröberen Ursachen des Tadels im voraus ausgeschlossen, und die Größe der Bewunderung wird noch erhöht. Wenn er verheißen hätte, er wolle nach und nach alle Flecken beseitigen, so hätten wir in alle Ewigkeit Ursache zur Freude gehabt; wenn er aber davon spricht als von etwas schon Geschehenem, wer könnte da noch den lebhaftesten Empfindungen der Wonne und höchsten Befriedigung widerstehen? O meine Seele, hier ist Mark und Fett für dich. Iß dich satt und labe dich an köstlichen Leckerbissen.

Jesus Christus hat keinen Streit mit seiner Brautgemeinde. Sie irrt oft von ihm ab und betrübt den Heiligen Geist. Aber er läßt nicht zu, daß ihre Fehler seine Liebe beeinträchtigen. Er straft zuweilen, aber stets nur in der liebevollsten Weise und in der gütigsten Absicht. Er gedenkt unserer Torheiten nie. Er hegt keine argen Gedanken von uns. Er vergibt und liebt nach der Beleidigung ebenso herzlich wie vorher. Wie gut ist's doch für uns, daß es so ist! Denn wenn der Herr Jesus so hartnäckig an jede Beleidigung gedächte wie wir, wie könnte er uns dann noch liebhaben? Manchmal überfällt den Gläubigen ob seiner schweren Lebensführung der Unmut, aber unser lieber Herr kennt unser albernes Herz zu gut, als daß er sich durch unsere Unarten erzürnen ließe.

Wir sehnen uns auch bei uns selbst nach der Kindschaft und warten auf unsres Leibes Erlösung. Römer 8, 23

Dieses Sehnen ist allen Heiligen gemeinsam. Wir empfinden es alle in größerem oder geringerem Maße. Es ist nicht das Seufzen des Murrens oder der Klage, es ist viel mehr der Ausdruck des Verlangens als des Verzagens. Wir seufzen danach, daß unser ganzes menschliches Wesen in seiner Dreieinigkeit von Geist, Seele und Leib möchte frei werden von den letzten Spuren des Sündenfalls. Wir sehnen uns danach, uns zu kleiden in das Unverwesliche, Unsterbliche, in die Herrlichkeit des geistlichen Leibes, den der Herr Jesus den Seinen verheißen hat. Uns verlangt nach der Offenbarung unserer Kindschaft, als Kinder Gottes. „Wir sehnen uns", aber das geschieht „bei uns selbst". Es ist nicht das Sehnen eines Heuchlers, der die Menschen Glauben machen will, er sei ein Heiliger, weil er sich elend fühle. Unser Sehnen ist geheiligt, zu teuer für uns, als daß wir öffentlich davon reden könnten. Wir bewahren unsere Sehnsucht ganz allein für unseren Herrn. Dann spricht der Apostel: „wir warten", was uns zeigt, daß wir nicht ungeduldig werden sollen, wie Jonas und Elias, da sie sprachen: „Nimm, Herr, meine Seele von mir"; noch sollen wir das Ende unseres Lebens herbeiwünschen, weil wir der Arbeit müde sind und unseren zeitlichen Leiden entrinnen möchten, bis daß des Herrn Wille geschehe. Dies „Sehnen" ist ein Zeugnis. Einen Menschen kann man nach dem beurteilen, was er erstrebt. Wer nach Gott seufzt und sich unglücklich fühlt, bis daß er Christo ähnlich geworden ist, der ist ein seliger Mensch.

Ich bin jedermann allerlei geworden, auf daß ich allenthalben ja etliche selig mache. 1. Korinther 9, 22

Pauli große Sorge war nicht nur, daß er lehre und bessere, sondern daß er errette. In nichts anderem hätte er Befriedigung finden können. Er wollte, daß die Menschen im Herzen erneuert, versöhnt, geheiligt, wahrhaft errettet und selig würden. Haben unsere christlichen Bestrebungen etwas Geringeres im Auge gehabt als dieses eine Notwendige? Dann wollen wir bessere Wege einschlagen, denn was nützte es, wenn wir die Menschen bloß gelehrt und gebessert haben, und sie doch am letzten großen Gerichtstage nicht als Erlöste vor Gottes Thron erscheinen können. Der Apostel Paulus kannte das Verderben des natürlichen Menschen und suchte nicht, ihn zu erziehen, sondern selig zu machen. Er redete nicht von ihrer Läuterung, sondern von ihrer Errettung von dem zukünftigen Gericht. Ihr Heil zu schaffen, gab er sich unermüdlichem Eifer hin, allenthalben das Evangelium zu predigen, die Menschen zu warnen und zu ermahnen, daß sie sich sollten versöhnen lassen mit Gott. Er betete inbrünstig und anhaltend und arbeitete unablässig. Seelen zu erretten, war seine verzehrende Leidenschaft, sein Ehrgeiz, seine Tätigkeit. Er ward ein Knecht aller Menschen, er mühte sich ab für sein Geschlecht und fühlte sich schmerzlich verletzt, wenn er das Evangelium nicht verkündigen konnte. Ihm war das Evangelium das eine, was alles andere übertrifft. Das war die Krone, nach welcher er strebte, der einzige und genügende Lohn seiner Mühen und seiner Selbstverleugnung. Brennt dasselbe allverzehrende Feuer in uns?

Welcherlei der Himmlische ist, solcherlei sind auch die Himmlischen. 1. Korinther 15, 48

Haupt und Glieder sind der gleichen Natur teilhaftig. Es ist unmöglich, daß es anders wäre. Auch Christi geistlicher Leib ist keine widersinnige Zusammensetzung aus entgegengesetzten Bestandteilen. Er das Haupt und wir die Glieder, das bedeutet, daß alles, was ihm vom Vater gegeben ist, auch für seine Gemeinde bereitliegt. Ist er vom Vater geliebt, so sind's um seinetwillen auch wir. Hat er Unsterblichkeit, so ist auch uns das ewige Leben gewiß. Ist das Haupt von lauterem Gold, so ist's mit allen Teilen des Leibes ebenso.

Halte hier stille, lieber Leser, und siehe, ob du ohne Erstaunen die unendliche Herablassung des Sohnes Gottes betrachten kannst, der deine Niedrigkeit und dein Elend zu solcher seligen Vereinigung mit seiner Herrlichkeit erhöht hat. Du bist so verächtlich und niedrig, daß du zur Verwesung sprechen mußt: „Du bist mein Vater"; und dennoch bist du in Christus so hoch geachtet, daß du zu dem Allmächtigen sagen kannst: „Abba, lieber Vater!", und zum fleischgewordenen Wort: „Mein Bruder und mein Bräutigam." Wahrlich, wenn die Verwandtschaft mit alten und edlen Familien die Menschen stolz machen kann, so haben wir Grund, uns zu rühmen mehr denn alle hohen Häupter. Der ärmste und verachtetste Gläubige soll an diesem Vorrecht festhalten. Durch keinen gefühllosen Stumpfsinn lasse er sich verführen, seinen Stammbaum zu vernachlässigen, noch lasse er in törichter Anhänglichkeit an die Eitelkeiten dieser Zeit seine Gedanken gefangennehmen, bis daß er von diesen herrlichen Vorrechten, von dieser himmlischen Ehre der Vereinigung mit Christus ausgeschlossen sein wird.

Zu der Stunde freute sich Jesus im Geist. Lukas 10, 21

Der Heiland war „voller Schmerzen“, aber er trug in der innersten Tiefe seiner Seele einen unerschöpflichen Schatz reiner und himmlischer Freuden. „Darum hat dich, o Gott, gesalbt dein Gott mit dem Öle der Freuden über deine Genossen.“ Bei einigen besonders hervortretenden Begebenheiten offenbarte sich diese Freude. „Zu der Stunde freute sich Jesus im Geist und sprach: Ich preise dich, Vater und Herr Himmels und der Erden.“ Ja, Christus lobte auch da noch, wo er in die Nacht der Leiden gehüllt war. Obgleich sein Antlitz entstellt war, ward es doch zuweilen verklärt von einem unvergleichlichen Strahl unnennbarer Befriedigung, wenn er des Lohnes der Verheißung gedachte und mitten unter den Versammelten seinen Gott und Vater bezeugte. Hierin ist der Herr Jesus ein seliges Vorbild für seine Gemeinde auf Erden. Gegenwärtig scheint es, als ob die christliche Gemeinde mit ihrem Herrn einen dornenvollen Weg der Schmerzen zu wandeln habe. Durch diese Trübsal bricht sie sich Bahn zur ewigen Krone. Das Kreuz zu tragen, ist ihr Beruf, und verachtet und ausgestoßen zu werden ist ihr Los. Aber dennoch besitzt des Herrn Gemeinde einen tiefen Born der Freuden, von welchem niemand trinken darf, als ihre wahren Kinder. Denn „es soll die Stadt Gottes fein lustig bleiben mit ihren Brünnlein, da die heiligen Wohnungen des Höchsten sind“. Ja, in ihm wollen wir uns freuen und fröhlich sein; wir rühmen, daß er uns hilft, und im Namen unseres Gottes werfen wir Panier auf.

Aber du hast etliche Namen zu Sardes, die nicht ihre Kleider besudelt haben; und sie werden mit mir wandeln in weißen Kleidern, denn sie sind es wert. Offenbarung 3, 4

Wir können diesen Ausspruch auf die Rechtfertigung beziehen. Das Wandeln in weißen Kleidern bezeichnet dann das Gefühl ununterbrochener, beständiger, bewußter Freude über diese Rechtfertigung durch den Glauben. Sie werden des inne werden, daß die Gerechtigkeit Christi ihnen zugerechnet ist, daß sie völlig abgewaschen und weißer denn frisch gefallener Schnee geworden sind.
Aber dieses Wort bezieht sich auch auf ihre Freuden und Leiden. Weiße Kleider waren bei den Juden Feierkleider. Wer seine Kleider nicht besudelt hat, ist stets frischen Mutes und fröhlichen Angesichtes. Woher kommen so viele Zweifel, so viel Elend, so viel Traurigkeit und Klage? Weil so viele Gläubige ihre Kleider besudeln mit Sünde und Irrtum. Sie gehen dadurch der Freude über ihre Erlösung und des herzerquickenden Umgangs mit dem Herrn Jesus verlustig.
Und schließlich bezieht sich unser Verheißungswort auf den Wandel in weißen Kleidern vor dem Throne Gottes. Wer hienieden seine Kleider nicht besudelt hat, der wird gewiß auch dort oben in weißen Kleidern wandeln, wo die Scharen der Verklärten dem Höchsten unaufhörlich Halleluja singen. Sie werden unaussprechliche Seligkeit genießen, ein Glück, das alle Vorstellungen übersteigt, eine Wonne, die auch der kühnste Wunsch nie zu erreichen hoffte. Dies alles wird ihnen nicht um Verdienstes oder der Werke willen zuteil, sondern allein aus Gnaden. Sie werden mit Christus wandeln in weißen Kleidern, denn durch seine Gnade sind sie es wert geworden. In seiner liebreichen Gemeinschaft werden sie trinken vom lebendigen Wasserbrunnen.

Darum harret der Herr, daß er euch gnädig sei. Jesaja 30, 18

Gott verzieht zuweilen mit der Erhörung des Gebets. Jakob empfing den Segen nicht vor Tagesanbruch. Er mußte die ganze lange Nacht darum ringen. Paulus flehte dreimal zum Herrn, daß der Pfahl im Fleisch von ihm weichen möchte. Und statt der Zusicherung, daß er von ihm genommen werden sollte, empfing er die Antwort, daß er sich an Gottes Gnade genügen lassen solle.
Warum ist das so? Unser himmlischer Vater hat seine besonderen Gründe, wenn er uns warten läßt. Manchmal will er uns damit die Machtvollkommenheit und Unumschränktheit seines Willens beweisen. Wir sollen erkennen, daß er ein Recht hat, zu geben oder zu nehmen. Noch öfter ist das Wartenlassen zu unserem Heil notwendig. Vielleicht soll dein Verlangen inniger und glühender werden. Es haftet vielleicht auch etwas Unrechtes an dir, das erst weggenommen werden muß, ehe des Herrn Freude dir zuteil wird. Vielleicht ist dein Verständnis des Heilsplans noch mangelhaft oder du verläßt dich noch irgendwie auf dich selbst, statt daß du einfältig und völlig dein Vertrauen auf den Herrn Jesus setzest. Oder Gott läßt dich eine Weile warten, damit er dir zuletzt die Reichtümer seiner Gnade um so völliger erzeige.
Eins aber steht fest: deine Gebete werden im Himmel alle aufbewahrt. Werden sie auch nicht sogleich erhört, so werden sie doch nicht vergessen, sondern in einer Kürze erfüllt werden zu deiner Freude und Befriedigung. Laß dir dein Zagen und Zweifeln nicht den Mund stopfen, sondern fahre inständig fort mit ernstlichem Flehen. Er wird dir gnädig sein, wenn du rufst. Er hat sich aufgemacht, daß er sich deiner erbarme.

Welcher tat der Herr das Herz auf. Apostelgeschichte 16, 14

Bei der Bekehrung der Purpurkrämerin Lydia ist manches Beherzigungswerte zu sagen. Lydia war eine Purpurhändlerin aus der Stadt Thyatira, aber durch göttliche Führung kam sie gerade zur rechten Zeit nach Philippi, um den Apostel Paulus zu hören. Dort bereitet die Gnade ihre Seele zu für die Heilsbotschaft. Sie wußte nichts vom Heiland, aber als Jüdin waren ihr manche Wahrheiten bekannt, die als treffliche Vorstufe zur Erkenntnis Jesu dienten. Sie kam auf den Sabbat in die Schule zur Zeit des Gebets, und dort fand auch ihr Gebet Erhörung. Wenn wir doch nur nie die Gnadenmittel versäumten! Gott kann uns segnen, auch wenn wir nicht in seinem Hause sind. Aber wir haben größeren Grund zur Hoffnung, daß er es tun will, wenn wir in der Gemeinschaft seiner Heiligen stehen. Beachtet die Worte: „Welcher tat der Herr das Herz auf." Sie öffnete ihr Herz nicht selber. Ihre Gebete taten es nicht. Paulus tat es nicht. Der Herr selbst mußte das Herz öffnen, damit es aufnehme, was zu unserem Frieden dient. Er ist nicht nur des Herzens Schöpfer, sondern auch des Herzens Beherrscher. Das erste sichtbare Zeichen des geöffneten Herzens war ihr Gehorsam. Sobald Lydia den Glauben an Jesum empfangen hatte, ließ sie sich taufen.

Das nächste Zeichen war Liebe, die sich in dankbarer Gesinnung gegen die Apostel betätigte. Liebe zu den Heiligen war jederzeit ein Beweis einer wahrhaften Bekehrung. Wer für Christus oder seine Gemeinde nichts tut, gibt nur ein zweifelhaftes Zeichen von einem „geöffneten" Herzen. Herr, tue auch uns das Herz auf!

Getreu ist er, der euch ruft; er wird's auch tun.

1. Thessalonicher 5, 24

Der Himmel ist die Stätte, wo wir keiner Sünde mehr unterworfen sind. Wir dürfen dort getrost und furchtlos ausruhen von der beständigen Wachsamkeit gegen einen unermüdlichen Feind, weil kein Versucher mehr da ist, der unseren Füßen Fallstricke legen könnte. Der Himmel ist das Land der vollkommenen Heiligkeit und damit der völligen, ungetrübten Sicherheit.

Aber genießen die Heiligen nicht schon hier auf Erden manchmal die Freuden einer seligen Ruhe und Sicherheit? Das Wort Gottes lehrt uns, daß alle, die ihre Seele Christus anvertraut und in seine Hände befohlen haben, an ihm einen treuen und unwandelbaren Beschützer finden. Wir können uns also schon hier einer gewissen Zuversicht erfreuen, zwar nicht jener erhabenen und herrlichen Sicherheit, die jedes Fallen und Straucheln unmöglich macht, aber jener heiligen Sicherheit, die aus der Verheißung Jesu hervorgeht, daß keiner, der sein Vertrauen auf ihn setzt, je umkommen kann. Lieber Leser, wir wollen oft und mit freudiger Dankbarkeit der Lehre von der Bewahrung der Heiligen eingedenk sein und durch heiliges Vertrauen die Treue unseres Gottes ehren.

Möge Gott uns ein Gefühl von unserer Sicherheit in Christus Jesus schenken! Möge er uns die Zuversicht gewähren, daß unsere Namen eingegraben sind in seine Hände. Möge er uns die Verheißung zuflüstern: „Fürchte dich nicht, ich bin mit dir!" Schaut auf ihn, den großen Bürgen der Bundesgnade. Er ist treu und wahrhaftig, und darum ist er genötigt, euch, die Schwächsten unter seinen Brüdern, darzustellen vor dem Throne Gottes. Ja, ihr dürft es glauben mit unerschütterlicher Zuversicht: Getreu ist er, der euch ruft; er wird es auch tun!

Gott kam vom Mittag und der Heilige vom Gebirge Pharan. Habakuk 3, 3

Erhaben sind die Wege Gottes. Wir müssen ausrufen: Gott, dein Weg ist heilig! Des Menschen Wege sind wandelbar, aber die Wege Gottes sind ewig. Sie sind das Ergebnis weiser Entschlüsse. Er ordnet alle Dinge nach dem Rat seines Willens. Des Menschen Tun ist häufig die Folge rascher Leidenschaften oder ängstlicher Befürchtungen. Hintennach kommt dann die Reue und der Schmerz. Aber nichts kann den Allmächtigen überraschen. Es muß alles geschehen, wie er es zuvor ersehen hat.

Seine Wege sind die Früchte eines unwandelbaren Wesens. Man erkennt in ihnen die ewigen und unabänderlichen Eigenschaften Gottes. Ist er ewig gerecht, treu, weise, liebevoll? Dann müssen auch seine Wege sich durch dieselben Vorzüge auszeichnen. Weil bei Gott keine Veränderung ist, darum bleiben auch seine Wege ewig gleich.

Seine Wege sind auch die Wirkungen einer unwiderstehlichen Kraft. Wer darf seiner Hand Halt gebieten oder zu ihm sagen: Was tust du? Aber nicht die Macht allein gibt Beständigkeit - Gottes Wege sind zugleich die Offenbarung der ewigen Grundlagen der Gerechtigkeit, und darum können sie nicht vergehen. Der Same der Gottlosen kommt um, aber die Guten und Frommen bleiben, denn das Leben, das in ihnen ist, weicht im Alter nicht von ihnen.

Wir wollen heute mit Vertrauen zu unserem himmlischen Vater gehen und bedenken, daß Jesus Christus derselbe ist gestern, heute und in Ewigkeit. Und in ihm ist der Herr allezeit gnädig seinem Volk.

Ich, König Arthasastha, habe dies befohlen den Schatzmeistern jenseits des Wassers, daß, was Esra von euch fordern wird, der Priester und Schriftgelehrte im Gesetz des Gottes des Himmels, daß ihr das fleißig tut, bis auf hundert Zentner Silber und auf hundert Kor Weizen und auf hundert Bath Wein und auf hundert Bath Öl und Salz ohne Maß. Esra 7, 21.22

Salz wurde bei jedem Brandopfer angewendet. Wegen seiner erhaltenden und reinigenden Kraft war es ein sprechendes Sinnbild der göttlichen Gnade in der Seele. Es ist jedoch besonderer Beachtung wert, daß, als Arthasastha dem Priester Esra Salz gab, er der Menge keine Grenze setzte. So dürfen wir dessen gewiß sein, daß der König aller Könige seinem königlichen Priestertum die Gnade, die es zu seinem Opfer nötig hat, nicht karg zumißt. Oft kommen wir bei uns selbst zu kurz, nie aber bei dem Herrn. Manches, was zum Gnadenhaushalt Gottes gehört, wird zugemessen. So wird uns z. B. unser Essig und unsere Galle mit solcher Genauigkeit dargereicht, daß wir nie auch nur einen einzigen Tropfen zuviel bekommen. Aber für das Salz der Gnade ist uns keine Grenze gesteckt. „Alles, was ihr bittet im Gebet, so ihr glaubet, so werdet ihr es empfangen."

Und wie sehr bedürfen wir dessen! Ein Mensch kann wohl zuviel Geld oder zuviel Ehre haben. Aber nie und nimmer kann ihm zuviel Gnade zuteil werden. Ein Gnadenüberfluß ist unmöglich. Mehr Reichtum, mehr Sorge - aber mehr Gnade, mehr Freude. Wer an Wissen wächst, hat größere Unruhe; aber Fülle des Geistes der Gnade ist Freude die Fülle. Liebe Seele, wirf dich nieder vor dem himmlischen Gnadenthron und bitte um himmlisches Salz zu voller Genüge. Das erquickt dich in deinen Heimsuchungen, die ohne Salz ungenießbar sind. Es erhält dein Herz gesund, das verdirbt, wenn's ihm an Salz gebricht. Es tötet deine Sünden, wie das Salz das Ungeziefer tötet. Bitte um viel, so wirst du viel empfangen. Seine Gnade reicht, so weit der Himmel ist, und seine Wahrheit, so weit die Wolken gehen.

Sie erhalten einen Sieg nach dem anderen. Psalm 84, 8

Sie erhalten einen Sieg nach dem anderen - das heißt, sie werden immer männlicher, immer mächtiger, immer mutiger. Im Kampf folgt gewöhnlich nach Sieg Ermattung und Ermüdung. Aber der Glaubensstreiter empfängt stets neue Gnadenstärkung. Er ist nach jahrelanger Mühe und unausgesetztem Kampf so frisch und kräftig wie im Anfang. Er ist vielleicht nicht mehr so feurig und flink, nicht mehr so hitzig und hastig in seinem Eifer. Aber dafür ist er reicher in allem, was wirkliche Kraft heißt. Er schreitet, wenn auch bedächtiger, um so sicherer voran.
Muß aber nicht zugegeben werden, daß dies nicht immer der Fall ist? In vielen erkaltet die Liebe, und die Ungerechtigkeit nimmt überhand. Aber daran ist ihre eigene Sünde schuld und nicht die Verheißung, die noch immer feststeht in guten Treuen. Die auf den Herrn harren, kriegen neue Kraft, daß sie auffahren mit Flügeln wie Adler, daß sie laufen und nicht matt werden, daß sie wandeln und nicht müde werden.
Furchtsame Seelen sinken nieder und sorgen sich um die Zukunft. „Ach“, rufen sie, „wir erhalten eine Trübsal nach der anderen.“ Freilich, du Kleingläubiger, aber eben damit erhältst du auch einen Sieg nach dem anderen. Du findest nie ein Bündel Trübsal, in das nicht auch genügende Gnade mit eingebunden wäre. Gott schenkt uns mit der Bürde, die er unseren Schultern auferlegt, auch die Stärke der reifen Manneskraft. „Denn ich bin der Herr, dein Gott, der deine rechte Hand stärkt und zu dir spricht: Fürchte dich nicht, ich helfe dir!“

Einer ist König, Immanuel sieget;
bebet, ihr Feinde, und gebet die Flucht!
Zion hingegen sei innig vergnüget,
labe dein Herze mit himmlischer Frucht;
ewiges Leben, unendlichen Frieden,
Freude die Fülle hat er uns beschieden.

Und Orpa küßte ihre Schwiegermutter, Ruth aber blieb bei ihr. Ruth 1, 14

Beide Schwiegertöchter waren von Liebe zu Naemi erfüllt. Darum machten sie sich mit ihr auf den Weg, als sie ins Land Juda zurückkehrte. Aber es kam die Stunde der Prüfung und Entscheidung. Naemi stellte beiden alle Nöte vor, die ihrer warteten, und bat sie, umzukehren zu ihrer Freundschaft und in ihrer Mutter Haus. Da verließ Orpa sie schmerzlich bewegt und mit ehrerbietigem Abschiedskuß, während Ruth sich ihr mit ganzem Herzen zu eigen gab.
Es ist etwas anderes, die Wege des Herrn zu lieben, wenn sie gemächlich durch liebliche Gefilde führen, und etwas anderes, mitten unter Leiden und entmutigenden Schwierigkeiten auf dem Pfad der Frommen auszuharren. Der ehrerbietige Kuß des äußerlichen Bekenntnisses ist wohlfeil und leicht; aber das treue Festhalten am Herrn, das sich im heiligen Ernst für Wahrheit und Heiligkeit bewähren muß, ist keine so geringfügige Sache. Wie steht's in dieser Hinsicht mit uns? Ist unser Herz auf Jesum gerichtet? Sind wir mit Seilen der Liebe an ihn gebunden? Haben wir die Kosten überschlagen und sind wir ernstlich bereit, um des Meisters willen einen irdischen Verlust auf uns zu nehmen? Die Belohnung, die nachher folgt, ist ein unermeßlicher Gewinn. Von Orpa verlautet nichts mehr. In bequemer Ruhe und götzendienerischer Frage welkt ihr Leben dahin in den Tod. Ruth aber lebt fort in der heiligen Geschichte und im Himmel. Die Gnade hat sie eingepflanzt in den edlen Stammbaum, aus dem der König der Könige entsproßte.
Begnügen wir uns doch nie mit dem bloßen Kuß der äußerlichen Andacht, sondern möge der Heilige Geist in uns also wirken, daß wir von ganzem Herzen unserem Herrn und Heiland anhangen.

Kommt her zu mir! Matthäus 11, 28

Das ist der einladende Ruf des Evangeliums an uns. Das Gesetz befahl in strengem Ton: Habe acht auf deine Tritte, daß du richtig wandelst; brich das Gesetz, so wirst du umkommen; halte die Gebote, so wirst du leben! Das Evangelium zieht die Sünder mit Seilen der Liebe. Jesus ist der gute Hirte, der vor den Schafen hergeht, sie ihm nachfolgen heißt und sie zu den Höhen des Himmels leitet mit dem Lockruf: Kommt!

Vom ersten Augenblick deines geistlichen Lebens an bis hinaus zu dem Eingang zur ewigen Herrlichkeit lautet Christi Einladung an dich: Komm, ja komm zu mir. Wie eine Mutter, die ihrem Kindlein den Finger darreicht und es zum Gehen ermutigt mit dem Worte „komm", so macht's auch der Herr Jesus. Er schreitet unaufhörlich vor euch her, um euch den Weg zu bahnen. Ihr vernehmt seine aufmunternde Stimme, wie er euch durch euer ganzes Leben ihm nachfolgen heißt. Und in der Stunde des Todes ruft er euch mit dem herzlichen Zuruf ab in die himmlische Heimat: Kommt, ihr Gesegneten meines Vaters!

Aber dies ist nicht allein Christi Zuruf an dich, sondern wenn du an ihn glaubst, so ist's auch dein Sehnsuchtsschrei nach ihm: Komm, ja komm! Dich verlangt sehnlich nach seiner Zukunft. Du rufst aus: „Komme bald, ja komm, Herr Jesu!" Du seufzest nach innigerem und herzlicherem Umgang mit ihm. So wie er dir zuruft: „Komm!", so antwortet dein Herz ihm zurück: Komm, o Herr, und bleibe bei mir! Komm und nimm alleinigen Besitz von meinem Herzen. Wohne und throne darin. Herrsche darin unumschränkt und mit ungeteilter Gewalt und heilige mich ganz zu deinem Dienst!

Wohin, o müder Wandrer, du?
Kehr heim ins Vaterhaus!
Du findest nirgends sonst auch Ruh,
läufst du die Welt gleich aus:
Kehr heim, kehr heim!

Ich bin die Tür, so jemand durch mich eingeht, der wird selig werden und wird ein- und ausgehen und Weide finden.

Johannes 10, 9

Jesus, der große Ich-bin, ist der Eingang zur wahren Gemeinde und der Weg, der zu Gott selber führt. Er schenkt dem Menschen, der durch ihn zu Gott kommt, ein vierfaches Vorrecht.
Er wird selig werden. Noah ging ein zur Tür der Arche und war geborgen. Niemand kann verloren werden, der Jesus zur Glaubenstür seiner Seele erwählt. Jesus ist die einzige Tür und selig ist, wer all seine Hoffnung auf den gekreuzigten Erlöser setzt.
Er wird eingehen. Er empfängt das selige Vorrecht, einzutreten in die göttliche Familie, so daß er teil hat am Brot der Kinder des Hauses und alle ihre Ehren und Freuden mitgenießen darf. Er wird eingehen zum König der Könige in Kraft des Heiligen Geistes.
Er wird ausgehen. Dieser Segen bleibt oft unbeachtet. Wir gehen aus in die Welt, zu wirken und zu leiden. Aber welch eine Gnade, daß wir das tun dürfen im Namen und in der Kraft Jesu! Wir sind berufen, für die Wahrheit zu zeugen, die Betrübten zu trösten, die Sicheren zu warnen, Seelen zu gewinnen und Gott zu verherrlichen.
Er wird Weide finden. Wer Jesus kennt, wird nie Mangel leiden. Sein Eingang und sein Ausgang wird ihm gleich gesegnet sein. In der Gemeinschaft mit Gott wird er zunehmen, und gleichwie er andere fruchtbar macht, wird er fruchtbar werden. Hat er Jesus zu seinem Ein und Alles gemacht, so wird ihm in Jesu alles zufallen. Seine Seele wird sein wie ein gewässerter Garten, wie ein Wasserquell.

Zerreißet eure Herzen und nicht eure Kleider. Joel 2, 13

Das Zerreißen der Kleider war in Israel ein Zeichen der Buße. Wie oft aber blieb es eine leere, äußerliche Form! Und damit war es nichts als Heuchelei.
Es geht bis auf diesen Tag so. Die Beachtung äußerlicher Gottesdienstordnung fällt dem Menschen nicht schwer. Aber wo es um wahre Buße geht, da wehrt er sich. Wie sehr beträgt er sich damit! In der Todesstunde und im Gericht vor Gottes Thron kommt es nicht auf leeres Formelwesen und gehaltloses Gepränge an, sondern auf das, was wahrhaftig und echt und wertbeständig ist. Wenn nicht lebendige Gottesfurcht dabei ist, so ist aller Gottesdienst eitel und umsonst. Wenn es an aufrichtigem Ernst des Herzens fehlt, dann ist jede äußere Art der Gottesverehrung eine großartige Verhöhnung und eine freche Verspottung der Hoheit des Himmels.
Aber das Zerreißen des Herzens ist eine göttliche und tiefgefühlte Wirkung. Es ist ein verborgenes Leiden, das persönlich empfunden wird. Es ist keine äußerliche Sache, sondern ein tief in die Seele einschneidendes Werk des Heiligen Geistes, das ins innerste Mark des Gläubigen eindringt. Es ist gewaltig demütigend und gar feindselig gegen alles, was Sünde heißt. Aber eben darum ist es eine köstliche Zubereitung für den gnädigen Trost, den stolze, ungedemütigte Geister nie empfangen können. Und es bewirkt eine völlige Entscheidung, denn es findet sich nur bei den Auserwählten Gottes.
Unser Schriftwort heißt uns, unsere Herzen zu zerreißen. Aber sie sind von Natur hart wie Marmor. Wie ist's denn möglich? Wir müssen die Herzen nach Golgatha bringen. Des sterbenden Erlösers Stimme hat einst Felsen zerrissen, und sie ist auch jetzt noch gleich mächtig.

Das Los wird geworfen in den Schoß; aber es fällt, wie der Herr will. Sprüche 16, 33

Wenn das Los fällt, wie der Herr will, von wem hängt dann unser ganzes Lebensschicksal ab? Wenn er das einfache Werfen des Loses lenkt, wieviel mehr wird er die Ereignisse unseres ganzen Lebens in seiner Hand haben.
Es würde deinem Gemüt eine heilige Beruhigung gewähren, wenn du dessen jederzeit eingedenk wärest. Es würde deine Seele so sehr von aller Ängstlichkeit befreien, daß du weit besser als bisher imstande wärest, in Geduld, Ruhe und Frieden einherzugehen, wie es einem Christen geziemt. Wenn ein Mensch ängstlich ist, dann kann er nicht vertrauensvoll beten. Wenn er über das Weltliche trauert, kann er seinem Meister nicht dienen, sondern er richtet seine Gedanken auf das Eigene. Du bekümmerst dich wohl um Christi Sache, und doch kannst du mit deinen irdischen Sorgen dein eigenes Heil vernachlässigen. Du hast sorgen wollen und vergissest darüber die Hauptsorge, die dir obliegt, nämlich Gott zu gehorchen. Sei weise und warte des Gehorsams und laß Christus für dich sorgen. Komm und hüte deines Vaters Vorratshaus und frage ihn, ob er dich hungern lassen kann, während er in seinen Scheunen so große Vorräte aufbewahrt. Schaue in sein erbarmendes Herz, ob es sich je ungütig zeigen kann. Schaue auf seine unerforschliche Weisheit - ob sie wohl je irrt? Über das alles schaue auf Jesus Christus, deinen Mittler, und frage dich, ob dir dein Vater ungnädig begegnen kann, da doch sein eigener Sohn für dich bittet. Wenn er schon der Sperlinge gedenkt, wie könnte er da auch nur das geringste unter seinen Kindern vergessen? Wirf dein Anliegen auf den Herrn; der wird dich versorgen und wird den Gerechten nicht ewiglich in Unruhe lassen.

Ich habe dich je und je geliebt. Jeremia 31, 3

Wenn zwei Menschen einander ganz gehören, dann ist es nicht nötig und nicht üblich, daß sie sich gegenseitig fortgesetzt ihre Liebe beteuern. Die Liebe ist einfach da. Sie lebt und wirkt aus sich heraus. Aber es ist nun doch auch wieder so, daß es für den anderen eine ganz besondere Freude und Beglückung bedeutet, wenn der eine von beiden es ihm ausdrücklich sagt: Ich habe dich lieb!

So macht es der Herr Jesus mit seiner Brautgemeinde. Sie weiß sich von seiner Liebe unaufhörlich getragen und umgeben. Wie könnte es überhaupt anders sein! Er ist ja die Liebe. Aber es gibt Zeiten, in denen er diese seine Liebe den Seinen besonders deutlich offenbart.

Wie geschieht das? Durch das Zeugnis des Heiligen Geistes in unserem Innern. Er nimmt, was Christus angehört und offenbart es uns. Wir vernehmen keine Stimme aus den Wolken und sehen kein Gesicht in der Nacht, und dennoch empfangen wir ein eindeutig sicheres Zeugnis. Wenn ein Engel vom Himmel käme und den Heiligen persönlich von des Heilandes Liebe zu ihm unterrichtete, so wäre dieser Beweis um kein Haar schlagender als der, den der Heilige Geist im Herzen führt. Frage diejenigen von den Kindern Gottes, die der Himmelspforte zunächst wohnen, so werden sie dir sagen, daß sie Zeiten gehabt haben, in denen Christi Liebe gegen sie ihnen so gewiß und klar war, daß sie daran so wenig wie an ihrem eigenen Dasein zweifelten. Ja, wir haben Zeiten der Erquickung in der Gegenwart des Herrn erlebt, und alsdann hat unser Glaube den höchsten Gipfel der Gewißheit erreicht. Wir haben unser Haupt mit kindlichstem Vertrauen an den Busen unseres Herrn gelehnt und an unseres Meisters Liebe so wenig gezweifelt wie der geliebte Jünger Johannes. Er hat uns geküßt mit den Küssen seines Mundes und unsere Zweifel mit seiner herzlichen Umarmung erstickt. Seine Liebe war uns wohlschmeckender denn Wein.

Denn er hat mir einen ewigen Bund gesetzt. 2. Samuel 23, 5

O großes Wort: Er! Halte inne, meine Seele. Gott, der ewige Vater, hat wahrhaftig einen Bund mit dir gemacht, derselbe Gott, der mit einem einzigen Wort die Welt aus dem Nichts hervorrief. Er, der sich freundlich herabneigte aus seiner erhabenen Pracht, faßt dich bei der Hand und macht einen Bund mit dir. Ist das nicht eine Tat, die unsere Herzen ewig entzücken müßte, wenn wir imstande wären, sie zu fassen und zu begreifen? Dieses „er" bezieht sich auf den Allgenugsamen, den ewigen Gott.

Er hat mir einen ewigen Bund gesetzt. Ist das nicht besonders erfreulich für jeden Gläubigen? Es geht mich nichts an, ob er der Welt Frieden gegeben hat. Ich muß wissen, ob er mit mir Frieden geschlossen hat. Es hat für mich wenig Wert, ob er einen Bund gesetzt habe; ich muß wissen, ob er mir einen Bund gesetzt hat. O selige Gewißheit, daß ich nun weiß: Er hat mir einen Bund gesetzt, der ewig ist. Wenn mir der Heilige Geist dies gewiß und fest zusichert, dann ist sein Heil mein, seine Erlösung mein, sein Herz mein, er selbst mein: er ist mein Gott.

Dieser Bund ist ewig. Das bedeutet, daß er nie ein Ende nimmt. Wie teuer ist's doch inmitten aller Vergänglichkeit und Ungewißheit dieser Erde, daß wir wissen: Der feste Grund Gottes besteht und hat dieses Siegel: der Herr kennt die Seinen. Wie köstlich, daß wir Gottes Verheißung haben: „Ich will meinen Bund nicht entheiligen und nicht ändern, was aus meinem Munde gegangen ist." Es sollen wohl Berge weichen und Hügel hinfallen, aber seine Gnade soll nicht von uns weichen, und der Bund seines Friedens soll nicht hinfallen.

Fürchte dich nicht, ich bin mit dir; weiche nicht, denn ich bin dein Gott; ich stärke dich. Jesaja 14, 10

Gott vermag alles. Er ist allmächtig. Du kannst den Ozean der Allmacht nicht ausschöpfen. Darum sollst du dich nicht fürchten. Glaube nicht, daß je eines Menschen Vermögen die Macht des Allmächtigen überwinde. Solange die Pfeiler der Erde feststehen, hast du Grund genug, in deinem Glauben fest zu beharren. Derselbe Gott, der die Erde in ihrer Bahn steuert, der die Glut der Sonne ernährt, hat auch verheißen, dich täglich zu stärken. Solange er das Weltall in seinem Bestand zu erhalten vermag, laß dir nicht im Traum einfallen, es möchte ihm unmöglich sein, seine Verheißungen zu erfüllen. Denke daran, was er vorzeiten getan hat. Er sprach, so geschah es; er gebot, so stand es da. Sollte er je müde werden? Sollte der, der die Erde an nichts hängt, nicht fähig sein, auch seine Kinder zu tragen? Sollte er etwa seinem Worte untreu werden können, weil es ihm an Kraft gebräche? Wer herrscht im Wetter und gebietet den Stürmen? Fährt er nicht daher auf den Fittichen des Sturmwindes und macht die Wolken zu seinem Wagen? Hält er nicht das Meer in seiner Hand? Wie könnte es ihm denn mit dir mißlingen? Kannst du auch nur einen Augenblick noch dem Gedanken Raum geben, er habe mehr verheißen, als er halten könne, er sei darin weiter gegangen, als seine Kraft es ihm gestattete? O nie, nie! Du kannst nicht länger zweifeln.

O du, der du mein Gott und meine Stärke bist, ja ich darf glauben, daß diese Verheißung mir in Erfüllung gehen wird. Das endlose Meer deiner Gnadenfülle kann nie erschöpft werden. Der überfließende Strom deiner Stärke kann nie und nimmer ausgetrunken werden von deinen Freunden. Und er kann auch nicht aufgehalten werden in seinem Lauf von deinen Feinden. Ja, stärke du mich!

Freund, rücke hinauf. Lukas 14, 10

Wenn das Leben der Gnade in der Seele seinen Anfang nimmt, dann nahen wir uns wohl zu Gott, aber nur mit Furcht und Zittern. Die Seele, ihrer Schuld bewußt, fühlt sich überwältigt von dem erhabenen Ernst der Gegenwart Gottes. Sie wird niedergeworfen von dem Gefühl der Größe Jehovas, vor dem sie steht. In ungeschminkter Zerknirschung fühlt sie, daß ihr der unterste Ort im Himmel gebühre.

Später, wenn der Christ in der Gnade gewachsen ist, vergißt er zwar nie den feierlichen Ernst seiner Stellung zu Gott. Aber seiner Furcht ist alles Furchtbare genommen. Sie wird zu einer heiligen Ehrfurcht. Sie ist kein beschattender Schrecken mehr. Er wird zu einer höheren Stufe berufen, zu einem freieren Zugang zu Gott in Christo Jesu. Er naht ehrfurchtsvoll und mit demütigem Geist dem himmlischen Thron, und auf dem Thron erblickt er einen Gott der Liebe, der Güte, der Gnade. Er erkennt in ihm vor allem den treuen, barmherzigen und gnädigen Bundesgott. Er schaut in Gott viel mehr seine Güte als seine Größe, viel mehr seine Liebe als seine gebieterische Hoheit. Dann erfreut sich die Seele, obschon gleich demütig wie zuvor, auch einer heiligeren Freiheit des Gebets. Indem sie vor der Herrlichkeit des unendlichen Gottes im Staub liegt, wird sie doch getragen von dem erquickenden Bewußtsein, daß sie sich in der Gegenwart der unbegrenzten Gnade und der unendlichen Liebe befindet und angenehm gemacht ist in dem Geliebten.

So findet sich der Gläubige mehr und mehr ermuntert, immer höher zu steigen. Und endlich darf er das Vorrecht der unbeschränkten Freude in Gott sich aneignen und mit heiligem Vertrauen ihm nahen und sagen: Abba, lieber Vater!

Ihr wisset die Gnade unseres Herrn Jesu Christi, daß, ob er wohl reich ist, ward er doch arm um euretwillen, auf daß ihr durch seine Armut reich würdet. 2. Korinther 8, 9

Gleichwie der reiche Gläubige keine wahre Gemeinschaft mit seinen armen Brüdern haben kann, wenn er nicht mit dem Seinen ihren Bedürfnissen zu Hilfe kommt, so ist's auch unmöglich, daß unser göttlicher Herr und Heiland wahre Gemeinschaft mit uns hätte pflegen können, wenn er uns nicht seines überschwenglichen Reichtums teilhaftig gemacht hätte, wenn er nicht arm geworden wäre, auf daß wir reich würden. Wäre er auf dem Thron seiner Herrlichkeit verblieben, und hätten wir im Elend des Sündenfalls verharrt, ohne der Erlösung teilhaftig zu werden, so wäre eine Gemeinschaft von beiden Seiten her unmöglich gewesen. Damit also ein Umgang und eine Gemeinschaft möglich werde, mußte der reiche Blutsverwandte seinen Reichtum auf seine armen Brüder übertragen. Der gerechte Heiland mußte seinen sündigen Geschwistern die eigene Vollkommenheit schenken, und wir, die Armen und Schuldbeladenen, mußten aus seiner Fülle empfangen Gnade um Gnade. Die Armut muß reich werden durch den, in dem alle Schätze der Unendlichkeit verborgen sind, bevor es zu einer aufrichtigen Gemeinschaft kommen kann. Die Sündenschuld muß getilgt werden in der zugerechneten und geschenkten Gerechtigkeit, bevor die Seele in ungetrübter Gemeinschaft einhergehen kann. Jesus muß die Seinen mit seinem Kleid von reiner Seide kleiden, sonst kann er sie nicht einlassen in die Wohnung seiner Herrlichkeit. Er muß sie abwaschen mit seinem Blut, sonst sind sie befleckt für den Kuß seiner Freundschaft.

O, hier ist wahrlich Liebe! Um deinetwillen ward der Herr Jesus arm. Er entäußerte sich selbst und nahm Knechtsgestalt an, auf daß er dich zur Gemeinschaft mit ihm erheben möchte.

Siehe, eine Jungfrau ist schwanger und wird einen Sohn gebären, den wird sie heißen Immanuel. Jesaja 7, 14

Laßt uns nach Bethlehem gehen. Wir wollen bewundern mit den Hirten und anbeten mit den Weisen und den betrachten, der dort geboren ward. Jesus ist der ins Fleisch gekommene Jehova, unser Herr und unser Gott und zugleich doch unser Freund und Bruder. Laßt uns ihn anbeten und verehren.

Wir wollen seiner wunderbaren Menschwerdung gedenken. Ist es nicht ein heiliges Wunder, daß er durch die Kraft des Heiligen Geistes von der Jungfrau Maria geboren ward? Unser Verstand kann das nie begreifen, und dem Ungläubigen und dem Zweifler ist diese Wahrheit unseres Glaubens ein unerhörter Anstoß. Wir aber beugen uns in Ehrfurcht vor dem heiligen Kind, dessen Menschwerdung ohne die Vererbung der Erbsünde geschah und dessen Unschuld der Menschheit die anfängliche Herrlichkeit wieder schenkt.

Wir wollen auch achten auf seine arme Blutsverwandtschaft. Unser Schriftwort nennt seine Mutter „eine Jungfrau". Da ist also nicht von Fürstenblut, von Vornehmheit und Reichtum und Ansehen die Rede. Tiefe Gläubigkeit wohnte in ihrem Herzen. Von hoher Bildung des Gemütes zeugt ihr herrlicher Lobgesang. Aber wie bescheiden war ihre Lage, wie arm der Mann, dem sie vertrauet war, wie gering die Ausstattung des neugeborenen Königs! So steht sie in der Reihe derer, die gering und unbedeutend waren im Urteil dieser Welt. Aber gerade für diese ist ja der Heiland gekommen. Lobt ihn, betet ihn an in dieser Weihnachtsmorgenstunde. Er ist auf Erden kommen arm, auf daß er unser sich erbarm und uns im Himmel mache reich und seinen lieben Engeln gleich. Halleluja!

Er aber, unser Herr Jesus Christus, und Gott, unser Vater, der uns hat geliebt und uns gegeben einen ewigen Trost und eine gute Hoffnung durch Gnade, der ermahne eure Herzen und stärke euch in allerlei Lehre und gutem Werk.

2. Thessalonicher 2, 16. 17

In dem Wort Trost liegt ein holder Wohllaut. Gleich der Harfe Davids verscheucht es den bösen Geist der Niedergeschlagenheit. Ewiger Trost aber ist die Krone alles Köstlichen. Es ist ein beneidenswerter Besitz, wenn der Mensch das Anrecht darauf in allen künftigen Zeiten gewiß und unbestreitbar sein eigen nennen darf. Mancher findet Trost in dem Erfolg seiner Arbeit und in der scheinbaren Sicherheit, die sein Vermögen ihm bietet. Aber das ist kein ewiger Trost. Wie schnell kann das alles wieder verlorengehen. Oder der Tod zwingt ihn, alles zurückzulassen. Mancher strengt sich an, seine Kenntnisse zu erweitern. Es gelingt ihm. Er wird ein ausgezeichneter Gelehrter. Sein Name wird berühmt. Das ist ihm Trost für seine Mühe und Arbeit. Aber dieser Trost ist nicht echt und dauerhaft. In der Not eines zerbrochenen Herzens können ihm all seine hohen Ränge und Ehrenurkunden nicht helfen.

Alle erdgeborenen Tröstungen sind flüchtig und haltlos in ihrem Bestand. Sie sind so glänzend, aber auch ebenso vergänglich wie die Regenbogenfarben einer Seifenblase. Aber der Trost, den Gott den Seinen gibt, schwindet nicht dahin. Er verliert seine Frische nie. Er besteht alle Proben: den Anprall der Trübsal, die Flamme der Verfolgung. Er überdauert den Strom der Jahre. Ja, auch der Tod hat keine Macht über ihn. Was für ein Trost ist denn das? Er kommt aus der Freude über die Sündenvergebung. Der Christ hat in seinem Herzen das Zeugnis des Geistes empfangen, daß seine Missetat getilgt ist wie eine Wolke und seine Sünde wie der Nebel. Dazu hat Gott seinen Sohn gesandt in diese Welt. Wer an ihn glaubt, der hat das ewige Leben, und der ist ewig getröstet.

Kann auch das Schilf aufwachsen, wo es nicht feucht steht?

Hiob 8, 11

Das Schilf ist schwammig und hohl. Genauso ist es mit dem Heuchler. Es ist keine Festigkeit und Zuverlässigkeit in ihm. Er wird von jedem Einfluß, von jedem Wind der Lehre hin- und hergeworfen. Wer aber möchte ein Heuchler sein? Da möge die heutige Schriftstelle dazu dienen, daß sie dir zeigt, ob du ein Heuchler bist oder nicht.

Das Schilf lebt im Wasser. Es verdankt sein Bestehen der Feuchtigkeit und dem Schlamm, worin es Wurzel geschlagen hat. Laßt den Schlamm vertrocknen, so welkt das Schilf bald hinweg. Reichliches Wasser verleiht ihm üppiges Gedeihen, Dürre richtet es plötzlich zugrunde. Steht's mit mir vielleicht so? Diene ich Gott nur, wenn ich unter den Frommen bin oder wenn mir die Gottesfurcht Gewinn und Achtung bringt? Liebe ich den Herrn nur, wenn ich zeitliches Glück aus seinen Händen empfange? Wenn es so ist, dann bin ich ein elender Heuchler. Wenn ich aber aufrichtig bezeugen kann, daß ich festhalte an meiner Frömmigkeit, wenn auch des leiblichen Wohlergehens wenig ist und meine Umgebung der Gnade eher feindselig als hoffnungserweckend gegenübersteht, dann darf ich hoffen, daß echte, lebendige Gottesfurcht in mir wohnt. Die Pflanzen, die des Herrn Hand gepflanzt hat, blühen auch in den Jahren der Dürre. Wer Christus um des Beutels willen nachfolgt, der ist ein Judas Ischarioth. Wer ihm aber nachfolgt aus ungefärbter Liebe zu ihm, der gehört zu seinem geliebten Volk.

Herr, lehre mich mein Leben in dir finden und nicht in dem Sumpf des Gewinns oder der Gunst dieser Welt.

Was ich jetzt lebe im Fleisch, das lebe ich im Glauben des Sohnes Gottes. Galater 2, 20

Als der Herr in seiner Barmherzigkeit vorüberging und uns liegen sah in unserem Blut, sprach er vor allem: „Lebe!" Das Leben aber, das die Gnade den Menschen schenkt in dem Augenblick, da sie wiedergeboren werden, ist kein anderes als das Leben Christi. Aus ihm strömt es uns zu wie der Saft des Stammes den Zweigen. Unsere Seele ist in eine lebendige Verbindung und Wechselwirkung mit Jesus gebracht.

Das Mittel, das diese Verbindung bewirkt, ist der Glaube. Er ist das Bindeglied, das den Leib der Gemeinde mit dem herrlich strahlenden Haupt verbindet. Der Glaube hält auch fest am Herrn Jesus mit inniger und unerschrockener Liebe. Er kennt seine Würde und seinen Wert, seine Vortrefflichkeit und seine Herrlichkeit. Keine Versuchung vermag ihn dahin zu bringen, daß er sein Vertrauen auf etwas anderes setzt. Und der Herr Jesus findet so großes Gefallen daran, daß er nimmer aufhört, diesen Glauben zu stärken und zu erhalten mit der liebenden Umarmung und der allgenugsamen Kraft seiner ewigen Arme. Darum ist hier eine lebendige, fühlbare und wonnevolle Gemeinschaft. Sie spendet Ströme der Liebe, des Vertrauens, der Teilnahme, der Gütigkeit und der Freude, aus denen beide, der Bräutigam und die Braut, so gerne trinken. Wenn der Mensch diese Übereinstimmung mit Christus an sich wahrnimmt, dann schlägt derselbe Puls in beider Herzen, und ein Blut strömt durch beider Adern. Dann ist das Herz dem Himmel so nah, wie es nur je auf Erden sein kann. Es ist zubereitet zum Genuß der erhabensten und geistigsten Liebesgemeinschaft.

Bis hierher hat uns der Herr geholfen. 1. Samuel 7, 12

Dieses „bis hierher" ist gleichsam eine Hand, die in die Vergangenheit zurückweist. Durch Armut und Reichtum, durch Krankheit und durch gesunde Tage, daheim und in der Fremde, in Ehre und Schmach, in Freude und Trübsal, im Gebet und in der Versuchung - überall und jederzeit heißt es: Bis hierher hat uns der Herr geholfen. Wir schauen gern die grünen Hallen ausgedehnter Baumgänge entlang. Welch eine Freude, den herrlichen Durchblick von einem Ende zum anderen zu genießen! So schauen wir hinab durch die langen Hallen unserer Jahre. Singen keine Vögel in diesen grünen Zweigen? O gewiß, hier sind der lieblichen Sänger viele, und sie alle preisen die Gnade, die wir bis hierher empfangen haben.

Das Wort weist uns aber auch in die Zukunft. Wir stehen ja noch nicht am Ende. Mehr Trübsal, mehr Freude; mehr Versuchung, mehr Überwindung; mehr Flehen, mehr Erhörung; mehr Mühe, mehr Kraft; mehr Kampf, mehr Sieg; und danach kommt Alter, Schwäche, Krankheit, Tod. Ist dann alles zu Ende? Nein. Dann kommt das Erwachen im Auferstehungsleib nach dem Bild der Vollkommenheit Jesu. Dann kommen die Throne, die Harfen, die Lieder, die Psalmen, die weißen Kleider, das Anschauen Jesu, die Gemeinschaft der Heiligen, die Herrlichkeit Gottes, die Fülle der ewigen Güter, die unendlich selige Wonne. O, sei fröhlich und guten Mutes, lieber Christ. Wenn du dein „Bis hierher hat uns der Herr geholfen" im Lichte des Himmels lesen wirst, welch ein herrliches und wundervolles Schauspiel wird dieser Anblick vor deinen staunenden Augen entfalten!

Denn er verletzt und verbindet; er zerschlägt, und seine Hand heilt. Hiob 5, 18

Wenn du auf die Zeiten der Heimsuchung zurückblickst, fühlst du dann nicht, daß sie für dich Tage waren, da du trotz aller Trübsale einen seltenen Frieden und große Freude im Herzen empfandest? Es sproßt uns mitten aus dem Schmerz eine hohe Freude hervor. Der bittere Leidenskelch wirkt mit erfrischender Kraft auf unser ganzes Wesen. Der süße Becher des Glücks erzeugt oft eine herbe Bitterkeit in uns; aber der bittere Trank der Trübsal, der uns gesegnet wird, läßt jederzeit einen angenehmen Geschmack bei uns zurück.
Im Schmerz liegt Freude. Es tönt eine liebliche Musik aus dieser Harfe. Es sind viele herrliche Klänge, die aus dieser Laute an unser Ohr schlagen, Töne, wie wir sie aus der laut schallenden Posaune nie zu hören bekommen. Stehen wir unter dem Einfluß der Trübsal nicht Gott näher? Unsere Freude gleicht der Woge, die sich gegen das Ufer wälzt. Sie wirft uns auf den Ufersand. Aber unsere Schmerzen sind gleich der zurückweichenden Welle, die unser Schiff wieder in die große Tiefe der Gottheit zurückbringt. Wir wären gestrandet und hoch und trocken auf dem Gestade liegengeblieben, wenn jene rückwärtsgehende Welle nicht gewesen wäre, jene Ebbe unseres irdischen Wohlergehens, die uns wieder zurücktrug zu unserem Gott und Vater.
Selige Trübsal! Sie treibt uns zum Gnadenstuhl. Sie macht unser Gebet lebendig. Sie entflammt unsere Liebe. Sie stärkt unseren Glauben. Sie bringt Christus zu uns in den Feuerofen und führt uns dann aus der Glut, damit wir seliger und fröhlicher mit Christus leben denn zuvor.

Ich will mit dir sein, ich will dich nicht verlassen, noch von dir weichen. Johannes 1, 5

Ein Leben des Kampfes liegt vor uns, aber der Herr der Heerscharen ist mit uns. Diese Verheißung verbürgt uns alle Weisheit und Klugheit, deren wir bedürfen. Hier ist Stärke und Tapferkeit, Kühnheit und Sieg. Der Herr selber ist mit uns.

Es wäre in der Tat ein Elend für uns, wenn Gott uns verlassen könnte. Aber bei keiner einzigen Gelegenheit will der Herr von uns weichen. Geschehe, was da wolle, er will an unserer Seite sein. Freunde fallen von uns ab, aber Gott ist treu, Jesus ist ewiglich derselbe, und der Heilige Geist bleibt in uns. Komm, mein Herz, sei heute ruhig und hoffnungsvoll. Wolken mögen sich sammeln, aber der Herr kann sie hinwegblasen. Da Gott mich nicht verlassen will, so soll mein Glaube mich nicht verlassen; und da er nicht von mir weichen will, so will ich nicht von ihm weichen. O, daß wir ruhigen Glauben hätten!

Sinnend steh'n wir an des Jahres Grenze,
Blicken vor uns in das neue hin –
Ob uns auch kein Stern entgegenglänze,
Nie sich ändert unsers Gottes Sinn.

Unsern Vater kann uns nichts entrücken,
Und es schlägt ja für uns Jesu Herz.
Laßt den Glauben in die Zukunft blicken!
Hebt die Augen fröhlich himmelwärts!

Und er spricht zu den Juden: Seht, das ist euer König!

Johannes 19, 14

Kommt denn mit mir zu der Stätte, die da heißt Hochpflaster, auf hebräisch aber Gabbatha. Seht da euren König, wie er seinen Thron bereitet und sich fertig macht, darauf zu sitzen. Ihr seht den Mann voller Schmerzen und Krankheit. Er trägt eine Krone von Dornen und ist mit einem Purpurmantel bedeckt, den man ihm zum Spott umgeworfen hat. Ihr könnt das Blut aus jenen Wunden sehen, die man soeben bei der Geißelung in seinen Rücken geschlagen hat. Sein Antlitz hat von den Schlägen gelitten und ist mit dem Speichel der Kriegsknechte befleckt.
Es ist ein fürchterliches Schauspiel. Aber ich bitte euch, unverwandt dahin zu schauen und zu sehen, wie des Erlösers Thron errichtet wird. Seht, wie er euer Mittler und König wird. Er war König, ehe die Welten waren. Aber hier, im Zustand der Schmach und des Elends ist er im Begriff, den Thron der himmlischen Gnade zu bereiten, der unter den Menschenkindern errichtet wird, daß sie dahin kommen und ewige Seligkeit finden. Schmerz und Schande erduldet er so an unserer Statt. Ein gebrochenes Gesetz und die Gerechtigkeit Gottes verlangen Strafe. Aber die Strafe wird auf ihn gelegt. Er opfert sich stellvertretend für uns.
Jesus im Spottgewand, mit den Spuren seines Leidens gezeichnet, erinnert uns daran, daß er uns vollständig erkauft hat durch seinen Opfertod. Wenn ihr den Preis eurer Erlösung sehen wollt, so schaut auf euren König. Er entäußerte sich selbst und nahm Knechtsgestalt an. Er ward wie ein anderer Mensch und an Gebärden als ein Mensch erfunden. Er erniedrigte sich selbst und ward gehorsam bis zum Tode, ja, zum Tode am Kreuz. Welche Herablassung! Welche Gnade! Betet ihn an!

Was sucht ihr den Lebendigen bei den Toten? Er ist nicht hier, er ist auferstanden. Gedenket daran, wie er euch sagte, da er noch in Galiläa war. Lukas 24, 5. 6

Ein klares Verständnis von der Auferstehung unseres Herrn bietet das sicherste Mittel, unserem Gemüt den Frieden zu geben. Teilzuhaben an der Auferstehung Christi, das ist jene ewige Sonntagsfreude, die dem Volke Gottes vorhanden ist. Wer an den auferstandenen Herrn geglaubt hat, der darf eingehen zur Ruhe, gleichwie er ruht zur Rechten des Vaters. In ihm ruhen wir, weil sein Werk vollendet ist. Seine Auferstehung ist das Siegel, daß er alles vollbracht hat, was zur Errettung der Seinen nötig ist. Wir sind vollendet in ihm. Ich hoffe zuversichtlich, daß durch die Macht des Heiligen Geistes Ruhegedanken eingepflanzt werden in die Gemüter vieler Gläubigen, wenn wir jetzt im Geist hinauspilgern zu dem neuen Grab Josephs von Arimathia und die Stätte sehen, da der Herr gelegen hat.
Wie ernstlich aber wünsche ich auch, daß ihr, die ihr in irgendeiner verkehrten Richtung das Heil gesucht habt, euer hoffnungsloses Bemühen aufgeben möchtet und begreift, daß Christus euch nahe ist. Wenn ihr von Herzen an ihn glaubt und ihn mit dem Munde bekennt, so werdet ihr selig. Wendet euch zu mir, aller Welt Enden, so werdet ihr selig; denn ich bin Gott und keiner mehr, so lautet sein Ruf an uns. Jesus lebt und kann daher auch selig machen immerdar. Alles, was ihr zu tun habt, besteht darin, daß ihr den Blick des Glaubens auf ihn richtet. Durch diesen Glauben wird er euer eigen, und ihr werdet errettet. Aber ach, sucht doch den Lebendigen nicht bei den Toten, denn er ist auferstanden. Sucht ihn da, wo er euch begegnen will als die lebendige Wirklichkeit: in seinem Wort, in den echten Offenbarungen seiner Herrlichkeit.

Niemand kann Jesum einen Herrn heißen außer durch den Heiligen Geist. 1. Korinther 12, 3

Laßt uns stets bedenken, daß der gekreuzigte und auferstandene Christus für uns von gar keinem Gewinn ist, wenn nicht der Heilige Geist in uns wohnt und wirkt. Jenes Versöhnungsblut fließt umsonst, wenn nicht der Heilige Geist unser Gewissen damit besprengt. Umsonst wird das vollkommene Kleid der Gerechtigkeit gewirkt, wenn nicht der Heilige Geist uns darin kleidet und mit diesem kostbaren Gewand uns schmückt. Der Strom des lebendigen Wassers vermag unseren Durst nicht zu löschen, wenn nicht der Heilige Geist den Becher darreicht und zum Munde führt. Alle Schätze, die im Paradiese Gottes sind, können uns nie zum Heil gereichen, solange wir innerlich tot sind. Und das sind wir, bis der himmlische Odem kommt und uns anhaucht, auf daß wir das Leben empfangen.

Ich stehe nicht an, es auszusprechen, daß wir dem Heiligen Geist nicht weniger zu verdanken haben als dem Herrn Jesus. Wahrlich, es wäre eine große Sünde und ein schweres Unrecht, wenn wir eine der göttlichen Personen zurücksetzen wollten. Du, o Vater, bist die Quelle aller Gnade, aller Liebe und aller Barmherzigkeit gegen uns. Du, o Sohn, bist es, durch den uns des Vaters Barmherzigkeit zufließt. Und du, o Heiliger Geist, machst uns fähig, jene göttliche Kraft und Gnade zu empfangen, die dem Urquell, dem Vater, entströmt und durch Christus, dem Mittler, uns zugeführt wird und durch deine Mitteilung sich in unsere Herzen ergießt und darin wohnt und herrliche Früchte bringt. Darum laßt uns den Heiligen Geist lobpreisen. Nie ist von uns ein himmlischer Gedanke, eine geheiligte Tat oder ein wohltätiges Wort ausgegangen, die nicht gewirkt gewesen wären durch ihn. Ehre sei dem Vater und dem Sohn und dem Heiligen Geist!

Dieser nimmt die Sünder an. Lukas 15, 2

Armer, sündenkranker Mensch, was für ein aufrichtendes Wort ist das doch für dich! Antworte, ja antworte darauf und sprich: „Wahrlich, dann wird er mich nicht zurückstoßen!“ Ich möchte dich so gern aufmuntern, zu deinem Meister zu kommen, damit du von ihm die große Versöhnung empfangen und mit dem Kleid der Gerechtigkeit bekleidet werden mögest. Alle die, die ihren hoffnungslosen, zerrütteten, verlorenen Zustand wirklich fühlen, sind frei und nachdrücklich eingeladen, zu Jesus zu kommen und durch ihn sich selig machen zu lassen. Komm doch, weil er gesagt hat, er wolle dich auf- und annehmen. Ich kenne deine Furcht und deine Bedenken. Du meinst, er werde dich verstoßen, er erhöre dich ja doch nicht, der Himmel sei für dich verschlossen, du seiest ein zu großer Sünder, so daß er dich nicht aufnehmen kann. Ach, sprich, ja denke nicht einmal so! Er hat die Versöhnungsurkunde geoffenbart. Ist das nicht genug? Er hat gesagt: „Wer zu mir kommt, den werde ich nicht hinausstoßen.“ Willst du es auf diese Verheißung hin nicht wagen? Willst du in einem so sicheren Schiff nicht aufs Meer gehen?
Er hat’s gesagt - das ist schon oft der einzige Trost der Heiligen gewesen. Darauf haben sie gelebt, und darauf sind sie gestorben. Meinst du, er werde nicht zu seinem Worte stehen? Nein, wenn er gesagt hat, er wolle keinen hinausstoßen, der zu ihm kommt, dann sei versichert, er kann und will auch dich nicht hinausstoßen. Darum komm. Versuche es mit seiner Liebe auf das Wort seiner Zusage hin. Komm und fürchte dich nicht! Bei ihm wird deine kranke Seele genesen, und du wirst künftig deinen Weg gehen können als ein Kind des Friedens.

Und Gott wird abwischen alle Tränen von ihren Augen. Und der Tod wird nicht mehr sein, noch Leid noch Geschrei noch Schmerz wird mehr sein; denn das Erste ist vergangen. Offenbarung 21, 4

Wie herrlich sind doch die Stunden, in denen Christus sich uns besonders naht! Aber wie bald gehen sie vorüber! Unser Auge schaut ihn einen Augenblick, wir freuen uns mit einer herrlichen und unaussprechlichen Freude. Wie lieblich ist da die Aussicht auf die Zeit, da wir ihn nicht mehr von ferne, sondern von Angesicht zu Angesicht erblicken. Im Himmel werden weder Sünden noch Sorgen störende Unterbrechungen unserer Wonne veranlassen. Keine Träne wird unsere Augen umdüstern. Kein irdisches Geschäft wird uns abziehen von unseren wonneerfüllten Gedanken, um in die Sonne der Gerechtigkeit zu schauen. Stehe auf, du Sonne, die nie wieder untergeht! Wenn das Sterben nur der Eingang zur unsterblichen Gemeinschaft mit unserem geliebten Heiland ist, dann wahrlich, ist es Gewinn, und dieser trübe Tropfen wird verschlungen von einem unendlichen Meer des Siegesbewußtseins.

Ich weiß, an wen ich glaube,
und daß mein Heiland lebt,
der aus dem Todesstaube
den Geist zu sich erhebt.

Ich weiß, an wem ich hange,
wenn alles wankt und weicht,
der, wenn dem Herzen bange,
die Retterhand mir reicht.

Ich weiß, beim Auferstehen,
wenn ich verkläret bin,
werd ich mit Jesus gehen
durch Ewigkeiten hin.

Lobe den Herren meine Seele, und was in mir ist, seinen heiligen Namen. Psalm 103,1

Wach auf, mein Gedächtnis, und dichte ein feines Loblied! Erzähle, was Gott in vergangenen Tagen für mich getan hat. Fliegt zurück, ihr meine Gedanken, zu den Erinnerungen aus meiner Kindheit. Schaut zurück auf meine Jugendzeit und ihre ersten Gnadenerfahrungen. Singt von langmütiger Gnade, die meinen Verirrungen nachging und all mein widerspenstiges Wesen in Geduld trug. Laßt vor meinen Blicken vorüberziehen jene glückselige Stunde, wo ich zum ersten Mal meinen Herrn kennenlernte, und erzählt mir wieder von Anfang bis zu Ende die Geschichte seiner unvergleichlichen Gnade. Wache auf, mein Verstand, und gib den Ton an zum Reigengesang! Tritt hervor, mein Gemüt, und wäge seine Liebe und Freundlichkeit in deiner Waage. Siehe, ob du den Staub in der Wolke seiner Gnadenerweisungen zählen kannst. Siehe, ob du die unausforschlichen Reichtümer schätzen kannst, die Gott in seiner unaussprechlichen Gabe deines Heilandes Jesus Christus dir geschenkt hat. Überschaue das Meer seiner ewigen Liebe gegen dich. Überzähle die Schätze jenes ewigen Testaments, das er um deinetwillen errichtet hat, ein Bund, der ewig ist und wohl geordnet und erhalten wird. Besinge laut die göttliche Weisheit, die den Plan zu deiner Erlösung entwarf, die göttliche Liebe, die dessen Ausführung ins Werk setzte, und die Gnade, die ihn zur Vollendung brachte. Lobe den Herrn, meine Seele!

Gepriesen sei mit Herz und Mund
der Herr der Herrlichkeit,
der seinen ewgen Friedensbund
dir hält durch alle Zeit!
Ein Jahr des Heils hat abermal
er gnädig dir verliehn,
da seiner Liebe Sonnenstrahl
gar oft ins Herz dir schien.

Ich will mich mit dir verloben in Ewigkeit; ich will mich mit dir vertrauen in Gerechtigkeit und Gericht; in Gnade und Barmherzigkeit. Ja, im Glauben will ich mich mit dir verloben und du wirst den Herrn erkennen. Hosea 2, 19. 20

Verlobung mit dem Herrn - was für eine Ehre und Freude! Meine Seele, ist Jesus in der Tat dein durch seine eigene gnadenvolle Verlobung? Dann merke dir: das gilt für die Ewigkeit. Er wird nie seine Verpflichtung brechen. Er wird sich niemals von einer Seele scheiden, die mit ihm durch das Band solcher Ehe vereinigt ist.

Selig, Jesu, sind die Seelen,
die in ihrem Ehestand
dich zum Freund und Führer wählen
und an deiner treuen Hand,
festgegründet auf dein Wort,
pilgern still und friedlich fort;
deren Burg zu allen Stunden
deine tiefen Liebeswunden.

Eines freuet sich am andern,
eines trägt des andern Last,
und man sieht sie munter wandern,
weil ihr Glaube dich umfaßt;
Murren, Hader, Neid und Streit
sind von ihren Toren weit,
aber Eintracht, Fried und Wahrheit
wohnen dort in deiner Klarheit.

Hilf, daß sie ohn alles Wanken
auf der schmalen Straße ziehn,
dir für alles kindlich danken
und die eitlen Sorgen fliehn;
ja, Herr Jesu, süßes Licht,
heb auf sie dein Angesicht
und verkläre deinen Namen
in uns allen herrlich! Amen.

BIBELSTELLEN-VERZEICHNIS

BIBELSTELLEN-VERZEICHNIS